朝日大学法学部
開設三〇周年記念論文集

成 文 堂

朝日大学法学部開設 30 周年記念論文集　巻頭言

　朝日大学法学部は、昭和 62 年（1987 年）4 月、岐阜の地に初めての法学部として開設され、2017 年（平成 29 年）4 月をもって、30 周年を迎えることになりました。法学部では、開設 30 周年を迎えるにあたり、記念事業として、2017 年 12 月 3 日に木村草太首都大学東京大学院社会科学研究科法学政治学専攻・都市教養学部法学系教授をお招きし、「憲法の大切さ―改憲を考える前に―」と題した特別講演会を実施し、併せて新たな法学研究の展望を拓くため、『朝日大学法学部創立 30 周年記念論文集』の発刊を企画する運びとなりました。

　創設以来、朝日大学法学部は、「国際未来社会を切り開く社会性と創造性、そして、人類普遍の人間的知性に富む人間を育成する」との建学の精神を基礎とし、「人間形成を尊重した教育」、「法律学の基本科目を重視した教育」、「社会の変化と要請に対応する教育」の 3 つの教育を柱として、"社会の知恵者" を育成すべく、教育を行なって参りました。

　朝日大学法学部では、これまでも社会の変化に応じ、様々な改革を行ないながら開設 30 周年を迎えましたが、法科大学院制度が創設されるなど法学部全体を取り巻く環境は、30 年前とは大きく変わり、また 18 歳人口の減少に伴い、全国的に大学も、これまで以上に受験生を確保する競争が熾烈化していく時代を迎えました。従来より、未来社会からの多岐にわたる不測の挑戦に対し、有効に対処するためには、深い洞察力に基づき問題の本質を見極め、同時に身に付けた法的知識が活用できる人材を育成せねばならないとの信念の下に法学部所属の全教員が一丸となって教育を行なってきた結果、全国の私立大学の約 4 割が定員割れをするなかで、朝日大学法学部は、定員充足状態にあります。真の問題解決能力を養うため、法律学の基礎をしっかりと教育したうえで、それぞれの学生の目標に合わせ、徹底した個別教育を実践していることが、学生の将来の目標達成に繋がっているものと考えられ、さらにそれが、現在の評価に繋がっているのだと思われます。なお、実社会において即戦力となる "社会の知恵者" であるためには、知識と知恵だけで

なく、「健全な常識を有した社会性」も要求されます。これがなければ、法学部において修得した知識は、「合法の衣を纏った凶器」にもなりかねません。そこで、朝日大学法学部では、学生による自主活動として、地域防犯・防災活動、BBS（Big Brothers and Sisters Movement）としての更生保護活動、さらには主権者教育・法教育推進活動等の様々な社会貢献活動も積極的に実施し、学生の社会性を育んでおります。当該活動が実践できるのも、地域社会の支えがあってのことであり、大変感謝しているのと同時に、卒業生たちも朝日大学の伝統に恥じない社会人として、各方面で支柱となって活躍をしてくれていることを誇りに思っております。

　このような教育を実践していくためには、その前提として、法学部所属の各教員が研究者として、常に専門分野における課題に取り組むことが重要であり、また"知の拠点である大学"として、その研究成果を公表していかなければなりません。朝日大学法学会では、『朝日法学論集』、学部付属機関である朝日大学法制研究所では、『法制研究叢書』等を通じ、これまでも、研究成果を公表して参りました。さらに、学生自身も投稿できる『法のいぶき』（大学から一望できる「伊吹山」にちなんで命名）も、朝日大学法学会において、定期的に刊行することにより、学生自身の成果も社会に知ってもらえるよう努めています。本記念論文集も、まさにその一環であります。教育と研究は、例えるならば「車の両輪」であり、良い教育は、良い研究を実践しなければ実現しません。本記念論文集を単なるマイルストーンに留めることなく、朝日大学法学部の更なる発展のための礎とし、これまでの伝統を引き継ぎながら、法学部所属の全教員が社会のニーズに応えられる教育・研究・地域貢献をしていく所存で御座います。

　最後に、本記念論文集を刊行できたのは、学校法人朝日大学　宮田侑相談役、学校法人朝日大学　宮田淳理事長、朝日大学　大友克之学長のご理解・ご支援があったからであり、また企画段階から刊行に至るまで格別のご配慮を頂いた株式会社成文堂　阿部成一社長、株式会社成文堂編集部　飯村晃弘氏のお蔭であることに対し、厚くお礼申し上げます。

　2018 年 3 月

　　　　朝日大学法学部部長・大学院法学研究科長　　　大　野　正　博

朝日大学法学部開設30周年記念論文集　目　次

朝日大学法学部開設30周年記念論文集　巻頭言 …… 大野正博

科学の隆盛と法典主義
　　――19世紀ヨーロッパの知的風景―― ……………… 岡嵜　修 ……… *1*

ローマ法および近世自然法論における契約類型の諸機能
　　――多角・三角取引の分析に向けた法史学からの予備的考察――
　　……………………………………………………… 出雲　孝 …… *39*

生物兵器軍縮と健康安全保障
　　――違反被害国援助の視点から―― ………………… 杉島正秋 …… *65*

逮捕に伴うスマートフォン等に対する捜索・押収と令状の必要性
　　……………………………………………………… 大野正博 …… *89*

紛争解決の基層にある法的価値体系 ……………… 平田勇人 …… *137*

立法過程の改善に向けた司法の役割 ……………… 小林祐紀 …… *195*

保証債務の履行のための資産の譲渡に係る
　課税の特例についての一考察
　　――裁判例等に基づく課税要件の再検証―― ……… 坂元弘一 …… *217*

児童福祉行政における里親の法的位置づけ ………… 髙梨文彦 …… *259*

憲法の規範力と行政に関する一考察
　　——権力分立原理の現代的意義—— ……………… 片山和則 …… *287*

英国のEU離脱について …………………………………… 籾山錚吾 …… *317*

スイスにおける不動産賃借権の仮登記
　　——日本における不動産賃借権に基づく
　　　登記請求権の否定との関係で—— ……………… 梶谷康久 …… *337*

タイ王国憲法における反汚職リーガリズムの挑戦
　　——「良い統治（グッド・ガバナンス）」論からの問い掛け——
　　……………………………………………………… 下條芳明 …… *393*

刑法上の傷害概念とPTSD
　　——最高裁平成24年7月24日決定を素材として——
　　……………………………………………………… 宮坂果麻理 … *437*

科学の隆盛と法典主義
―― 19 世紀ヨーロッパの知的風景 ――

岡嵜　修

本稿の概要
Ⅰ　科学による理解
Ⅱ　分類による述語づけ
Ⅲ　物理学「帝国」の出現：機械論の世界
Ⅳ　ジェイムズの多元的宇宙：生命論の世界
Ⅴ　物理学帝国と法典主義
Ⅵ　おわりに：時計仕掛けと揺れる振子

本稿の概要

　17 世紀のヨーロッパは、いわゆる「科学革命」の時代と言われる[1]。そこで、それまでのアリストテレスの自然哲学を基礎とする生命論的世界観から、世界を時計そのものとみる機械論的世界観への転機となるアイデアが示され、これが 18 世紀にはニュートン力学を通じ大きな成果を上げ始めた。その結果、19 世紀には、生命論を基礎とする進化思想の隆盛を受けつつも、機械論を基礎に近代力学が勢力を伸ばすことになった。これにより、一方では迷信や狂信の類が排され、理性を重視する合理主義の世界が広まった。だが、その反面、この近代力学の世界観が知的世界を圧迫し始め、19 世紀後半にはそれが「物理学帝国」とまで言われるほどの特権的地位を獲得するよ

---

[1] 「科学革命」という言い方は、1939 年にアレクサンドル・コイレが持ち出すまでほとんど使われていなかったという。スティーブン・シェイピン／川田訳『「科学革命」とは何だったのか：新しい歴史観の試み』9-12 頁（白水社、1998 年）。

うになる。

　近代ヨーロッパにおけるこの知的動向は、主に力学を中心に起きたものだが、時代の経過とともにその影響力は拡大し、政治経済学構想にも影響を及ぼしたばかりでなく、それが法学の領域にも及んでいる。モンテスキューは『法の精神』において、もっぱら論理に傾いた見方に新風を吹き込み、各国の法がその自然環境から大きな影響を受けていることを示唆した。これは後に法社会学につながる先駆的な見方である[2]。

　このように、力学を学のモデルとする動きは、法学の見方にも影響を及ぼしている。19世紀には、この傾向は社会学のみならず、地質学、古生物学、骨相学、人類学など、各種の個別科学の誕生を促した。ウィーン学派のローマ法学者エールリッヒが、法学を最も遅れた学と称し法社会学の構想を練ったのも、法学が論理の世界に閉じこもり、この近代化の動きに乗り遅れていることを懸念してのことである[3]。

　19世紀の法学に見られる、とりわけ顕著な傾向が法典化構想である。それは、ドイツをはじめとするヨーロッパ諸国に顕著な傾向として表れた。この動きの背後では、数学・幾何学をモデルとし、それによりあらゆる法的問題を解決しうる魔法の杖、言い換えれば閉じた論理体系として、法典が構想されていた[4]。

　明治維新を迎えた日本は、維新からほどなく、それまでの律令制を基礎とした法制度から、いち早くドイツ諸法とドイツ法学への転換を図っている。それが、列強に迫られた不平等条約の改正を主眼としたにせよ、これが、今

---

[2] モンテスキュー／野田ほか訳（上巻，中巻，下巻）（岩波書店、1987年）。ピーター・スタイン／今野・岡嵜・長谷川訳『法進化のメタヒストリー』17-22頁（文眞堂、1989年）。モンテスキューを法社会学の始祖とする見方として末弘厳太郎「法律社会学」六本・吉田編『末弘厳太郎と日本の法社会学』63-66頁（東京大学出版会、2007年）。

[3] E. Ehrlich, Grundlegung der Soziologie des Rechts, s. 1, (Munchen und Leipzig, 1913). エールリッヒ／河上・フーブリヒト訳『法社会学の基礎理論』3頁（みすず書房、1984年）。

[4] 「裁判所の判決に対し、先例に従うより根本的諸規範からの論理的演繹という形を採るよう影響を与えたものは、クリスチャン・ヴォルフ（1679-1754）の方法であった。今日の大陸ヨーロッパにおける法慣行も、なおヴォルフの法についての考え方の影響を受け、閉じた論理体系の学として形成されている。」Van Caenegem, An Introduction to Private Law, p. 120. (Cambridge, 1992). なお、ベンサムの法典化構想は、近年のベンサムに関する新たな研究を通じ、普遍法則からのアプリオリな演繹的推論によるものではないという指摘がなされている。深貝保則・戒能

日に到るまでの日本の法学の基礎を形作った。

英米諸国では、法典化は必ずしも大陸諸国におけるほど顕著な形で具体化されなかったが、ベンサムの法典化論が広く知られている[5]。

法学の領域に見られる法典化に向けたこの熱意は、当時における世界観・宇宙観を巡り、知的領域の一般的動きを反映していたことが窺われる。

法学におけるドグマを批判したドイツの自由法運動や、アメリカのプラグマティズム法学、リアリズム法学の動きは、単に法学の世界だけで起きていた現象ではなく、当時における知的世界の変化を見据え、それに呼応する動きでもあった[6]。この動きは、代表的なプラグマティストであるウィリアム・ジェイムズの多元的宇宙論と、それに対するアメリカの法哲学者モーリス・コーエンによる批判に映し出されている。

I 科学による理解

1. 理性と事実

バートランド・ラッセルとの共著『プリンキピア・マテマティカ』で有名なイギリスの哲学者、アルフレッド・N・ホワイトヘッド（1861-1947）は、1924年、アメリカに招かれてハーバード大学で教鞭をとり、ウィリアム・ジェイムズに敬愛の念を示しつつ、プラグマティズムと同じ生命論の立場から、独自の思想を展開している。

ホワイトヘッドは、1930年代に公刊した『観念の冒険』において、世界を理解しようと生き物が見せる知的な反応には各種のレベルの違いがあり、人間の知的世界はその最もハイレベルでの反応を描いたものだという。

　　ある意味では、〈科学〉と〈哲学〉は人間精神の一つの偉大なる企ての異なる二面にすぎない。…低位の動物レベルにおいても、美的な洞察、技術的な達成、社会的組織、情緒的感情等のひらめきがみられる。ナイチンゲールやビー

　　通弘編『ジェレミー・ベンサムの挑戦』55-59頁（ナカニシヤ出版、2015年）。
5　戒能通弘『世界の立法者、ベンサム：功利主義法思想の再生』（日本評論社、2007年）。
6　岡嵜修「法学における『非ユークリッド的思考』：ジェローム・フランクの法学論」「朝日法学論集」48巻（2014年）1-54頁。

バーや蟻、彼らの愛情に満ちた子どもの養育、これらすべては動物の世界においても、このレベルの生があることを証している。もちろん、これらすべての諸機能の様態は、人類においては測り知れぬハイレベルにまで引きあげられている。…しかし、疑いもなく、動物においてもこれらの機能は存在する。…

だが、この地球という惑星上の生きものの中で、直接の証拠が得られるかぎりにおいては、〈科学〉と〈哲学〉は人間だけに属するものである。これらはいずれも、個々の事実を一般的原理の例示として理解することに関わっている。原理は抽象において理解され、事実はその原理を具現するものとして理解される[7]。

人間の知的活動は、この低次のレベルから進化により上昇し、ついには哲学や科学という知的活動を生み出すに到った。その結果生じた科学的思考においては、一方における事実と、他方における原理（理性）とを必要とする。したがって、科学は単に事実を見極めるものではないし、単なる発想だけで成り立つわけでもない。科学は、事実と理性とが組み合わされている点に大きな特徴があり、発見したものを検証するプロセスにおいて、実験が繰り返される。

近代ヨーロッパにおいて学問の主流の座を占めるに到った科学の手法は、事実と理性という二つの要素を学の土台に据えている。ガリレオとその同時代人たちは、これら経験的および論理的な二つの方法は、それぞれ単独では無意味であり、双方が互いに相補い合うべきものであることを悟った[8]。

ホワイトヘッドは、原理は抽象において、また事実はそれを具現したものとして理解されるという。抽象的な原理をそのままの形で示すことはできない。原理を示すには、具体例を原理の例証として示すしかない。観察を通じて把握できるものは、法則そのものではなく、個々の物体が落下するという具体例に過ぎない。これらの特殊事例をいくら積み重ねたところで法則に到ることはできない。

---

7 A・N・Whitehead, Adventures of Ideas, p. 140. (Free Press, 1933). 山本・菱木訳『観念の冒険』191頁（松籟社、1982年）。

8 抽象能力は、人類においては高度に発達しているが、程度の差を度外視すれば、それは動物レベルでも備わっている。その証拠に、ペットでも物の落下に必ずしも驚かない。これは、彼らも、人と同じように、物の落下をそれなりの仕方で受け止めていることを示唆しているからである。ブロノフスキー 三田・松本訳『科学とは何か』44-45頁（みすず書房、1968年）。

科学と哲学の第一歩が記されるのは、あらゆる日常的な出来事 every routine が、特殊的具体からの抽象により描かれる原理を示していると解される場合である。好奇心とは…原理を抽象的な形で述べようとするこの欲求なのである。この好奇心の中には、結果的に事態をかき乱す無慈悲な要素がひそんでいる。われわれは、アメリカ人、フランス人、あるいはイギリス人であるし、それぞれの美や優しさを伴った自分達の生活様式を大事にしている。だが、好奇心により、われわれは文明を定義しようという企てに駆り立てられる。そしてこの一般化の中で、われわれはやがて愛すべきアメリカが、フランスが、そしてイギリスが失われてしまったことに気づく。一般性は冷たい公平さの味方をするが、われわれの愛情はあれこれの特殊なものに執着する[9]。

　驚きこそ知的探究の源泉と考えるホワイトヘッドは、人の知的営みを、一方における抽象的な原理の支配を想定しながら、他方においてそれを個々の事例を以て間接的に示そうとする、好奇心の作用によるものとする。原理を示そうと具体例を示しても、それは具体性を離れた抽象的な形でしか示すことができない。最高度の抽象レベルにおいては、一切の個性は捨象される。観察例（具体）を概念により表現する段階で、すでに観察事例には抽象化の作用が意識されることなく及ぶからである。

2. 種・類による理解
　日常生活の中でも、誰もが無意識で絶え間なく対象を分類しているが、日頃は必要以上に厳密なことは考えないため、「分類すること」には無関心である。対象を概念で把握することが抽象化の始まりであるが、この分類という作業にも、すでに一定の抽象化が伴う。例えば、「同種」という観念は、たった一つのものを、類似の感覚を頼りに、他の類似物と同一視した結果である。眼にしているものは代替性のない個物でも、それを指し示す言葉（概念）には、すでに「同種」に該当するものを総称する、抽象化の作用が及んでいる。

　このプロセスは意識されないが、動物レベルの認識においてすら、対象を識別する上で不可欠な役目を果たしている。もしこの作業を抜きにすれば、

---
[9] ホワイトヘッド, Id. p. 141, 邦訳 193 頁。

そもそも認識が成り立たない。物事を全く分類に付さなければ、あらゆる物事が個として散乱するだけの、秩序なきカオスの状態に投げ出される。現実を認識するプロセスの中に、無意識のうちに分類という作業を織り込み、ようやく日々の生活を送ることが可能になっている。これは、生き物が生存する上で不可欠な要素だが、決して高度な知的レベルに属するものではない。

分類は、無自覚的な抽象化を伴うため、日本人とかアメリカ人などという場合には、かなり乱暴な要素だけで対象が把握されることになる。

個性は、他の何物を以てしても置き換えることはできないが、そのままでは、それを認識すらできない。どの国にも実にさまざまな人がいる。だが、「国民」の特徴を細大漏らさず描けばカオスになってしまうので、主だった特徴を以てそれに代えるしかない。ホワイトヘッドは、ここに抽象化・一般化の無慈悲な要素が顔を出すという。それは、それぞれの国民の特殊な点、言い換えれば抽象化・一般化から排除された要素にこだわる者には、それらを抜きに自国民の特徴とすることに大きな抵抗を感じるからである。

II 分類による述語づけ

1. 抽象化への第一歩

自然は同一物を供給しない。それにも拘らず、人はそれらを同一物に分類し、大雑把に物事を把握する。その際、分類に基礎を提供するものが「類似」の観念である。類似への依存は、思考の基盤を成す重要なもので、ジェイムズは、これを述語づけという。

> 事物間に認められる統合の種類のうちもっとも重要なのは…事物の類的統一性である。事物は種類をなして存在している。おのおのの種類にはたくさんの標本があって、種類が一つの標本にたいしてもつ意味は、その種類に属する他の標本すべてにたいしても同じである。われわれは、世界におけるあらゆる事実はそれぞれ単一のもの、すなわち他の事実とは違ったもので、その種類において唯一であると安直に考えてもそのような単一なものだけの世界では、われわれの論理は用をなさないであろう。論理とはただ一つの実例に、その実例の属する全種類について真であることを述語づけるのがそのはたらきだからであ

る。この世界に二つと似たものがないとしたら、われわれは過去の経験から未来の経験を類推できるはずがない。そこでこの類推を許すような事物の類的統一の存在こそ、おそらく、「世界は一である」ということのもちうる意味のもっとも重大なプラグマティックな意義であろう[10]。

　厳密な意味での一と多という観念は、日ごろ意識に上ることは滅多にないが、それにも拘わらず、これが日常生活に到るまで重大な影響を及ぼしている。ジェイムズは、分類という作業の最も重要な役割は、同類とされたものに同一の属性を賦与する点にあるという。これに伴い、同一類に分類されたものは、それらの類似によってのみ把握され、同一の属性を持つものとされ、そこから漏れたものは無視される。したがって、全体の認識が可能であるとすれば、それは同類に分類されたものとともに、そこから排除されたものも、視野に入れておかねばならない。

　ジェイムズは、「世界は一である」という合理主義の考えを、世界を正確に記述したものとは考えない。彼によれば、あくまで知識は、未来を予測するための手段である。過去から集めた大雑把な情報を頼り、それを未来に投影する形でわれわれは生き残りの手段の一つとしてきた。

　分類という人為的な作業には、自然の記述ではなく人の都合が反映されている。ジェイムズによれば、「真理」ですら人の都合でそう呼ばれているにすぎない。「人間的な満足感を覚えさせるという機能がなんらの役割も演じなかったような真理など、どこにもありえない。なぜものごとが真であるかの理由は、なぜわれわれがものごとを真と呼ぶかの理由なのである。」[11]

　ジェイムズの描く世界は、本来的にカオスから成るもので、それは端から見事に分類できるようにはできていない[12]。「世界は一である」とは、自覚的あるいは無自覚的な、人の都合による序列づけを再構成したものでしかない。そこで概念が果たす役目は、一つに分類された類の全体に、真となることを述語づけることにある。

10　William James, Pragmatism and four essays from The Meaning of Truth, p. 96.（1974, New American Library）. 桝田訳『プラグマティズム』105-06頁（岩波文庫、1957年）。
11　James, Pragmatism p. 53. 舛田訳『プラグマティズム』53頁。
12　ジェイムズ／伊藤訳『純粋経験の哲学』52頁（岩波文庫、2004年）「われわれの宇宙は、それが現れるとおりに捉えられるかぎり、その大部分が混沌としたものである。」

このプラグマティズムの視点から近代科学の方法を眺めれば、その特徴的な理解の仕方が浮かび上がる。一つの法則であらゆる運動を描こうとする力学の裏には、日頃は意識されない数多くの仕掛けが施されている。運動をできるだけ簡単な方程式で表せるよう、可能な限り対象を数量化することも、その一つである。それは、数量化したものを以て、全運動を説明したかのごとき様相を呈する。ベンサムの快楽計算も、その好例である。19世紀の人類学においては、頭蓋骨の容積を計測し、これが人種を優劣に序列化するための根拠ともされた[13]。

ここに描かれた科学の世界観は、量には還元できない要素を排除することによってしか成り立たない世界である。しかも、抽象性のレベルを上げるほど、排除される要素は増える。原理の具体例として拾い上げられたものは、個としての要素をどんどん剝ぎ取られ、その結果、最高度の抽象性を維持する形で、数学が物理学の発展を側面から支える形にされる。このやり方に最も適したものが、物体の運動を解明する物理学であった。

数量化を武器とする物理学が大きな成功を収めると、今度はこの見方が支配力を強め、世界はもっぱら物理学の眼を通してしか眺められなくなる。あらゆる運動を法則に還元できるというアイデアの裏には、このような仕掛けが施されている。

認識は、原理や概念を通じた対象把握である。そこには、不可避的に抽象化が作用する。だが、それらを意識しなければ、原理や概念に当てはまった対象だけを以て実在のすべてとみなす認識の転換が起きる。

われわれが日頃目にしている世界は、生の事実が織りなす世界ではなく、類似を自明と思い込んで分類を施した結果として再構成された世界である[14]。この段階で、すでに「生の事実」は加工され、「種」や「類」という

---

[13] ピーター・ボウラー／岡崎修訳『進歩の発明――ヴィクトリア時代の歴史意識』（平凡社、1989年）。スティーブン・グールド／鈴木訳『人間の測り間違い』（河出書房新社、1989年）。ポール・ブロカの研究のみならず、犯罪学でも、ロンブローゾの唱えた体液説などがその一例に当たる。

[14] 「同一ではないものを一つのグループあるいは種にまとめる行為は、われわれにはあまりにもお馴染みのことなので、それがどれほど大ざっぱな行為であるかを忘れている。分類するという行為は、一組のものが同一ではないが類似していると認めることを基礎にしている。われわれは、それらが共通に持っているもの、言い換えればそれらの類似点と思うものによってそれらに

概念に抽象化され置き換えられている[15]。

　これらのことを具体的に示す例の一つとして、音の世界がある。歌曲であれ器楽曲であれ、クラシックであれポピュラーであれ、大方の曲がド・レ・ミ・ファ…の音階で構成されている。これは、無数の周波数の音が渦巻く現実世界の中から、特定の周波数だけの音を抜き出し、その音だけを用いて再構成された、高度に人為的な世界である。したがって、この音楽の世界だけを以て、現実の音の世界のすべてと考えれば、その見方は明らかにおかしいことが分かる。

　現代音楽の中には、半音の半音を用いたり、故意に不協和音を奏でる作品もある。だが、それでもすべての音を表しているわけではない。五線譜の中に、現実世界の音をすべて書き記すことなどできないし、記譜法ではそのようなことを予定してもいない。また、現代最もよく使われている五線譜が、記譜法のすべてというわけでもない。

　音楽の世界は、このように高度に加工された世界である。うっとりする美を感じさせる音の世界は、調和なきものを雑音として締め出すことにより、極めて人為的な細工を施した世界である。

　これに対し、現実の音の世界は、これとは全く異なっている。車のエンジン音、クラクションの音、電車のガード下の騒音、ジェット機が飛び交う際のすさまじい音、行き交う人々の話声、こうした都会の騒音を考えただけで

名前を付ける。こうしてわれわれは、習慣的に類似を自明のものと思い込むことになる。…ものごとを似ているものと似ていないものとに分類する能力は、人間の思考の基礎である。」J. ブロノフスキー 三田・松本訳『科学とは何か』31-32頁（みすず書房、1968年）。

[15] リアリストのジェローム・フランクは、法廷における事実認定を次のように描いている。実際に起きた事実は二度歪められる。先ずは証人により、次いで事実を「認定 find」せねばならない人々により。証言に対する事実審裁判官や陪審の反応は、終始、主観性に付きまとわれる。かくして、主観のうえに主観が積み重ねられる。従って、事実審裁判所が「認定する」事実は、まさに主観的なものであると言って差し支えない。事実審裁判所が事実を「発見する」"finding" the facts という言い方は、甚だしい誤解を招く言い方である。事実審裁判所の事実なるものは、「データ」すなわち「与えられた」ものではない。それらは、裁判所が「発見」してくれるのを、ちゃんと出来上った形でどこかで待ち受けているようなものではない。より正確に言えば、それは事実審裁判所によって加工されたもの processed ──証人の供述に対する裁判所の主観的反応を基礎として、裁判所によっていわば「作られた made」ものなのである。J. Frank, Courts on Trial: Myth and Reality in American Justice, pp. 22-24（Princeton, 1950）J・フランク／古賀訳『裁かれる裁判所』（上）33-36頁（弘文堂、1960年）。

も、それは美の世界にとっては騒音でしかない。それはジェイムズが言う宇宙によく似ており、あらゆる周波数の音が入り乱れる百花繚乱の音の世界である。

また、生き物にはそれぞれ様々な生理的限界があり、人間にも聴き取れる周波数域には限界がある。この生理的限界を超えた音は、われわれのセンサーがキャッチできず、実質的にはないも同然である。

美しい芸術的な音楽を生み出すべく再構成された音の世界は、あくまで人により、その都合に合わせて加工された世界であり、人間が聴くことの可能な範囲だけの音、しかもそこから雑音を一切排除した音の配列により再構成された世界なのである。

同じ構図が、知的世界にも当てはまる。われわれの日常世界も、類似を通じて分類され再構成された世界から成り立っている[16]。それは、こうした制約下でのみ成り立つ世界である。

日常においては、これが意識には上らない。だが、ジェイムズによれば、高度な知的活動の領域においても、合理主義の信奉者においてのみならず、経験論者によっても、これが十分意識されてこなかった[17]。19世紀の物理学帝国がその好例である。

2. 概念による世界把握

ジェイムズは、理論や法則などの原理を通じて把握された抽象世界を、具体的世界と思い違えることが、とりわけ合理論者の間で猛威を振るってきたと言う。ジェイムズの「根本的経験論 radical empiricism」という概念は、西洋哲学において合理論に対する経験論という対立構図のさらなる掘り下げを求める。この「根本的」という言葉には、単なる形容の意味ではなく、経験論に対する手厳しい批判も含まれている。

---

[16] ここには、とりわけ商品交換社会である資本主義の特徴も絡んでいる。資本主義社会においては、商品の代替性は、日常生活上でも法律上でも重要な意味を持っている。売買契約を結ぶ場合、「余物を以て代え難い」という考えをあらゆる商品に適用すれば、常識的に他の類似品に取り換えれば済むケースまでもそれを許さなくなる。

[17] W・James, A Pluralistic Universe, pp. 25-26. (1977, Harvard). 吉田訳『多元的宇宙論』35-36頁（日本教文社、2014年）。「根本的経験論が、哲学者たちからほとんど援助を受けなかったのは奇妙なことである。」

いかなる学問領域においても、原理が果たす役目はもちろん重要である。それがなければ、将来におけるわれわれの生存さえ危ぶまれる。その上で、ジェイムズは、合理論者の示す楽観的な見方にも、経験論者の示す悲観的な見方にも、厳しい批判的な目を向けた。

　一方において、原理により自然現象のすべてを把握できると考える楽観的な合理主義者ライプニッツの見解では、「原理に還元できない頑なな事実」が無視されている。それを無視せねば、究極の合理による世界の統一的理解など成り立たなかった。ジェイムズは、ライプニッツの哲学をこう断じる。ライプニッツの現実把握の薄弱なことはあまりにも明白であり、彼はこうした「頑なな事実」を思い浮べたこともなかったに違いない[18]。

　ジェイムズの批判は、合理論に対してだけ向けられているわけではない。これは、程度の違いはあるにせよ、経験論に対しても言える。経験論に味方するジェイムズだが、彼が強調したことは、原理を扱う学問の世界では、経験論に立つ者でさえ、その世界が抽象化された対象で満たされている点に十分な注意を払ってこなかった点である。

　経験ですらある程度の抽象化を施さねば、日常的にも学問的にも活用できない。物に名を付すことが、この抽象化の第一歩となる。問題は、その抽象化された概念を通じてしか現実を把握できないことに、われわれが欺かれている点にある。この点を、アメリカのプラグマティストであるオリバー・ライザーは、次のように述べている。

　　人は、抽象能力のおかげで、「物事」をその「環境」から孤立させ、想像上で同定された対象に名を付すことができる。しかし、言葉の上で対象に同一名を用いるからといって、それを理由にその対象を誤って同一物と信じ込んではならない。あらゆる対象物は唯一無二のものであり、唯一無二のシンボルを持つものである。誤った同定の認識を避けるため…名にはリンゴ$_1$、リンゴ$_2$といった具合の表記を使用すべきだという者さえいる。いかなる所与の対象も、時空における超微粒子的な出来事の複合体である。それは、その運動が所与の状況において不変のままでいる場合には、「対象」とか「実体」として扱われうる。だが、二つのいかなる微粒子的な対象も、「あらゆる」点で似通ってい

---

[18] William James, Pragmatism, p. 28. 舛田訳『プラグマティズム』26 頁。

るわけではないし、「同一」対象物でも、時間的に先立つ瞬間におけるそれ自身と同一であるわけではない。これらの誤った同一性を認めさせるものは言葉なのである[19]。

われわれが目にするものは、単位を分子や原子レベルにまで下げないとしても、「リンゴ$_1$」「リンゴ$_2$」という個でしかない。あらゆるものを固有名詞でしか呼べないとすれば、ものに名を付すことも無意味になる。それでは、知的世界を端から構成すらできない。

ジェイムズが、経験を重視する「硬い心」の持ち主という言い方に託したものは、今この瞬間目にしている世界ですら、概念を通じ抽象化されたものが織りなす光景であり、そこから零れ落ちた具体的なものを見逃さないほど頑なに個に執着する姿勢である。

Ⅲ 物理学「帝国」の出現：機械論の世界

1. 知的世界の絶対君主

絶対君主の支配と言えば、主に政治の世界を考えがちになる。そこには、強大な力を持った君主が君臨し、情け容赦なく権力をふるうイメージが浮かび上がる。絶対君主は、この悪いイメージも加わり、比較的容易にそれを恐れる感覚が生じる。

だが、絶対君主が支配する場は、政治の世界に限るものではない。それは、脳内を支配する知識の場においても起こりうる。たった一人の暴君による支配を、理性の支配に置き換えてみれば、知的世界における絶対主義が現われる。それは、暴君的な絶対君主を、理性というクールなものに置き換えただけである。それが、血みどろの権力争いの光景と容易には結びつかないとすれば、それは理性という概念が崇められ、汚れなきものというイメージで受け取られていることにその一因があるだろう。それだけに、理性の支配が極限まで推し進められても、それを絶対主義の支配、自由を圧し殺す要因とは感じない恐さがある。

---

[19] Oliver Reiser, Modern Science and Non-Aristotelian Logic, 46 Monist, 99, pp. 301-02. (1936)

このように言ったからといって、もちろん、近代啓蒙主義の歴史において、理性的とはとても言えない迷信や虚偽が横行する中で、科学的な考えを浸透させるべく、理性が重要な役割を担ってきたことを否定するものではない。今日の常識的な価値観や諸制度を培う上で、理性を重視する合理主義が果たしてきた恩恵はきわめて大きいからである。

　だが、理性に関しても、そのプラス面とともに、マイナス面にも目を向ける必要がある。それは、物事には二面性がつきもので、良い面だけで成り立つものはないからである。理性と事実とを結び付ける科学が、物理学をモデルとして発展を遂げ、迷信や非科学的な思考が排斥され、今日の常識が浸透し始めると、今度は科学の著しい成功のために、万事が因果律により予め決まっているという決定論が強まり、知的世界において、因果律が自由を圧し殺す、マイナスイメージで受け取られる傾向も強まるからである。

　これは、政治経済の世界において、自由の観念が辿った歴史でもある。18世紀のイギリスでは自由主義の恩恵がもたらされたが、19世紀になると、個人の自由を半ば絶対化した形のレッセ・フェールの観念が君臨するようになった。すると、今度はこの「自由の帝国」の支配下において、周知のように自由の抑制を求め、労働者などの社会的弱者を保護する要求が強まった。20世紀の労働や経済に関する法において、規制色が強まったのは、このためである。

　ここには、当初は良かれと思われたものが、その後の動きの中で支配力を強めて絶対的なものになれば、今度はそのマイナス面の効果が顕著になり始め、かつて良かれと思われたものに公然と反旗を翻す動きが強まるという、歴史の皮肉が示されている。その原因が理論の矛盾であれ、人の想像力の欠如であれ、度を過ぎればそこから反動が生まれる。自由のもたらす開放も自然の解明も、それが功を奏したことだけに留まらず、さらにそれを絶対化するまでに到れば、それに対する反動が始まる。

　だが、こうした反動は、必ずしも行き過ぎばかりが原因で生じるとは限らない。いわゆるドイツ観念論がその一例である。ホワイトヘッドは、ニュートン力学を支えようとしたカントを擁護し、その後のドイツロマン主義の動きを批判してこう述べている。

> 偉大なドイツ観念論の運動…の発祥の源をなしたカントは、ニュートン物理学、およびニュートンの思想を発展させたフランスのすぐれた物理学者たち…の思想を充分吸収していた。しかしカント派の思想を展開し、あるいはこれをヘーゲル主義に転じた哲学者たちは、カントが持っていた科学知識の背景を欠いていたか、それとも、もし哲学に大部分の勢力を奪われなければ偉大な物理学者になったかもしれないカントのような潜在能力を欠いていたか、そのいずれかである[20]。

　不可解な現象を売り物とするテレビ・ドラマは、往々にして人の好奇心を刺激して人気を博する。理性がその支配を強めると、人はありきたりの説明には不満を抱きがちになる。かつては魔女狩りが行なわれたが、今でも、科学的に説明できない事象を「超常現象」などと称し、これがテレビドラマでもなかなかの人気を博する。これは、人間の神秘に対する限りない関心を示すものである。常識では理解できないものへの好奇心は、人間の知的探求心の一面でもある。

　ジェイムズは、生理学から研究を始め、その後心理学へと研究を進めているが、超常現象あるいはオカルト研究などの神秘主義研究でも、彼はその名を馳せている。常識的に考えれば、科学者が超常現象に関心を寄せることは矛盾していると思われるかもしれないが、ジェイムズは決してそうは考えなかった。

2. 因果律と決定論

　今では、自然現象だけでなく、犯罪が起きても、それには必ず「原因」があると考えられている。動機なき殺人を超常現象とは言わないにせよ、それは不可解な出来事の一つに数えられる。このように、あらゆることにその原因を想定する考え方は、自然現象のみならず社会現象に到るまで、出来事が予め因果的に決定されているという暗黙の前提を置いている。このため、そこから漏れた出来事はあるはずのない現象となり、多くの人が、それに殊のほか大きな関心を寄せることにもなる。

　超常現象やオカルトなど、不可思議な出来事に人々が注目する理由は、そ

---

[20] Whitehead, Adventures of Ideas, p. 139. 上田・村上訳『科学と近代世界』187頁。

れらの出来事を原因・結果の連鎖に還元できないことにあろう。近代科学のもたらした因果律の概念は、これほど現代人にとって常識と化している。しかし、現代のこの常識も昔からあったわけではなく、近代科学の発達によって強まったものにすぎない。

　科学的思考が広く浸透すると、眼前で展開されている出来事には、必ずその原因があると思いがちになる。だが、これは科学的な理解の枠組みを自然に押し付けているだけで、自然が端からそのようにできていることを保証するものではない[21]。

　自然は今日の科学の理解の下でも、そのすべてが解明されたわけではないし、もともと自然が秩序だったものとして存在するとも限らない[22]。そのような自然を相手に、仮説として原理を据え、眼前で展開される現象をその具体例として理解したと考えることが、科学的理解である。

　これが、現代人が一般的に「理解」と称する知的営みである。時計じかけの宇宙というアイデアを借用すれば、時計の修理と同じように、宇宙の裏蓋を外しその内部を直視することはできないものの、文字盤上を動く針の動きから、宇宙のメカニズムを解明できたと考える[23]。これが、今より神学的な雰囲気の強かった19世紀には、単なるメカニズムとして必然を捉えることに留まることができず、陰に陽に神の御業を読み込む作業がなされていたであろう。

> 　19世紀の人たちにとって、自然現象がすべて力学的に解明されうるのは、やってみたらたまたまうまくいったということではなく、それには論理的必然的な根拠があるのだと思われた。つまり、それは、力学の原理や法則が単なる

---

[21] この意味で、科学的「発見」とは、既存の分類枠には入らないものを見い出したり、それまで無関係と思われてきた出来事の間に、新たに因果関係があると認定される場合になる。

[22] 近年の「異常気象」や度重なる大地震は、科学がこれまで積み重ねてきたデータにそれらが符合しないだけのことで、不可解な現象ではない。つまり、これまでの仮説やデータを半ば絶対視し、それに合致しない出来事は起きないものと思い込むとすれば、思わぬ出来事にその陥穽を突かれただけのことである。

[23] 18-19世紀には、今の時代なら心理療法の研究領域において、無意識という領域の発見がなされている。それを排斥しようと躍起になり、メスマーやシャルコーなどの催眠療法に対し、黒魔術としてこれらを否定しようとする動きもあった。ロバート・ダントン／稲生訳『パリのメスマー——大革命と動物磁気催眠術』（平凡社、1987年）。ジャン・チュイリエ／高橋訳『眠りの魔術師メスマー』（工作舎、1992年）。

経験的事実的な法則ではなく、幾何学の公理や定理のようにアプリオリな真理だからなのだ、と思われたのである。

こうして、物理学の体系のなかで力学が特権的な位置を占めることになる。つまり、熱や光や電磁気といったすべての自然現象は、時間・空間内での質点の運動という力学モデルに還元されてはじめて理解されたとみなされるのであるから、物理学のすべての諸学科は力学を中心に組織されることになる。これが〈力学主義的〉な古典物理学の体系である[24]。

「物理学帝国」という言葉が用いられるようになったのは、こうした背景においてである[25]。元来、経験的知識は、それをいくら積み重ねてみたところで、経験の領域に留まる限り、数学のような普遍性や必然性を持つことはできない。因果律の観念も、単なる経験的知識として偶然の域を出ないのであれば、このような帝国は出現しなかったに違いない。ニュートン力学が万学のモデルとされるためには、経験論哲学が穴を開けてしまった因果律を修復し、そこに必然性あるいは普遍性を取り戻さねばならなかった。

近代科学の基本的な観念は因果律である。科学革命を、物事の観念上の本性により秩序づけられた中世ヨーロッパの知的世界から、前後関係という不動のメカニズムにより動く近代の機械論的世界へと移ることと考えれば[26]、これは今日でもわれわれの自然理解にとって不可欠の概念である。

だが、そのためには因果律の普遍性を、理論的に裏づける必要がある。近代科学の理解の仕方が、因果律の連鎖として世界を把握することにある以上、Aという原因とBという結果の連続性を前提にするにせよ、経験的な知識である限り、その連続性には普遍性がない。Aが原因となってBという結果が生じると考えるとすれば、AからBが生じるとは言えない。それは、われわれが経験を通して知りうることは、Aがあった後にBが生じる

---

[24] 木田元『マッハとニーチェ——世紀転換期思想史』86-87 頁（講談社学術文庫、2014 年）。
[25] 斎藤成也『歴誌主義宣言』55 頁（ウェッジ、2016 年）。「そもそも、現代物理学が誕生したのは、ガリレオ・ガリレイ（1564～1642）からだと言われることが多いようです。さらに、ガリレオのあとに登場したニュートンによって重力（万有引力）が説明され、ニュートン力学が天体の軌道や地球上の物体の移動の双方について、大きな予言力を持つことが示されました。こうした物理学の成功により、他の自然科学が影響を受けて『物理帝国主義』という考え方が誕生したのです。」力学の誕生については、山本義隆『重力と力学的世界』（現代数学社、1987 年）。
[26] ブロノフスキー『科学とは何か』37 頁。

という以上の根拠を示せないからである。したがって、われわれが知りうることは、「AがあったあとにBが生じた」の連続であり、原因A「から」結果Bが生じたことは、これまでそうであったという偶然の域を超えることができない。

　　法則は決して経験的事実の単なる記述ではない。経験的事実をいくら寄せ集めても、それによって法則そのものが示されるのではない。われわれが法則を考えるということは、すでに経験的事実以上に出ることである。すでに知っている経験的事実のみならず、また経験していない同種類の他の場合をも統一的に説明しうるであろうような法則を、われわれは頭の中で考えてみるのである。このような法則はヒュームの言うように確かに実証的な事実を越えているのであるから、決して絶対的に確実であるとは言うことができないことは言うまでもない[27]。

通常、因果の法則は自然の中に組み込まれたメカニズムと理解されている。時計仕掛けの自然が、そのような構造を内蔵していればこそ、因果律が普遍的に妥当すると考える[28]。だが、そのようなメカニズムが自然のうちに内蔵されていると考えるとしても、それは過去における経験的事実を通じてしか証明できない。したがって、それが普遍的であることも単なる想像の域を出ないことになる。実質的に確実と考えられる原因と結果の結びつきも、単にこれまでの経験を基礎に勝手に普遍的であると推理しているにすぎず、その理論的な裏づけは何もないと言われれば、これを覆すことはできない。それは、原因Aが結果Bを生むという関係が普遍的に思えても、明日にはそれが覆る可能性を秘めているからである。

　　17世紀のいわゆる理性主義的な哲学は、次第に独断論の色合いを濃くしていった。そうしたゆき方に対する反省から、ロックにはじまりバークリ（1685

27　岩崎武雄『カント「純粋理性批判」の研究』20-21頁（勁草書房、1965年）。
28　法学の場合には、因果律に関しても事情が特殊的で、自然の因果律ではなく、法律上の要件に必要とされる因果律を意味する。この点につき、ハートとオノレが以下のように述べている。「火災が発生した多くの場合に、法律家、歴史家、一般人は、火災の原因が酸素の存在であるということを拒否するであろう。酸素がなければいかなる火災も生じなかったろうとしてもである。」H・L・A・ハート＆トニー・オノレ著／井上, 真鍋, 植田訳『法における因果性』100頁（九州大学出版会、1991年）。

-1753)、ヒューム (1711-76) によって承け継がれてゆくイギリスの啓蒙思想は…われわれの認識はすべて感覚的経験にもとづく経験的認識だと主張しましたが、彼らはそれと同時に数学や物理学の認識の確実性をも否定することになった。…
　その反省を踏まえて、ある範囲内でのわれわれの理性的認識の効力を認めること、つまり神的理性の媒介なしにもある範囲内でのわれわれの理性的認識と世界の理性的存在構造とが一致しうるということを主張しようとしたのがカントである。カントは、われわれの純粋な理性的認識の有効範囲を理性そのものの自己批判によって明らかにしようとし、その課題にみごとに答えることができた。その成果が、彼の主著『純粋理性批判』(1781) であった[29]。

　ヒュームが突き付けた批判は、ニュートン力学にとって難問であった。この難問に応じるには、少なくとも経験的な知識を以てしては不可能である。経験はいくら積み重ねようと、経験的世界の檻から抜け出すことはできない。かといって、アプリオリな知識に訴えてみても、それは現実との接点を持たないため、因果律が世界に内蔵された普遍的メカニズムであることの証明にはならない。この難問に一応の答えを示そうとしたのが、ドイツの哲学者イマヌエル・カントである。カントは、ニュートン力学の普遍性を担保することに奮闘した。

　　われわれの認識している世界が、われわれに現われ現象している世界（「現象の世界」）であり、与えられた材料が人間理性に特有の形式に合わせて加工された世界なのだとしたら、その形式的構造に関しては一々経験してみなくても、われわれ人間理性の認識能力を調査してみることによって、先天的に、つまり確実に（普遍性と客観的妥当性をもって）知ることができても不思議ではないことになる。
　　カントは、これまで「われわれの認識が対象に依存し」、単にそれを模写するのだと考えてきたのを180度転回して、「対象がわれわれの認識に依存している」と考えなおすことによって問題を解決したと言い、自分の思考法のこの転回をコペルニクスの地動説の発見に比している。つまり、「物自体の世界」に対しては、われわれの認識能力はまったく無力だが、話を「現象界」に限るなら、少くともその形式的構造に関しては、一々経験してみなくても、普遍性

---

[29]　木田元『反哲学入門』138頁（新潮社、2007年）。［表現を一部改めた］

と客観的妥当性をもった理性的認識をおこなうことができることになる[30]。

「コペルニクス的転回」は、自然の中にあると考えられたメカニズムを、人間が自然を認識する際に世界に投影する直観形式として逆転させることにより、物それ自体の世界には踏み込めない限界を付しながら、因果律には普遍性をもたせることになった。「対象がわれわれの認識に依存している」ということは、このことを指している。

カントのコペルニクス的転回により、ニュートン力学に普遍性の哲学的裏づけがもたらされ、19世紀にこれが物理学を「帝国」にまで押し上げる、重要なきっかけになったと思われる。その後、物理学の中から因果律の普遍性に対する疑問が示され、古典力学の普遍性は否定されるが、今日においても、日常生活の大半の場で、古典的力学の諸法則は、近似値ながらも重要な役割を果たしている。

カント以後、2世紀を超えるこのような思想史の流れの中で、ニュートン力学は、19世紀には「帝国」と言われるほどその勢力を強めることになった[31]。

Ⅳ　ジェイムズの多元的宇宙：生命論の世界

1.「帝国」への反乱

近代科学が大きな成果をもたらしたことは、誰もが認めるところである。だが、これにより決定論の支配が強まったことへの懸念も増大した。ジェイムズが、スペンサーの死に臨み、「二人のスペンサー」と称して悩みを打ち

30　木田、同書、138頁。
31　マッハ／野家編訳『時間と空間』206-07頁（法政大学出版、1977年）［訳者による解説］「17世紀に成立したニュートン力学は、その後ラグランジュ、ハミルトンらの手によって形式的完成を見、古典力学の体系として物理学の中でも格別の地位を占めるに至った。それによれば、力学法則は全て常微分方程式の形で書くことができ、ある質点の位置と運動量が与えられれば、無限小時間を隔てた次の瞬間のその質点の位置と運動量は、因果必然的に、一義的に決定される。そしてあらゆる自然現象は、このような時空間内における質点の運動という「力学モデル」に還元してこそ〈理解可能〉になるのである。この「力学的自然観」と呼ばれる思想は19世紀中葉以降物理学界を席巻し、熱現象および電磁現象を「力学的理論」に還元しようとする試みが、当時の研究者達の中心課題となっていた。」

明けたのも、この点に拘ったからである[32]。

　物理学帝国への反動は、知の王座に陣取った物理学研究の最先端から現れた。アメリカの法哲学者モーリス・コーエンは、この状況を次のように描いている。

　　こうした動きには、合理主義絶対という過重な要求から逃れようとする、健全な反動が表れていると思う。というのは、合理主義を絶対視する考えは、理性から具体的結論が導かれるのは、それが具体的前提からスタートした場合だけだということを認めず、あらゆる問への答えを純粋理性から導こうとするからである。これでは、カントやヘーゲルの絶対主義の行き過ぎから極端な反動が生まれ、それが理性と論理に対する客観的実在を認めないものになったのも当然である。
　　だが、この知的な振子がいずれの極に振り切れても、そこから真実は見出されない。相互関係を持たない孤立したアトム的事実の世界があるとしても、それは全く理解できないものであろう[33]。

　理性が絶対と化せば、それに対する反動が起きる。19世紀における思想界の揺らぎを振り子のスイングに譬え、コーエンは、一方の極には理性絶対の守護神としてドイツ観念論を、他方には、それを反対の極限にまで振り切ろうとするマッハやジェイムズの思想を据える。

　プラグマティストのジェイムズが『多元的宇宙論』で展開した考えは、「帝国」の宇宙観の対極に位置するものである。自然は同一物を供給しないというジェイムズの見解は、あらゆる現象を原因と結果の連鎖に還元しようとする、帝国の宇宙観に対するアンチテーゼでもある。

　概念により世界を把握することがいかなる知的営みなのか、それによってなぜあらゆる現象を合法則的に把握できるという誤解が生じたのか。理性の圧倒的優位を背景に、細部へのこだわりを排除してきた合理主義の宇宙観に対し、ジェイムズは徹底した細部へのこだわりを対抗させ、法則から取りこぼされた部分への執着を綴っている。

---

[32] James, 'Herbert Spencer Dead' The Works of William James: Essays in Philosophy, p. 99（Harvar, 1978）.
[33] M・R・Cohen, Preface to Logic, p. 1.（Peter Smith, 1944, 1973 rep.）

彼の主著『プラグマティズム』においては、それは、楽観的で心の軟らかい合理主義者に対し、悲観的で心の堅い経験論者として描かれている[34]。細部へのこだわりは、合法則的な世界という考えを礼賛し、法則や理論を優先しようとする合理論者に対し、原理や法則に合致しない細部を無視しない頑なな経験論者として描かれる。

ジェイムズを敬愛したイギリスの哲学者ホワイトヘッドは、古典力学が時代の精神をなすに到った当時の様子をバックに、ジェイムズの思想史上の位置づけを以下のように描いている。

> 大著『心理学原理』の筆を置くにあたり、ジェイムズは弟ヘンリーにあて、「わたしは、原理にまで還元し難い頑固な事実にもひるまず、ひとつひとつの文章を錬りあげなければならない」と書き送っている。
> 　近代人の精神に加えられたこの新しい色合とは、一般原理と、原理にまで還元し難い頑固な事実との関係に対して寄せられる、この上もなく熱烈な興味である。一方では、全世界にわたりあらゆる時代をつうじ、「原理にまで還元し難い頑固な事実」に魂を打ちこんでいる実地の人というものがあった。また、他方では、全世界にわたりあらゆる時代をつうじ、一般原理を織りなすことに魂を打ちこんでいる哲学的傾向の人があった。細かな事実に対するこの熱烈な興味と、抽象的概括に対する等しくこの熱烈な愛情との結合こそ、現代社会の新しさをかたちづくるものである[35]。

あらゆる現象を一つの原理の下に包摂できるという確固たる信念と、近代科学がもたらした未来の予見性には敬意を払いつつも、ジェイムズは、それが幻想にすぎず、原理からはみ出た部分を無視したために、合理主義者には宇宙がそのように見えるに過ぎないと考える。先の音の例に例えれば、ド・レ・ミ・ファ…だけしか音とみなさない合理論者に対し、ジェイムズはそれ以外の音にも注意を傾ける経験論者である。

日常的においては、さほど厳密性を求められず、もっぱら実用性を中心に据えて原理にも頼れば勘にも頼る。だが、近代科学が、その進展とともに実証主義的な傾向を強めるにつれ、実験や検証というプロセスが入り込み、曖

---

[34] ジェイムズ／桝田訳『プラグマティズム』第1章。
[35] A・N・Whitehead, Adventures of Ideas, p. 2. 上田・村上訳 3-4 頁。

昧な決着が許されなくなり、徹底して事実を追求する傾向に拍車がかかった。

> 大ざっぱに見れば自然のある一般的な状態は繰り返し現われ…人間のまさに本性がそうした繰り返しに適応した…。しかしその裏に、これと同程度に明らかな補足的事実がある。すなわち、なにごとも細部の一つ一つにわたって正確には繰り返されないということである。二つ同じ日もなければ、二つ同じ冬もない。過ぎ去ったものは永久に過ぎ去ったのである。したがって人類の実用の哲学 the practical philosophy では、大ざっぱな反復を予期し、細部は合理的精神の窺いえない、事物の奥深い胎内から発するものとして、そのまま受け入れてきている。人間は太陽の昇ることは予期していたが、風は己が好むところに吹くというわけである[36]。

常識では視野に入らない、また専門領域でもそこまでは視野に入れない、細部へのこだわりを強調することは、物理学帝国の支配力が、実証的な証拠を伴って思想の世界を席巻し、多元論的な見方を圧倒していることへの対抗策でもある。

2. 根本的経験

近代科学が可能な限り多くのサンプルを積み重ねても、仮説が原理にまで昇格することはありえない。この検証のプロセスにおいては、それを実証しようとする側と、それを覆そうとする側とのせめぎ合いが起きる。そこでは、あらゆるものを原理にまで還元できると考える一元的世界観の持ち主と、細かい事実にまで目を配ればそれを不可能と考える多元的世界観の持ち主との間で、目の付け処に大きな違いを生じる。

> 根本的であるためには、経験論は、直接的に経験されないいかなる要素をも、おのれの構造内に入れてはならないし、また、直接的に経験されるいかなる要素をも排除してはならない。このような哲学にとっては、経験と経験とを結びつける関係それ自身が経験される関係でなければならず、およそ経験されるいかなる種類の関係も、体系のなかの他のいかなるものとも同じように、「実在的」とみなされねばならない[37]。

---

[36] Whitehead, Id., pp. 4-5. 上田・村上訳 6-7 頁。

経験論の立場に立ち、細部まで目を配っているつもりであっても、実際にはジェイムズのいう細部は見落としがちである。それは、対象を種や類の概念で把握しようとする時点で、抽象化が合理論者だけでなく経験論者にも起きているからである。お気に入りの音楽を聴いてくつろぐ場合、そこに不快な雑音を入れるようなことはしない。街の雑踏の中にいれば、騒音、雑音は否応なしに耳に入ってくるが、それでもあらゆる音を拾い上げているわけではない。脳は不要な音を雑音として勝手に排除するとも言われる。病院の待合室で、騒々しくとも自分の名が呼ばれれば反応するのがその一例である。

ジェイムズの言う根本的経験は、経験されうるあらゆるものに固執する姿勢を重視する。根本的経験、純粋経験とは、実際には経験できない経験である。ジェイムズによれば、われわれが何かを経験した段階で、すでにそれは抽象化されたものになっている。経験を成立させるためのアプリオリな時間・空間の概念も、根本的経験論においては、経験を結び付けるための実在の一つとされる[38]。これが、ジェイムズの「多元的宇宙論」を支える中性的一元論の見方につながる。

> 絶対主義は、問題の実体は全体性のかたちにおいてのみ、全く神的なものとなるのであり、全体形においてのみ真の自己である、と考えているのに対し、私がとりたいと考えている多元論は、次のことをよろこんで信じようとしている。結局、全体形というものは決して存在しないかもしれない、実在の実体は、決して完全にあつめることはできないかもしれない。それをどんなに大きくつなぎあわせてもそこに入らない部分がのこるかもしれない、全体形が自明なこととして通常暗黙のうちにうけいれられているが、各個形も全体形と同様、論理的に可能なものであり、経験的にはありそうなものであるかもしれない。…
> この二つの形式の間のコントラストが、実際上、この一連の講義の主題なの

---

[37] ジェイムズ／桝田・加藤訳『根本的経験論』46頁（白水社、1998年）。ジェイムズの宇宙論に関しては、伊藤邦武『ジェイムズの多元的宇宙論』143頁以下（岩波書店、2009年）を参照。
[38] 「感覚的な生を具体的に調べたものは誰でも、あらゆる種類の関係、時間の、空間の、差異の、類似の、変化の、速度の、原因の、その他もろもろの関係が、感覚の流れにとっては、項と同様欠くべからざるものであることを知り、接続的な関係もまた分離的な関係と同様、この流れの本当のメンバーであることを知るに違いない。」W・James, A Pluralistic Universe, p. 126. 吉田訳『多元的宇宙論』212頁（日本教文社、2014年）。

である。ここまでくると、私が汎神論の二つの種類とよぶものが何をさすかはわかるであろう。一元論的な種類に絶対者の哲学という名を与えるなら、多元論的なライバルの方には、根本的経験論という名を与えてよいであろう[39]。

　日常的に経験されるあらゆる要素をことごとく枚挙すれば、そこには規則性が表れるどころか、逆に限りなくカオスに近づいてゆくことは想像に難くない。枚挙した要素全体の中には、確かに規則性を裏づけてくれるものも数多くあるかもしれない。だが、それらだけを取り上げ、これが全てだというわけには行かない。

　一元論者にとって、世界は決して寄せ集めのものではなく、一切を包括する一つの巨大な事実であり、その外部には何もない。これに対し、多元論者にとって、世界は雑多な事実のモザイクの寄せ集めであり、整然としているどころか、内部と外部の輪郭も曖昧ないまま、周囲に散乱したごみとの区別もできないほど乱雑な様相を呈する[40]。

　かつて画家を目指していたジェイムズは、この例を絵画に例え、一元論者の描く絵は、散乱するごみを掃き清めた純粋で鮮明なものになるのに対し、多元論者の描く絵は、気高さも感じられない雑多で濁った外観を呈する惨めなものにしかならないという[41]。

　これを音楽の例に置き換えてみれば、一元論者の作る曲は、モーツアルトの曲のごとき美しいメロディーを奏でる名曲になるのに対し、多元論者の曲は、およそメロディーも聞こえぬ堪え難い、都会の騒音のごとき雑音の集積体にしかならない。それは、一元論者の曲が、選りすぐった音でのみ構成される高度に人為的な世界を構成しているのに対し、多元論者のそれは、雑音も排除せずありのままに音を集めた結果であることを反映している。ここに、両者の世界認識の違いが浮き彫りになる。

　物理学帝国が代表する科学的世界観は、規則性にとって邪魔になるものを排除し、見事な法則的世界を描くことに成功した例である。しかも、近似値とはいえ、実用に耐える知識も提供してくれる。だが、それは決して一元論

39　James. Id., p. 20. 吉田訳 28 頁。
40　James. Id., p. 21. 吉田訳 29 頁。
41　James. Id., p. 26. 吉田訳 36 頁。

者が思い浮かべる現実の世界ではない。

　ジェイムズの多元論の見方では、世界を正確かつ厳密に描けば、聞くに堪えない不協和音の集積体にしかならない。それにも拘らず、一元論者は、巧みな技巧でこれを擦り抜き、あたかも世界をモーツアルトの名曲のごとくに仕立てる。ジェイムズの目に映じた物理学帝国は、このような見事な技巧に支えられた壮大な幻想にすぎない。

V　物理学帝国と法典主義

1.　モラル・サイエンスにおける数量化

　思想史にも時代の風潮というものがある。ここに描かれた物理学帝国と、当時のヨーロッパの法学に特徴的な法典主義とは、もちろん物理学と法学という学問の性格は違っているが、同じ19世紀に同じような見通しの下で栄えている。

　とりわけドイツにおいては国民国家形成の手立てとして法典化構想が理解されている[42]。たしかに、ローマ法の継受や近代啓蒙主義の働きは、思想的には自然法論とも絡んで大陸ヨーロッパにおける法典化の問題に大きく影響を及ぼしてきた。このため、法学の世界では、19世紀の法典化の動きを主に大陸諸国に特徴的な動向と見がちである。実際、英米諸国では法典化熱はさほど高揚しなかったし、法典化された例もほとんどなかった。

　だが、より広範な合理主義の知的動向をバックに据えてみれば、法学の領域で法典化を目指した動きは、大陸ヨーロッパ諸国だけに限るものではなか

---

[42]　Van Canegem, AnIntroduction to Private Law, p. 137 またピーター・スタインは以下のように述べている。「グロチウスとプーフェンドルフは、程度の差こそあれ、自然法をアポステリオリに、つまり過去において特定の原則が異なる社会でも法と認められてきたことによって、またはアプリオリに、つまり自然法を人間の理性的・社会的本性から論理的に導き出すことによって、立証可能なものと考えていた。トマジウスとヴォルフは、アプリオリな方法を好み、アポステリオリな方法を完全に捨ててしまった。…トマジウスが神学から法学に入ったのに対し、ヴォルフは数学から法学に向かった。ヴォルフは、社会思想・政治思想の体系を構築したが、それは明晰かつ論理的に正確であるという特色を持ち、各人の義務を極めて詳細に述べていた。…18世紀特有の楽天主義のために、彼らの後継者たちは、日常生活のほとんどの状況において、理性のみが、正しく行動する方法を人間に示すことができると信じていた。」P・スタイン／今野・岡嵜・長谷川訳『法進化のメタヒストリー』62-63頁（文眞堂、1989年）。

った。英米で法典はさほど受け容れられなかったが、'codification' という概念の生みの親と目される功利主義者のジェレミー・ベンサムの法典化構想は、大陸ヨーロッパ諸国の場合とは違った事情の下で、違った狙いから、描かれている。そこには、明らかに物理学帝国と基盤を同じくする法典化構想が浮かび上がってくる。

> 自然は人類を苦痛と快楽という二人の主権者の支配下に置いた。彼らだけが、私たちに何をするべきかを指示し、私たちが何をするのかを決定する。彼らの玉座には、一方には正と不正の基準が、他方には原因と結果の連鎖が結わえられている。それらが、私たちが行うすべてのことについて、私たちが話すすべてのことについて、私たちが考えるすべてのことについて、私たちを支配している。この従属から逃れようとして私たちが行う一切の努力は、それを証明し強固なものにするだけである。口先ではこの帝国から逃れた風を装っていても、実際には相変わらずそれに従属したままである。功利性の原理はこの従属を認識し、これをその体系の基礎とみなしており、その体系は理性と法律の力によって幸福という建造物を打ち建てることを目的としている。このことに疑問をもとうとする体系は、意味のかわりに空言を、理性のかわりに気まぐれを、光明のかわりに暗黒を取り扱っているのである[43]。

ベンサムがこの下りで示していることは、機械論を基礎に据え、功利主義の原則を示し、これに従い人類全体に福をもたらす法典化構想であろう。この構想の青写真において、各国の特殊事情は排され、発展を遂げてきた経験科学の手法に注目し、人類の行動についてそれが活かせるよう快・苦をも数量化しようと試みている。この点で、ベンサムの法典化構想は、同じ法典化とはいえ、ローマ法をベースにした大陸ヨーロッパにおける法典化構想とは異なっている。それは、イギリスに伝統的なコモン・ロー体制を批判しつつ、主に新たに台頭してきた中産階級の価値観を見据えつつ、隆盛する近代科学の成果を採り入れ、それまでの法による不当な抑圧から人類一般の開放を宣言するスタイルを採っている。ベンサムが世界の立法者と言われるとすれば、その理由は立法を通じた人々の解放と社会改革に求められるであろ

---

[43] ジェレミー・ベンサム／山下訳「道徳および立法の諸原理序説」『ベンサム　J・S・ミル』81-82頁（中央公論社、1967年）。

う。

　ベンサムのこの構想には、ニュートン力学が華々しき成果を収めた勢いを買い、法学領域での「物理学帝国」を模そうとする姿勢が鮮明に表れており、これが啓蒙思想の光の部分に対する影の部分も描き出している。ブラックストーンの『コンメンタリー』を批判し、コモン・ローと自然法論とを毛嫌いしたベンサムが、立法を含めた法学の学問的モデルとしたものが物理学である[44]。それは、新興諸科学のほとんどがニュートン力学をモデルとした19世紀の知的動向の中でみれば、むしろ当然のことであったろう。コモン・ローを非科学の典型とみなし、そのやり方を犬の躾にも例えたベンサムは、法を民衆の味方にすべく、今日に言う罪刑法定主義や被告自らが法廷で己の弁護をなしうる仕組みを採り入れようとしている。

　しかし、18世紀のヨーロッパにおいて既にその自由主義体制を誇っていたイギリスでは、コモン・ローは絶対王政を打倒した自由の象徴とされていたし、国家統一のために法典を必要とするという事情もなかった[45]。そのイギリスにおいて法実証主義の代表とされるベンサムが、大陸諸国の場合とは異なり、功利主義を基礎とし、ナチュラル・サイエンスにおける物理学を、モラル・サイエンスの領域にも打ち立てることを目指したとしても不思議は

---

[44] 当時のイギリスにおける歴史法学派のヘンリー・メインも、自然科学の研究を参照しながら、当時の法学研究の貧しさを以下のように描いている。「今日の法学者の研究は、物理学や生理学の研究にたとえれば、未だ観察を用いず憶測に頼っていた時代と同じレベルに留まっている。自然法や社会契約といった、一見まことしやかで分かり易いものの、決して実証しえない理論の方が、今でも、社会と法の古代史に関する確かな研究より人気を博している。これらの理論により真実が覆い隠されてきたのは、それらが真理を発見できる唯一の源から人の目を反らせたからだけではなく、一旦それらが支持され信じ込まれたことにより、これらの理論が、後の段階の法律学に極めてリアルで重大な影響を及ぼしたからでもあった。」Maine, Ancient Law, ch. 1. メインの『古代法』と当時の科学との関係については、岡嵜修『レッセ・フェールとプラグマティズム法学』第5章（成文堂、2013年）。

[45] 「ベンサムの場合は、[大陸諸国の場合とは] 全く事情が違った。彼は、現状維持に真っ向から挑み、生涯、法典化を雄弁に唱えつづけた。(当時は全く中世的であった) イギリスの法システムに対するベンサムの出発点は、大陸の自然法論ではなく、全くオリジナルなアイデアたる功利主義の原則だった。彼は、公理を作り法をそこから演繹しようとはしなかった。彼が疑問視したのは、法的ルールの効率性であり、当時の人と社会に対し法が実際に役立っているかという点であった。伝統的な多くの価値がこのテストを受けてはおらず、それゆえに新たな価値に置き換えられねばならなかった。…[ベンサムは]ヨーロッパ最大の理論家であり、法典化の提唱者がイギリスから生まれたことは逆説的であった。法典化の最大の予言者は、己の国では拒絶されたのである。」Van Caenegem, An Introduction to Private Law, p. 137.（Cambridge, 1992）。

ない[46]。

　その際、裁判所の法たるコモン・ローに代え、ベンサムが目を向けたものが立法である[47]。19世紀に入り、イギリスでは選挙法改正が波状的に行われた。これは、あてにならない裁判所ではなく、市民が普通選挙権を持てば実力を発揮できる議会を活用し、法による社会改革を着実に実行しうるための措置であった。

　神による支配が薄れ、世俗化が進んできた19世紀初めの時代に、立法による社会改革をめざしたベンサムは、ナチュラル・サイエンスの物理学を、モラル・サイエンスの領域でも打ち立てようとしていた。

> 　19世紀初頭は、ヨーロッパとアメリカの双方において、ナポレオン戦争による混乱を経た後の国家と法体系を再構築する必要性に呼応して、啓蒙思想とフランス法典によって刺激を与えられた、法改革の黄金時代であった。立法者は重要な役割を演じることになるだろう。彼〔ベンサム〕は過去の非合理な制度や慣習を一掃し、それらに代わって功利主義的な原理に基づいた制度や法を整備するべく、改革の先頭に立つことになる。…『道徳および立法の原理序説』において告げていたように、彼の企ては「理性と法律の力によって幸福という建造物を打ち建てること」であった。…ベンサムは自らを「立法におけるニュートン」とみなすことを好んでいた。ニュートンが自然科学に秩序を、そしてそうすることによって知性をもたらしたように、ベンサムは道徳科学において同じことをしようとしたのであった[48]。

46　戒能通弘『世界の立法者ベンサム：功利主義法思想の再生』61-71頁, 90-111頁（日本評論社、2007年）。

47　パウンドは、ややラフな言い方ではあるが、英米法とローマ法の影響を受けた大陸方との違いを、次のように巧みに説明している。「コモン・ローは裁判所の法である。その託宣者は裁判官である。それはインズ・オブ・コート（Inns of Court）という法律家の世界において、法律実務家によって教えられ、裁判所によって発展させられてきた。これに対し、大陸法は大学の法である。その託宣者は教授である。それは、中世以来大学において教えられ、発展してきたものである。このため、コモン・ローはほとんど体系化されていない。… これに対し、大陸法は高度に体系化されている。」Pound, The Development of American Law and its Deviation from English Law, 67 Law Quarterly Review, pp. 49-50. (1951).

48　フィリップス・スコフィールド／川名・小畑訳『ベンサム／功利主義入門』20-22頁（慶大出版会、2013年）。「大陸で、偉大な法典を作ったのは、指導力を持った啓蒙専制君主や官僚であった。だが、イギリスではこうした体制のいずれをも経験しなかった。大陸の法典には、とりわけ国家の結びつきを強める狙いがあったが、イギリスにはその必要はなかった。」Van Caenegem, An Introduction to Private Law, p. 137

19世紀に物理学が万学のモデルとなったのは、宇宙の外部に神のごとき視点を設定し、そこから世界をまるで箱庭を見下ろすような目で眺め、運動を数量化し、それらを法則的に把握しようとする世界観が、大きな成功を収めたからである。「立法におけるニュートン」を目指したベンサムの構想は、この機械論的世界観の成果を法学の世界にも持ち込み、それまで偏見と混乱に満ち満ちていた法学の世界にも、古典力学の上げたような華々しい成果をもたらそうとするものであったろう。

　ベンサムのこの法典化構想をみれば、法典化を目指す理由が、反コモン・ローというイギリスの国内事情に左右される面も持ちながら、それよりはるかに大規模な知的動向の一環であったことが窺われる。本国イギリスにおいては、コモン・ローの法典化は今なお実現されないままである。だが、ベンサムが、広い視点からモラル・サイエンスの世界におけるニュートンを目指したところに、この時代の知的動向が明確に現れている。

　こうした視点に立てば、その後、概念法学批判として表れたドイツの自由法運動やアメリカのプラグマティズム法学、リアリズム法学は、法学の世界における内輪の争いとしてではなく、19世紀ヨーロッパにおいて機械論を背景として隆盛した「物理学帝国」に対し、生命論的世界観を基盤に、これに対する大規模な知的反乱が、そこに表れていたものと見ることができる。

2. モーリス・コーエンによるマッハ、ジェイムズ批判

　ニューヨーク市立大学で法哲学を講じていたモーリス・コーエンは、レッセ・フェールに批判的な立場に立つニューディーラーであった。19世紀末から20世紀初めにかけ、コーエンは、ヨーロッパの知的世界で起きていた大規模な地殻変動に直面し、理性を重視する視点から、ジェイムズの『多元的宇宙論』への手厳しい批判を展開している。

　　現代は科学の時代であるとよく言われるにも拘らず、今日われわれが目にするものは、知性や理性の威信が顕著にかつ広範に低落してしまった光景でしかない。近代科学の中でも最も成功した諸科学、例えば種々の数学、物理学、生物学などは、知的ないし合理的方法の上に確立されたことを自認してきたが、「知的」とか「合理的」ということばが、今や汚名を表す俗語と化してしまっ

た。哲学の専門家、理性の神殿の高僧ですら、常習的に合理的で実証的な科学への信頼を低下させ、「実用的」観念論、生気論、人間中心主義、直観主義など、反主知主義を公言するものにその道を譲りつつある。その顕著な例は、ウィリアム・ジェイムズが『多元的宇宙論』において… 行った論理学の営み全体に向けた攻撃である。

　理性に対するこの不信が、現代を熱狂的なまでの不安で煽り、慎重に考えられた秩序の緩やかなリズムとは調和しない時代の雰囲気に浸らせたことは疑う余地がない。ヨーロッパでもわがアメリカでも、芸術、文学、政治学において、知識や形式に対する軽蔑が次第に増えつつある。今日人気を博している哲学は、ジェームズの哲学から発したものである…[49]。

ジェイムズは、合理主義の真理観を根底から批判し、従来からの真理に対する見方を一変させた。合理主義の摸写説は、時計仕掛けの宇宙観に示されるように、現象の背後に不動のメカニズムを想定し、それを見事に記述した命題を真とし、そうでなければ偽とする。

ジェイムズは、デカルトに端を発する合理主義哲学の伝統を覆そうとした。ダーウィンの進化思想の影響の下で、生物が、自ら意識する以前に生存を目指すとすれば、人が知識を希求するのも、自然を摸写するためではなく、生存に不可欠な要素の一つとしてである。合理主義哲学とは水と油のように相容れない、このプラグマティズムの真理観の下では、「真理は有用性」とみなされる。知識は知識であるがゆえに価値があるのではなく、それが生物の生存に寄与してこそ、「真理」という名で崇められる価値を得てきた。それは、合理主義哲学の下で、虚偽として打ち捨てられた真理に注目すれば明らかになる[50]。

---

[49] M·R·Cohen、Reason and Nature: An Essay on the Meaning of Scientific Method, p. 3（Free Press, 1931）

[50] 「ひとつの観念の真理とは、その観念に内属する動かぬ性質などではない。真理は観念に起こってくるのである。それは真となるのである。出来事によって真となされるのである。真理の真理性は、事実において、ひとつの出来事、ひとつの過程たるにある、すなわち、真理が自己みずからを真理となして行く過程、真理の真理化の過程たるにある。真理の効力とは真理の効力化の過程なのである。…真の思想を所有するということは、いついかなる揚合でも、行為のための貴重な道具を所有していることである。さらに、真理を獲得するというわれわれの義務は、碧空から降る空白な命令とかわれわれの知性が好んで演ずる「妙技」とかなどではさらになく、すぐれた実際的な理由によって説明されうる……。」ジェイムズ／枡田訳『プラグマティズム』147-48頁．これは、同じプラグマティストのチャールズ・パースの見解などとも異なる、ジェイムズ独

1840年生まれのジェイムズは、若き時代に父親の反対で画家になる希望を断念せざるを得なかった。その後、この精神的葛藤を抱えながら、最初に学問として取り組んだものが、人の神経組織を科学的に究明する生理学である。すでに時代は科学的知識が学のモデルになった時代で、大学のカリキュラムも従来のものから一新され、ニュートン力学をモデルに各個別科学の研究が展開されていた[51]。ドイツに留学し、ヴィルヘルム・ブントの下で生理学研究を行った後、ジェイムズは大著『心理学原理』を著す。これらの科学研究で習得した知識と方法を携え、その後にハーバード大学哲学科の教授として著したものが、かの有名な『プラグマティズム』である。

　コーエンが批判する『多元的宇宙論』は、その後ジェイムズの晩年に書かれた形而上的思索の跡を示すもので、それまで個別科学として研究してきた知識の限界を示し、それらを統合しうる基礎を目指した哲学的な思索の書に当たる。

　『多元的宇宙論』においては、従来からジェイムズが主張してきた、世界はカオス的なものであるという見解を裏づけ、科学はカオスの中にコスモスを見出す営みとして描かれる。そこには、知己でもあったウィーンの物理学者エルンスト・マッハの影響も浸透している。コーエンが、ジェイムズと並んでマッハも批判の対象としているのは、ジェイムズとマッハの間に共通する見方が、近代科学の研究に端を発し、その中から生じた科学批判が合理主義への批判となって、近代科学に危機をもたらすことを懸念したからである。

　　経験の感覚的要素を強調したことから生まれた反合理主義を最もよく説明してくれるものが…マッハのケースである。マッハの『力学』の論理的・歴史的な功績——とりわけ、彼が経験科学としての物理学から絶対空間という幻想 ghost を排除したことにより、アインシュタインの偉大な仕事への道が整えられたこと——を評価しない者は誰もいない。だが、厳密科学の数学的要素を軽蔑し、それを「フィクション」とか「便利だが真実を欠く」と特徴づける者

自の色彩を帯びている。
51　Daniel J. Wilson, Science, Community, and the Transformation of American Philosophy, 1860-1930, pp. 2-3. (Chicago, 1990)

は、疑いもなくその養分をマッハから引き出している。…

　マッハの『感覚の分析』を読めば、その理由が明らかになる。マッハに感覚ないしは経験的要素ばかりを強調させ、科学を可能にする…有機的な諸関係を全く無視させているものの正体は、形而上学に対する極度の恐れに他ならない。…

　もし、論理学や数学上の諸関係が、事物や経験からの抽象であるがゆえに、それをリアルでないもの unreal と称するのなら、要素や感覚も、まさにそれと同じく、それらが基礎づけられている物理的・精神的世界から切り離された存在でしかないという理由で、抽象的なものに過ぎないことになる。いかなる科学的探求においても想定されていることは、世界が互いに結び付けられた諸要素に分解されうるということである。したがって、この要素や関係を無視しようとすれば、いかなる試みもひたすら混乱に終始するばかりになる[52]。

われわれは一般的に、眼前に展開される自然を正確に描き出すことを以て科学の仕事と考えている。これが、今なお素人の間では、常識的に考えられている科学であり自然である。この科学観をもたらしたものがニュートン力学であり、その背後に控えるものが機械論的自然観である。これは、大方の常識的な自然観にもうまく合致しているため、門外漢にはそれ以外の科学や自然観などを想像することは容易ではない[53]。

　この常識的な科学観・自然観から見れば、マッハの描く科学の世界は破天荒なものである[54]。これが、「帝国」と言われるまでに支配力を強めたニュ

---

[52] M・R・Cohen, Reason and Nature, pp. 40-42. 本稿は The Rivals and Substitutes for Reason として Journal of Philosophy, vol. XXII（1923）初出。

[53] マッハ／野家編訳『時間と空間』208 頁［訳者解説］「ラプラスが提示する、因果必然的な力学法則に統べられた決定論的世界像の完成こそは、19 世紀の自然科学研究を嚮導した炬火であった。古典力学を全自然科学の中で至高の地位に祀るこの『力学的自然観』は、当然にも、力学法則をアプリオリな根拠から導出される必然的真理と見なす考え方を生み出す。力学法則はアプリオリな「必然的真理」であるがゆえに、それは宇宙内のあらゆる自然現象に妥当する、という訳である。…力学法則に対するかかるアプリオリズムは、認識主体から独立に自存する客観的自然の存在を、いわば自明の前提として成り立っている。自然科学者の眼前にはアプリオリに分節した合理的秩序をもつ対象的自然が広がっており、その自然を鉄の規律をもって支配する法則を〈あるがままに〉認識することこそ、科学者の任務であり目標であったのである。」

[54] 木田元『マッハとニーチェ――世紀転換期思想史』117-18 頁。「実体的な意味での物体も自我もすべて解消され、残るのは感性的諸要素がたがいに函数的に依拠しあい連関しあいながら現われ、絶えず離合集散を繰りかえしている一元的世界、つまり〈現象〉の世界だけである。それは〈物体〉と呼ばれうるような複合体も現われるし、〈自我〉と呼ばれうるような複合体も現われうるような両義的な世界である。これらの複合体も比較的安定して持続するというだけで、絶対的

ートン力学に与えた打撃は大きく、その後の物理学の展開に大きな影響を及ぼした。

　マッハが疑問を投げかけ、徹底した闘いを挑んだのは、［力学的］自然観および真理観に対してであった。彼はまず、常住不変の「物体」が時間・空間の体系に準拠しつつその中で運動する「世界」、といった［ニュートン力学の］認識の構図を全面的に否認する。マッハによれば、世界の究極の構成要素は「物体」ではなく、「色、音、熱、圧、空間、時間等々」の〈感性的諸要素〉である。これら諸要素は相互に函数的に依属し合い、連関し合って様々な「複合体」を形作っている。「物体」とは、この相対的に恒常的な「複合体」に与えられた名前にすぎない。それゆえ、「物、物体、物質なるものは、諸要素、つまり、色、音、等々の連関を離れてはない」のであり、「〈物質〉はすべて要素複合体（感覚複合体）に対する思想上の記号にすぎない」と言われるのである[55]。

生理学と物理学の垣根を取り払ったマッハのこの世界観は、生理学、心理学の研究から哲学を目指したジェイムズの世界観とよく似ている。この世界観は、一方においてひたすら眺められるだけの自然と、他方においてもっぱら眺めるだけの人間を想定する古典力学の世界観とはかけ離れている[56]。これがその後の相対性理論につながり、ニュートン力学を「古典」力学と言わしめるに到った。この新たな科学の発展に寄与した点では、コーエンもマッハを大いに評価している。だが、ドイツ観念論に見られるような形而上学を

な恒常性をもつものではない。この世界には、そうした絶対的な恒常性をもつようなものはなに一つないのであって、マッハに言わせれば、論理学的真理や数学的真理でさえも、そうした感性的諸要素の離合集散、つまり経験に起源を持ち、そこから生成してきたものなのである。彼は、幾何学的空間でさえも、絶対のアプリオリではありえないと言う。」

55　マッハ／野家編訳『時間と空間』209-210頁［野家による解説］。ここで、諸要素と呼ばれるものを、われわれの主観的な「感覚」と同一視してはならない。諸要素はあくまである特別な「函数的依属関係」においてのみわれわれの「感覚（Empfindung）」となるのであり、それ自体としては「物的」でも「心的」でも、また「客観的」でも「主観的」でもない「中性的」な存在者なのである。「感覚ならざる外物が対応しているところの感覚などというものは存在しない。ただ一種類の要素が存在するのみであって、いわゆる内なるものと外なるものはこの要素から成り立っている」というマッハの主張は、この間の事情を説明している。彼は「物理的なものと心理的ものとの単一性を繰り返して」おり、彼の〈世界〉には「普通の意味での主体と客体との対立は存在しない」のである。このことからマッハの立場は、しばしば「中性一元論」の名をもって呼ばれる。

56　ジョン・デューイ／清水訳『哲学の改造』109-110頁（岩波文庫、1968年）。

嫌悪し、感覚的な要素だけに世界を限定し、その結果、認識を不可能な状態にまで粉砕することは、科学を重視する視点からは有害であるとコーエンは言う。

物理学に代表される近代科学は、一方における経験的要素と、他方における合理的要素が、適度に組み合わせられているからこそ、われわれの理解が促されてきた。そうであれば、一方におけるドイツ観念論と、他方におけるマッハ、ジェイムズの宇宙観は、科学的な理解を阻害するだけに留まらず、科学という知的営みを足元から揺るがすことになるとコーエンは言う。

Ⅵ　おわりに：時計仕掛けと揺れる振子

マッハやジェイムズの見解が、哲学や神学の研究からではなく、科学研究の先端から現れたことは、機械論的自然観の支持者にとっては、それを門外漢のたわごととして撥ねつけることのできない、深刻な事態を引き起こした。それは、その後に「物理学帝国」の足元を揺るがす事態が引き起こされたことが物語っている。

マッハやジェイムズの研究の狙いが、コーエンが嘆くように、理性を貶めることにあったかどうかはともかく、そこからそれまでの科学研究の足元が大きく揺らぐことになり、後にアインシュタインの相対性理論を生み出す新たな視点がもたらされた。

その中にあって、コーエンは、当時における理性への信頼の低下を危惧し、これまで啓蒙主義の科学論が上げてきた成果を踏まえ、その擁護論を展開している。

> 近代科学の基礎を築いた者の中で、その手続き中に合理的要素と経験的要素との対立を感じた者は誰もいなかった。…
> 少なくとも19世紀以前の時代において、合理主義と自然主義との関係についての歴史的な見方では…合理と経験は不可欠な同盟関係にあるものとして見られていた。理性への訴えは、迷信と不必要なまでに残酷な束縛に対する戦いにおいては、格好の武器であった。それゆえ、合理主義の大きな敵は経験主義ではなく、ある種の形態の——その多くが超自然的で非合理的な——権威主義

であった。…

　政治学と経済学の領域では、合理主義が…既存の特権と独占に対する戦いを挑んだ。したがって、科学の世界では、合理主義がそれまで伝統であった世界の権威主義的な見方や、通俗的な迷信などと敵対した。このため、ケプラー、ガリレオ、カンパネラ、スピノザ、グロチウス、ライプニッツ、ニュートン、ベッカリア、百科全書学派などの人々を通じ、親密な同盟関係にあった合理主義と自然主義により、科学は神学の後見から解放され、異端審問を打ち捨て、犯罪、病気、狂気などに関し、明らかに今日の人間的な扱いへの道を整え、市民法、国際法を開放したのである。…

　経験主義と合理主義との対立が際立って強調されるようになったのは、フランス革命やロマン主義的な「自然哲学」の行き過ぎに次いで、理性の威信が失墜する中においてである。理性の公然たる信頼の低下が、最近の知的歴史の中心を占める事実の一つになっている[57]。

　コーエンによれば、自由主義が絶対王政に対抗して個の開放をもたらしたように、理性は、狂信や迷信あるいはそれを裏づける権威主義に対し、知の開放というべき役割を果たし大きな功績を上げてきた。

　この動きの背後には、自由と秩序のいずれを優先するかという問題も絡んでいる。これは、とりわけ法学の領域を巡っては、英米と大陸とのスタンスを違える大きな要素になった。それは18世紀以後、とりわけ自由主義体制を整えたイギリスと、秩序を重視するドイツとの間で顕著になった[58]。

　だが、自由にせよ理性にせよ、そうした功績の域を踏み越え、それまでの大きなプラスをもたらした立場から、逆にマイナスを増大させる姿勢に転じるのは、それらがいわば自己目的化してしまい、万人をそれに服させるような状態に到った時である。19世紀に入り、ニュートン力学があたかも帝王のごとく振る舞い、万学をその下僕とするに到ったとき、それまで根拠なき狂信や迷信を退け、自由な知の営みを促してきた科学は、それを意識するか否かはともかく、その成功の威力を背景に強靭な権威主義となり、自由より万事を自らの支配下に置く姿勢へと転じる。

57　M・R・Cohen, Reason and Nature, pp. 4-6.
58　岡嵜修「法典主義を巡る自由と秩序：時計のアナロジーと自動制御システム」高森八四郎・小賀野晶一編『植木哲先生古稀記念論文集』433-456頁（勁草書房、2017年）。

現代の数ある格言の中で最も影響力のあるものの一つが、メインの有名な、法の進歩は身分から契約への動きであったというものである。この格言は、単に歴史上広く見られる傾向を意味するだけでなく、法システムにおいては、権利・義務が「身分」により定まるものより、両当事者の合意により定まる方が好ましいと考えることが、健全なポリシーであるという意味にも受け取られてきた。

　歴史の結果として起きたことなら何でも必然的に最良のものとみなし、人のいかなる努力によってもそれを阻害してはならないとする安易な想定が、サヴィニー以後の歴史法学のみならず、メインの世代と現代にまで広まった進歩思想の典型となっている。このため、今の状況下では、契約の自由には一定の制約が必要などと言おうものなら、それは歴史に逆行するもので、野蛮な時代に逆戻りすることなど許されないという反論を食らうのがオチである[59]。

　雇用契約に関しては、労働者保護のために契約自由の原則を制約必要がある。これが現代の常識となって労働諸法が作られた。だが、アメリカ連邦最高裁がこれを受容するのは、1930年代後半であり、ニューディーラーのコーエンには、契約自由の原則を堅持する連邦最高裁の姿勢を苦々しく思っていた時代である。

　ドグマ批判であれ、狂信・迷信の批判であれ、それがいわば健全に行われている限り、それが後の時代から見れば功績となり得る。だが、その時点を過ぎ敵と目したものがほとんどなくなれば、それが絶対的な規準と化し、そこから弊害多き時代へと転じることになる。

　コーエンが言うように、労働契約においては、レッセ・フェールの自由の重視、規制反対という姿勢の弊害が明白になっても、アメリカではレッセ・フェールが信奉されていた。

　1923年のアドキンス事件における連邦最高裁の判決においては、ロックナー事件判決を先例とし、ワシントンDCにおける女性と子どもの最低賃金を定めた連邦法に対し、最高裁は違憲の判断を下し、アメリカにおけるレッセ・フェールの支配が続いていることを裏づけている[60]。

　だが、その後ほどなくウォール街の株の暴落が起き、それが資本主義の屋

---

[59] M・R・Cohen, Law and the Social Order, pp. 69-70（Archon Books, 1933, 1967rep.）
[60] Adkins v. Children's Hospital, 261 U.S. 525（1923）

台骨を危機的状況と思わせるほどに傾けると、世界は経済恐慌へと突入し、アメリカでもレッセ・フェールの支配には幕が引かれ、ルーズベルトによるニューディール時代へと移らざるを得なかった。

　19世紀における法典化の動きの高揚には、知的世界においてここまで述べてきたような動きを伴っている。この動向を見据えれば、19世紀に特徴的な法典化の動きを法学の世界の動きとして見るより、さらに広範な知的一般的動向との関連において捉えることができるであろう。法典化の動きに国による強弱の違いがあるのは、それぞれの国が負う様々な条件が作用した結果と思われる。成文法の大陸諸国と判例法の英米諸国とでは、法典化への熱意に相違があることも予想できる。

　科学と法学とは学問の性格も違う以上、法典化の動きを安易に物理学帝国に向かう力学の動きと関連づけるわけには行かない。だが、以上のポイントを見れば、その動きと法典化の構想との間に、共通点を見ることも可能になる。

　科学は、理性と経験という二つの要素の結びつきを研究の中軸に据え、具体的事実を以て理性により想定される原理の例証とする見方を採る。したがって、形而上学の行き過ぎに対し、理性より経験的要素にウェイトを移すことも、それが一定の限度内であれば、健全な反動の範囲内に収まる。だが、その域を踏み越え、理性的要素のほとんどを経験的要素に還元しようとすれば、理性と経験の双方を巧みに結びつけ、それにより自然の解明・理解を促進してきた科学の営みが、根底から損なわれる危険性を帯びることになる。

　法理の体系化を目指す動きも、もっぱらその無謬性にウェイトを起きすぎれば、19世紀ドイツの自由法運動や20世紀アメリカのプラグマティズム法学、リアリズム法学などにみられる反動を生む。だが、その反動も度が過ぎれば、いずれは不健全な領域に足を踏み入れ、理解できないカオスに陥る危険性も孕んでいる。

　どの研究領域においても、「帝国」を目指すことは、研究を促すための重要なエネルギー源でもある。だが、帝国が完成に近づくとすれば、その内部からそれを突き崩す動きが表れ、そのシステムの核心をなす主要部は壊しつつ、次の新たな研究への見通しが展開される。これは、知的世界における創

造的破壊の一例とも言えるが、そこには破滅に到る恐れも潜んでいる。

ローマ法および近世自然法論における契約類型の諸機能
―― 多角・三角取引の分析に向けた法史学からの予備的考察 ――

出 雲 孝

I　はじめに
II　ローマ法
III　近世自然法論
IV　おわりに

I　はじめに

　近年、多角・三角取引に関する議論が活発である。多角・三角取引（以下「多角取引」と略す）の定義そのものに関する考察も重要であろうが、さしあたり本稿では長坂［2017］の定義に従い、「多数関与者間で、複数の契約によって各関与者の固有の利益を実現するために行われる取引現象」[1]と理解しておく。このような多角取引における論点のひとつとして、多角取引を既存の二当事者間契約に還元しうるか否か、というものがある。これに関する従来の議論について、長坂［2017］は次のような指摘を加えている[2]。

　これまでの多数関与者による取引の構造把握に関しては、基本的には、これを二当事者間の法律関係（契約関係）に還元するという構成が採られてきた。しかし、多数関与者の関係をあくまで二当事者間契約に基づいて独立的・分断的に構成するだけでは、そのような契約関係にない関与者の固有の利益を反映し

1　長坂純「契約の連鎖と従属的関与者：多角・三角取引の構造把握へ向けた一考察」法律論叢89巻6号（2017年）283頁。
2　長坂（前掲註1）284頁。

た結果を導くことができない場合も出てくる。例えば、下請負において、注文者と下請負人間の法律関係は不明確であり、下請負がさらに連鎖的に拡大する場合の元請負人と末端の下請負人との関係も不明確である。また、リース取引において、サプライヤーとユーザー間の法律関係を契約関係として基礎づけることが困難であったり、第三者与信売買における信販会社と消費者間のいわゆる抗弁権の接続についても問題とされてきた。

もし多角取引が既存の二当事者間契約に必ずしも還元可能でないならば、多角取引は独自の類型を形作るはずである。事実、多角取引の構造に着目した「型」の存在は従来から指摘されており[3]、「契約連鎖型」（転貸借、下請）、「契約上の地位譲渡型」（第三者のためにする契約）、「結合契約型」（第三者与信売買、ファイナンスリース）、「ネット契約」（フランチャイズ）などが挙げられる[4]。

もし多角取引独自の類型化が可能であるならば、多角取引の分析にあたっての最初の関門は、その基準作りということになろう。この点、大まかに3つの基本的立場が考えられる。第1の立場は、私的自治の原則を重く見て、多角取引においても契約当事者の意思から出発するものである[5]。但し、従来の申込と承諾の構成では、多角取引における当事者の意思をうまく説明できないため、中舎［2017］は、「契約は、対立しあう意思表示としての申込みと承諾の合致により成立するのではなく、二人以上の当事者間で確定された合意事項にすべての当事者が『同意』することによって成立する」と再構成している[6]。あらかじめ用意された条項へ各当事者が同意していくという構成は、いわゆる筏津理論として著名なアイデアであり[7]、当事者が3名以上であっても、さらには、異なる時系列において同意したとしても成立する

---

3 河上正二「多角取引（三角取引）の意義・構造・法的性質と機能：多角取引・三角取引を見るもう一つの視点」NBL1080号（2016年）45-46頁。
4 藤原正則「第三者与信売買・ファイナンスリース・フランチャイズ：契約結合からネット契約へ」NBL1080号（2016年）19頁。
5 多角性そのものを当事者意思から導出する議論もある。例えば、村田［2012］は、転貸借が多角取引であることの根拠として、各当事者の「参加意思」を挙げている。村田彰「契約の成否・結合と多角的法律関係」椿寿夫ほか（編）『多角的法律関係の研究』135頁（日本評論社、2012年）。
6 中舎寛樹「抗弁の接続と多角取引：給付関連性説と多数当事者間契約論」法政論集270号（2017年）167頁。
7 筏津安恕『義務の体系のもとでの私法の一般理論の誕生』166-170頁（昭和堂、2010年）。

ところに利点がある[8]。

　第2の立場は、当事者の意思からいったん離れて、取引の経済構造という客観的側面に接近していくものである。その端的な例は、法と経済学ということになろう。例えば、カルドア-ヒックス基準が考えられる。カルドア-ヒックス基準とは、「ある法のルールに代えて別のルールを採用したときに誰かが不利益を被るとしても、その不利益を補償して余りあるほどの利益が他の誰かに生じるなら、たとえ実際には補償が行われなくても、当該ルールの採用は効率性の観点から望ましい、と評価するもの」[9]である。また、当事者の意思よりもコーズという結合要素を重視する見解として、千葉［2009］の給付関連性説が挙げられる[10]。前掲の中舎［2017］は、自説と給付関連性説とを対比しながら、「千葉理論は、取引全体を統合するための要素として、主観的な意思概念によらず、客観的な給付概念の意義を徹底させて、多角取引の構造自体に結合要素が内包されていると理解するのに対して、私見は、取引に参加する当事者の合意に対する同意を結合要素であると捉え、当事者の意思（ただし主観的な意思ではなく規範的な意味での意思）が各個別契約を結合させる要素であると解するのである」[11]と分析したうえで、「上記の整理からすると、千葉理論は、多角取引を取引構造から法律構成しようとする最も徹底した見解であり、私見が一番意思寄りの見解であるといえよう」[12]と説いている。したがって、中舎［2017］の見解を主観説、千葉［2009］の見解を客観説と呼ぶことができよう。

　第3の立場として、前2者の折衷が考えられる。しかしながら、中舎［2017］及び千葉［2009］も強調しているところであるが[13]、主観説は契約

---

[8] 中舎（前掲註6）166頁「多数当事者が同時に意思表示をする必要はなく、先に成立した基本契約の当事者が新たな当事者の参加をあらかじめ承認しているといえるか、または個別の同意により、成立した多角取引に後に参加することも可能である」。

[9] 田中亘「契約違反に関する法の経済分析：強制履行を認める法体系の意義」社會科學研究62巻2号（2011年）8頁。

[10] 千葉恵美子「『多数当事者の取引関係』をみる視点」椿寿夫教授古稀記念『現代取引法の基礎的課題』175頁（有斐閣、2009年）。

[11] 中舎（前掲註6）177頁。

[12] 中舎（前掲註6）177頁。

[13] 中舎（前掲註6）178-179頁および千葉（前掲註10）197頁。

の客観的要素を排除するものではないし、客観説は契約自由の原則に反するものでもない。つまり、主観説は純粋主観説ではなく主観重視説であり、客観説は純粋客観説ではなく客観重視説であると捉えたほうが良い。そこで、本稿では、当事者の主観を最も重視する立場として中舎［2017］の主観説が、契約の客観的事情を最も重視する立場として千葉［2009］の客観説があり、そのあいだに程度の異なる見解がグラデュエーション状に並んでいるものと解する。したがって、折衷説という第3の見解を、敢えて独立のものとは見ない。

　本稿は、このような主観説と客観説の対立を踏まえたうえで、ある新規の取引形態が現れたとき、歴史的にはどちらを重視した解決がおこなわれてきたのかを振り返るものである。分析の対象としては、ローマ法、近世自然法論者のフーゴー・グロチウス（Hugo GROTIUS、1583-1645）、クリスティアン・トマジウス（Christian THOMASIUS、1655-1728）の3つの見解を取り上げる。

　以下、本論に入る。

II　ローマ法

1. 法務官告示

　古代ローマにおける最初の成文法は「十二表法（duodecim tabularum）」であるが、現代において用いられている契約類型の基礎になったのは、外国人係法務官が形成した「万民法（ius gentium）」ないし「法務官法（ius honorarium）」であった。「万民法上の債務関係に関して、人は早くから既に、『信義（fides）』のなかに、すなわち、言ったことを守る義務のなかに、拘束根拠を見出していた。この義務は、民族の区別なく万人に妥当しており、そして、当初は神の保護に服していた。このような信義にもとづくものとしては、『信約（fidepromissio）』があり、またとりわけ『誠意訴訟（bonae fidei iudicia）』すなわち無方式に成立した極めて重要な債務（売買、使用賃貸借、組合、委任、事務管理など）から生じる訴権がある」[14]。

14　Kaser, Juristische Kurz-Lehrbücher: Römisches Privatrecht, 15. Aufl., München: Verlag C. H. Beck, 1989, S. 30.

では、いかなる約束についても「言ったことを守る（Worthalten）」というルールが妥当したのか。そうではなかった。このルールの適用不適用の選択にあたって重要な役割を果たしたのが、「法務官告示（edictum praetorum）」である。「法務官の告示とは、彼が公職の初めに掲示によって公開する包括的な布告である。その主たる内容は、［法務官によって救済対象と］認められたすべての『訴権（actio）』、『抗弁（exceptio）』およびその他の法的救済手段の一覧表である。それぞれの訴権（例えば、所有権から生じる『所有物取戻訴権（rei vindicatio）』、売買から生じる買主の『買主訴権（actio empti）』と売主の『売主訴権（actio venditi）』、盗から生じる『盗訴権（actio furti）』）について、告示は、当事者たちが具体的な紛争事案において使用すべき訴えの方式の見本（雛形）を含んでいる」[15]。法務官告示は、法務官が交代する度に新たに布告されるわけであるが、通常、後任の法務官は前任の法務官が認めた法的救済手段を継承した[16]。これを「踏襲的告示（edictum tralaticium）」と言う[17]。後任の法務官は、前任の法務官を踏襲しつつ、新たに保護が必要な対象を拡張していったので、法務官告示はだんだんと豊かなものになっていった。しかし、130年頃、ハドリアヌス帝は、法学者ユリアーヌスに監修をさせたうえで、『永久告示録（edictum perpetuum）』としてこの発展を停止させた[18]。

　以上の歴史的展開から、以下のことが分かる。売買などの契約類型は、十二表法などの成文法にあらかじめ規定されていたものではなかった。それは、外国人係法務官が、万民法の名の下に発展形成させたものであり、外国人係法務官は、この作業を「告示（edictum）」すなわち法的救済手段のカタログによって遂行した。契約類型は、この場合、個別具体的な事案の解釈を補助するというよりは、むしろ法的な救済から除外すべき対象の選別を目指していた。このような選別機能は、その枠組みに応じて法的な効果の付与を一律に処理するものであるから、本稿ではこれを契約類型の「フィルタリング機能」と呼ぶことにしたい。法務官告示のフィルタリング機能が発揮された一例は、「交換（permutatio）」に関する当時の論争であった。交換は法務官告

15　Kaser, a. a. O. (Anm. 14), S. 19.
16　Kaser, a. a. O. (Anm. 14), S. 20.
17　Kaser, a. a. O. (Anm. 14), S. 20.
18　Kaser, a. a. O. (Anm. 14), S. 20.

示に明記されていなかったので、サビヌス学派はこれを売買へ組み入れて救済しようとしたのであるが、この解決は拒絶された[19]。

　日本においても契約類型は、例えば印紙税法上の課税対象になるか否かを決定する機能を有しており、当事者が類型を任意に変更・無視することができない[20]。このため、「課税文書を大量作成するような場合には、特に、文書作成時に適切な判断をする必要がある」[21]。契約当事者によってコントロールできないフィルタリング機能は、ローマ法に固有のものではなく、現在の日本においても生きていると言えよう。

2. ガイウスとユスティニアヌス帝の『法学提要』

　古代ローマの契約類型には、法務官告示を中心としたフィルタリング機能しか存在しなかったのであろうか。そうではない。歴史的な契約類型の中でもとりわけ著名であり、多くの議論の的になったものは、我が国の民法典にも定められている典型契約とその分類である諾成契約、要物契約、文書契約であろう。これに、ある一定の文言によらなければ効力の発生しない言語契約を加えたものが、我々に最も馴染み深い契約類型カタログである。

　このカタログは、古典期ローマの法学者ガイウス（生没年不詳、2世紀中頃に活躍）の著作『法学提要（*Institutiones*）』の中に既に見られる。本作品は最初から教科書的な性格を帯びており、「法の初等的な授業に端を発する教授学的傍流」[22]に属していた。東ローマの皇帝ユスティニアヌスⅠ世は、ガイウスの『法学提要』を範として、『ユスティニアヌス帝の法学提要（*Institutiones Iustiniani*）』という教科書を編纂させた。「法の授業のために、皇帝の委任およびトリボニアヌスの指導のもとに、テオフィルス教授（コンスタンティノープル）とドロテウス教授（ベリュトゥス）によって、ガイウスの『法学提要』およびその他の古典期・古典期後の初等文献から、公定の入門教科書が作成

---

[19] *Kaser*, a. a. O. (Anm. 14), S. 193.
[20] 浅場達也「冒頭規定の意義：典型契約論【5】 冒頭規定の意義：制裁と『合意による変更の可能性』(4)」商事法務ポータル2017年8月18日（https://www.shojihomu-portal.jp/article?articleId=4206459, 2017年10月7日最終閲覧）。
[21] 山端美徳「印紙税法の第2号文書・第7号文書をめぐる実務ポイント」経理情報1430号（2015年）60頁。
[22] *Kaser*, a. a. O. (Anm. 14), S. 4.

され、533 年に『法学提要』というタイトルで、『学説彙纂』よりも少し前に公刊された」[23]。『ユスティニアヌス帝の法学提要』の入門書的・教科書的性格は、後世においても明確に意識されていた[24]。

後世に継承された『ユスティニアヌス帝の法学提要』は、要物契約として「消費貸借（mutuum）」、「使用貸借（commodatum）」、「寄託（depositum）」、「質（pignus）」を、言語契約として「問答契約（stipulatio）」を、諾成契約として「売買（emptio venditio）」、「賃約（locatio conductio、賃貸借・雇用・請負に該当する）」、「組合（societas）」、「委任（mandatum）」を挙げており、文書契約については「今日では使われていない（hodie non sunt in usu）」と記している。我が国の民法典と比べてみると、交換、終身定期金、和解が抜け落ちているが、これには理由がある。ローマ法における「交換（permutatio）」は、当事者の一方が先履行したときにのみ強制力を有し[25]、「和解（transactio）」は、古典期においては専ら「訴権（actio）」の放棄というかたちでおこなわれた例外的な事象に過ぎなかったからである[26]。

現代の日本においても、契約類型、特に典型契約が法学教育に資するという指摘が見られる[27]。このような契約類型の機能を、本稿では「法教育機能」と呼ぶことにしたい。

3. パウルスの給付類型論

以上で、法務官告示におけるフィルタリング機能と『法学提要』における法教育機能が明らかになった。ところで、契約類型の機能がこの２つに限られないことは、明らかである。というのも、契約類型は、個別具体的な事案において解釈の指針となりうるからである[28]。これを本稿では、「解釈補助

---

[23] *Dulckeit/Schwarz/Waldstein*, Juristische Kurz-Lehrbücher: Römische Rechtsgeschichte, 8. Aufl, München: Verlag C. H. Beck, 1989, S. 306.
[24] 例えば、16 世紀のフランクフルト・アン・デア・オーダー大学においては、『法学提要』の講義を担当する教授が、地位において最も低いものと定められた。佐藤団「一五四九年のマクデブルク参審人団廃止（三）」法学論叢 179 巻 6 号（2016 年）6 頁。
[25] *Kaser*, a. a. O.（Anm. 14）, S. 213.
[26] *Kaser*, a. a. O.（Anm. 14）, S. 242.
[27] 北居功「法統一のための法典編纂」岩谷十郎ほか（編）『法典とは何か』18-19 頁（慶應義塾大学出版会、2014 年）は、法典編纂の体系を「法学教育のための体系」と位置づけたあとで、請負契約の例を挙げている。

機能」と呼ぶことにしよう。法務官は、告示の中に明記されていない事件が持ち込まれたときは、個別の事実関係ごとに特別な訴えを認めた[29]。これを「事実訴権（actio in factum）」と呼ぶ。「法務官は、彼がここで事案ごとに認めた事実訴権において、告示上の契約訴権が彼にとって模範となりえた範囲で、それらに従っていた」[30]。

このように、主としてフィルタリングの役割を果たしていた法務官告示上の契約類型は、具体的な事案における解釈補助機能をも有していた。では、ある具体的合意 X の解釈にあたって、法務官告示上の契約類型 A を模範とすべきなのか、それとも契約類型 B を模範とすべきなのかは、どのように判断されるのであろうか。この問いに対してひとつの回答を与えているのが、法学者パウルスである。彼の見解は、法務官告示や『法学提要』の中にではなく、法学者の見解を収録した『学説彙纂（Digesta）』の中に現れる。

『学説彙纂』第 19 巻第 5 章第 5 法文初項（パウルス『質疑録』第 5 巻）
　　私の自然子が君に奴隷として奉仕し、君の自然子が私に奴隷として奉仕している。私たちのあいだで、君は私の息子を解放し、私も君の息子を解放することが合意されている。私は解放したが、君は解放しなかった。どのような訴えによって君は私に責めを負うのか、このことが問われた。この問いにおいては、与えられた取引全体の内容に鑑みて、その取引がどの種類に当てはまるのかを調べることができる。というのも、「君が与えるように私は与える（do ut des）」か、「君が為すように私は与える（do ut facias）」か、「君が与えるように私は為す（facio ut des）」か、「君が為すように私は為す（facio ut facias）」かの、いずれかだからである。これらの種類においてどのような義務が生じるのか、このことが問われている。

この法文は、ひとつのモデルケースから出発している。自由人 X と Y がおり、それぞれ婚外子 A と B を持っている。おそらくは奴隷に産ませた子であろう。そして、X は Y の息子 B を、Y は X の息子 A を奴隷として所有している。このとき、X と Y のあいだで、X は B を奴隷の身分から解放

---

[28]　藤原（前掲註 4）26 頁「個別の契約の解釈の方向付けには、契約結合、ネット契約という考え方は、大きな手掛かりを与えると考える」。
[29]　Kaser, a. a. O. (Anm. 14), S. 213.
[30]　Kaser, a. a. O. (Anm. 14), S. 213.

し、YはAを奴隷の身分から解放するという合意を結んだ。Xはこの合意を守ったが、Yは依然としてAを解放しようとしないので、Xは法的な救済を受けたいと考えている。どのような救済を受けることができるであろうか。

双方がお互いに奴隷を解放し合うという約束は、法務官告示上の契約類型には存在しない。そこで、事実訴権が問題になるわけであるが、まずは「模範 (Vorbild)」となる契約類型を特定しなければならない。この特定のためにパウルスは、「君が与えるように私は与える (do ut des)」、「君が為すように私は与える (do ut facias)」、「君が与えるように私は為す (facio ut des)」、「君が為すように私は為す (facio ut facias)」という、4つの取引類型を利用した。以下、この4類型の説明が続く。

『学説彙纂』第19巻第5章第5法文第1項(パウルス『質疑録』第5巻)
　そして、私が物を受領するために金銭を与えるならば、これは売買である。しかし、物を受領するために物を与えるならば、物と物の交換が売買であるということは通説になっていないので、市民法上の義務が発生することに疑いの余地はないが、その義務において訴えられるのは、君が受領したものを返還するということではなく、合意された目的物を受領することについて私が有している利害の額を、私に賠償するということである。あるいは、もし私が私のものを返してもらいたいと思うならば、与えられたものが返還されることになる。というのも、物を理由としてそれが与えられたにもかかわらず、その物が手に入らなかったからである。ところで、もし私が、君が私に奴隷ステュクスを与えるようにと、君に奴隷スキュポスを与えたならば、奴隷ステュクスの危険は私が負担すべきであり、君は過失についてのみ責めを負うべきである。「君が与えるように私は与える (do ut des)」の一節は、以上で説明された。

第1の類型は、「君が与えるように私は与える (do ut des)」である。Xが特定の目的物をYに譲渡し、Yがこれに対して金銭を支払うならば、これは「売買 (emptio venditio)」である。他方で、XもYも金銭ではなく物を与え合うならば、「交換 (permutatio)」である。交換は法務官告示上の契約類型ではないが、「君が与えるように私は与える」という取引形態に着目したうえで、売買を模範とし、損害賠償請求権が与えられる。また同様に、売買を

模範として、危険負担は交換の目的物の譲受人に即座に移転する。

けれども、冒頭で掲げられた事案は、奴隷の解放を給付内容としており、奴隷の所有権の移転は問題になっていないので、「君が与えるように私は与える（do ut des）」という類型には当てはまらない。そこで、パウルスは、次の類型に取り掛かる。

> 『学説彙纂』第19巻第5章第5法文第2項（パウルス『質疑録』第5巻）
> さて、「君が為すように私は与える（do ut facias）」とき、もしその行為が、賃約の対象になる慣わしになっている行為であるならば、例えば、君が板に絵を書くという行為であるならば、［対価として］金銭が与えられることによって、賃約が成立するであろう。これは、上述の事案において売買が成立したのと対照的である。もし私が［対価として金銭以外の］物を与えるならば、私が有している利害に対する市民法上の訴権が生じるか、あるいは、返還のための不当利得返還請求権が生じるであろう。ところでもしその行為が、賃約されえない行為であるならば、例えば、君が奴隷を解放するという行為であるならば、一定の期間が付与されて、その期間内に奴隷が解放されることになっており、かつ、解放されることが可能であったにもかかわらず、その奴隷が生きているうちに当該期間が経過した場合であれ、あるいは、期間は定められなかったけれども、解放されることが可能でありかつ解放されるべきであったほどの期間が無為に経過した場合であれ、そこに不当利得返還請求をかけることができるし、あるいは、前書きによって訴えることもできる。このことは、私たちが述べた事柄と一致している。ところで、もし私が、君が君の奴隷を解放するようにと、［別の］奴隷を与えて、君は［君の奴隷を］解放し、そして私の与えた奴隷が［第三者によって］追奪されたならば、ユリアーヌスが書いているところによれば、私が［追奪されると］知りながら与えたときは、私を相手方とする悪意訴権が与えられるべきであり、私が知らなかったときは、市民法上の事実訴権が与えられるべきである。

第2の類型は、「君が為すように私は与える（do ut facias）」である。法務官告示上の契約類型のなかでこれに該当するのは、「賃約（locatio conductio）」である。賃約とは、日本の民法典で言うところの賃貸借、請負、雇用を包括する概念であるが[31]、いずれについても、報酬は原則的に金銭でなければな

---

[31] Kaser, a. a. O. (Anm. 14), S. 201.

らない[32]。さらに、請負については、注文主から提供された人あるいは物に対する仕事の完成を内容としなければならない[33]。パウルスがここで挙げているのは、注文主から提供された板に金銭を報酬として絵を描くこと、すなわち、請負である。

もし絵を描くことに対して、金銭以外の物を給付したならば、これは賃約ではないので、法務官告示上の契約類型に該当しない。しかし、ここでもまた、賃約を模範として、「市民法上の事実訴権（actio in factum civilis）」による損害賠償請求権ないし「原因に基づいて与えられたものの不当利得返還請求権（condictio ob causam datorum）」が与えられる。

では、賃約不可能な事柄を給付内容として約束したときは、どうであろうか。その例として、パウルスは、奴隷の解放を挙げている。この場合も、法務官告示上の契約類型には当てはまらないので、別の解釈が必要になる。すなわち、奴隷の解放を依頼して相手に物を与えた人は、「原因に基づいて与えられたものの不当利得返還請求権（condictio ob causam datorum）」によってその物の返還を請求するか[34]、あるいは、「前書きで訴える（agere praescriptis verbis）」[35]ことができる[36]。

ところで、XもYも既に給付を完了しているのだが、給付物が後から第

32　*Kaser*, a. a. O. (Anm. 14), SS. 201, 203-204.
33　*Kaser*, a. a. O. (Anm. 14), S. 204.
34　不当利得返還請求の目的物は明記されていないが、「与えられたもの（quod datum est）」すなわち対価であると解される。*Accursius*, Glossa ordinaria: Digestum vetus. Digestorum seu pandectarum iuris enucleati ex omni iure veteri in libros quinquaginta collecti authoritate sacratissimi principis Dn. Iustiniani Augusti tomus primus, Lyon, 1551, p. 1277. (n)
35　「前書きで訴える（agere praescriptis verbis）」とパウルスが述べているのは、「市民法上の事実訴権（actio in factum civilis）」を非テクニカルに言い換えているか、あるいは、インテルポラーチオであると解される。というのも、テクニカルな意味での「前書き訴権（actio praescriptis verbis）」は、古典期後に確立された訴権だからである。この訴権は「誠意訴訟（bonae fidei iudicia）」に属しており、債務者が「悪意（dolus）」および「過失（culpa）」について責任を負う。*Kaser*, a. a. O. (Anm. 14), S. 214.
36　ここで問題になるのは、本件事案における原告の請求内容である。誠意訴訟においては、「信義（fides）」にもとづいた妥当な判決を求めることになるが、パウルスはどのような判決が妥当かについて説明を加えていない。註釈学派のアックルシウスも、この箇所は曖昧であると解したらしく、複数の可能性を挙げている。*Accursius*, a. a. O. (Anm. 34), p. 1277. (o). アックルシウスは、損害賠償もこれによって訴求可能であると判断している。同書「あるいは、前書き訴権によって、利害を給付するように求めることも［できるということは、知っておかねばならない］（Vel etiam actionem praescriptis verbis ad interesse praestandum）」。

三者に追奪されてしまった場合は、どうなるであろうか。この場合、パウルスによれば、相手方が悪意で物を与えた場合、すなわち、他人物だと知って与えた場合は、「悪意訴権（actio de dolo）」[37]によって目的物と同額の責任を負い、他人物だと知らずに与えた場合は、市民法上の事実訴権によって処理される。

　　『学説彙纂』第19巻第5章第5法文第3項（パウルス『質疑録』第5巻）
　　　さて、もし「君が与えるように私は為す（facio ut des）」ことにして、そのあとで私は実際に為したが、君は与えようとしないならば、市民法上の訴権は成立すべきではなく、それゆえに悪意訴権が与えられるべきであろう。

　第3の類型は、「君が与えるように私は為す（facio ut des）」である。第2類型では、物を与える側が先に給付し、為すことを約束した側が履行を怠っているケースであった。では、為すことを約束した側が先に履行をおこない、物を与える側が給付を怠っているならば、どうなるであろうか。一見すると、給付の先後は無関係なように思われるが、パウルスは後者について、市民法上の訴権は成立しないと判断している[38]。このため、補充的に悪意訴権によって目的物と同額の責任を負うことになる。

　　『学説彙纂』第19巻第5章第5法文第4項（パウルス『質疑録』第5巻）
　　　さて、「君が為すように私は為す（facio ut facias）」ならば、この種類は複数の取引を含んでいる。なぜなら、君は私の債務者からカルタゴで取り立てて私は君の債務者からローマで取り立てると、私たちのあいだで約束が結ばれるならば、あるいは、君は私の土地に家を建てて、私は君の土地に家を建てると約束して、私は家を建てたが君は怠っているならば、前者の種類には、何らかのかたちで委任が介在していたとみられるからである。この委任がなければ、他人の名義で金銭を請求することはできない。というのも、たとえ支出が生じるとしても、しかし私たちはお互いの責務を履行しているのであり、また、委任は約束にもとづいて自己の常素を超えることができるからである（例えば、君が私のために保管をおこない、かつ、履行にあたって10以上の支出をする

37　*Kaser*, a. a. O.（Anm. 14), S. 56.
38　アックルシウスによると、この判断は他の法文と矛盾しているようである。*Accursius*, a. a. O.（Anm. 34), p. 1278.（a）

な、というかたちで、私は君に委任することができる）。そして、もし私たちが同じ額を支出するならば、［これが２つの委任であることに］疑問の余地はない。さてしかし、後者の種類が、ここでもまた委任が介在しているとみられる、ということを引き起こすならば、私たちはお互いに費用をあたかも償還し合うかのごとくになるかもしれない。なぜなら、私が君に委任しているのは、君の物についてではなく［私の物について］だからである。しかし、より安全なのは、インスラ型建物を建てることにおいてであれ、債務者から取り立てることにおいてであれ、前書き訴権を与えることである。この前書き訴権は、上述の事案においては賃約や売買に類似したのとは異なり、委任訴権に類似することになろう。

　第４の類型は、「君が為すように私は為す (facio ut facias)」である。パウルスはここで、２つの事案を挙げている。ひとつは、ＸがＹ自己の債務者Ａに対する取立をＹに依頼し、Ｙは自己の債務者Ｂに対する取立をＸに依頼するケースである。もうひとつは、ＸはＹの土地に建物甲を建てることを約束し、ＹはＸの土地に建物乙を建てることを約束するケースである。

　まず、これらのケースが法務官告示上の契約類型に当てはまらないかどうかが問われる。というのも、ここでは、「委任 (mandatum)」に該当する可能性があるからである。但し、ローマ法上の委任は無償でなければならず、対価を取ると委任類型から外れてしまう[39]。この点について、法学者パウルスは、債権を回収するための労力は、対価ではなく履行上の出費であると理解している。すなわち、ＸがＹの債務者Ｂから債務を取り立てるにあたっての支出は、ＹがＸの債務者Ａから債務を取り立ててくれることへの対価ではなく、委任の履行における出費であり、無償性は崩れていない[40]。すると、１番目のケースにおける「君が為すように私は為す (facio ut facias)」は、対価関係を有する１個の取引ではなく、２つの委任が同時並行的におこなわれているものと解することができる。

　次に、２番目の建築のケースへ移ろう。前述したように、ローマ法上の請

---

[39] *Kaser*, a. a. O. (Anm. 14), S. 209.
[40] アックルシウスは別様に解釈しており、「何らかのかたちで委任が介在していたとみられる (mandatum quodammodo intervenisse videtur)」の箇所を、反実仮想として読むように指示している。*Accursius*, a. a. O. (Anm. 34), p. 1278. (d)

負においては、注文主が請負の対象物を提供しなければならず、対価も金銭を原則とするので、本件は該当しない。そこで、他の取引形態としてどのように処理するのか、という問題になる。パウルスが最初に提案しているのは、ここでも2つの委任の組み合わせとみる解釈である。すなわち、XはYの土地にYのために無償で家を建て、YはXの土地にXのために無償で家を建て、そのあとで出費の清算をおこなうという解釈である。

しかし、この解釈は技巧的に過ぎる。そこで、パウルスは、「前書き訴権 (actio praescriptis verbis)」を与えるほうが「より安全である (tutius)」と結論づける。とはいえ、ここまでの委任解釈が無駄だったわけではなく、この前書き訴権は、委任訴権に類似することになる。パウルス自身は類似性の中身を説明していないけれども、2つのケースが考えられるであろう。すなわち、両者がともに履行したときは、出費の差額の清算が問題になり、一方が履行したにもかかわらず他方が履行しないときは、損害賠償（家を建ててもらったであろうならば有していたであろう利害の額）が問題になる。

このようにして、「君が為すように私は為す (facio ut facias)」の類型は解決されたので、冒頭の奴隷解放についても連鎖的に解決がくだされる。

　　『学説彙纂』第19巻第5章第5法文第5項（パウルス『質疑録』第5巻）
　　　したがって、為すことについて両者から合意されている場合、上記のことがその通りであるならば、最初に提起された問いにおいても、同じことを言いうるのであり、以下のことが必然的に帰結する。解放された奴隷を持つことについて、私が有していた利害の額の有責判決がくだされる、と。私が被解放奴隷を持っているということは、控除されるべきであろうか。しかし、このことは評価の対象になりえないのである。

奴隷の相互解放も、「君が為すように私は為す (facio ut facias)」であるから、一方のみが解放し、他方が解放しないならば、前書きで訴えることができる。その請求対象は、奴隷が解放されていたならば有していたであろう利害の額である。

ところで、XはYが所有している自己の婚外子Aの解放を依頼し、YはXが所有している自己の婚外子Bの解放を依頼し、Xのみがこれを履行し

た場合、Xは被解放奴隷Bを持っているわけであるが[41]、このことを利益として、損害賠償の額から控除することは可能であろうか。パウルスは、控除できないと述べている。その理由は明記されていないけれども、元主人に対する被解放奴隷の「恭順義務・助力義務（Gehorsams- und Beistandspflicht）」は、金銭的に評価することができないからであろう。

　以上、パウルスの契約類型論とその解釈補助機能について概観した。パウルスの学説は、給付の相互関係のみに着目し、当事者が何を意図していたかをおよそ考慮に入れていない。したがって、給付類型論と呼ぶことが可能であり、冒頭の給付関連性説との類似性を見ることができる。興味深いことに、ローマ法は、新たな取引形態への対応を、主観説ではなく客観説にもとづいて解決していたのである。

Ⅲ　近世自然法論

1. グロチウスの給付類型論

　ローマの法学者パウルスは、「君が与えるように私は与える（do ut des）」以下の4類型によって、客観的な給付関係に着目した。しかし、彼自身は、「与える（dare）」と「為す（facere）」の2分法を用いただけで、それ以上の学術的考察を加えることがなかった。この「与える（dare）」と「為す（facere）」の背後に「利益（utilitas）」があることを洞察したのは、近世自然法論者のフーゴー・グロチウス（Hugo GROTIUS、1583-1645）であった。グロチウスは、彼の主著『戦争と平和の法（De jure belli ac pacis、1625）』第2巻第12章第1節および第2節において、次のように論じている[42]。

　　他人の利益を目指す人間の行為には、単純なものと複合的なものがある。単純な行為には、恩恵的なものと交換的なものがある。恩恵的な行為には、純粋

---

[41] 被解放奴隷は、奴隷身分を捨てるわけであるが、解放した元主人の「庇護権（Patronat）」に依然として服しており、その元主人に対する「恭順義務及び助力義務（Gehorsams- und Beistandspflicht）」を負っていた。Kaser, a. a. O.（Anm. 14）, S. 84. したがって、本件の元主人にも、被解放奴隷を持つ利益がないとは言えないのである。

[42] Grotius, De jure belli ac pacis, Amsterdam: Apud Ioannem Blaev., 1660, lib. 2. cap. 12. §. 1-2., SS. 228-229.

に恩恵的なものと、何らかの相互的な義務を伴うものがある。純粋に恩恵的な行為には、即時に完了されるものと、将来に向かって進行するものがある。［他人に］有益な行為が即時に完了されるのは、なるほど、それが何らかの利益を生み出すのであるが、しかし、法の効果を生み出さないときである。この行為については、何も語る必要がない。所有権を移転させる「無償の供与（donatio）」も同様である。この件について私たちは、所有権の取得に関して上で論じたときに扱った。将来に向かって進行する約束には、与える約束と為す約束がある。これらについて、私たちは直前で論じた。相互的な義務を伴う恩恵的な行為には、譲渡せずに物を処置するものと、何らかの結果が生じるように行為を処置するものがある。この種の［相互的な義務を伴う］行為のうち、物については、使用の認容がある。これは、「使用貸借（commodatum）」と呼ばれる。為すことにおいては、支出を伴う労務あるいは義務付けられた労務の提供がある。これは「委任（mandatum）」と呼ばれ、その一種が「寄託（depositum）」すなわち物を保管するにあたって労務を提供することである。ところで、これらの行為とこれらの行為を約束することとは似ているけれども、私たちが述べたように、行為の約束は将来に向かって進行している、という点で異なる。このことを、今から行為を説明するにあたってご理解いただきたい。

　グロチウスの説明は、現代からみても有意義な観点をいくつか含んでいる。まず、類型化の出発点として、「他人の利益を目指す人間の行為（actus humani qui ad aliorum hominum utilitatem tendunt）」という表現が出てくる。グロチウスにとって類型化の基準は「利益（utilitas）」であり、当事者の権利義務や契約の成立要件ではなかった。なぜ他人の利益であって自己の利益ではないのか、という疑問は容易に氷解する。契約の類型化の基準を自己の利益に求めると、使用貸借などの無償行為について説明がつかなくなるからである。

　このように、他人の利益に鑑みて行為を類型化していくと、最も上位の類型は2つに分かれる。ひとつは、行為が「単純（simplex）」であるとき、すなわち、売買や使用貸借のような基本単位にまで分解されたときである。もうひとつは、行為が「複合的（compositus）」であるとき、すなわち、売買や使用貸借のような基本単位が組み合わさったときである。グロチウスは『戦

争と平和の法』の中で、後者についてほとんど説明を加えていない。複合的行為は単純な行為の組み合わせで説明がつくと考えていたのか、それとも、複合的行為について論じる余裕がなかったのかは、今のところ不明である。

　単純な行為は、利益の所在に応じて、2つに下位区分される。他人にのみ利益が生じる行為、すなわち「恩恵的行為（actus beneficus）」と、自己にも利益が生じる行為、すなわち「交換的行為（actus permutatorius）」である。前者の恩恵的行為には、利益を受ける側が何ら義務を伴わないものと、何らかの付随的義務を伴うものがある。グロチウスは例を挙げていないけれども、受贈者に何ら義務が生じない「贈与（donatio）」は純粋に恩恵的な行為であり、委任者に出費の清算義務が生じる「委任（mandatum）」は付随的義務を伴う恩恵的行為であろう[43]。なお、「恩恵（beneficium）」という語は、一方当事者にのみ利益があるという意味でしかなく、これによって他方当事者の義務が軽減されるわけではないことに注意が必要である[44]。

　さて、グロチウスは、実際に当事者がおこなう「行為（actus）」と、その行為の将来的な履行を予告する「約束（promissio）」とを区別している。例えば、XがYに商品を引渡し、YがXに金銭を支払う行為は、「売買（emptio venditio）」である。他方で、XがYに商品を引渡すと約束することは、商品を「与える約束（promissio dandi）」すなわち「売る約束（promissio vendendi）」であり、YがXに金銭を支払うと約束することは、金銭を「与える約束（promissio dandi）」すなわち「買う約束（promissio emendi）」である。この区別から、私たちが日常的に売買と呼んでいるもののなかには、4つの種類があ

---

[43] この解釈はプーフェンドルフによっても裏付けられる。*Pufendorf*, De jure naturae et gentium, Londini Scanorum : Sumtibus Adami Junghans, 1672, lib. 5. cap. 2. §. 5., SS. 615-616.

[44] BGBにおいても、同様の議論がみられる。萩原基裕「無償契約債務者の責任法理：民法典における責任制限法理の検討（二）」大東法学64号（2015年）92頁「BGB委任法では、立法当初から受任者の注意義務を軽減する措置は取らないことが明言され、実際にBGBにおいて受任者の注意義務や責任を軽減する規定は存在しない。これについては、他の無償契約との対比から、委任法における法の欠缺状態＝本来あるべき責任制限規定の不存在が想起されるとしながらも、そのような欠缺は実は存在しないという学説が多い。その理由は、受任者は無償で行為することを原則とするが、他人の利益のために行為するのであり、最大限の注意を要求されるというものであった。無償で役務を提供する受任者といえども、他人の事務を実行する以上は注意深くある必要があり、そうでなければ他人の事務を引受けるという義務を負う自らの意思に反しうるからである」。

ることが分かる。

1. XはYに商品を即座に与えて、YもXに金銭を即座に与える。
2. XはYに商品を即座に与えて、YはXに金銭を与える約束をする。
3. XはYに商品を与える約束をし、YはXに金銭を即座に与える。
4. XはYに商品を与える約束をし、YもXに金銭を与える約束をする。

　グロチウスにおいては、売買などの基本的な取引類型さえも、2つの行為ないし約束が結び合わされてできたものである。このような結合の基礎にあるのが、「与える (dare)」と「為す (facere)」の2分法に他ならない。この2分法は、パウルスの「君が与えるように私は与える (do ut des)」以下の4類型を思い起こさせる。実際、グロチウスは、『戦争と平和の法』第2巻第12章第3節においてパウルスの前掲法文を引用しており、彼がそこから着想を得たことは明らかである。彼はそこで、次のように解説している[45]。

　　交換的行為には、当事者たちを分離させるものと、[当事者間に] 一体性をもたらすものがある。前者の分離的な行為を、ローマの法学者たちは適切に、「君が与えるように私は与える (do ut des)」、「君が為すように私は為す (facio ut facias)」、「君が与えるように私は為す (facio ut des)」に区分している。これらについては、法学者パウルス（『学説彙纂』第19巻第5章第5法文）が参照可能である。ところで、ローマ人たちは、この区別の中からいくつかの契約を取り出して、「有名契約 (contractus nominatus)」と呼ぶようになったのだが、その理由は、これらの契約が固有の名前を持っているからではなく（というのも、「交換 (permutatio)」も固有の名前を持っているのだが、彼らはこれを有名契約に数え入れていないからである）、これらの契約が頻繁に使われることによって、たとえ特に何も言明されていなくても、その名前だけで十分に理解することができるような、そのような何らかの効力および常素を得たからである。それゆえに、これらの契約については、訴権の特定の方式書も用意されていた。反対に、あまり使われていないその他の契約においては、何が言明されたかのみが重要であり、そしてそれゆえに、共通の慣行的な方式書ではなく、行われたことそれ自体に適合させられた方式書が与えられた。このような方式書はそれゆえに、「前書き訴権 (actio praescriptis verbis)」と呼

---

[45] *Grotius*, a. a. O. (Anm. 42), lib. 2. cap. 12. §. 3., S. 229.

ばれたのである。頻繁な使用という同じ理由から、有名契約においては、もし一定の要件が揃ったならば、例えば売買において代金について合意があったならば、たとえ未着手の状態であっても、すなわち、当事者の一方から何かが給付される前であっても、履行の強制が課された。これに対して、稀にしか起こらない契約においては、未着手のあいだは、撤回の自由すなわち無責性が認められていた。なぜなら、市民法は、契約当事者たちの「信義 (fides)」のみにもとづくように、これらの契約から強制力を奪ったからである。しかしながら、自然法は、これらの区別を知らない。それどころか、ローマ人たちによって無名契約と呼ばれていたものは、[有名契約よりも] 不自然なわけではないし、古くないわけでもない。[…]

交換的契約は、パウルスの4類型 (の変奏) によって分類される。但し、議論の流れがパウルスとは異なっていることに注意しなければならない。パウルスは、法務官告示が持つフィルタリング機能を前提としたうえで、そこから外れた合意に対する救済方法を模索していた。そのとき、パウルスは、問題となっている取引の客観的な給付関係に着目して、それと類似する法務官告示上の契約の発見に努めた。例えば、法務官告示に載っていない「交換 (permutatio)」は、「君が与えるように私は与える (do ut des)」を媒介として、法務官告示上の「売買 (emptio venditio)」と比較された。ここでは、売買が正式な類型であり、交換がその亜種である。ところが、グロチウスは、法務官告示が持つフィルタリング機能をそもそも認めなかった。自然法は、法務官告示上の類型とそうでない類型との区別を知らない。そこで支配しているのは、契約自由の原則である。

では、なぜグロチウスがパウルスの議論を引き合いに出したかと言うと、法務官告示の否定によって空中分解した諸契約を、ふたたび類型化するためである[46]。グロチウスは、次のように続ける[47]。

---

46 従来の法務官告示から離れるということは、契約カタログを一旦捨て去るということでもあった。これによって解体された諸契約を再類型化するために、新しい枠組みが必要になった。グロチウスがパウルスの給付類型論に着目したのは、このような文脈においてである。また、ゲルマン法のように、独自の契約類型が存在しない場合も、同様の問題が生じた。17世紀後半から18世紀初頭に活躍したゲオルク・バイヤー (Georg BEYER、1665-1714) は、彼の未完の著書『ゲルマン法概説』(Delineatio juris Germanici、1723年に死後出版) の中で、ゲルマン法上の契約を整理するためにパウルスの給付類型論を援用している。Beyer, Delineatio juris Germanici: opus posthumum, Lipsiae : Sumptibus Haeredum Joh. Grossii, 1723, lib. 3. cap. 3. §§. 35-58., SS.

58

　［…］したがって、私たちは次のように言おう。何かが与えられるように何かを与えることのうちには、なるほどまずは、狭い意味で「交換（permutatio）」と言われるように、物を対価として物を与える場合がある。これが最も古い取引の種類であることに、疑いの余地はない。あるいは、金銭を対価として金銭を与える場合がある。これは、ギリシャ人たちが κολλυβοσ と呼んだものであり、今日の商人たちは「両替（cambium）」と呼んでいる。あるいは、「売買（emptio venditio）」におけるように、金銭を対価として物を与える場合がある。あるいは、物を対価として物の使用が、物の使用を対価として物の使用が、金銭を対価として物の使用が与えられる場合もある。最後のものは、「賃約（locatio conductio）」と呼ばれる。ところで、ここで私たちが「使用（usus）」という名辞で念頭に置いているものには、単なる使用であることもあれば、収益と結びついた使用であることもある。収益には、期間的な収益と、人的な収益と、世襲的な収益と、その他の何らかの仕方で区切られた収益がある。最後のものの例は、ヘブライ人たちのもとでヨベルの年まで継続する収益である〔訳註：『レビ記』第25章を参照〕。ところで、定められた期間の経過後に、与えられたものと同量同種のものが与えられるのは、「消費貸借（mutuum）」においてである。これが適用されるのは、重さ・数・量から成り立つところの、金銭その他の物においてである。行為と行為との交換は、行為の多様性に応じて、無数の種類を有することができる。ところで、君が与えるように私は為すことのなかには、君が金銭を与える場合と、物を与える場合と、物の使用を与える場合がある。君が金銭を与える場合、［対象が］日常的な利益に属する行為であるときは、賃約と呼ばれ、偶然の事変に関して損害を受けないことを担保する行為であるときは、危険の回避と呼ばれる。後者は俗に「保険（assecuratio）」と呼ばれており、かつてはほとんど知られていない契約であったが、今日では最も普及した契約のうちに数え入れられる。

　グロチウスの解説は、パウルスの給付類型論を大幅に換骨奪胎している。まず、「君が与えるように私は為す」と「君が為すように私は与える」とが、同一の類型として統合されている。これは、法務官告示による型強制の消滅により、給付の順序が重要ではなくなったからである。次に、グロチウスは、「消費貸借（mutuum）」を交換的契約に数え入れている。なるほど、「君

247-249.
47 *Grotius*, a. a. O. (Anm. 42), lib. 2. cap. 12. §. 3., SS. 229-230.

が与えるように私は与える」という文言を、二当事者間で物が相互に移転する意味に解釈すれば、消費貸借は交換的契約ということになろう。最後に、パウルスは言及していなかった「保険（assecuratio）」という新しい契約類型が登場している。グロチウスは、パウルスの給付類型論を用いて、保険とはリスク発生時の保障に対する金銭の支払いであると解した。

以上のうち、最も重要なのは3点目の保険である。グロチウスは、保険契約を導入するにあたって、客観的な給付の内容にのみ着目した。なぜそのようなことが可能であったのだろうか。答えは、保険が既に「最も普及した契約のうちに（inter receptissimos contractus）」数え入れられていたからである。給付類型論は、十分に普及した契約の位置付けには資するが、未発達の取引形態を完成形にまで練り上げる力を有していない。パウルスが奴隷の相互解放の事例を詳しく説明しなかったのも、当時はそのような取引が頻繁におこなわれていたからではないだろうか。このように、客観的な給付関係のみを取り扱うためには、当事者の主観的意図を捨象したモデルケースが、それだけで議論を進められる程度に普及していなければならない。

2. トマジウスの目的類型論

さて、以上の分析において一度も触れられていない、重要なキーワードが存在する。それは、「目的」概念である。「目的」とは、個々の取引において契約当事者たちが意識的あるいは無意識的に設定する到達目標であり、少なくとも2つの特徴を有している。ひとつは、直接的な法的保護の対象にはならないことである。この点は、「動機」[48]と同様である。もっとも、法的保護の対象から完全に排除されているわけでもない。例えば、複合的契約における解除のケースにおいて、最高裁判所は契約「目的」なるものに言及している（最高裁平成8年11月12日判決）[49]。

---

[48] 民法において「動機」が問題になるケースの多くは、動機に対する保護を与えるか否かという契約者保護の文脈で論じられている。湯川［2003］は、このような論点を「契約における『動機』の法的保護」と表現し、錯誤だけでなく、詐欺、規範的解釈、公序良俗規定、不法行為法、契約の準備交渉段階等においても、転用している。湯川益英「契約規範として成立する契約準備交渉段階の説明義務（一）：契約規範と契約における動機の保護・覚書」山梨学院大学法学論集49巻（2003年）65-90頁。

[49] 國宗知子「複合契約と筏津契約理論：「契約の目的」概念をてがかりとして」法学新報122巻

もうひとつの特徴は、明らかに主観的要素の一種であるにもかかわらず、主観説においても客観説においても、等しく考慮の対象になっていることである[50]。主観の重視から入ろうとも、客観の重視から入ろうとも、「目的」は何らかのかたちで言及されざるをえないという、奇妙な性質を持っている[51]。けれども、「『契約の目的』が何かということについての研究は稀少で、学界全体に共通する理解があるとは思われない」[52]という指摘がある。

　そこで、本稿では最後に、近世ドイツにおける「目的」的類型化の試みを概観しておくことにしたい。議論に先鞭をつけたのは、プロイセンの近世自然法論者クリスティアン・トマジウス（Christian THOMASIUS, 1655-1728）である。彼が主査を務めた学位論文「ゲルマン私法から見た所有および所有の自然本性一般について」（*De dominio et ejus natura in genere intuitu juris Germanici privati*, 1721）には、次のような記述が見られる[53]。

> 　ところで、約束ないし契約というものは全て、[1] 売買のように所有権を取得したり移転したりすることに向けられているか、あるいは、[2] 賃約のように所有者が自分の物から生じる利益の特定の部分を相手方に移転することを目指しているか、あるいは、[3] 委任の多くの場合や寄託の場合のように自分の物の所有権を維持することを目指しているか、あるいは、[4] 私人間でおこなわれる恭順や服従の約束のように，所有［制度］が導入されていないときでもまったく無用なわけではないが，しかしほとんど無用であるか、[5] あるいは最後に、[所有権との関係を無視するときは] 市民生活においてほとんど [法的な] 効果をもたらさないかの、いずれかである。最後の種類の約束は、所有権に服する物と関係しない純粋に人的な約束である。例えば、他人に情報を伝える約束、他人の病気を診る約束、絵を描く約束などである。[このような約束は、行為それ自体を強制する法的な効果を持たないので]、それゆえに法律も、

1=2 号（2015 年）290 頁。

50 「経済的目的」という単語が登場するものとして、千葉（前掲註 10）162 頁と中舎（前掲註 6）163 頁が挙げられる。「提携目的」という単語が登場するものとして、山田誠一「『複合契約取引』についての覚書（1）」NBL485 号（1991 年）31 頁が挙げられる。

51 但し、「目的」という概念が解釈論に必ず登場するわけではない。例えば、グロチウスは契約の解釈にあたって、「目的」に言及しない。筏津（前掲註 7）173 頁。

52 國宗（前掲註 49）295 頁。

53 *Franck/Thomasius*, De dominio et ejus natura in genere intuitu juris Germanici privati, 1721, §. 5., SS. 4-5.

これらの約束およびそれに類する事案においては、原告のために、損害賠償請求訴権を発明したのである。とはいえ、損害賠償は、所有権を前提とする。

トマジウスは、別の機会に主査した学位論文「ゲルマン私法から見た物の区別について」(*De rerum differentiis, intuitu juris Germanici privati*、1721) において、私法とは「所有 (dominium)」に関する法である、という、所有主体の私法体系を構想していた[54]。彼はこの構想を、ローマの法学者ウルピアーヌスの次のような見解によって基礎づけようとした。

『学説彙纂』第1巻第3章第41法文（ウルピアーヌス『提要』第2巻）
　ところで、法というものは全体として、取得すること、維持すること、あるいは、減少させることから成り立っている。というのも、法がおこなわれるのは、何かがある人のものになるとき、ある人が自分の物あるいは自分の権利を維持するとき、あるいは、何らかの仕方でこれを［他人に］譲渡ないし認容するときだからである。

ウルピアーヌスによれば、「法 (ius)」というものはすべて、物ないし権利の取得、維持、減少のいずれかから成り立っている。トマジウスは、この法文から着想を得たうえで、契約を、所有権の取得（移転を含む）、所有権の維持、あるいは、所有権の一部である使用権の認容のいずれかであると理解した。ウルピアーヌスは権利一般について語っていたわけであるが、トマジウスはこれを契約類型論に転用したのである。

このような発想に立つとき、契約は3つの類型に分かれる。すなわち、所有権の取得・移転類型（以下、単に「取得類型」と呼ぶ）、所有権の一部である使用権の認容類型（以下、単に「使用類型」と呼ぶ）、所有権の維持類型（以下、単に「維持類型」と呼ぶ）である。トマジウスは、前掲箇所において、売買を取得類型に、賃約を使用類型に、委任および寄託を維持類型に帰属させていた[55]。

このように、取得、使用、維持という目的に着目した類型化は、プロイセ

---

[54] *Nesen/Thomasius*, De rerum differentiis, intuitu juris Germanici privati, 1721, prooem. §. 4. (b), S. 2.
[55] *Thomasius*, a. a. O. (Anm. 53), §. 5., SS. 4-5.

ン一般ラント法にも見られる[56]。

《プロイセン一般ラント法の契約分類》
1. 権利取得のための契約（第1部第11章）
    1. 売買（第1節）
    2. 交換（第2節）
    3. 消費貸借（第7節）
    4. 「君が為すように私は与える」「君が為すように私は為す」（第8節）
    5. 贈与（第9節）
    6. 委任（第1部第13章第1節）
2. 権利維持のための契約（第1部第14章）
    1. 寄託（第1節）
    2. 保証（第3節）
3. 他人の所有物を使用ないし利用するための権利
    1. 使用貸借、使用賃貸借、用益賃貸借（第1部第21章第3節）
4. 共同的所有
    1. 組合（第1部第17章第3節）

　この表からも分かるように、取得類型、維持類型、使用類型のカタログは、容易に決定できない。というのも、トマジウスとプロイセン一般ラント法は、委任の位置付けについて意見を違えているからである。なるほど、既存の財産管理を主とする委任は、維持類型に属するであろう。しかし、商事代理のように、商いを主とする委任は、取得類型に属するであろう。どちらの位置付けにも説得力がある。この事実は、「目的」概念に類型化作用が希薄であることを示唆している。主観説と客観説の双方が「目的」に言及しているのは、それが取引形態の本質的な部分に触れているからではない。おそらく、「目的」概念は、個別具体的な事案における微調整に使われているのではないかと推測されるが[57]、このテーマは別稿に譲りたい。

---

56 *Izumo*, Die Gesetzgebungslehre im Bereich des Privatrechts bei Christian Thomasius, Frankfurt am Main: Peter Lang Verlag, 2015, S. 189.
57 仮に契約の目的を斟酌するとしても、その程度は慎重に検討しなければならない。HABERSACK [1992] が指摘しているように、契約上の「正義 (Gerechtigkeit)」と憲法上の「個人の自由 (Freiheit des Individuums)」とは、本来的な緊張関係にある。*Habersack*, Vertragsfreiheit und Drittinteressen: Eine Untersuchung zu den Schranken der Privatautonomie unter besonderer

Ⅳ　おわりに

　以上、新しい取引形態が登場したとき、ローマ法と近世自然法論はどのように対応してきたのかを、歴史的に振り返ってみた。本稿では、以下の2つのことが明らかになった。

　ひとつは、契約類型が持つ3つの機能である。成文法上の文言に該当するか否かを決定するための「フィルタリング機能」、初学者に分かりやすく説明するための「法教育機能」、多種多様な契約を整理するための「解釈補助機能」があり、それぞれ歴史的に有意義な発展を遂げていた。新しい取引形態を分析する際にとりわけ役立つのは、3番目の解釈補助機能である。ローマの法学者パウルスと近世自然法論者のグロチウスは、従来の契約カタログの硬直性を打破するため、この機能を活用した。

　もうひとつは、解釈補助機能における客観的要素の優位である。パウルスとグロチウスは、当事者の主観的要素をほとんど考慮しなかった。彼らは、「君が与えるように私は与える (do ut des)」などの給付関係を重視した。反対に、主観的要素である「目的」に着目したトマジウスらの類型化は、その有用性に疑問が残った。パウルスとグロチウスが客観的要素を通じて新しい取引形態に対応できたのは、何故であろうか。その答えは、当該取引形態が十分に普及し、安定的な構造を有するようになったからである。新しい取引形態が散発的かつ不安定なものにとどまるあいだは、契約当事者たちの個別的な「信義 (fides)」を当てにせざるを得ない。逆に、当該取引形態が普及して安定的なものになったのちは、契約当事者たちの信義よりも、その名称から連想される客観的構造のほうが分析しやすい。

　したがって、冒頭で掲げた主観説と客観説の対立も、契約が普及する時系

Berücksichtigung der Fälle typischerweise gestörter Vertragsparität, Duncker & Humblot: Berlin, 1992, S. 47. 契約当事者の「目的」を過度に斟酌してその達成に協力することは、契約解釈というよりむしろ取引補助である。このような論点は、司法制度改革のときに議論された「大きな司法」論とも関係している。司法制度改革の主眼のひとつとして、大沢秀介「大きな司法と司法像」法社会学55号（2001年）86頁は、「新たな社会が事後規制型社会となることから必然的に増加すると予想される紛争の処理については、司法の場で事後的に調整する」ことを挙げている。

列の問題として止揚できる可能性がある。客観的構造の分析が可能なほどに安定したモデルケースが存在しない場合は、契約当事者の主観的要素に着目し、逆に、契約当事者の個別具体的な意図を捨象できるほどに安定的なモデルケースが存在する場合は、取引の客観的構造に着目したほうが良い。仮にそうであるとすれば、多角・三角取引についても、その取引が発展途上のものであるときは主観的要素の分析に注力し、安定的なモデルが普及したあとで客観的構造の分析に着手するほうが、より安全ではないだろうか。取引の交渉過程に時間的な幅があるように、取引の普及過程にもある程度の時間的な幅がある。新しい取引形態については、その発展および普及の度合いに応じて、分析の手法をフレキシブルに変化させたほうが適切である。本稿の予備的考察は、この指摘をもって終えることにしたい。

生物兵器軍縮と健康安全保障
―― 違反被害国援助の視点から ――

杉 島 正 秋

Ⅰ　はじめに
Ⅱ　IHR 2005 と生物兵器
Ⅲ　BWC 第 7 条の履行をめぐる議論
Ⅳ　おわりに
Ⅴ　資料：第 8 回再検討会議　最終宣言抜粋

Ⅰ　はじめに

　2016 年の伊勢志摩サミットでは、G7 首脳宣言の付属文書として、「国際保健のための伊勢志摩ビジョン」が発表された。この文書は、「公衆衛生上の緊急事態に関連した予防および対応準備の強化」と題した箇所で、次のように述べている。

　「最近のエボラおよびジカウイルス感染症の流行により、公衆衛生上の緊急事態については、発生が自然的、意図的、あるいは事故のいずれであっても、予防、検知、および対応の向上が重要である点が浮き彫りになったことを認め、世界保健機関（WHO）の国際保健規則（International Health Regulations ―筆者注：ここでは 2005 年に改訂されたものを指す、以下 IHR 2005）が掲げる諸目標に関し、国際健康安全保障アジェンダ（Global Health Security Agenda：GHSA）などを通じ、コンプライアンス向上に引き続き関与してゆく。」[1] この文書は

---

[1] 1-4 Strengthening of Prevention and Preparedness against Public Health Emergencies, in G7 Ise-Shima Vision for Global Health, 1-2 (May 27, 2016), available at http://www.mofa.go.jp/

さらに、2002年のサミットで発表された「大量破壊兵器とその原材料の拡散に対するグローバル・パートナーシップ」による、生物学的脅威への能力強化を目的とした作業に歓迎の意を表明している[2]。ここでは、伝統的に国際保健の分野で取り組まれてきた感染症の自然流行のみならず、意図的な感染症の流行（生物兵器使用やバイオテロなどが考えられる）と事故（実験室からの病原体漏洩などが考えられる）までもが、国際保健政策の対象となっている点に注意したい。

伊勢志摩ビジョンが言及した IHR 2005 は、「国際的に懸念される公衆衛生上の緊急事態」（Public Health Emergency of International Concern：PHEIC）について、WHO による確実な把握と対応をめざすもので、WHO 加盟各国へ、緊急事態の把握と分析、そして WHO への報告が可能となる水準の基本的能力（コアキャパシティ）を備えること、WHO との連絡窓口（focal point）を設置することなどを求めている。IHR 2005 の PHEIC は、感染症の自然流行のみならず、意図的に、あるいは事故により引き起こされた緊急事態も対象としており、その原因も、病原体のみならず化学物質や放射性物質にまで拡大されている[3]。

WHO 事務局長には、PHEIC を宣言する権限が付与されており（IHR 2005 第12条）、これまで4回行使されている[4]。そのうちの一つ、西アフリカでの

---

  mofaj/ecm/ec/page4_001562.html GHSA については第1章および後掲注16参照。
2 大量破壊兵器不拡散に関連した計画への資金援助を目的とした多数国間構想。2002年6月27日、カナナスキス（カナダ）サミットで G7・ロシアが合意。14年以降、サミットへのロシア不参加もあり、今後の明確な計画が未立案。バイオ関係では、15年6月25～26日に米国政府代表団がウクライナで、同国のバイオセキュリティやバイオセーフティなどに関連した G7 の取組みを協議したことがホームページで紹介されている。*See*, http://www.nti.org/learn/treaties-and-regimes/global-partnership-against-spread-weapons-and-materials-mass-destruction-10-plus-10-over-10-program/（last visited Oct. 31, 2017）
3 WORLD HEALTH ORGANIZATION (WHO), INTERNATIONAL HEALTH REGULATIONS (2005), 1 (3d. ed. 2016); WHO, World Health Assembly (WHA) Res. WHA55.16, *Global Public Health Response to Natural Occurrence, Accidental Release or Deliberate Use of Biological and Chemical Agents or Radionuclear Material that Affect Health* (May 18, 2002). なお IHR 2005 に関する日本政府の取り組みは、齋藤智也「国における健康危機管理の取り組み」を参照。http://www.city.kawasaki.jp/350/cmsfiles/contents/0000057/57232/H26saitou.pdf（2017年10月31日最終閲覧）。
4 H1N1 新型インフルエンザ（2009年4月）、野生型ポリオウイルスの拡大（14年5月）、西アフリカにおけるエボラ出血熱（14年8月）、ジカウイルス感染症（16年2月）。

エボラ出血熱の流行については、国連でも安保理決議2177（2014年9月18日）が、「国際平和と安全への危機を構成する」前例のない事態とみなした[5]。そして潘基文事務総長（当時）の発議により、国連史上初めての感染症対応を目的とした「国連エボラ緊急対応ミッション（UNMEER）」が設立された[6]。

健康安全保障については、WHO全加盟国で構成される世界保健総会が2001年に「国際健康安全保障：流行警報と対応」と題する決議を採択している。そこでは、一国内での感染症事案が国際社会にとっても憂慮となる可能性を認めた上で、WHO加盟国に対し、衛生上の緊急事態に関するデータおよび情報の検証ならびに確認作業へ、WHOその他の技術的パートナーとともに積極的に参加すること、国内的な準備・対応体制を改善し、要員の訓練を行うことなどが要請されている。WHO事務局長には、生物剤のリスクへ加盟国が対応するために、必要な技術的支援を行うことなどが求められた[7]。

決議に関連して事務局から提出された文書は、憂慮すべきこととして、感染性の剤を意図的に使用する可能性の増大を挙げ、自然流行かどうかを問わず、感染症流行への警報と対応における国際協力の必要性は、これまで以上に大きくなっていると述べる。そして、感染症事象の管理には、WHOを中心としたグローバルな体制と、加盟国による個別の能力構築の双方が必要と強調した[8]。この決議やIHR 2005にみられるように、健康安全保障の分野でWHOは、感染症の自然流行と意図的流行の両方を扱える制度の構築を目指してきた。

---

[5] S.C. Res 2177, ¶5 (preamble) (Sep. 18, 2014).
[6] United Nations Mission for Ebola Emergency Response の略称。Identical Letters Dated 17 September 2014 from the Secretary General Addressed to the President of the General Assembly and the President of the Security Council, A/69/389-S/2014/679 (Sep. 18, 2014). 総会は、UNMEER設立提案を歓迎する決議を無投票で9月19日に採択した。G.A. Res 69/1 (Sep. 19, 2014). 鈴木淳一「2014年の西アフリカにおけるエボラ出血熱の流行への国際社会の対応──国際法の視点から」獨協法学96号（2015年）29頁以下、植木俊哉「国際組織による感染症対策に関する国際協力の新たな展開」国際問題642号（2015年）17頁以下。
[7] WHA Res. WHA54.14, *Global Health Security: Epidemic Alert and Response* (May 21, 2001).
[8] WHO, Rep. by the WHO Secretariat, *Global Health Security - Epidemic Alert and Response*, A54/9 (Apr. 2, 2001).

他方、生物兵器については、包括的な禁止条約として、1975年に発効した「細菌兵器（生物兵器）及び毒素兵器の開発、生産及び貯蔵の禁止並びに廃棄に関する条約」（以下BWC）[9]が存在する。BWCは、立法など国内的措置を通じた条約の実施を締約国に義務づける（第4条）とともに、安保理への苦情申立て手続（第6条）を設けた。そして締約国は、いずれかの締約国が条約違反により危険にさらされていると安保理が決定した場合、当該国へ国連憲章に従って援助または支援を行うことを約束した（第7条）。さらに締約国は、「疾病の予防その他の平和目的に資するため、細菌学（生物学）に係る科学的知見の拡大及び応用に貢献することに協力する」ものとされている（第10条）。

BWCの側から見れば、IHR 2005について国際的に行われている能力構築への支援活動は、第10条に関連した平和目的分野での国際協力に該当する[10]。第7条における違反被害国への援助も、病原体の特定や医療支援の提供などの領域では、自然流行した感染症への国際的対応と共通した要素を持つ。

このように現在、BWCに関連した活動領域では、健康安全保障と軍縮による安全保障の両面からアプローチ可能な事項が増加している。そこで本稿では、条約の実効性が最も問われる場面の一つである、BWC第7条の下での違反被害国への援助問題を手がかりに、BWCに軸足を置いて二つの安全保障の関係を考えることとする。

検討の順序としては、まず、IHR2005の起草および実施過程において、感染症対策との関連で生物兵器がどのように位置づけられていたのかをみる。つぎにBWCにおける違反被害国援助の観点から、IHR 2005をBWC締約国がどう評価しているのかを検討する。そのうえで、違反被害国援助の

---

[9] Convention on the Prohibition of the Development, Production and Stockpiling of Bacteriological (Biological) and Toxin Weapons and on their Destruction. 批准推奨総会決議2826号（第26回総会、1971年12月16日）、署名72年4月10日、発効75年3月26日。82年6月8日日本政府批准書寄託。締約国179（2017年9月）。

[10] BWC第10条に関連して各締約国が行っている活動は次の文書を参照（追加Add.の3文書と訂正Corr.がある）。Implementation of Article X of the Convention Background Information Document Submitted by the Implementation Support Unit, BWC/CONF.VIII/INF.4 (Oct. 16, 2016).

分野について、健康安全保障に関する国際的取組みを活用できる領域と、BWC 独自の取組みが必要とされる領域をそれぞれ明らかにして、BWC 強化の道筋を考えてゆきたい。

II　IHR 2005 と生物兵器

本章では IHR 2005 の改訂作業を素材に、健康安全保障と生物兵器の関係を考える。

1.　国際保健規則の改定作業と生物兵器

最初の IHR は、1951 年の国際衛生規則（International Sanitary Regulations）をより強固にすることを目的に、1969 年 7 月 25 日の第 22 回世界保健総会で採択された。69 年の IHR は、国際的な疾病の蔓延に対して最大限の安全を確保する一方で、国際交通への介入を最小限に抑えることを目的に掲げた。WHO 加盟国に対する IHR の法的拘束力は、WHO 憲章第 21 条(a)が世界保健総会へ、「疾病の国際的まん延を防止することを目的とする衛生上及び検疫上の要件及び他の」手続規則を採択する権限を付与したこと、および第 22 条において、かかる規則が「保健総会による採択についての妥当な通告がなされた後に、全加盟国に対して効力を生ずる」と定めたことに根拠付けられている[11]。

しかし、69 年規則の採択後に、国境を越える人とモノの移動がいっそう拡大したのみならず、90 年代には、ペルーでのコレラ（91 年）、インドでのペスト（94 年）、ザイール（現コンゴ民主共和国）でのエボラなど、新興・再興感染症の流行が発生した。こうした状況を背景に WHO 加盟国は、95 年の第 48 回総会で、WHO 事務局長に IHR の改訂準備を求めた[12]。同年 12 月よ

---

[11] INTERNATIONAL HEALTH REGULATIONS (1969) 5 (3d annotated ed. 1983). フィドラーは、1851 年の第 1 回国際衛生会議から 1951 年の国際衛生規則採択までの 100 年間を通じて形成された国際法枠組みを「古典的レジーム」（classical regime）と呼び、69 年の IHR を 51 年規則と同様、古典的レジームに属するものととらえる。David P. Fidler, *From International Sanitary Conventions to Global Health Security: The New International Health Regulations*, 4 (2) CHINESE J. INT'L. L. 325-392 (2005), especially its sections II.A and II.B.

[12] WHA Res. WHA48.7, *Revision and updating of the International Health Regulations* (May 12,

りWHOは、公衆衛生の専門家たちとIHR改訂に関する公式協議を開始するなど作業に着手し[13]、2002年に改訂IHRの基本枠組みを公表した[14]。翌年総会は、IHR改訂について、すべての加盟国に開かれた政府間作業グループの設立を決定[15]、05年の第58回総会でIHR 2005が採択された[16]。

IHR 2005（第3版）はその序文で、規則の目的と範囲が「疾病の国際的な拡散に対して、その公衆衛生上のリスクと均衡がとれ、かつ、そうしたリスクに限定された方法により、国際交通や交易への不必要な介入を回避しつつ、予防、防護、管理および公衆衛生上の対応を提供すること」であると説明して、以下の特徴を列挙した。(a) IHRの範囲 (scope) は、特定の疾病 (disease) や伝播の態様に限定されない。起源や源泉 (source) が何であれ、人類に対して脅威であるか脅威となりうる疾患 (illness) または医学的症状をカバーしている。(b) IHR参加国には、公衆衛生に関する最低限度の基本的能力を発展させることが義務づけられる。(c) 参加国は、所定の基準に従い、PHEICとなりかねない事象をWHOへ通報すべき義務を負う。(d) WHOには、公衆衛生上の事象について、加盟国政府以外からもたらされる非公式報告を考慮したうえで、かかる事象について、加盟各国に検証を求める権限が付与される。(e) WHO事務局長が、緊急委員会の見解を考慮に入れた上でPHEICに関する決定を行い、事態へ対応するための暫定的勧告を

1995).

13 WHO Regional Office for South-East Asia, Revision of the International Health Regulations, SEA/RC51/11 Add. 1 (July 27, 1998) 1. 改正を通じて改善すべき問題としては、次の2つが挙げられていた。(1) 自国で流行した感染症を報告すると、他のWHO加盟国が過剰な措置をとり、その結果、自国に関連した人の移動や交易に支障をきたすのではないかとの懸念から、加盟国が疾病の報告に消極的となっている。(2) 疾病の流行について、その識別と対応に必要なリソースと保健システム上の能力を欠いている加盟国がある。なお95年時点で、69年のIHRにおいては、コレラ、ペスト、黄熱の3つのみが報告対象とされていた（69年の採択時には、天然痘、回帰熱、チフスを加え合計6つであったが、のちの改訂で削除された）。

14 WHO (International Health Regulations Revision Project), *Global Crisis - Global Solutions: Managing Public Health Emergencies of International Concern through the Revised International Health Regulations*, WHO/CDS/CSR/GAR/2002.4 (2002).

15 WHA Res. WHA56.28, *Revision of the International Health Regulations* (May 28, 2003).

16 WHA Res. WHA56.28, *Revision of the International Health Regulations* (May 23, 2005). この改訂作業については鈴木淳一が詳細な分析を行っている。鈴木淳一「世界保健機関（WHO）・国際保健規則（IHR2005）の発効と課題—国際法の視点から—」獨協法学84号（2011年）159頁以下。

発する手続が定められた。(f) 個人と旅行者に対する人権の保護が規定された。(g) 加盟国と WHO 双方に、緊急連絡を目的とした情報連絡窓口が設立される[17]。

さきに述べたように、IHR 2005 が定める PHEIC の対象は、自然発生した疾病の流行に限定されない。IHR 2005 採択決議（WHA58.3）では、IHR の改訂作業に関連する保健総会決議として、上で触れた「国際健康安全保障」決議とともに生物剤の意図的使用に言及した 2002 年の決議が挙げられている。

この決議は、「健康に影響する生物剤、化学剤または放射性核物質 (radionuclear material) に関する自然事象、偶発的放出または意図的使用への国際的対応」と題するもので、これらの事案が深刻かつ国際的な公衆衛生上の影響を及ぼしうることを指摘し、封じ込めと影響緩和のため加盟国へ以下を求めた。(1) 地域的および全世界的なサーベイランス[18]のメカニズムを補完する、国内的なサーベイランス計画の立案、(2) 迅速な情報分析および情報共有、ならびに国内的能力の強化に関する協力および相互支援の実施、(3) 生物剤、化学剤、または核物質を用いた攻撃を、世界規模での公衆衛生上の脅威として扱うこと、(4) 専門的知識および技術、物資、リソースを共有することで、他国内で生じた事案の封じ込めと影響緩和を行うこと[19]。

決議に関連して事務局が用意した文書は、生物剤や化学剤が意図的に使われた場合、国家安全保障もしくは国防部門から、ふつう警告が発せられようが、対応の責任は保健部門に帰属すると指摘し、こうした事案に警戒を強める加盟国の保健関連省庁が、WHO に助言を求めてきたことに触れる。そして、生物、化学、または放射性剤が意図的に放出された場合でも、あからさ

---

[17] IHR 2005, *supra* note 22, at 1.
[18] サーベイランス（surveillance）とは、有効な対策を樹立するために、疾病の発生と蔓延に関与するすべての面を継続的に精査することで、以下の各情報の組織的な収集と評価が含まれる。(1) 罹患届と死亡登録、(2) 流行調査報告と症例調査報告、(3) 検査室での病原体分離とその特定、(4) 防疫用材料の備蓄、使用、副作用に関するデータ、(5) 各種集団の免疫レベルについての情報およびその他の関連疫学データ。日本公衆衛生協会編『感染症予防必携』（日本公衆衛生協会、初版、2001 年）409 頁以下。
[19] WHA Res. WHA55.16, *Global Public Response to Natural Occurrence, Accidental Release or Deliberate Use of Biological and Chemical Agents or Radionuclear Material that Affect Health* (May 18, 2002).

まな、または大規模な散布ではないかぎり、当初は自然的事象とみなされうるとして、作為、自然現象のいずれについても、それらがもたらす公衆衛生上の結果へ、WHOは注意を払っていると説明する。そのうえで、WHOが基本的に重視してきた分野は、疾病への警戒および対応に関連した公衆衛生上のシステムを、すべてのレベルにおいて強化することであり、こうしたシステムの能力強化を通じて、意図的に惹起された疾病についても、検知と対応が可能になると主張する。また、意図的使用を憂慮する加盟国へ、サーベイランスと対応活動の強化を中心にWHOが行ってきた助言をまとめたものとして、『生物・化学兵器に対する公衆衛生上の対応：WHOガイダンス』（以下「WHOガイダンス」）が紹介されている[20]。

2. 生物化学兵器に関するWHOガイダンスとGHSA

このWHOガイダンスは、1969年に国連事務総長が総会の求めに応じて、『化学・細菌（生物）兵器とその影響』[21]と題する報告書をとりまとめた際、それと一対をなすものとして初版が翌年公表された。事務総長報告が、一般の人々向けの解説を意図していたのに対して、WHO報告は、公衆衛生や医学の専門家向けと位置づけられた。第2版は、80年代のイラン・イラク戦争における化学兵器使用、オウムのサリンテロ、炭疽菌郵送事件など、生物・化学兵器を取り巻く状況の変化に対応した改訂を加えて2004年に公刊された[22]。

WHOガイダンス（第2版）は、既存の公衆衛生インフラを基礎にして、生物剤や化学剤を用いた攻撃への対応を検討すべきとの立場から、とくにサーベイランスおよび疾病への対応体制を強化することにより、多くの国で準備状況の改善が可能であると指摘する。ただし同時に、生物・化学攻撃の場合

---

[20] WHO, Rep. by the WHO Secretariat, *Deliberate Use of Biological and Chemical Agents to Cause Harm: Public Health Response*, A55/20 (Apr. 16, 2002).

[21] U.N. SECRETARY-GENERAL, CHEMICAL AND BACTERIOLOGICAL (BIOLOGICAL) WEAPONS AND THE EFFECTS OF THEIR POSSIBLE USE, A/7575/Rev.1, U.N. Sales No. E.69.I.24 (1969).

[22] WHO, PUBLIC HEALTH RESPONSE TO BIOLOGICAL AND CHEMICAL WEAPONS : WHO GUIDANCE vi (2d ed., 2004). 邦訳は『生物・化学兵器への公衆衛生対策—WHOガイダンス』。以下ページ数は英語原著による。いずれも次から入手可能。http://apps.who.int/iris/handle/10665/42611（2017年10月31日最終閲覧）

には、被害国の対応能力を超えた事態が発生しかねないため、国際的支援が不可欠として、各国および国際機関に対して、提供可能な支援を事前に特定しておくことを求めている[23]。

既存のインフラ活用に関連してガイダンスは、生物・化学攻撃への対処においても、それ以外の公衆衛生上の緊急事態について、従来の対応がふまえてきた諸原則と両立するアプローチを採用すべきとして、その理由を次のように説明する。

たしかに生物・化学攻撃は、いくつか固有の特徴を有する。しかし新たな独自の対応システムは必ずしも必要とされない。正しく設計された公衆衛生および緊急対応システムがあれば、限定的な生物もしくは化学攻撃への対応は可能であり、攻撃の影響を減じる措置も講じられる。また、生物剤による攻撃は、概して、一般的な疾病の発生と共通の諸特徴を有するし、影響の管理についても、感染症の流行において活用される管理戦略と、共通するものが多い。したがって対応には、地域の公衆衛生当局が関与すべきで、高感度かつリアルタイムに近い感染症のサーベイランス・システムが、自然的、意図的いずれであっても感染症流行の場合に不可欠である[24]。

以上のように IHR 2005 および WHO ガイダンスは、いずれも、疾病サーベイランスと対応体制の構築、充実が生物・化学攻撃には有効かつ重要とする。この関連では、伊勢志摩サミット文書が言及している GHSA に注目しておきたい。GHSA は IHR 2005 の強化を目的に米国が提唱したもので、GHSA 参加各国および WHO、国連食糧農業機関（FAO）、国際獣疫事務局（OIE）などの国際機関が連携して、参加国の能力構築支援を行う枠組みとして 2014 年に発足、59 カ国（2017 年 7 月）が参加している[25]。

GHSA の「アクション・パッケージ」には「バイオセーフティとバイオセキュリティ」[26]、「法執行をはじめとした複合領域と公衆衛生との連携」が

---

[23] WHO, *supra* note 22, at x-xi.
[24] *Id.* at 55-56.
[25] GHSA Homepage, https://www.ghsagenda.org/（last visited Oct. 31, 2017）；国際的に脅威となる感染症対策関係閣僚会議「国際的に脅威となる感染症対策の強化に関する基本方針」脚注 9（2016 年 2 月 9 日改訂）（http://www.kantei.go.jp/jp/singi/kokusai_kansen/taisaku/houshin.html、2017 年 10 月 31 日最終閲覧）。
[26] バイオセーフティは、病原体や毒素への意図しない曝露や、これらの偶発的な放出を予防する

含まれている²⁷。前者では、危険な病原体の適切な管理を通じた、拡散と意図的使用の防止が目標とされている。また後者では、意図的であることが疑われるか確証された生物学的な事象について、公衆衛生と法執行分野といった複数分野が連携して対応する能力、および使用が申し立てられた事案に関する調査をはじめ、効果的かつタイムリーな国際支援の提供と要請に関する能力の構築が目標とされている。こうした国際支援との関連では、BWCの履行支援ユニット（Implementation Support Unit：ISU）[28]や、生物・化学兵器の使用申立てに関する国連事務総長の事実調査メカニズムとの連携にも触れられている。

　国連事務総長の事実調査メカニズムは、1987年に国連総会が、生物兵器、化学兵器、毒素兵器などが使用された可能性があると、国連加盟国から申立てがなされた事案について、事実調査を実施する上での技術的指針および手続の策定を、事務総長へ求めたことに端を発する（同年の総会決議44/37C）。事務総長が翌年に指名した専門家グループは、89年に事実調査手続の指針と手順に関する報告書をとりまとめ[29]、90年には総会で、この報告書を支持する決議が採択された[30]。また88年には安保理、翌年には総会で、生物兵

ために実施する封じ込めの原則、技術、実践を表す用語。バイオセキュリティは、防護・監視を要する重要な生物材料への不正アクセス、その紛失、盗難、濫用／悪用、流用、意図的な放出を防止するための実験室における防護、制御、責任を表す用語。WHO（国立感染症研究所監訳）『バイオリスクマネジメント：実験施設バイオセキュリティガイダンス』iii頁以下（2006年）(http://apps.who.int/iris/bitstream/10665/69390/2/WHO_CDS_EPR_2006.6_jpn.pdf, 2017年10月31日最終閲覧)。

27 GHSAのアクション・パッケージは11あり、2014年のハイレベル会合で合意された。GHSA Action Packages. "Prevent 3: Biosafety and Biosecurity", "Respond 2: Linking Public Health with Law and Multisectoral Rapid Response" https://www.ghsagenda.org/packages (last visited Oct. 31, 2017). 国際刑事警察機構（INTERPOL）のバイオテロリズム防止ユニットも、GHSAとの関連で参加国の能力構築支援を行っている。https://www.interpol.int/Crime-areas/CBRNE/Bioterrorism/GHSA (last visited Oct. 31, 2017).

28 履行支援ユニットは、2006年の第6回再検討会議の決定に基づきで設立された。再検討会議と会期間会合に関連した事務的事項、条約の包括的かつ普遍的な履行、CBMに基づく情報交換の支援などを目的に活動する。スタッフは3名、第8回再検討会議でも存続が認められた。Final Document of the Sixth Review Conference, BWC/CONF.VI/6, at 23 (2006).

29 U.N. Secretary-General, *Chemical and Biological Weapons*, A/44/561 (Oct. 4, 1989).

30 G.A. Res. 45/57C (Dec. 4,1990). ジュネーブ議定書違反に対する事実調査については、阿部達也『大量破壊兵器と国際法』339頁以下（東信堂、2011年）。WHOと国連軍縮局は2011年に、事実調査へのWHOの支援に関する覚書を交わしている。Statements by the World Health

器や化学兵器が使用された可能性があり、1925年ジュネーブ議定書[31]違反を構成しうる事案について、事務総長に事実調査の実施を求める決議が採択されている[32]。

このように、現在WHO加盟各国が取り組んでいる、IHR 2005の履行を通じた健康安全保障の強化は、生物剤の意図的使用について対応体制を構築することも視野に入れている。ただし、健康安全保障を通じた生物兵器攻撃への対応には一定の限界があることを、WHO自身が認めている点には注意を要する。

「(使用に関する)調査の要請について、国連が対応を求められた場合、WHOには、技術的な専門知識を提供し、保有するリソースや機能を活用してもらうことが可能である。しかし、化学兵器および細菌(生物)または毒素兵器の使用可能性に関する報告の調査に際して、公衆衛生以外の事項は、依然として国連の責任範囲に属する。」[33]

次章では、IHR 2005の意義と限界、軍縮による安全保障と健康安全保障の関連を、BWCの側から検討する。

Ⅲ　BWC第7条の履行をめぐる議論

ここでは、まず、BWCをとりまく全般的状況[34]を概観した上で、2016年に開催された第8回再検討会議[35]の最終宣言に依拠して、違反被害国への援

Organization at the Seventh Review Conference, https://www.unog.ch/80256EDD006B8954/ (httpAssets) /6CEC707917BD4ED5C12579C9003BB2EF/$file/WHO.pdf (last visited Oct. 31, 2017).

[31] 「窒息性ガス、毒性ガス又はこれらに類するガス及び細菌学的手段の戦争における使用の禁止に関する議定書 (Protocol for the Prohibition of the Use in War of Asphyxiating, Poisonous or Other Gases, and of Bacteriological Methods of Warfare)」署名1925年6月17日、発効1928年2月8日、赤十字国際委員会ウエブサイトの人道法関係条約データベース情報によれば締約国140。https://ihl-databases.icrc.org/ihl (last visited Oct. 31, 2017).

[32] S.C. Res. 620 (Aug. 26, 1988); G.A. Res. 44/115B (Dec. 15, 1989).

[33] WHO (A55/20), *supra* note 20, ¶11.

[34] 生物兵器軍縮全般については、拙稿「生物兵器の禁止」黒沢満編著『軍縮問題入門(第4版)』149頁以下(東信堂、2012年)。

[35] Review Conference (RevCon). BWC第12条に基づき、すべての締約国が参加して条約の運用状況を検討する目的で、ほぼ5年に1回開催されてきた。外務省の呼称は「運用検討会議」。

助について締約国の合意点を明らかにする。そのうえで、生物兵器使用と感染症の自然流行との間に存在する、対応面での相違を考えてみたい。

1. BWCの実効性強化に向けた取組み

　国連軍縮局は2017年に、BWCの紹介冊子を作成した。この冊子は、BWCをとりまく状況と、締約国の取組みを概観しつつ、BWCの現代的意義を以下の諸点に求めている。(1) 西アフリカでのエボラ出血熱流行を通じて、グローバル・ヘルスおよび人道システムは、大規模な感染症の流行に対応する準備を欠いていることが明らかになった。それはまた、意図的な生物剤や毒素の放出がもたらしうる結果に対する警告でもある。(2) バイオテクノロジーは、デュアルユース技術であり、悪用の危険がある。そのためBWC締約国は、科学技術の新たなトレンドに引き続き注意を払っている。(3) 2016年のダボス世界経済フォーラムでは、自動化兵器、サイバー戦争とともに、生物兵器が将来の戦争を変貌させる可能性を有するものとして特定された[36]。生物兵器の脅威に対抗するためには、多面的なアプローチが求められているが、それに応える多国間フォーラムはBWCを通じたものしか存在しない。(4) BWCは、生物科学および技術の平和利用促進を支持しており、条約の下では、履行支援の取り組みが行われてきた。またBWCは、感染症への対応について、締約国による能力構築を助け、そのための多国間枠組みを提供している[37]。

　しかし、BWC強化に関する今日までの歩みは、決して平坦なものではなかった。BWCには検証制度が存在しない。締約国は、1986年の第2回および91年の第3回再検討会議において、信頼醸成措置 (CBM) として、条約履行に関連した所定の情報を毎年提供することに合意した。しかし合意は政治的なものにとどまり、法的強制力がなかったため、締約国の中には、追加的な法制度を通じたBWCの実効性向上を模索する動きが現れた。その背景

---

[36] 冊子に引用はないが以下を参照。Driving Forces and Amplifiers, in The Security Outlook 2030, http://reports.weforum.org/the-security-outlook-2030/the-security-outlook-2030/ (last visited Oct. 31, 2017).

[37] UNITED NATIONS OFFICE OF DISARMAMENT AFFAIRS, THE BIOLOGICAL WEAPONS CONVENTION: AN INTRODUCTION 8-12 (2017).

には、旧ソ連の組織的BWC違反が明らかになったこと、国連イラク特別委員会（UNSCOM）の作業を通じてイラクによる生物兵器製造が確認され、途上国への生物兵器拡散について、国際的な憂慮が高まったことが挙げられる。

そして締約国は、第3回再検討会議の最終宣言において「条約の実効性強化と、履行の改善を決意して、実効的な検証が条約を強化しうることを認め」、実現可能な検証措置について検討するため、すべての締約国に開かれた政府専門家のアドホックグループ（「科学的および技術的見地から、実現可能性がある検証措置を識別し、検討するための政府専門家アドホック・グループ（VEREX）」）[38]を立ち上げた[39]。VEREXがまとめた報告書は、94年の締約国による特別会議で検討され、その結果、BWCの実効性強化と履行状況の改善を目的とした法文書を協議する場として、新たなアドホックグループが発足した。グループの議長は2001年に、協議の結果をBWCへの追加議定書草案の形式にとりまとめ、締約国へ提示する。しかし、この議長案について米国は、条約違反の発見と抑止、企業秘密や国家安全保障上の秘密の保護などの点で否定的な評価を下し、それ以上の作業継続に反対した。草案には中国、ロシア、イランなどからも修正意見が出され、締約国間の意見対立が解消されなかった。そのため同年の第5回再検討会議は、締約国の意見不一致から最終文書を採択できず、中断して翌年再開という異例の展開をたどった。

02年に再開された会議では、再検討会議の合間に専門家会合と締約国会合を毎年開催し、BWCに関連した諸問題について協議を行うことで合意が成立した。追加議定書の扱いについては、何ら意思決定が行われず、作業は中断のまま現在に至っている[40]。会期間会合は03年から始まり、06年と11年の再検討会議でも継続が決定された。たとえば11年の会議では、16年の第8回再検討会議開催まで毎年（12年から15年まで）、専門家会合と締約国会

---

[38] Ad Hoc Group of Governmental Experts to Identify and Examine Potential Verification Measures from a Scientific and Technical Standpoint.

[39] Final Declaration of the Conference on BWC Art. V, in Final Document of the Third Review Conference of the Parties to BWC, BWC/CONF.III/23, at 16-18 (September 9-27, 1991).

[40] Final Document of the Fifth Review Conference, BWC/CONF.V/17, at 3-4 (Geneva, 2002).

合を1回ずつ開催して、(1) 協力と援助、とくに条約第10条の下での平和利用と国際協力の強化、(2) 条約に関連した科学技術分野の発展に関するレビュー、(3) 条約の国内的実施の強化の3項目を毎年協議することになった。このほか2年連続で協議すべき議題として、(ⅰ) CBMへの参加促進 (12年と13年)、(ⅱ) 違反被害国への援助に関連した第7条の履行強化 (14年と15年) が選択された。なお18年以降の会期間会合については、17年中に協議することが第8回再検討会議で決定されている。

これらの議題からうかがえるように、会期間会合を通じた取組みでは、法制度構築に代わり、各締約国におけるBWCの国内実施に焦点を当て、その改善を目的とした国際協調を重視する点が特徴の一つといえる[41]。それにともない議論の対象領域も、締約国によるIHR 2005の履行、バイオセーフティとバイオセキュリティ分野での取り組み支援、生命科学技術の発展のモニタリング、科学者の行動綱要などへ拡大してゆく。

2. 違反被害国援助とIHR 2005

BWC第7条の下での違反被害国援助は、上記の会期間会合で継続的に取り上げられてきた[42]。そして第8回会議の最終宣言において締約国は、西アフリカのエボラ出血熱流行に言及しながら、十分な事前準備と援助体制の構築が、生物兵器や毒素兵器の使用についても重要であることを再確認して、緊急援助の可能な国へ、たとえ安保理が使用申立てについて協議中であっても、援助を先行実施するよう求めた。さらに締約国は、援助に関連した活動の調整が自らの責務であり、援助の提供と調整を効果的に行い、タイムリーな緊急援助を提供するためには、被害国援助に関連した手続整備が必要であると認めた。この分野での最優先課題としては、疾病について迅速かつ実効的な検知と対応ができるような、国内的および国際的能力の構築が挙げられており、締約各国の感染症への準備と対応能力が、国際的な能力向上にも直

---

41 WHOとのワークショップにおけるISU責任者のプレゼンを参照。Richard Lennane, The Biological Weapons Convention: Developments, Challenges and Future Directions, Presentation at the IHR Awareness Workshop for BWC Delegations (Aug. 21, 2009), *see infra* note 45.

42 Final Document of the Fifth Review Conference, *supra* note 40 at 3; Final Document of the Sixth Review Conference, *supra* note 28 at 21.

接寄与すると指摘した。こうした能力構築との関連でIHR 2005の重要性がとりあげられ、規則のねらいはBWCの諸目的と両立するとされた。ただし、生物兵器や毒素兵器の使用事案において、援助の提供や国際機関との連携を行う場合、健康と安全保障の問題が相互に関係していることには、注意を促している[43]。

また使用申立てに対する事実調査手続について宣言は、第6条（安保理への申立て）との関連で、申立てを速やかに検討すること、そして必要と思われる場合には、安保理決議620に従い国連事務総長に対して事実調査を要請することを、安保理に促している[44]。

IHR 2005との関連では、BWC締約国がWHOと合同で2009年8月に開催したワークショップにも留意しておきたい。このワークショップは、疾病サーベイランス、検知、診断、封じ込めなどIHR 2005が参加国に能力構築を求める分野について、BWC締約国代表の理解を深めてもらうことを目的として、同年の締約国専門家会合の直前に開かれた[45]。同年予定されていた締約国会合の議題が、生物科学および技術についての国際協力、支援、交流の促進を視野に入れた、平和目的の分野における能力構築促進であったことも、ワークショップ開催の背景にあった[46]。こうした取組みも、BWC締約

---

[43] Final Declaration of the Eighth Review Conference, ¶¶ 32-47, in Final Document of the Eighth Review Conference, BWC/CONF.VIII/4, at 14-16 (Jan. 11, 2017). 本稿の末尾に資料として日本語訳を添付。

[44] Id, ¶¶ 27-31.
最終宣言の第6条関連部分（パラグラフ29）には以下の記述がある。
「会議は安全保障理事会に、以下のことを求める。
(a) 本条の下で申し立てられた苦情を速やかに検討し、憲章に従い、苦情の調査に必要と考えられるあらゆる措置を実施すること。
(b) 必要と考えられる場合には、1988年の決議620号に従い、国連文書A/44/561の附属書1に含まれている技術的ガイドラインおよび手続を活用して、使用申立の調査を行うよう国連事務総長へ要請すること。
(c) 各締約国へ本条の下で実施された調査の結果を通知すること、および必要とされうる適切な追加的行動について検討すること。」

[45] このワークショップの資料は次のリンクから入手可能。
UNOG（国連ジュネーブ事務局 https://www.unog.ch/）→ Disarmament → The Biological Weapons Convention → Meetings and Documents → Meeting of Experts 2009 → Related Information → International Health Regulations Awareness Workshop for BWC Delegations

[46] Rep. of the Meeting of Experts, BWC/MSP/2009/MX/3, at 2 (Oct. 16, 2009). 議長国カナダのMarius Grinius軍縮大使とWHOの協議から生まれたアイデアであったと大使がワークショップ

国が条約履行に関連してIHR 2005を重視している現れといえよう。

同年、会期間会合の議長国であったカナダ大使は、ワークショップの冒頭で次のように述べた。

「…安全保障や不拡散問題にWHOやOIEなどの国際機関を関与させると、その中立性が損なわれかねないと、一部のBWC締約国が憂慮していることは理解できます。

しかし会期間の作業プログラムは、こうしたもっともな憂慮についても、実務上、効果的に対応できることを明らかにしてくれました。意図的および自然発生的な疾病という生物学的リスクの両極について、一括して調整のとれたアプローチを行うことで、多くのものが得られます。第6回再検討会議が、2007年から11年までの会期間作業プログラムについて、そのうちの1年を、『疾病サーベイランス、検知、診断、封じ込めに関する能力構築』に割り当てたことは、公衆衛生と生物兵器の関係について、BWC締約国が十分理解していることを示しています。」[47]

そしてWHOも、2年後に開かれた第7回再検討会議へ次のようなメッセージを送っている。

「生物剤や毒素剤の意図的使用について公衆衛生上の結果管理を行う場合、人的および社会的な影響を最小化するため、タイムリーかつ実効的な方法による疾病流行の検知、そして対応が欠かせません。それがWHOの信念です。

WHOは、起源や出所が何であれ、公衆衛生上の緊急事態がもたらすダメージに人々が耐え、回復することを可能にしてくれるものが、強固な公衆衛生システムであると考えます…BWCの締約国すべてが、IHRの履行を含め、健康安全保障という目標を支持してくださるよう期待します。」[48]

以上のように、これまでの再検討会議や締約国会合を通じて、第7条の下での被害国援助については、原因や理由のいかんを問わず、疾病の発生に迅速かつ的確に対応できる能力を平素から構築することが重要であって、IHR

の冒頭で語っている。Introductory remarks by Ambassador Marius Grinius (Canada), Chair of the 2009 Meetings of the Biological Weapons Convention (Aug. 21, 2009).

47　Ambassador Grinius, *supra* note 46.
48　Statements by the WHO at Revcon VII, *supra* note 30.

2005 の履行はそれに資するという認識が、BWC 締約国に共有されていると結論できよう。ただし、第 7 条の下での諸課題が、IHR 2005 の履行により、すべて解消されるわけではないことも、締約国は同時に了解してきた。この点を次に見ておこう。

3. 自然流行と生物兵器使用の相違をめぐる議論

フランスは、第 8 回再検討会議の準備会議に提出した作業文書において、自然流行と意図的に惹起された流行とを比較し、次のような組織面での違いを指摘した。

自然流行については、まず公衆衛生上の問題として対応が行われ、WHO や OIE などの専門組織が関与する。西アフリカのエボラ出血熱のように、流行の規模や期間によっては、それ以外の国際機関、各国政府機関、非政府組織（NGO）の関与もありうる。これに対して意図的流行は、まず被害国への攻撃とみなされる。被害国は、自国防衛を目的に軍事・安全保障上の措置を講じる可能性があり、結果的に、援助を目的とした国際的介入にとり望ましくない状況も生じうる。また意図的な流行が疑われる場合には、まず自然流行かどうかの国内的および国際的な調査を通じた確認が、つぎに実行者の特定および処罰が必要となる。調査は、国連事務総長が派遣する国際的な事実調査団や、被害国の国内的な刑事捜査機関などが担当すると予想されるが、いずれにせよ実行者の特定には、法医学的能力と先進的な分析技術を備えた専門の検査機関が必要とされよう[49]。

こうした指摘には傾聴すべき点も多いが、潜伏期間があり発症まで一定時間を要する生物剤や毒素剤の特徴を念頭に置くと、疾病が発生した最初の段階から、自然感染か、意図的なものか、それとも事故かを識別することは困難な場合が多いと予想される。たとえば、スベルドロフスク（現エカテリンブ

---

[49] 技術面での相違として、生物兵器攻撃については、診断を妨げるよう改変を加えた剤を攻撃に使用する可能性や、多数の被害者や大規模な汚染が同時発生して、公衆衛生システムが対応能力を超える恐れなどが挙げられている。また、生物兵器攻撃が行われたり、その可能性が存在する場合、援助提供国が、自国防衛へ優先的に対応能力を振り向けようとする結果、被害国へ提供される援助が減少する可能性も指摘されている。Specificities of the Response to Natural and Intentional Disease Outbreaks: Working Paper Presented by France, BWC/CONF.VIII/PC/WP.12 (2016).

ルク）にあった旧ソ連の炭疽菌製造施設から1979年4月に炭疽菌が漏洩した事故では、当初ソ連政府が、炭疽菌に汚染された食肉の闇市場での流通が原因だと主張し、真相究明には10年以上を要した。また東南アジア・アフガニスタンでの毒素兵器使用をめぐる80年代初めの「黄色い雨」論争は、物的証拠や証言の信憑性が争われ、現在まで決着がついていない[50]。

　したがって、同じ会議に日本政府の提出した作業文書が、感染症の流行事案について、最初の段階で自然的なものか、意図的に引き起こされたものかを判断することは困難であるから、いずれの場合でも、現地に派遣された医学の専門家たちが、病原体をつきとめ、自らの診断に基づいて医学的な治療を施そうとする可能性が最も高いと予測したことは、こうした過去の経験に照らせば妥当といえる。この文書が勧告するように、現段階で可能な方策として、BWCと感染症対策に関わる国際機関との間にコミュニケーション・ラインを確立して、公衆衛生上の緊急事態における、円滑で迅速な意思疎通と情報交換を可能にしておくことは、有意義と思われる[51]。

　また英国も、2015年の締約会合に提出した作業文書で、流行原因が不明な初期段階では、人道的考慮に基づき、自然流行と同じ対応が行われる可能性が非常に高いと予想し、BWCの脈絡においてのみ処理されることは、想定し難いと指摘する[52]。そして別の作業文書では、西アフリカにおけるエボラ流行の経験をふまえ、迅速性と活動調整作業の統一的な管理が、実効的な指揮命令系統を確保するうえで最も重要な原則であると論じ、WHO（獣疫の場合はOIE、植物についてはFAO）が調整役として最適であるから、緊急対応チームをWHO内に確立すべきだと提案し、WHOと重複する組織構造を、BWC第7条だけのために創設すべきではないと結論した[53]。

50　二つの事案については、拙稿前掲註34、158頁以下。

51　Strengthening Cooperation with International Organizations, Submitted by Japan, BWC/CONF.VIII/PC/WP.29 (Aug. 10, 2016).

52　援助要請の手続を確立する必要性にも言及している。Making Article VII Effective: Some Core Assumption and Key Questions, Submitted by the United Kingdom of Great Britain and Northern Ireland, BWC/MSP/2015/MX/WP.1 (July 6, 2015).

53　Making Article VII Effective: Relevant Lessons and Follow-up Action from the Ebola Virus Disease Outbreak in West Africa, Submitted by the United Kingdom of Great Britain and Northern Ireland, BWC/MSP/2015/MX/WP.2 (July 6, 2015).

このように意図的に惹起された流行については、自然流行と共通した対応が可能な領域が存在するが、他方で、フランスの作業文書が指摘したように、事実調査を通じた使用国（者）の特定と責任追及が不可避となろう。これは公衆衛生ではなく、武力紛争やテロ対応の領域であるが、証拠保全や情報管理などの面で、公衆衛生に携わる国際機関との調整が必要となることも考えられる。たとえばWHOは、2009年のBWCとWHOとのワークショップで、健康安全保障において公衆衛生（WHO）と安全保障（BWC）は重なり合うが、双方の活動には独自の領域も存在するため、協働を目指す一方、混乱を避けねばならないと指摘した[54]。

2014年の締約国会合報告書は、「第7条に関連した事象が、動植物や公衆衛生に関する緊急事態以上のものである」にもかかわらず、「条約の下で適切な行動をとるための制度的メカニズムが存在しない」ことを認めた[55]。だが、BWC締約国は、違反被害国への援助に関連した制度構築に、いまだ着手していない。上でふれた人道援助と事実調査活動との調整方法[56]、その中でBWC締約国やISUが果たす役割などは、議論すべき事項として残されたままになっている[57]。

IV　おわりに

これまでの検討から明らかになったことをまとめておこう。

WHOが中心となって取り組んできたIHR 2005を通じた健康安全保障は、感染症の自然流行から生物兵器攻撃まで、幅広くカバーしている。そのためBWC締約国は、第7条の下での違反被害国援助についても、IHR 2005の

54　Guénaël R. Rodier, International Health Regulations, presentation at BWC IHR Workshop, slide #44（Aug. 21, 2009）.
55　Report of the Meeting of State Parties, BWC/MSP/2014/5, at 11（OP56）（Dec. 15, 2014）.
56　UK working paper, *supra* note 52.
57　Addressing Modern Threats in the Biological Weapons Convention: Follow-up and Recommendations, Submitted by Submitted by Australia, Canada, Chile, Colombia, Czech Republic, Finland, Germany, Hungary, Japan, Lithuania, Netherlands, Nigeria, Norway, Philippines, Republic of Korea, Slovakia, Sweden, Switzerland, BWC/MSP/2015/WP.6/Rev.1, at 4（Dec. 14, 2015）.

履行が有意義であると評価してきた。こうした積極的評価は、第8回再検討会議の最終宣言が、被害国援助の分野では、個々の締約国による準備と能力構築が、最も緊急かつ重要な課題であると認め、IHR 2005 の諸目標がBWC の諸目的と両立すると評価した部分にも表れている。

ただし、援助を要請する具体的手続、援助活動の調整において BWC 締約国や国連が果たすべき役割などについて、締約国間で検討を始めるめどが立っているとは言いがたい状況にある。

他方、BWC を通じた安全保障が、健康安全保障へとすべて回収されるわけではない点も確認できた。使用国（者）を特定するために行われる国連事務総長の事実調査や、締約各国による捜査活動などとの国際連携は、GHSAでも IHR 2005 との関連で協議されているが、条約違反責任の追及は、BWC 固有の問題として残されている。

これまで BWC 締約国は、批准書寄託国であった旧ソ連による組織的違反を経験している。また BWC 違反事案ではないが、第二次湾岸戦争後、イラクの大量破壊兵器について調査した「イラク調査グループ (Iraq Survey Group: ISG)」は、イラン・イラク戦争における化学兵器使用が、イラクの生物兵器計画を後押ししたとするイラク軍人の見解を紹介し、生物兵器のような非通常兵器の潜在的価値は、化学兵器使用の成功によって再確認されたと指摘する[58]。イラクは、化学兵器の使用を禁止した 1925 年ジュネーブ議定書の締約国[59]であり、同国による使用は、国連事務総長によって実施された事実調査を通じて確認されてきた。それにもかかわらず、戦争終結まで、条約違反への制裁はイラクに対して行われなかった。イラクが化学兵器の効果を肯定的に評価できた背景に、そうした国際社会の対応を見て取ることは難しくない。

米国の軍備管理・軍縮庁長官を務めたフレッド・イクレは、半世紀以上前、検証制度によって違反を検知するだけでは不十分であって、違反が検知

---

[58] イラク軍需産業省で研究開発部門を率いたアッサーマッラーイ (Al Samarra'i) 准将の発言として紹介されている。COMPREHENSIVE REPORT OF THE SPECIAL ADVISOR TO THE DCI ON IRAQ'S WMD (Vol. III, BIOLOGICAL WARFARE), 8 (2004).

[59] イラクの議定書加入は 1931 年 8 月 9 日。イラクの化学兵器使用については、拙稿「化学兵器拡散と輸出管理措置」問題研究 1 号（朝日大学国際取引法研究所、1990 年）11 頁以下。

されたことによる政治的および軍事的結果が問題なのだと論じた。「軍備管理協定を結ぶにあたっては、違反を技術的に検知できるかどうかを知ると同時に、我々、あるいは我々以外の世界の人々が、違反を検知したとき、政治的、法的、そして軍事的に、効果的な対応を行う状態にあるのかどうかを知らねばならない。」[60]

国際刑事裁判所規程は、1925年ジュネーブ議定書の文言を引用しつつ、化学兵器使用を国際犯罪の一つに含めた（国際的な武力紛争について第8条2項(b)(XVIII)、非国際的武力紛争について同条(c)(XIV)）。しかし、生物兵器について同様の規定は存在しない。これは、核兵器使用の犯罪化を主張した非同盟諸国が、核兵器国の反対により自分たちの提案が受け容れられなかったとき、「貧者の核」である生物兵器について、核兵器と異なった扱いをすることは認められないと主張した結果とされる[61]。こうした主張は、イスラエルの核を意識する国々からこれまで国際会議の場などで表明されてきた。しかし、全面禁止を締約国に義務づける条約が生物兵器について存在している現在、核と同様な抑止力としての価値を生物兵器に認めることは、BWC普遍化のため締約国が続けてきた活動とも矛盾するもので、禁止体制の弱体化につながるおそれがある。

したがって、生物兵器使用の国際犯罪化をはじめ、条約違反に対する厳格な対応を行う意思を、締約国が相互に確認してゆくことが、第7条の履行にあたって重要といえよう。

---

[60] Fred Charles Iklé, After Detection – What?, 39 (1) FOREIGN AFF. 208 (1961); Brad Roberts, Revisiting Fred Iklé's 1961 Question, "After Detection – What?", 8 (1) THE NONPROLIFERATION REV. 10-24 (2001). ロバーツは、1961年に比べると、国際社会は、脱法抑止と遵守回復のための戦略を、よりよく実施するだけの覚悟があると指摘する (p. 17) が、論者には少々楽観的に過ぎると思われる。

[61] 起草過程では、大多数の代表が化学兵器とともに生物兵器使用の犯罪化を支持していたとされる。Michael Cottier, Commentary on Article 8, para. 2 (b)(xvii) – (xx), in COMMENTARY ON THE ROME STATUTE OF THE INTERNATIONAL CRIMINAL COURT 410-420 (Otto Triffterer ed., 2d Ed. 2008); KARA ALLEN ET AL., CHEMICAL AND BIOLOGICAL WEAPONS USE IN THE ROME STATUTE: A CASE FOR CHANGE (VERTIC BRIEF #14) 6-8 (2011).

V 資料:第8回再検討会議 最終宣言 BWC 第7条部分

(段落番号は最終宣言に付せられたパラグラフ番号)

32. 会議は、これらの条項が援用されなかったことについて、満足の意をもって留意する。

33. 会議は、国際社会が、そうした状況への対処について十分に事前から準備をすべきこと、細菌(生物)兵器または毒素兵器が使用された場合について、緊急援助を派遣する準備をすべきこと、要請国への人道的およびその他の支援を含め、援助を提供する準備をすべきことを再確認する。

34. 会議は、西アフリカにおける悲劇的なエボラ出血熱の流行(2014年から15年)が、感染症流行への対処において、すみやかな検知、および迅速、実効的かつ調整のとれた対応の重要性を浮き彫りにしてきた点に留意する。そして、生物・毒素兵器が使われたと申し立てられた場合も、こうした考慮が重要であること、および、かかる事態が、より多くの困難をもたらしうることを認める。

35. 会議は、援助の要請が行われた場合、迅速に考慮を払い、適切に対応すべきと考える。この脈絡では、人道上の重要性にかんがみ、要請があった場合には、たとえ安保理が決定について検討中であったとしても、可能な国に対して、タイムリーな緊急援助の提供を求める。

36. 会議は、生物兵器または毒素兵器が使用されたと申し立てられた場合、援助の提供および関連機関との調整について、締約国が責任を負うことを認める。会議は、条約違反の結果として、いずれかの締約国が危険にさらされていると安全保障理事会が決定する場合、要請を行う当該締約国へ、国連憲章に従って援助の提供、あるいは支援を行うという各締約国の約束を再確認する。

37. 会議は、本条が援用された場合、国際連合が、締約国から、および世界保健機関(WHO)、国際獣疫事務局(OIE)、国連食糧農業機関(FAO)、国際植物防疫条約(IPPC)のような適切な政府間機関から、個々のマンデートに従った支援を得ながら、BWCの下での援助の提供と配分について、調整

的役割を果たしうると考える。

38. 会議は、援助の提供に関して、および国際機関のうちで生物兵器または毒素兵器の使用に関係するものが行う対応の調整に関して、実効的な措置を形成する上での困難が存在することを認める。会議は、適切な援助を提供するにあたり、調整が重要であることを強調する。そうした援助には、専門的な知識・技術、情報、防護、検知、除染、および予防用、医学用その他の設備であって、締約国が、条約違反の結果生じる危険にさらされている場合、当該国を援助するため必要なものが含まれる。また会議は、タイムリーな緊急援助の提供を可能にする援助手続が必要であることに留意する。そうした手続には、締約国による迅速な対応と、タイムリーな緊急および人道援助を確実にするため、生物兵器が使用された場合において要請があった時、利用できる援助のタイプに関する情報でアクセス可能なものを、より明瞭に識別できるようにすることが含まれる。

39. 会議は、要請されている支援と援助に関する調整、動員および提供にあたり、国連および他の国際機関が、重要な役割を果たしうることに同意する。この関連で、必要性と関係国の要請がある場合には、国連および適切な国際機関の能力と経験を識別して、そのマンデートの範囲内において活用すべきである。

40. 会議は、生物兵器または毒素兵器が使用されたと申し立てられた場合も含めて、疾病流行への対応、調査および流行の沈静化に関する国際的能力に、加盟国の国内的準備と能力が直接寄与することに留意する。

41. 会議は、援助として必要なものを、加盟国が、より明確に特定できるようにする上で、上記の能力が一助となりうる点に留意する。会議は、申し立てられた生物兵器の使用、または使用の脅威について、迅速かつ効果的な検知と対応を行うためには、国内および国際的なレベルでの能力構築が、締約国の能力を拡張、強化するうえで、もっとも緊要であると認める。

42. 締約国の国内的準備が、疾病の流行への対応、調査および沈静化に関する国際的な能力へ寄与する点に留意しつつも、会議は、こうした準備を、援助の提供または受領の前提条件としてはならない点を強調する。

43. 会議は、発展、国内的能力およびリソースのレベルにおいて、締約国

間には相違があり、こうした相違が、申し立てられた生物兵器または毒素兵器の使用について、効果的に対応するための国内的能力と国際的能力の両方へ直接影響を及ぼしかねない点に留意する。会議は、可能な立場にある締約国へ、要請に応じて、他の締約国の適切な能力構築を支援するよう求める。

44. 会議は、国内的に、そして適切な場合には共同で、各自の状況ならびに国内法および規則に即して、疾病の流行原因に関する識別と確認のため、そして要請に基づく他国の能力構築への協力のために、自国の疾病サーベイランスおよび検知能力を、締約国が向上させる必要性に留意する。会議は、IHR 2005 が、疾病の国際的拡大について、予防、防護、管理、そして対応能力を構築する上で重要である点に留意する。それらの目標は、条約の目的と両立可能である。

45. 申立てがあった生物兵器または毒素兵器の使用事案において、いずれかの締約国の求めに応じ、援助の提供および関係機関との協働を行う場合、締約国は、健康および安全保障に関する諸問題が、国内的および国際的レベルにおいて、相互に関係していることを認める。会議は、実効的協力および持続可能な連携を通じて、この分野における構想を追求することの重要性を強調する。会議は、実施されている取組みについて、疾病の流行が自然的か、意図的かを問わず実効的であることと、ヒト、動植物または環境を害しうる疾病および毒素を確実にカバーすることの重要性に留意する。また会議は、申立てがあった生物兵器または毒素兵器の使用について、検知し、迅速かつ効果的な対応を行い　そして復旧する能力を、事前に備えることが必要であると認める。

46. 会議は、会期間プロセスにおける協議を歓迎し、第7条の規定をさらに機能させるため、次期会期間プロセスを通じて、これらの協議をふまえるべき必要性を強調する。

47. 会議は、第7条の枠組みの下での援助を容易にするため、すべての締約国に開かれたデータベースを設立することを支持する。BWC 第7条の履行を支援し、一つの方法として、特定のオファーと援助要請とのマッチングを提供することが、このデータベースの目的となりうる[62]。

---

[62] Final Declaration of the 8th Review Conference, *supra* note 43.

逮捕に伴うスマートフォン等に対する
捜索・押収と令状の必要性

大　野　正　博

I　はじめに——スマートフォン等の普及とそれに伴う捜査の必要性——
II　Riley 判決
III　逮捕に伴う無令状捜索・押収法理と Riley 判決以前の
　　携帯電話・スマートフォン内のデジタル情報に対する捜索・押収
IV　Riley 判決に対する若干の検討とわが国に与える影響
V　おわりに

I　はじめに
　　——スマートフォン等の普及とそれに伴う捜査の必要性——

　(1)　総務省によると、2016 年の「モバイル端末全体（携帯電話・PHS と 2009 年から 2012 年までは携帯情報端末（PDA）、2010 年以降はスマートフォンを含む）」、および「パソコン」の世帯普及率は、それぞれ 94.7％、73.0％であり、また、「モバイル端末全体」の内数である「スマートフォン」は、71.8％であるが、「パソコン」の普及率が下がったことに伴い、その差は、前年の 4.8 ポイントから 1.2 ポイントに縮小しているとのことである[1]。また、個人の「スマートフォン」保有率の推移を見ると、2011 年に 14.6％であったものが、2016 年には、56.8％とこの 5 年間で約 4 倍に上昇している[2]。
　「スマートフォン」とは、「従来の携帯電話端末の有する通信機能等に加

---

[1]　総務省編『平成 29 年版 情報通信白書』281 頁（2017 年）。
[2]　同・3 頁。

え、高度な情報処理機能が備わった携帯電話端末であり、従来の携帯電話とは異なって利用者が使いたいアプリケーションを自由にインストールして利用することが一般的である。また、スマートフォンはインターネットの利用を前提としており、携帯電話の無線ネットワーク（3G回線等）を通じて音声通信網及びパケット通信網に接続して利用するほか、無線LANに接続して利用することも可能」な電子機器であり、その他の従来型携帯電話は、「フィーチャーフォン」と呼ばれる[3]。

　スマートフォンの普及と併せ、クラウドサービス（Cloud Service）の使用が広がりをみせることにより、利用者の行動履歴等のパーソナルデータ（personal data）をインターネット上に蓄積することが可能となった。これを分析することにより、ビッグデータの可能性は、これまで以上に拡大し、ビジネス利用だけでなく、公共面も含め、様々な場面での活用がなされることになった。しかし、同時にこれらの側面は、犯罪においても用いられることがあり、当該犯罪を取締まるために、捜査機関に対しては、高度な技術的知見が要求されるに至った。これにより、「警察庁及び地方機関に情報技術解析課を設置し、都道府県警察に対して、捜索差押え現場でコンピュータ等を適切に差し押さえるための技術的な指導や、押収した携帯電話等から証拠となる情報を取り出すための解析を実施する技術支援」が行われ、スマートフォンへの対応については、「記憶容量の増大・アプリの多様化・複雑化を踏まえ、警察では、関係機関と連携して解析手法の開発を行うなど」、さらに強化が図られているのが現状である[4]。また、これまでも、「犯罪に悪用された電子機器等に保存されている情報」が、「犯罪において重要な客観証拠」とされる場合が多々みられたが、「電磁的記録は消去、改変等が容易であるため、電磁的記録を犯罪捜査に活用するためには、適正な手続により解析・

---

[3] 総務省編『平成28年版 情報通信白書』434頁・435頁（2016年）。なお、「スマートフォン」は、「①1人1台持つ情報端末、②ほぼいつでもどこでもネットに接続できるデータ入出力のハブ、③プラットフォームの存在（個人認証・決済機能を含む）などの特徴がある。これらの特徴により、①パーソナルカスタマイズ、②リアルタイムでのマッチング、③多様なサービス、④サービス間のデータ連携による分析可能な情報の増加などが可能となっており、生産性向上、イノベーション促進等を通じ経済を成長させるとともに社会を変革させるポテンシャルを有すると考えられる」（総務省編・前掲注(1) 18頁）。

[4] 国家公安委員会・警察庁編『平成28年版 警察白書』130頁（2016年）。

証拠化することが重要である」ことを警察庁も認めており、「警察庁及び地方機関の情報技術解析課において、都道府県警察が行う犯罪捜査に対し、デジタル・フォレンジック[5]を活用した技術支援」を行うとともに、「民間企業との技術協力を推進し、常に最新の技術情報を収集するとともに、国内外の関係機関と情報共有を図るなど、電磁的記録の解析に係るノウハウや技術を蓄積するように努めている」とのことである[6]。

(2) 刑訴法220条1項は、「検察官、検察事務官又は司法警察職員は、第199条の規定により被疑者を逮捕する場合又は現行犯人を逮捕する場合において必要があるときは、左の処分をすることができる。第210条の規定により被疑者を逮捕する場合において必要があるときも、同様である」と規定し、同条項2号において、「逮捕の現場で差押、捜索又は検証をすること」が可能であるとする。また、刑訴法222条1項・111条2項に基づき、「差押状、記録命令付差押状又は捜索状の執行については、錠をはずし、封を開き、その他必要な処分をすることができる」としている。

従来、逮捕に伴う捜索・押収において、対象物件に対するプライヴァシーについては、一定の物理的な限界が存在していたものと考えられてきた。しかし、上述のように、パーソナルデータの蓄積が可能となり、スマートフォン等の携帯情報端末機器がその対象物件となる場合、これまでとは比較に

5　デジタル・フォレンジックとは、「犯罪の立証のための電磁的記録の解析技術及びその手続」をいう（国家公安委員会・警察庁編・前掲注(3)90頁)。なお、デジタル・フォレンジックにつき、特定非営利活動法人デジタル・フォレンジック研究会編『改訂版 デジタル・フォレンジック事典』(日科技連、2014年)、羽室英太郎＝野本淳之「情報技術の解析とデジタルフォレンジック」警論67巻9号(2014年)6頁以下、羽室英太郎＝國浦淳編著『デジタル・フォレンジック概論～フォレンジックの基礎と活用ガイド～』(東京法令出版、2015年)、野本靖之「デジタルフォレンジックによる電磁的記録の証拠化」警公70巻2号(2015年)30頁以下、島田健一「サイバー犯罪捜査とデジタルフォレンジック」68巻3号(2015年)62頁以下、安冨潔「刑事事件におけるデジタル・フォレンジックと証拠」産大法学49巻1＝2号(2015年)294頁以下、岡本洋之「強行犯捜査において、デジタルフォレンジック技術を活用した事例について」捜研783号(2016年)39頁以下、前田恭幸「刑事訴訟におけるデジタル・フォレンジックツールの課題(上)(中)(下)アメリカの判例と動向を手がかりに、公判維持の課題を考える」同789号(2016年)12頁以下、同790号(2016年)15頁以下、同791号(2016年)12頁以下、佐々木良一編著『デジタル・フォレンジックの基礎と実践』(東京電機大学出版局、2017年)、前田恭幸＝湯淺墾道「刑事訴訟におけるデジタル・フォレンジックツールの課題―アメリカの判例と動向を手がかりに―」情報処理学会論文誌58巻8号(2017年)1364頁以下等。

6　国家公安委員会・警察庁編・前掲注(4)90頁。

ならないほどの個人情報が、捜査機関に取得され得ることになる。このような現状を踏まえるならば、逮捕に伴う捜索・押収に関する議論枠組を如何に捉えるかが問題となろう。

　この点につき、合衆国においては、GPS端末を用いた捜査手法が、合衆国憲法修正4条に違反するか否かが問題となったJones判決[7]と同様に、合衆国連邦最高裁は全員一致でRiley判決を示したことにより、これまでの逮捕に伴う捜索・押収法理に対し、時代の変化に見合う形での変容が加えられた。そのため、本稿においては、Riley判決[8]を素材として、わが国の今後

---

[7] United States v. Jones, 132 S. Ct. 945 (2012). 本判決の解説・評釈として、土屋眞一「捜査官がGPSにより公道を走る被疑者の車を監視することは、違法な捜索か？―最近のアメリカ合衆国連邦最高裁判決」判時2150号（2012年）3頁以下、湯淺墾道「位置情報の法的性質― United States v. Jones 判決を手がかりに―」情報セキュリティ総合科学4号（2012年）171頁以下、辻雄一郎「電子機器を用いた捜査についての憲法学からの若干の考察」駿河台法学26巻1号（2012年）39頁以下、髙橋義人「パブリック・フォーラムとしての公共空間における位置情報と匿名性」琉大法學88号（2012年）145頁以下、朝香吉幹＝駒村圭吾＝笹倉宏紀＝芹澤英明＝東川浩二＝藤井樹也「〔座談会〕合衆国最高裁判所2011-2012年開廷期重要判例概観」アメリカ法［2012-Ⅱ］280頁以下〔笹倉宏紀〕、英米刑事法研究会「アメリカ合衆国最高裁判所2011年10月開廷期刑事関係判例概観 Jones判決」177頁以下〔洲見光男〕、眞島知子「United States v. Jones 565 U.S._, 132 S. Ct. 945（2012）」比較法雑誌47巻1号（2013年）219頁以下、清水真「捜査手法としてのGPS端末の装着と監視・再論」明治大学法科大学院論集13号（2013年）163頁以下、大野正博「GPSを用いた被疑者等の位置情報探索」髙橋則夫＝川上拓一＝寺崎嘉博＝甲斐克則＝松原芳博＝小川佳樹編『曽根威彦先生・田口守一先生古稀祝賀論文集・下巻』（成文堂・2014年）485頁以下、緑大輔「United States v. Jones, 132 S. Ct. 945（2012）― GPS監視装置による自動車の追跡の合憲性」アメリカ法［2013-Ⅱ］356頁以下、大野正博「GPSによって取得される位置情報の法的性質 United States v. Jones, 565 U.S._, 132 S. Ct. 945（2012）」朝日法学論集46号（2014年）199頁以下、三井誠＝池亀尚之「犯罪捜査におけるGPS技術の利用―最近の合衆国刑事裁判例の動向―」刑ジャ42号（2014年）55頁以下、尾崎愛美「位置情報の取得を通じた監視行為の刑事訴訟法上の適法性― United States v. Jones判決と以降の裁判例を契機として―」法學政治學論究104号（2015年）249頁以下、緑大輔「監視型捜査と被制約利益―ジョーンズ判決を手がかりとして―」刑雑55巻3号（2016年）396頁以下、柳川重規「捜査における位置情報の取得―アメリカ法を踏まえて―」刑ジャ48号（2016年）30頁以下、髙村紳「捜査機関による侵入を伴わない捜査に対する法的規制のあり方―アメリカにおけるGPSを用いた捜査に関する議論を参考に―」明治大学大学院法学研究論集46号（2017年）111頁以下等。なお、松田岳士「刑事法学における学問共同体の課題」法時89巻8号（2017年）86頁以下も、併せて参照のこと。

[8] Riley v. California, 134 S. Ct. 2473 (2014). 本判決の解説・評釈として、成瀬剛「アメリカの刑事司法・法学教育の一断面―最近の連邦最高裁判所判例を素材として」法教411号（2014年）164頁以下、石川正俊「最近のアメリカにおける排除法則の動向」法学会雑誌55巻2号（2015年）214頁以下、柳川重規「逮捕に伴う捜索・押収の法理と携帯電話内データの捜索―合衆国最高裁 Riley判決の検討―」法学新報121巻11＝12号（2015年）527頁以下、会沢恒＝浅香吉幹＝大林啓吾＝笹倉宏紀＝芹沢英明＝東川浩二＝藤井樹也「座談会 合衆国最高裁判所2013-2014

の同様の問題に対し、示唆する点を探ることにする。

II　Riley 判決

1．事実の概要

　本判決は、「捜査官は、被逮捕者から押収した携帯電話（a cell phone）におけるデジタル情報を無令状により捜索することが許容されるか」との争点につき、①スマートフォンの捜索に対する事件（Riley v. California）と②折りたたみ式携帯電話の捜索に関する事件（United States v. Wurie）が併合して審理されたものであり、各事件の概要は、それぞれ以下の通りである。

①　Riley 事件

　David Riley は、自動車登録証の失効している（expired registration tags）車両を運転したところ、交通違反を理由に捜査官によって停止させられた。停止中に、捜査官は、Riley が免許停止中であることを確認した。そのため、警察署の方針に従い、捜査官は当該自動車を押収し（impounded）、押収品目

年開廷期重要判例概観」アメリカ法〔2014-II〕290頁以下〔笹倉宏紀〕、英米刑事法研究会「アメリカ合衆国最高裁判所 2013 年 10 月開廷期刑事関係判例概観」比較法学 49 巻 1 号（2015 年）180 頁以下〔洲見光男〕、森本直子「被逮捕者の携帯電話の捜索と令状の必要性―Riley v. California, 134 S. Ct. 2473 (2014)―」比較法学 49 巻 2 号（2015 年）336 頁以下、山田哲史「新技術と捜査活動規制（1）（2・完）―合衆国最高裁 Riley 判決の検討をきっかけに―」岡山大學法學會雜誌 65 巻 1 号（2015 年）178 頁以下、同 65 巻 2 号（2015 年）500 頁以下、辻雄一郎「合法な逮捕に伴うスマートフォンの無令状捜索に関する憲法学的考察」法政論叢 51 巻 2 号（2015 年）111 頁以下、池亀尚之「Riley v. California, 134 S. Ct. 2473 (2014)―逮捕に伴って実施された携帯電話内のデジタル情報の無令状捜索が、合衆国憲法第 4 修正に違反すると判断された事例」アメリカ法〔2015-I〕144 頁以下、海野敦史「通信の秘密不可侵の法規範との関係における通信用端末設備の法的位置づけ及びその内包する情報に対する保護のあり方―米国の『逮捕に伴う捜索』に関する判例法理を手がかりとして」経営と経済 95 巻 3＝4 号（2016 年）173 頁以下、小早川義則「Riley v. California, 573 U.S. -, 134 S. Ct. 2473 (2014 年 6 月 25 日)―警察官は一般に、令状なしに、適法に逮捕された個人から押収された（セル式）携帯電話に記憶されているデジタル情報を押収できない。」名城ロースクール・レビュー 37 号（2016 年）119 頁以下、髙村紳「携帯電話保存情報の逮捕に伴う無令状捜索についての考察―Riley 事件判決の検討を基に―」明治大学大学院法学研究論集 45 号（2016 年）165 頁以下、緑大輔「逮捕に伴う電子機器の内容確認と法的規律―Riley 判決を契機として―」一橋法学 15 巻 2 号（2016 年）673 頁以下、伊藤徳司「逮捕に伴う無令状捜索・押収」中央大学大学院研究年報法学研究科篇 46 号（2017 年）473 頁以下等。なお、緑大輔『刑事訴訟法入門』（日本評論社、第 2 版、2017 年）149 頁も、併せて参照のこと。

録作成のための捜索（inventory search）を行った。当該捜索により、車両内から2丁の拳銃が発見された[9]。捜査官は、拳銃の隠匿、および装填した武器の所持の被疑事実により、Riley を逮捕し、それに伴って、無令状で捜索が行われ、"Bloods" というストリート・ギャングに関連した物件（items）が発見され、また、Riley のズボンのポケットから、スマートフォンを取り出し、これを押収した。Riley の矛盾ない主張によれば、それは、コンピュータによる高性能で広汎な機能を備えた "スマートフォン" であり、インターネットと結び付いた膨大な記憶装置を備えた携帯電話であった。捜査官は、スマートフォン内の情報にアクセスしたところ、文字通信機能（text messages）と推定される言葉の前に書かれていた "CK" の頭文字 ―殺人ギャングメンバーの隠語（slang term）を示す "Crip Killers" ― に気付いた。

逮捕から約2時間後、警察署においてギャングを専門に扱う捜査官は、さらにスマートフォン内の内容（contents）を入念に調べた。当該捜査官は、後にギャング構成員（gang members）が、拳銃を持った姿をビデオや写真で撮影することが多いため、「証拠を探し」、Riley のスマートフォンを「徹底的に調べた（went through）」と証言している。スマートフォン内には、「多くの資料（a lot of stuff）」が存在したが、「当該捜査官の目を特にひいたもの（caught the detective's eye）」は、"Bloods" の語（moniker）を用いて励まし合い（encouragement）をする若い男性を含む動画であった。また、逮捕の2～3週間前に発生した発砲事件に関係していると疑われる車両の前に Riley が立っている画像も発見した。

California 州は、Riley を当該発砲事件につき、銃器を用いた暴行（assault）、殺人未遂の罪で起訴し、さらに、Riley の犯罪行為は、ストリート・ギャングという犯罪組織のためになされたものであり、州法における加重事由に該当すると主張した。Riley は、公判において、スマートフォン内の情報は、緊急例外によって正当化されない憲法違反による無令状捜査によって得られたものであるため、合衆国憲法修正4条に違反することから、証拠のすべてを排除するよう申立てた。しかし、事実審裁判所は、当該申立を却下した。Riley の公判において、捜査官は、スマートフォンから発見され

---

[9] *See*, Cal. Penal Code Ann. §§12025 (a) (1), 12031 (a) (1) (West 2009).

た写真・動画について証言し、写真の一部は、証拠として採用された。Rileyは、3つの訴因すべてにつき、有罪と認定され、加重されたうえで、15年から終身までの自由刑を言渡された。California 州控訴裁判所は、被逮捕者の身体上（immediately associated with the arrestee's person）から押収した携帯電話に対する捜索が、合衆国憲法修正4条下において逮捕に伴い無令状でなされることが許容されると判示した同州の Diaz 判決[10]に基づき、原判決の判断を維持した[11]。合衆国連邦最高裁は、Rileyの上訴（petition for review）退け、certiorari を容認した。

② Wurie 事件

通常の警邏（routine surveillance）を続けていた捜査官は、Brima Wurie が車両から薬物を販売している現場を目撃し、その後、Wurie を逮捕して、警察署に連行した。Wurie は、警察署において、身体に対する捜索を受け、捜査官は、2つの携帯電話を押収した。本件で問題となった1つは、スマートフォンに比べ、一般的に記憶容量が少なく、その範囲も限られている「折りたたみ式携帯電話（flip phone）」を押収したものであった。捜査官は、警察署に到着して、5分から10分すると、当該携帯電話の外部スクリーンに「自宅」と表示される送信先から繰り返し架電されていることに気付いた。数分後、捜査官が携帯電話を開くと、1人の女性と赤ちゃんが携帯電話の壁紙（phone's wallpaper）にセットされているのを確認した。そこを押し、履歴（call log）にアクセスし、次に「自宅」表示に結び付く番号を確認するために、もう1つのボタンを押した。彼らは、次にオンラインの電話帳（phone directory）を利用して、アパート建物の電話番号を押した。

捜査官は、当該建物に赴き、郵便受上に Wurie の名前を確認し、窓から中を覗くと Wurie の携帯電話に写っていた写真とよく似た女性がいることを発見した。彼らは、捜索令状を入手する間、アパートを確保し、その後、令状を執行すると、クラック・コカイン215グラム、マリワナ、薬物吸引器具（drug paraphernalia）、銃器（firearm）、弾薬（ammunition）、現金を発見したため、これを押収した。

---

10 People v. Diaz, 51 Cal. 4th 84, 244 P. 3d 501 (2011).
11 People v. Riley, 2013 WL 475242 (Cal. 2013).

Wurie は、クラック・コカインの譲渡、譲渡目的所持、重罪犯人による銃器・弾薬の所持の罪により、起訴された。彼は、違憲な携帯電話に対する捜索の果実を理由として、アパートに対する捜索により得られた証拠の排除を申立てたが、地裁は当該排除の申立を却下し、3つの訴因のすべてについて、Wurie を有罪とし、21年10ヶ月の自由刑を言い渡した。

第1巡回区控訴裁判所は、見解が分かれたものの、Wurie による証拠排除の申立てを退けた原判決を棄却し、Wurie の有罪判決を無効とした。携帯電話は、携帯電話の個人情報の量は、法執行の利益を生む極僅かの脅威 (negligible threat they pose to law enforcement interests) 以上のものを含んでおり、逮捕に伴う無令状捜索が可能な他の所有物とは異なるものであるため、許容されないと判示した。

2. 判旨

1. 法廷意見（Roberts 首席裁判官執筆）[12]

(1) 合衆国憲法修正4条は、「不合理な捜索、および押収、または抑留に対し、身体、家屋、書類、および所有物の安全を保障されるという人民の権利は、破られてはならない。令状は、宣誓、または確約によって根拠付けられた相当な理由に基づいて発せられるべきであり、かつ、捜索されるべき場所、および抑留されるべき人、または押収されるべき物件を特定して示しているものでなければならない」[13] と規定する。当該条文が明らかにしているように、「合衆国憲法修正4条における最終的な試金石は、『合理性 (reasonableness)』」である[14]。当裁判所は、「捜索が、犯罪の証拠を発見するために、捜査官によって行われる場合、……一般的に合理性が裁判官による令状の獲得に要求される」と判断してきた[15]。そのような令状は、捜索を支持するための推論 (inferences) が、「犯罪を捜し出す競合的な企て

---

12 Scalia 裁判官、Kennedy 裁判官、Thomas 裁判官、Ginsburg 裁判官、Breyer 裁判官、Sotomayor 裁判官、および Kagan 裁判官が同調し、Alito 裁判官が、一部捕捉・結論賛成意見を述べている。

13 訳文は、田中英夫編集代表『BASIC 英米法辞典』231頁（東京大学出版会、1993年）を参考にした。

14 Brigham City v. Stuart, 547 U.S. 398, 403 (2006).

15 Vernonia School District 47J v. Acton, 515 U. S. 646 (1995). 本判決の解説・評釈として、高井

(competitive enterprise of ferreting out crime)に従事する捜査官によるのではなく、中立公平な治安判事によって行われることを保障するのである」[16]。無令状の場合に、捜索が合理的とされるのは、それが令状主義に対する特定の例外に該当する場合のみである[17]。

当裁判所における２つのケースは、合法的な逮捕に伴う無令状捜索の妥当性である。当裁判所は、1914年に初めて傍論（dictum）において、「英米法下において、合法的に逮捕した場合、被疑者の身体を捜索し、犯罪の果実、あるいは証拠を捜索する政府の権利は、常に是認されていた」ことを肯定した[18]。それ以降、当該捜索は、令状主義の例外として構成することが充分に受け入れられるようになってきた。実際に、「例外」という表示は、逮捕に伴う無令状捜索が、令状に基づいてなされる捜索に比べ、はるかに多くなされていることから、このような文脈下において、時には誤称（misnomer）であるといえる[19]。

裕之「非刑事手続における修正４条の射程と適用―合衆国最高裁アクトン判決を素材として」榎原猛＝阿部照哉＝佐藤幸治＝初宿正典編『宮田豊先生古稀記念 国法学の諸問題』（嵯峨野書院、1996年）349頁以下、Lawrence Richard（平野裕二訳）『学校犯罪と少年非行』（日本評論社、1997年）219頁以下、洲見光男「薬物検査の合憲性」朝日法学論集20号（1998年）１頁以下、大島佳代子「合衆国の公立学校における所持品・身体検査の合憲性」法政理論33巻４号（2001年）37頁以下、清水真「校内薬物検査とプライヴァシー保障」警察政策７号（2005年）112頁以下、山本未来「行政調査としての公立学校における校内検査―2002年合衆国最高裁判決の射程と下級審判決の動向―」明治学院大学法科大学院ローレビュー４号（2006年）41頁・42頁、同「行政調査と合衆国憲法修正４条における『特別の必要性』の法理」明治学院大学法科大学院ローレビュー５号（2006年）62頁・63頁、大野正博「公立学校における薬物探索活動の必要性と児童・生徒の人権保障―合衆国における近時の判例の状況を踏まえて―」朝日大学法学部創立20周年記念論文集編集委員会編『朝日大学法学部創立20周年記念論文集』125頁以下（成文堂、2007年）、清水真「校内薬物検査とプライヴァシー保障・再論」明治大学法科大学院論集７号（2010年）450頁以下、青野篤「公立学校における個別的嫌疑に基づかない捜索と合衆国憲法修正４条―合衆国最高裁判例の分析を中心に―」大阪市立大学法学雑誌62巻３＝４号（2016年）49頁以下、津村政孝「公立学校における身体検査等 The Story of Vernonia School District 47J v. Acton, 515 U.S. 646（1995）」大沢秀介＝大林啓吾編著『アメリカ憲法と公教育』431頁以下（成文堂、2017年）等。

16　Johnson v. United States, 333 U.S. 10, 14 (1948).
17　*See*, Kentucky v. King, 563 U.S. 452 (2011) (slip op., at 5-6). 本判決の解説・評釈として、田中利彦「令状の必要と緊急の状況の例外 Kentucky v. King, 131 S. Ct. 1849 (2011)」法律のひろば65巻１号（2012年）62頁以下、英米刑事法研究会「アメリカ合衆国最高裁判所2010年10月開廷期刑事関係判例概説（上）」比較法学46巻１号（2012年）180頁以下〔洲見光男〕等。
18　Weeks v. United States, 232 U.S. 383, 392 (1914).
19　*See*, 3 W. LaFave, Search and Seizure: A Treatise on the Fourth Amendment, 132, and n.15

そのような例外の存在については、1世紀も前から是認されてきたが、その範囲については、それと同様に長きにわたって議論されてきた[20]。当該議論は、被逮捕者の身体、あるいはその周辺において発見された財産に対し、捜査官が捜索できる範囲の問題に集中していた。関連する3つの先例が、当該捜索を支配するルールを説明している。

第1は、当裁判所が、逮捕に伴う無令状捜索の法理の「基本原理 (groundwork)」を示しているChimel判決[21]である。捜査官が、Chimelを彼の自宅で逮捕し、屋根裏部屋とガレージを含めた3つの寝室のある家屋のすべてに対して捜索を開始した。そして、特定の部屋において、彼らは引き出しとその内容物に注目した[22]。当裁判所は、逮捕に伴う捜索の合理性を評価 (assessing) するために、以下のようなルールを示した。

逮捕がなされるとき、被逮捕者が逮捕行為に抵抗し、または逃走を容易に行うために用いるかもしれない武器を除去するために、捜査官がその者に対し、捜索を行うことは合理的である。そうでなければ、捜査官に対する安全が危険に晒されることになり、また、逮捕行為それ自体が、阻止 (frustrated) されることになる。さらに、逮捕官憲が、隠蔽 (concealment) や破壊 (destruction) を防止するために、被逮捕者の身体に存在する証拠を捜索・押収することは、まったく合理的である。……したがって、被逮捕者の身体、および「直接の支配下」にある領域 (the arrestee's person and the area

---

（5th ed. 2012).

20 *See,* Arizona v. Gant, 556 U.S. 332, 350 (2009). (例外の「波乱万丈の歴史 (checkered history)」を指摘する)。本判決の解説・評釈として、朝香吉幹＝田中俊彦＝小杉丈夫＝松本哲治＝芹澤英明「合衆国最高裁判所2008-2009年開廷期重要判例概説」アメリカ法〔2009-Ⅱ〕261頁以下〔田中俊彦〕、洲見光男「Arizona v. Gant, 556 U.S. _, 129 S. Ct. 1710 (2009)——逮捕に伴う無令状の自動車捜索が許される場合」アメリカ法〔2010-Ⅰ〕247頁以下等。

21 Chimel v. California, 395 U.S. 752 (1969). 本判決の解説・評釈として、香城敏麿「Chimel v. California (395 U.S. 752, 1969)——逮捕に伴う捜索・差押えは、被逮捕者の身体およびその直接の支配下にある場所においてのみ行なうことができ、この範囲をこえるときは第4修正に違反する」アメリカ法〔1970-Ⅱ〕278頁以下、田宮裕『捜査の構造——刑事訴訟法研究 (1)』215頁以下（有斐閣、1971年）、佐藤文哉「刑事司法に関する米連邦最高裁判例の動向——ウォーレン・コートからバーガー・コートへ——〈1〉」判タ270号 (1972年) 7頁以下、東條喜代子「アメリカにおける適法な逮捕に伴う令状によらない家屋の捜索の合憲性について——捜索の許容されうる範囲を決定する基準の変更とその影響について——」産大法学8巻1号 (1974年) 100頁以下等。

22 *Id.,* at 753-754.

"within his immediate control"）……、「彼が武器を所持し、または証拠を破壊し得る領域と解する」を捜索することは、充分正当である[23]。

捜査官の安全確保、あるいは証拠保全のため、必要ではなかったため、Chimel の家屋に対し、無令状でなされた広範囲な捜索は、当該例外には該当しなかった[24]。

当裁判所は、4年後の Robinson 判決[25]において、被逮捕者に対する身体の捜索に関する文脈下で、Chimel 判決の分析を適用した。捜査官は、免許取消し状態で車を運転したとして、Robinson を逮捕した。当該捜査官は、衣服の上からたたいて調べる捜索（patdown search）を行い、何であるかは確認できなかったものの、Robinson のコートのポケット内に物があることを感じた。彼は、その物を取り出すと、潰されたタバコの包み（crumpled cigarette package）であり、それを開披したところ、ヘロインが14カプセル入っていた[26]。

控訴裁判所は、当該捜索は、不合理であったと結論付けた。逮捕の理由となった犯罪の証拠を Robinson が身に付けているということは考えられないし、タバコの包みを取り出して、それを開披する行為は、保護的な意味での捜索の一部としても、正当化できないためである。当裁判所は、「合法的な逮捕に伴う身体に対する捜索の権限を支持する理由が存在するか否か」を判断するために、「個別的な判断が必要である（case-by-case adjudication）」との見解を退け、これを破棄した[27]。当裁判所が説明したように、「合法的な身柄拘束中の逮捕に伴う捜索を行う捜査官の権限は、武器を取り上げて、証拠を発見するとの必要性に基づいているが、裁判所が後に、特定の逮捕の状況下に判断できる武器、あるいは証拠が、被疑者の身体から、事実、発見されるであろう蓋然性（probability）に依拠するものではなく」、「相当な理由に基

---

23 *Id.*, at 762-763.
24 *Id.*, at 763, 768.
25 United States v. Robinson, 414 U.S. 218（1973）. 本判決の解説・評釈として、原田保「道路交通法違反を理由とする現行犯逮捕に伴う無令状の身体捜索の許容範囲 United States v. Robinson, 414 U.S. 218（1973）; Gustafson v. Florida, 414 U.S. 260（1973）」鈴木義男編『アメリカ刑事判例研究・第1巻』59頁以下（成文堂、1982年）等。
26 *Id.*, at 220, 223.
27 *Id.*, at 235.

づいた被疑者の身柄拘束中の逮捕は、合衆国憲法修正4条下での合理的な侵入であって、当該侵入が合法であるため、逮捕に伴う捜索は、それ以上の正当化理由を要しない」のである[28]。

それゆえ、当裁判所は、たとえ証拠の消失に関する関心が存在せず、かつ、逮捕官憲に Robinson が武装しているかもしれないとの特別の関心が存在しなかったとしても、Robinson に対する捜索は、合衆国憲法修正4条下において、合理的な侵入であったと結論付けた[29]。当該結論に至るに際し、当裁判所は、Robinson の身体に対する捜索と、当該捜索中に発見されたタバコの包みの検査について、それ以上の線引きを行わなかった。当裁判所は、単に「合法的な捜索の過程において、潰れたタバコの包みを発見したため、捜査官には、それを検査する権限が存在した」と指摘するにとどまった[30]。その2～3年後に、当裁判所は、この例外は、「被逮捕者の身体に直接、関わりのある人の財産」に限定されることを明らかにした[31]。

逮捕に伴う捜索の3つ目のケースは、被逮捕者の車両の捜索を分析した Gant 判決である。Gant 判決は、Robinson 判決と同様に、捜査官の安全と証拠の保持の2点が、Chimel 判決の逮捕に伴う捜索の例外における土台的な関心事であることを確認した[32]。その結果、当裁判所は、Chimel 判決が、捜査官に車両に対する捜索権限を認めているのは、「逮捕者が、安全が確認され (unsecured)、かつ、捜索時に車室 (passenger compartment) に届くところにいた際に限られる」と結論付けた[33]。しかし、Gant 判決は、「逮捕理由で

---

28 *Ibid.*
29 *Id.,* at 236.
30 *Ibid.*
31 United States v. Chadwick, 433 U.S. 1, 15 (1977) (200 ポンドの鍵付き小型トランクは、逮捕に伴う捜索は不可能である) は、California v. Acevedo, 500 U.S. 565 (1991) によって、それ以外の理由に基づき、廃止 (abrogated) されたのである。Chadwick 判決の解説・評釈として、原田保「現行犯逮捕の際に押収したトランクを警察署に運んだ後に無令状で捜索することの適否 United States v. Chadwick, 433 U.S. 1 (1977)」鈴木編・前掲注 (25) 71頁以下等、Acevedo 判決に対する解説・評釈として、東條喜代子「アメリカ合衆国における自動車搭載コンティナの無令状捜索 (1) California v. Acevedo (1991) ― CHADWICK-ROSS 2分法の再検討―」産大法学26巻2号 (1992年) 27頁以下、洲見光男「California v. Acevedo, 111 S. Ct. 1982 (1991) ―『自動車の例外』による自動車内所在の容器に対する無令状捜索」アメリカ法 [1993-Ⅰ] 120頁以下等。
32 *See,* Arizona v. Gant, *supra* note (20), at 338.

ある犯罪に関連する証拠が、車両内にあると思料することが合理的である場合」、車室内（vehicle's passenger compartment）の無令状捜索のための独立した例外を付加した[34]。当該例外は、Chimel 判決に由来するものではなく、車両という特有の状況に由来するものである[35]。

(2) これらのケースは、逮捕に伴う捜索の法理を、現在の諺でいうところの、火星からの来客であれば、それらは人体組織の重要な特徴であると結論付けられるほど日常生活において欠かすことのできない現代の携帯電話に対し、如何に適用するかの判断が求められている。Riley から押収された種類のスマートフォンは、10年前には知れ渡っていなかったが、現在では、アメリカの成人の大多数が、そのような電話を持っている[36]。Wurie が、2007年に逮捕されて以降、人気が低迷したそれほど高性能ではない携帯電話であっても、世に出回り始めて、まだ15年も経過していない。いずれの電話も、Chimel 判決や Robinson 判決が示された数十年前には、ほとんど想像も付かないほどの技術（technology）により、構成されている。

建国時代より、正確な指針を欠いたままで、当裁判所は、一般的に「一方においては、それが個人のプライヴァシーを侵害する程度を、他方においては、正当な政府の利益の促進のために必要とされる程度を衡量することにより（by assessing, on the one hand, the degree to which it intrudes upon an individual's privacy and, on the other, the degree to which it is needed for the promotion of legitimate governmental interests)」、一定の種類の捜索を令状要件（warrant requirement）から除外すべきかを判断してきている[37]。当該利益衡量が、

33　*Id.*, at 343.
34　*Ibid.* (quoting Thornton v. United States, 541 U.S. 615, 632 (2004) (Scallia, J., concurring in judgment)). Thornton 判決の解説・評釈として、洲見光男「Thornton v. United States, 541 U.S. 615 (2004) ―『今さっきまで自動車に乗っていた者』を逮捕し、パトカーの中でその身柄を拘束している場合でも、逮捕に伴いその者の自動車を無令状で捜索できる」アメリカ法［2005-Ⅰ］135頁以下、原田和往「逮捕に伴う自動車内部の無令状捜索 Thornton v. United States, 541 U.S. 615 (2004)」比較法学39巻2号（2006年）361頁以下等。
35　Arizona v. Gant, *supra* note (20), at 343.
36　*See*, A. Smith, Pew Research Center, Smartphone Ownership-2013 Update (2013).
37　Wyoming v. Houghton, 526 U.S. 295, 300 (1999). 本判決の解説・評釈として、清水真「Wyoming v. Houghton, 526 U.S. 295 (1999) アメリカ合衆国憲法第4修正の令状要件に対するいわゆる『自動車の例外』を同上者の所持品にまで及ぼすことを認めた事例。」比較法雑誌34巻3号（2000年）245頁以下、藤井樹也「捜索・押収―自動車捜索の例外― Wyoming v.

Robinson 判決において、逮捕に伴う捜索の例外を指示したのであり、そして、Robinson 判決の機械的な適用が、本件の争点である無令状捜索を支持したのであろう。

しかし、Robinson 判決における画一的準則 (categorical rule) は、物理的な物体 (physical objects) との文脈においては、相当な均衡を保っているものの、携帯電話におけるデジタル情報については、当該理論的根拠 (rationale) は、説得力を有しない。政府の利益の側面につき、Robinson 判決は、Chimel 判決において確認された2つの危険—捜査官への危害と証拠隠滅—が、すべての身柄拘束中の逮捕に存在すると結論付けた。デジタル情報に対する捜索は、これと比較できる危険性が存在しない。そのうえ、Robinson 判決は、逮捕後の個人が保有するプライヴァシーの利益は、逮捕それ自体の事実により、大きく減少していると看做した。しかし、携帯電話は、文字通り、膨大な量の個人情報を個人の手中に置くものである。携帯電話に存在する情報の捜索につき、Robinson 判決において示された短時間の身体に対する捜索との類似性は、ほとんどない。

したがって、当裁判所は、携帯電話における情報の捜索に対し、Robinson 判決を拡大することはしないし、それに代えて、捜査官が、そのような捜索を行う際には、原則として、事前に令状の発付を受けなければならないと判示する。

(3) 当裁判所は、最初に Chimel 判決における懸念から、順次、検討をしていく。その際、当裁判所は、逮捕に伴う人への捜索は、「武装解除と証拠発見の必要性を根拠としている」ものの、「特定の逮捕状況において、武器、あるいは証拠が事実上、発見されるであろうとの蓋然性」に関わらず、合理的であるとの Robinson 判決における警告を無視するものではない。Robinson 判決が退けた「個別的な判断」の要求よりも、当裁判所は、逮捕に伴う捜索の原理を特定の所持品のカテゴリーに適用することが、「Chimel 判決の例外の基礎に存在する正当化理由からのルールの開放になるか否か」を問題とする[38]。

Houghton, 526 U.S. 295 (1999)」ジュリ 1199 号（2001 年）92 頁以下等。
[38] Arizona v. Gant, *supra* note (20), at 343. *See also*, Knowles v. Iowa, 525 U.S. 113, 119 (1998).

携帯電話に記憶されたデジタル情報それ自体が、捜査官に危害を加える、あるいは被逮捕者の逃走を容易にするための武器として使用されることはない。捜査官は、それが武器として用いられないことを確定するために、携帯電話の物的な側面——たとえば、携帯電話とそのケースの間に剃刀の刃が隠されていないか——を自由に検査することは可能である。しかし、捜査官が、携帯電話の安全を確定して、物的な脅威をいったん取り除いてしまえば、携帯電話の情報は、何人に対しても、危険なものではない。

　おそらく、Robinson のポケットから押収されたタバコの包みについても、同様のことがいえる。捜査官が、包みをいったん制御してしまえば、Robinson が当該包みの内容にアクセスすることは不可能である。但し、如何に小さな物であっても、身柄拘束中の逮捕という緊張した雰囲気のなかにおいて、未確認の物体は、常に危険を生じさせ得る。Robinson 判決において、捜査官は、タバコの包みの中に存在する物体を識別することはできなかったが、それらがタバコではないことは判っていたと証言した[39]。そうであるならば、それ以上の捜索は、合理的な保護的手段であった。そのような未知数は、デジタル情報には、存在しない。第1巡回区連邦控訴裁が説明したように、Wurie の携帯電話を捜索した捜査官は、「その中で何を発見するか、つまり、それが情報であることを正確に知っており、情報が彼等に危害を加えることはないことも知っていた」のである[40]。

　合衆国とカリフォルニア州のいずれも、携帯電話の情報を捜索すれば、より間接的な方法で、たとえば、被逮捕者の共犯者が当該現場に向かっていることを捜査官に警告することにより、捜査官の安全を確保することに役立つと主張する。捜査官にそのような可能性を警告することは、政府にとって強

（Robinson 判決は、「捜査官の安全に対する懸念が、同一の範囲内において存在せず、かつ証拠隠滅・破壊に対する懸念がまったく存在しない場合の状況」に対し、拡大に応じることはない）。Knowles 判決に対する解説・評釈として、柳川重規「Knowles v. Iowa, 67 U.S.L.W. 4027 (December 8, 1998) 交通違反の処理で、運転者の逮捕に代えて召喚状（citation）を交付した場合には、『逮捕に伴う捜索・押収の例外』を拡張することはできず、捜索の実体要件・手続要件を欠く車輛内捜索は許されないと判示された事例。」比較法雑誌 33 巻 3 号（1999 年）282 頁以下、洲見光男「Knowles v. Iowa, 525 U.S. 113 (1998) ——サイテーション交付に伴う自動車の無令状捜索が第 4 修正に違反するとされた事例」アメリカ法 [2000-Ⅰ] 156 頁以下等。

39　United States v. Robinson, *supra* note (25), at 223, 236, n. 7.
40　United States v. Wurie, 728 F. 3d 1 (1st Cir. 2013), at 10.

い関心事であることに疑いはないが、合衆国もカリフォルニア州も、彼等が懸念することが、現実的な体験に基づいたものであることを示す証拠は提示されていない。当該主張は、被逮捕者自身が、逮捕に対し、武器を掴んで「抵抗し、または逃走を容易にするために」それを用いて、捜査官に抵抗するChimel判決における関心の拡大を示している[41]。逮捕現場外部からの当該脅威は、「すべての身柄拘束中の逮捕に潜在している（lurk）」わけではない。したがって、捜査官を保護する際の利益が、すべての面において、令状要求なしで済ませることを正当化するものではない。逮捕を行う捜査官は、たとえば、緊急状況下におけるのと同様に、特定の事案において、特定の方法によって危険に曝され得るという範囲において、令状要求に対する具体的な事案ごと（case-specific）に考慮することを介して、対応することが望ましい[42]。

合衆国、およびカリフォルニア州は、主として、Chimel判決の第2の理由付け、つまり、証拠隠滅の防止に焦点を合わせる。RileyとWurieも、令状の請求中に捜査官が証拠隠滅を防止するために携帯電話を押収し、確保できたことを認める[43]。これは、かなりの譲歩（a sensible concession）といえよう[44]。捜査官が携帯電話をいったん確保すれば、被逮捕者自身によって、携

41　Chimel v. California, *supra* note (21), at 763.
42　*See, e.g.*, Warden, Md. Penitentiary v. Hayden, 387 U.S. 294, 298-299 (1967).
43　*See*, Brief for Petitioner in No. 13-132, p. 20; Brief for Respondent in No.13-212, p.41.
44　*See*, Illinois v. McArthur, 531 U.S. 326, 331-333 (2001); Chadwick, *supra* note (31), at 13, and n. 8. McArthur判決の解説・評釈として、朝香吉幹＝酒巻匡＝木南敦＝芹澤英明＝金原恭子＝松井茂記＝寺尾美子「合衆国最高裁判所2000-2001年開廷期重要判例概説」アメリカ法［2001-Ⅱ］391頁・392頁〔酒巻匡〕、「松田岳士「Illinois v. McArthur, 531 U.S. 326, 121 S. Ct. 946 (2001)――被上訴人が自宅に所持していたマリファナ等を隠滅すると信ずるに足りる相当な理由がある場合に、警察官が、捜索差押令状を取得するまでの約2時間にわたって同人が一人で自宅に入るのを禁じた行為が適法とされた事例」アメリカ法［2002-Ⅰ］183頁以下、檀上弘文「Illinois v. McArthur, 531 U.S. 326 (2001) 捜索令状を入手する間、既に住居の外に出ていた被疑者を一時的に独りで住居内に立ち入ることを禁じた警察官の行為は、住居内にmarijuanaを隠し持っていると疑うに足りる相当理由（probable cause）及び罪証隠滅の虞が存在する場合には、合衆国憲法第4修正に違反しないとされた事例。」比較法雑誌37巻1号（2003年）257頁以下、大野正博「住居内にマリワナを所持していると疑うに足りる相当な理由が存在し、かつ証拠隠滅のおそれがある場合には、捜索令状を取得するまでの間、既に住居外に出ていた被上告人が独りで住居内に立入る行為を禁じた警察官の行為が合衆国憲法修正4条に違反しないとされた事例 Illinois v. McArthur, 531 U.S. 326 (2001)」朝日法学論集31号（2004年）45頁以下等。

帯電話から有罪を示す情報が削除されるとの危険は、もはや存在しなくなる。

　そうであるにも関わらず、合衆国もカリフォルニア州も、携帯電話に存在する情報は、デジタル情報にとって特有の2種類の証拠隠滅—遠隔消去（remote wiping）と情報の記号化（data encryption）—を受け易いと主張する。遠隔消去は、無線ネットワーク（wireless network）と繋がった携帯電話に蓄積された情報を消去する信号を受けるときに発生する。第三者が遠方から信号を送信する、あるいは携帯電話が特定の地域（geofencing）に出入りする際に予め情報を消去するためのプログラムがなされている場合に、このことが起きる[45]。暗号化とは、最近の若干の携帯電話が、パスワードによる保護に加えて用いるセキュリティ機能のことである。携帯電話がこのようにロックされている場合には、極めて複雑に暗号化（sophisticated encryption）されているため、捜査官がパスワードを知らない限り、「解読することはできない（unbreakable）」[46]。

　当該証拠の喪失に関する広範な関心は、自身の手の届くところにある証拠の隠滅・破壊を防止するというChimel判決の示した関心とは異なる[47]。遠隔消去における政府の主な関心は、逮捕現場にいない第三者の行動にある。そして、情報の消去は、さらなる遠隔地よりなされる。そこで、政府は、逮捕時に証拠を隠滅・破壊しようとする被告人、あるいはその仲間による行動とはまったく別個に、携帯電話における通常のセキュリティ機能に焦点を合わせている。当裁判所は、いずれの問題についても、一般的であるとは考えていない。趣意書は、単に逮捕に端を発し、遠隔消去に関する若干の逸話（anecdotal examples）を提供したに過ぎない[48]。同様に、情報消去前に、捜査官がパスワードによって保護されている携帯電話の捜索を行う機会は、完全に制限されている。大部分の携帯電話は、ボタンをタッチする、あるいは初

---

[45] Standards and Technology, R. Ayers, S. Brothers, & W. Jansen, Guidelines on Mobile Device Forensics (Draft) 29, 31 (SP 800-101 Rev. 2013) (hereinafter Ayers).

[46] Brief for United States as Amicus Curiae in No. 13-132, p. 11.

[47] Chimel v. California, *supra* note (21), at 763-764.

[48] *See*, Brief for Association of State Criminal Investigative Agencies et al. as Amici Curiae in No. 13-132, pp. 9-10; *see also*, Tr. of Oral Arg. in No. 13-132, p 48.

期設定（default）により、短時間の非稼動時間経過後には、ロックがなされるため、捜査官が、ロックされていない携帯電話に出くわす機会は、ほとんどない[49]。この点は、なぜ、暗号化の議論が、当裁判所において、本件事案の段階まで示されなかったのか、そして、控訴審において考慮されてこなかったのかの理由を示している。

いずれにしても、遠隔消去の効果はほとんどなく、むしろ、捜査官は携帯電話の電源を切る、またはバッテリーを外す、あるいは電波を遮断する、または電磁波シールド袋（Faraday Bag）[50]に携帯電話を封入することにより、電話から電波を遮断するといった単純な2つの方法で対応が可能である。仮にロックされていない携帯電話を押収した場合には、自動ロック機能や情報の暗号化機能を無効にすることは、捜索令状入手までの間、証拠を保全するために必要な予防策を講じることを認める McArthur 判決に照らして許容される場合があり得る[51]。

(4) 逮捕に伴う捜索令状の例外は、不安定な逮捕の状況と関わりのある高度な政府の利益のみならず、捜査官による身柄拘束において、被逮捕者のプライヴァシーの利益が減少していることに依拠するものである。Robinson 判決は、主としてこれらの正当性を最初に示した。しかし、それは、逮捕に伴う捜索の例外に対する当時の Cardozo 裁判官による歴史的根拠の説明を是認しつつ、引用している。つまり、「身体に対する捜索は、逮捕と告発の理由が明らかにされた場合に適法となり、そして、法は被疑者の身体を物理的支配下に置くことが可能となる」[52]。簡単にいえば、Robinson の着衣の上から捜索し、ポケットの中から発見されたタバコの包みを検査することが許容されるのは、Robinson の身柄を拘束する際になされた政府の重要な権限の行使と比較し、限られた（minor）侵害にとどまっているに過ぎないからである[53]。

---

49 *See, e.g.,* iPhone User Guide for iOS 7.1 Software 10（2014）（約1分後にデフォルト・ロック）.
50 イギリスの科学者 Michael Faraday 以降、そのようなバッグは、一般的に"Faraday bags"と呼ばれており、基本的には、安くて軽量で使いやすいアルミホイル製のサンドイッチ・バッグ（sandwich bags）を指す。
51 Illinois v. McArthur, *supra* note (44), at 331-333.
52 United States v. Robinson, *supra* note (25), at 232 (quoting People v. Chiagles, 237 N.Y. 193, 197, 142 N.E. 583, 584 (1923)); *see also,* at 237 (Powell, J., concurring).

被逮捕者のプライヴァシーに対する期待が減少するという事実は、合衆国憲法修正4条がまったく適用されないということを意味するものではない。すべての捜索において、「身体が拘束されているとの理由のみで容認される」というわけではない[54]。むしろ、プライヴァシーに関わる関心が重大であるときには、被逮捕者のプライヴァシーに対する期待の減少に関係なく、捜索をするについては、令状が要求される。その例外の1つが、Chimel 判決である。Chimel 判決において、住居全体に対する無令状捜索を許容しなかったのは、それによるプライヴァシーの侵害を「極軽微なもの」として特徴付けたくなかったためである[55]。被逮捕者の家屋全体に対する捜索は、逮捕それ自体を大きく超えた侵害であったことを理由として、当裁判所は、令状が必要であると結論付けたのである。

Robinson 判決は、被逮捕者の身体から発見された物品の内容に対する捜索につき、当裁判所が Chimel 判決を適用した唯一の判例である。それ以前の判例においては、被逮捕者によって運ばれていたファスナー式バッグ (zipper bag) の捜索を是認したことがある[56]。しかし、当裁判所は、逮捕自体の有効性のみを分析し、Robinson 判決と Chimel 判決を適用した下級審裁判所は、被逮捕者によって運ばれていた個人の物品に対する捜索を肯定したのである[57]。

合衆国は、携帯電話に保存されているすべての情報に対する捜索は、身体に対する物理的証拠に対する捜索と「実質的には異ならない (materially indistinguishable)」と主張する[58]。しかし、それは、乗馬も、月旅行も移動す

---

53 United States v. Chadwick, *supra* note (31), at 16, n. 10(身体の捜索が正当化されるのは、1つには、「逮捕によって生じたプライヴァシーの期待が減少するため」である)。

54 Maryland v. King, 569 U.S. _, _ (2013) (slip op., at 26). 本判決の解説・評釈として、原田和往「Maryland v. King, 133 S. Ct. 1958 (2013) ——警察官が、重大な罪を犯したことにつき相当な理由が認められる者を逮捕し、留置するにあたって、その者から DNA 試料を採取し鑑定を行うことは、第4修正の下で合理的な記録手続である」アメリカ法 [2014-I] 214頁以下、森本直子「被逮捕者の DNA 採取と修正4条—— Maryland v. King, 133 S. Ct. 1958 (2013) ——」比較法学48巻2号 (2014年) 72頁以下等。

55 Chimel v. California, *supra* note (21), at 766-767, n. 12.

56 *See*, Draper v. United States, 358 U.S. 307, 310-311 (1959).

57 *See, e.g.*, United States v. Carrion, 809 F. 2d 1120, 1123, 1128 (CA5 1987)(札入れとアドレス帳); United States v. Watson, 669 F. 2d 1374, 1383-1384 (CA11 1982)(財布); United States v. Lee, 501 F. 2d 890, 892 (CADC 1974)(財布)。

るという点では同じだというようなものである。両者とも、A地点からB地点まで行く方法ではあるが、それらを明確に区別しない（lumping them together）ことは、正当ではない。1つの類型として、現代の携帯電話に対する捜索は、タバコの包みや財布に対する捜索を超えたプライヴァシーの利益が問題となる。被逮捕者のポケットの中を検査することが、逮捕それ自体を超越したプライヴァシーに対する重要な付加的侵入に該当しないと結論付けるかもしれないが、当該理由付けをデジタル情報に対して拡大するためには、それ自体に対する理由付けに依拠していなければならない。

携帯電話は、量的にも質的にも、被逮捕者が身体に所持する他の物とは異なる。「携帯電話」という言葉自体が、誤解を生じさせる短い言葉（shorthand）である。たまたま電話として使用する機能を有しているだけで、これらの装置の実体は、いわばミニ・コンピュータである。これは、容易に、カメラ、ビデオプレイヤー、回転式名刺整理器（rolodexes）、カレンダー、テープレコーダー、書庫、日記、アルバム、テレビ、地図、新聞とも呼ばれ得るものなのである。

現代の携帯電話の最も顕著な特徴は、膨大な記憶容量（immense storage capacity）である。携帯電話が普及する以前は、身体に対する捜索には、物理的な限界（physical realities）が存在したため、一般的に、プライヴァシーに対する侵害の程度も限定的であった[59]。大部分の人は、過去数ヶ月に受け取ったすべてのメール、撮影したすべての写真、読んだすべての本や記事を運び出す（lug）こともできないし、そうするつもりもない。もし、そうするのであれば、Robinson判決におけるタバコの包み程度の小さな物ではなく、Chadwick判決において捜索令状を必要としたトランクを用いなければならない。

しかし、プライヴァシーへの侵害は、携帯電話については、身体に対するのと同様の制限を有しない。現在、最も売れているスマートフォンは、16ギガバイトの記憶容量（最大64ギガバイト）を有するのが標準的であり、16

---

[58] Brief for United States in No. 13-212, p. 26.
[59] See, Orin S. Kerr, *Foreword: Accounting for Technological Change*, 36 HARV. J. L. & PUB. POL'Y 403, 404-405 (2013).

ギガバイトであれば、数百万ページの文章、数千万枚の写真、数百のビデオを移入することができる[60]。20ドル以下の最も基本的な携帯電話であっても、写真、画像メッセージ、テキスト・メッセージ、インターネット履歴、カレンダー、数千の登録されている電話帳を保存することが可能である[61]。物理的な実行可能性とデジタル容量との隔たり (gulf) は、将来、さらに拡大し続けるものと考えられている。

携帯電話の記憶容量の大きさは、プライヴァシーとの関係において、種々の問題を発生させる。第1に、携帯電話は、住所録、メモ、処方箋、銀行における取引履歴、動画といった様々な異なったタイプの情報が保存されるが、このような異なった情報を結び付けることにより、記録単体の場合よりも、多くの事柄を明らかにする。第2に、たとえ1種類の情報であったとしても、従前に比べ、遙かに多くの事柄を明らかにする。撮影の日時・場所等で整理された多数の写真は、個人の私生活の総体 (the sum of an individual's private life) の把握を可能にする。財布中の家族等の写真について、同様のことはいえない。第3に、携帯電話の購入時、あるいは、それ以前の情報にさえも遡ることが可能である。人は、Jones氏との数ヶ月前のコミュニケーションの記録を、いつもポケット中に入れていることになる。

最後に、携帯電話の特徴として、物理的記録とは異なる広汎性 (pervasive) の要素が挙げられる。デジタル時代以前、人々は注意を要する個人情報のキャッシュを日常生活において持ち歩くことはなかった。ある調査によれば、スマートフォン使用者の約3/4は殆どの時間、スマートフォンから5フィートの範囲内におり、そして12%の人は、シャワー中であっても、スマートフォンを使用しているとの報告がある[62]。10年前であれば、被逮捕者を捜索している捜査官が、偶然、日記のような高度な私物を発見することもあった[63]。しかし、そのような発見は、非常に稀なことであった。対照的に、今日では、携帯電話を所有しているアメリカ人成人の90%以上が、平凡な事柄から異性関係に至るまで、生活のほぼすべての側面について、携帯電話内

---

[60] *See, id.*, at 404; Brief for Center for Democracy & Technology et al. as Amici Curiae 7-8.
[61] *See, id.*, at 30; United States v. Flores-Lopez, 670 F. 3d 803, 806 (CA7 2012).
[62] *See*, Harris Interactive, 2013 Mobile Consumer Habits Study (2013).
[63] *See, e.g.*, United States v. Frankenberry, 387 F. 2d 337 (CA2 1967) (per curiam).

にデジタル記録として保存しているということは、決して誇張ではない[64]。そのような記録を精査することを捜査官に許容することは、1つ2つの物に対する捜索を許容することとは、まったく異なる。

携帯電話に記憶された情報は、紙媒体等に記録された情報と量的に異なるだけではなく、ある種の情報は、質的にも異なる。たとえば、インターネット検索や閲覧履歴は、携帯電話使用者の政治的傾向、資産状況、趣味嗜好、あるいは特定の病気の徴候等の関心を明らかにし得る。多くの標準装備のスマートフォンにおいて、歴史的な名所・旧跡情報は、町の周辺のみならず、特定の建物の内部、特定の人の行動の仔細まで明らかにすることが可能である[65]。

携帯電話のソフトウエアにモバイル・アプリケーション・ソフトウエア (mobile application software) を適用すると、生活におけるあらゆる側面に関する仔細な情報が提供されることになる。「そのためのアプリがある (there's an app for that)」とのフレーズは、人気の語彙の1つである。平均的なスマートフォンは、33のアプリがインストールされており、それらを組み合わせると、私生活が暴露されることになり得る[66]。

1926年にLearned Hand判事は、「ポケットを捜索して、そこに含まれていたものを不利益に扱うことは、家屋をくまなく探して (ransacking)、不利なものを発見することとは、まったく異なる」と指摘した（後に、Chimel判決で引用）[67]。しかし、ポケットに携帯電話が入っていれば、それは、もはや真実ではない (that is no longer true)。携帯電話は、以前であれば家屋において発見された多くの機密記録をデジタル形式で含んでおり、また、携帯電話が

---

[64]　*See*, Ontario v. Quon, 560 U.S. 746, 760 (2010). 本判決の解説・評釈として、朝香吉幹＝川岸令和＝笹倉宏紀＝松本哲治＝芹澤英明「合衆国最高裁判所2009-2010年開廷期重要判例概説」アメリカ法［2010-Ⅱ］319頁以下［笹倉宏紀］、吉村弘「City of Ontario v. Quon, 560 U.S. ＿, 130 S. Ct. 2619 (2010) ─市から警察官に貸与された (issued) ポケベル (pager) の通信文の『写し』を、字数制限の有効性の調査のため、同意無しに警察当局が、接続業者から取り寄せ検査しても、合衆国憲法第4修正に違反しない」アメリカ法［2011-Ⅱ］592頁以下等。

[65]　*See*, United States v. Jones, *supra* note (7) (Sotomayor, J., concurring) (slip op., at 3) (GPS監視は、公共空間における人の移動を正確、かつ包括的に記録することを可能とし、その人の親族・政治性・職業性・宗教観・性的嗜好等の人間関係について、豊富な情報を反映する）。

[66]　*See*, Brief for Electronic Privacy Information Center as Amicus Curiae in No. 13-132, at 9.

[67]　United States v. Kirschenblatt, 16 F. 2d 202, 203 (2d. Cir. 1926).

存在しなければ、如何なる方法によっても家屋内において発見されなかったであろう広汎な個人情報を含んでいるため、実際、携帯電話に対する捜索は、極めて徹底した家屋の捜索以上のものを政府に曝け出すことになる。

さらに、現代の携帯電話において使用者の多くが見ることができる情報は、デバイスそのものに保存されていないことが、プライヴァシーの利益に関する問題を複雑にしている。携帯電話における内容につき、逮捕に伴う捜索の範囲として取り扱うこと自体、最初から不自然なことである[68]。しかし、当該類似性は、携帯電話が、他の場所に存在する情報にアクセスするために使用される場合には、完全に崩壊する。携帯電話の使用頻度が増すことにより、「クラウド・コンピューティング（cloud computing）」が考案された。「クラウド・コンピューティング」とは、遠隔サーバー上に保存された情報に対し、インターネット接続によってデバイスに表示する機能である。情報がデバイスに保存されているか、あるいはクラウド上に保存されているかはわからない[69]。捜索の範囲が、被逮捕者の周辺に存在する物にとどまらない可能性が存在することから、問題となるプライヴァシーの利益の範囲が異なる点も、Robinson 判決と同様に考えることができない理由の１つである。

(5) Robinson 判決の拡張であるか否かは別としても、合衆国と California 州は、特定の状況下において、無令状での携帯電話に対する捜索を許容するために、種々の最低基準としての選択肢を提案する。しかし、いずれの提案も欠陥が存在し、画一的準則によって、法執行に対し、明確な指針を提供するとの一般的な優先策と矛盾するものである[70]。

まず、最初に合衆国は、Gant 判決基準により、携帯電話内にある逮捕被

---

[68] *See*, New York v. Belton, 453 U.S. 454, 460, n. 4（1981）. 本判決の解説・評釈として、香川喜八朗「New York v. Belton, 49 U.S.L.W. 4915（U.S. July, 1, 1981）」比較法雑誌 15 巻 4 号（1982 年）269 頁以下、渡辺修「New York v. Belton, 453 U.S. 454, 101 S. Ct. 2860（1981）——自動車内捜索の限界」アメリカ法［1983-Ⅰ］186 頁以下等。

[69] *See*, Brief for Electronic Privacy Information Center in No. 13-132, at 12-14, 20.

[70] *Cf.* Michigan v. Summers, 452 U.S. 692, 705, n. 19（1981）(quoting Dunaway v. New York, 442 U.S. 200, 219-220（1979）(White, J., concurring)). Summers 判決の解説・評釈として、信太秀一「家宅捜索の間の家屋占有者の抑留 Michigan v. Summers, 452 U.S. 692（1981）」鈴木義男編『アメリカ刑事判例研究・第 2 巻』（成文堂、1986 年）1 頁以下等、Dunaway 判決の解説・評釈として、酒井安行「尋問目的による相当な理由を欠く身体拘束の相当性および違法拘束中になされた供述の許容性 Dunaway v. New York, 442 U.S. 200（1979）」鈴木・前掲注（25）147 頁以下等。

疑事実に関する証拠が存在すると合理的に信じられる場合には、無令状捜索を許容し得ることを提案する[71]。確かに、過去の犯罪の証拠に対する捜索[72]や交通違反のような軽微な犯罪を端緒として、恣意的な捜索がなされることを防止することは可能である[73]。しかし、携帯電話内の情報は、スピード違反や無謀運転の証拠にもなり得るため、Gant 判決基準は、携帯電話の捜索については、実質的な制限にはならない。

また、当裁判所は、Wurie 判決で示したように、電話の履歴を捜索できるとすべきであるとの合衆国の提案も退ける。政府は、特定の電話につき、発着信履歴（call log）を確認するために、電話会社に対し、ペン・レジスター（pen register）を用いることにつき、令状を要しないと判示した Smith 判決に依拠する[74]。しかし、当裁判所は、ペン・レジスターの使用については、合衆国憲法修正 4 条下における捜索に該当しないと判断している[75]。そのため、捜査官が、Wurie の携帯電話が捜索に該当することに争いのない本件とは、区別される。さらに、Wurie 事件における「自宅」表示の場合と同様に、身元を特定する情報も含まれるため、発着信履歴は単なる電話番号と同質のものではない。

最後に、California 州は、口頭弁論において、デジタル時代以前において、有形記録から取得し得るものと同じ情報に限り、捜査官は携帯電話につき、無令状捜索が許容されるべきである旨の主張をする[76]。しかし、デジタル情報に対応する有形的記録であったとしても、それがデジタル化されることによって保存される情報量は遙かに増加し、プライヴァシーに対する干渉の範囲が大幅に拡大され、また、デジタル化されていなければ、携帯されていなかったであろう情報も、デジタル化されることにより、携帯すること

---

71 Arizona v. Gant, *supra* note (20), at 343. 当該法理は、「プライヴァシーの期待の減少（a reduced expectation of privacy）」と「高度な法執行の必要性（heightened law enforcement needs）」という自動車に対する捜索特有の事情を踏まえたものであって、そのような事情の存在しない携帯電話の捜索については、適用はできない。Thornton v. United States, *supra* note (34), at 631; *see also*, Wyoming v. Houghton, *supra* note (37), at 303-304.
72 3 W. LaFave, *supra* note (19), at 709, and n. 191.
73 *See id.*, at 713, and n. 204.
74 Smith v. Maryland, 442 U.S. 735 (1979).
75 *See id.*, at 745-746.
76 *See*, Tr. of Oral Arg. in No. 13-132, at 38-43; *see also*, Flores-Lopez, *supra* note (61), at 807.

が可能となるため、それにより、逮捕に伴う捜索の対象となるということであれば、捜索の可能範囲が拡張する点、さらには、デジタル情報とデジタル化前の情報の対応関係が必ずしも明白でないことから、当該無令状捜索を許容するための基準を受け入れることはできない。

　本判決が、犯罪を撲滅しようとする法執行能力に影響を与えることは間違いない。携帯電話が、犯罪活動者（criminal enterprises）におけるメンバー間での調整（coordination）とコミュニケーションを容易にする重要なツールとなっていることは否定できない。プライヴァシーを保護するためのコストである。もちろん、当裁判所は、携帯電話内の情報については、捜索を免れるというものではなく、たとえ逮捕に伴い、携帯電話が押収される場合であっても、原則として、当該捜索前には、令状を要するのである。当裁判所の判例は、令状の要求が、捜査機関の効率に対する幾らかのウエイトという不便を課すだけでなく、歴史的に政府の機能における重要な機構部分（working part）であることを認めてきた[77]。

　さらに、逮捕に伴う捜索の例外は、携帯電話には適用されなくとも、他の判例による例外は、特定の電話に対する捜索を正当化し得る[78]。たとえば、Chadwick 判決において、当裁判所は、問題となったトランクの捜索につき、逮捕に伴う捜索の例外を正当化しないとしたが、捜査官は、荷物に爆発物のような切迫した危険物（dangerous instrumentality）があると信ずるに足りる理由が存在すれば、開披せずに警察署までそれを運搬することは、無謀であると指摘している[79]。

　当裁判所の判例は、植民地時代の犯罪活動における証拠につき、家屋をくまなく捜索することをイギリスの官吏に認めた「一般令状（general

---

[77] Coolidge v. New Hampshire, 403 U.S. 443, 481 (1971).

[78] Kentucky v. King, *supra* note (17), (slip op., at 6) (quoting Mincey v. Arizona, 437 U.S. 385, 394 (1978)).「状況の緊急性（the exigencies of the situation）」は、法執行の必要性が極めて重要であり、合衆国憲法修正4条下において、客観的に合理的である場合に無令状捜索が許容される。そのような緊急性は、切迫した証拠隠滅の防止、逃走する被疑者の追跡、重傷者を助ける必要性等を含む。Mincey 判決の解説・評釈として、原田保「殺人現場の無令状捜索・押収の合憲性、重態の被疑者に対する尋問と供述の任意性 Mincey v. Arizona, 437 U.S. 385 (1978)」鈴木編・前掲注（25）18頁以下等。

[79] United States v. Chadwick, *supra* note (31), at 15, n. 9.

warrants)」や「捜査援助令状 (writs of assistance)」に対する憲法制定者世代からの非難 (reviled) により、合衆国憲法修正4条が誘発されたものであることを認識してきた。当該捜索に対する反対が、革命時代における背景下の推進力の1つであったことは事実である。1761年、愛国者である James Otis は、Boston において、捜査援助令状の使用を非難するスピーチを行った。その場に居た若き日の John Adams は、「群集のすべてが私のように捜査援助令状に反対するために、武器を手に取る準備ができているように見えた (every man of a crowded audience appeared to me to go away, as I did, ready to take arms against writs of assistance)」と手紙に書いている[80]。Adams によると、Otis の演説は、「イギリスの専断的主張 (arbitrary claims) に反対する最初のものであり、それにより、アメリカの独立 (child Independence) が生まれた」のである[81]。現代の携帯電話は、単なる科学技術ではなく、そこには、多くのアメリカ人の「生活におけるプライヴァシー」が含まれている[82]。現代の技術により、情報を各人が持ち運ぶことを可能としている事実は、憲法制定者が戦守してきた価値をなきものとするわけではない。逮捕に伴い押収された携帯電話を捜索する前に捜査機関は、何を行わなければならないかとの問いに対する当裁判所の回答は、実に簡単である――令状を取得しなさい。

2. 結論同調意見 (Alito 裁判官執筆)

合衆国憲法修正4条採択以前に確立した逮捕に伴う無令状捜索は、主として逮捕者の安全確保と証拠隠滅の防止により、正当化されるものとは考えられていない[83]。むしろ、当該法理は、犯罪を立証するための証拠発見の必要性をその根拠として認められてきた。そのように考えなければ、捜索の範囲に関し、充分な説明ができない。たとえば、被逮捕者の身体から発見された書類等は、長きに亘り、証拠として用いられてきた。しかし、被逮捕者か

---

80 10 Works of John Adams 247-248 (C. Adams ed. 1856).
81 *Id.*, at 248 (quoted in Boyd v. United States, 116 U.S. 616, 625 (1886)). なお、井上正仁『刑事訴訟における証拠排除』63頁以下（弘文堂・1985年）。
82 Boyd v. United States, *supra* note (81), 630.
83 *See*, T. Taylor, *Two Studies in Constitutional Interpretation* 28 (1969); Amar, *Fourth Amendment First Principles*, 107 HARV. L. REV. 757, 764 (1994); T. Clancy, *The Fourth Amendment: Its History and Interpretation* 340 (2008).

ら、これら物品が一度、取り上げられてしまえば、被逮捕者がそれを隠滅することもなければ、被逮捕者に対し、何らかの危険を生じさせることもない。そのため、私が説明したように、Chimel判決における理論は、疑わしい[84]。

以上のような意見ではあるが、デジタル時代以前の法理を携帯電話に対する捜索に機械的に適用すべきではないとする点では、法廷意見に同調する。現代の携帯電話は、ハード・コピー形式では持ち歩き得ない高度な個人的情報を含む多量の情報を保存する、あるいは、当該情報にアクセスすることが可能であり、法執行に関する利益とプライヴァシーに関する利益の間に、新たなバランスをとる方法を要請している。

法廷意見のアプローチによると、携帯電話におけるすべての情報につき、プライヴァシーの利益を優先させた。たとえば、類似の情報をハード・コピー形式で所持している場合と携帯電話内にデジタル形式で所持しているとする。捜査官は、ある被逮捕者の財布に入っている固定電話の請求書、あるいは写真に対しては、無令状で捜索が可能であるが、別の被逮捕者については、携帯電話に保存されている情報については、無令状での捜索は不可能である。そのため、法廷意見のアプローチは、不合理な結論を齎すものの、私には、有効な選択肢を見出すことはできない。法執行官は、逮捕に伴う捜索に関する明確な準則を要するものの、裁判所が、より微妙な調整を図った準則を形成するためには、多くの判例と長い年月が必要である。そして、その間にも、アメリカ人が持ち歩く電子デバイスは変化し続けるであろう。

合衆国議会や州議会が、法執行機関の正当な必要性と携帯電話所有者のプライヴァシーの利益を評価した後に、情報類型等に基づく合理的な線引きを制定することができたならば、私は、ここで示されている問題点を再検討したいと考える。

このような情勢に照らすならば、21世紀のプライヴァシー保護についての判断は、裁判所よりも、議会の方が望ましいであろう。

---

[84] See, Arizona v. Gant, supra note (20), at 361-363 (Alito, J., dissenting).

Ⅲ 逮捕に伴う無令状捜索・押収法理と Riley 判決以前の携帯電話・スマートフォン内のデジタル情報に対する捜索・押収

(1) 周知の通り、合衆国憲法修正4条は、「一般令状」や「捜査援助令状」による一般探索的な捜索・押収に対する反発・批判から成熟していったものであり、このような捜索・押収が不合理であるのは、「必ずしも十分な根拠がないまま、捜索場所や目的物・対象者を特定しないで、捜索・押収や身柄拘束を許可することにより、執行にあたる官憲の意のままに、あらゆる場所が捜索され、あらゆる物や人が持ち去られたり、連れ去られたりすることを可能としたから」であり、「このような弊を除去するために設けられた修正4条は、『相当な理由』の存在と捜索場所・押収目的物（身柄拘束対象者）の特定を基本的な要件」として定めたものであるといえる[85]。

合衆国憲法修正4条に基づく捜索・押収が合憲であるか否かにつき判例は、それが合理的であるか不合理であるかの判断に基づくものであり[86]、原則としては令状に基づかなければならないものの、一定の令状主義の例外の該当する場合には、必ずしもその合理性は否定されるものではないとの立場を採用してきた[87]。このような令状主義の例外法理の1つとして、Weeks 判決[88]において、初めて逮捕に伴う無令状捜索・押収が確認されて以降、その幅に変遷はありながらも、確立したものとして認められてきたのである[89]。そして、Chimel 判決[90]において、捜査官に対する安全の確保、および逮捕

---

[85] 井上正仁『強制捜査と任意捜査』53頁（有斐閣、新版、2014年）。なお、令状主義形成過程の詳細につき、同33頁以下。
[86] Brigham City v. Stuart, 547 U.S. 398, 403 (2006).
[87] *See*, Kentucky v. Kings, *supra* note (17), at 459-460.
[88] Weeks v. United States, *supra* note (18), at 392.
[89] Thomas Rosso, *Unlimited Data?:Placing Limits on Searching Cell Phone Data Incident to a Lawful Arrest*, 82 FORDHAM L. REV. 2443, 2449-2451 (2016).
[90] Chimel v. California, *supra* note (21), at 762-763. なお、Roger B. Dworkin, *Fact Style Adjudication and the Fourth Amendment: The Limits of Lawyering*, 48 IND. L.J. 329, 355 (1973) によると、Chimel 判決によって、逮捕に伴う無令状捜索・押収の範囲につき、比較的明確な線引きがなされたと評価する。*See also*, Wayne R. LaFave, *"Case-By-Case Adjudication". Versus*

行為が阻止されないよう、さらには、隠蔽・破壊を防止するために、無令状捜索・押収は合理的であると判示し、無令状捜索・押収が認められる場合の2要件を指摘するのと同時に、「被逮捕者の身体、および直接の支配下にある領域」に限定することを示した。その意味で、Chimel 判決は、判例における一種のターニング・ポイントであったと位置付けられよう。これにより、逮捕に伴う無令状捜索・押収法理の基盤が形成されたと評価しても、過言ではない。なお、Chimel 判決以降、捜査官による捜索権限は、逮捕に基づき自動的にこれが認められるのか、あるいは証拠等が捜索中に発見される可能性の存在を示す事実が要求されるかが問題となっていたが、Robinson 判決[91]において、被逮捕者から武器を取り上げる必要性(the need to disarm the suspect)と証拠保全の必要性(the need to preserve evidence on his person)を踏まえ、合法的な逮捕の場合には、常にその必要性が肯定されるため、これに伴う無令状の捜索・押収は、令状主義の例外に当たるだけでなく、合衆国憲法修正4条に基づき、合理的であると説かれたことにより、その正当化根拠が進展したといえよう[92]。つまり、Chimel 判決をこれまで以上に、Robinson 判決は、促進したのである。さらに、Gant 判決[93]は、自動車に対し、Chimel 判決を適用して、逮捕者が、安全が確認され、かつ、捜索時に車室に届くところにいた際に限り、車内における無令状捜索・押収は、合理的であるとの判断が示すのと同時に、車両という特有の状況に鑑み、「逮捕理由である犯罪に関連する証拠が、車両内にあると思料することが合理的である場合」には、無令状で捜索・押収することを肯定しており、逮捕に伴う無令状捜索・押収とは別に、自動車例外も肯定している[94]。

このように変遷してきた逮捕に伴う無令状捜索・押収の法理は、Riley 判決において、さらに現代的変容が加えられたと評価できよう[95]。そこで、次

"Standardized Procedures": The Robinson. Dilemma, 1974 S. Ct. Ct. Rev. 127 (1975).
91 United States v. Robinson, *supra* note (25), at 234-235.
92 なお、Robinson 判決は、逮捕行為それ自体と逮捕に伴う無令状捜索・押収を比較し、後者が前者よりも高くないことを前提として、これが認められるとの判断を示しているといえよう (Riley v. California, *supra* note (8), at 2488.)。
93 Arizona v. Gant, *supra* note (20), at 343.
94 *Cf.* Thornton v. United States, *supra* note (34), at 631.
95 伊藤・前掲注(8) 474頁。

に、本判決が示されるまでの間、下級審判例および学説を概観することにする[96]。

(2) まず、携帯電話・スマートフォン内のデジタル情報に対する無令状捜索につき、合法と判断する判例は、携帯電話・スマートフォンの特殊性をさほど意識せず判断しているものが多い。たとえば、Finley判決[97]は、「捜査官による捜索が可能な範囲は、被逮捕者の身体から発見された逃走に使用される凶器等に限定されることはない。逮捕されたとの事実を以って、公判において立証に用いられる逮捕に対する犯罪の証拠を保全するために、被逮捕者に対する身体を捜索することができる」とし、Robinson判決等[98]における伝統的な逮捕に伴う捜索の法理に依拠しており[99]、また、Boyd判決[100]は、自動車やその車内の容器に対する捜索における「相当な嫌疑」の存在を背景として、これを合法としている。つまり、携帯電話・スマートフォン内のデジタル情報に対する捜索に対し、身体等から発見された有体物たる容器に対する捜索の理論を直截に当てはめて判断をしたのである[101]。

その後、その特殊性は意識していないわけではないものの、これを否定するものとして、Diaz判決[102]、Murphy判決[103]等が現れ[104]、さらに、これを意識するだけでなく、携帯電話・スマートフォン内のデータ容量がコンピュータに匹敵するとして重要視しながらも、当該事案においては、通話履歴が確認されたにとどまり、その特殊性が問題とはなっていないことから、逮捕に伴う捜索として、これが合法であると判断したものとして、Flores-Lopez判決[105]が存在する。

96　*See*, Adam M. Gershowitz, *Seizing a Cell Phone Incident to Arrest: Data Extraction Devices, Faraday Bags, or. Aluminum Foil as a Solution to the Warrantless Cell Phone Search Problem*, 22 WM. & MARY BILL RTS. J. 601, 601-602 (2013); Thomas Rosso, *supra note* (89), at 2458-2467.

97　United States v. Finley, 477 F. 3d 250 (5th Cir. 2007).

98　United States v. Robinson, 414 U.S. 218 (1973); New York v. Belton, 453 U.S. 454 (1981).

99　*See also*, Silvan v. Briggs, 309 Fed. Appx. 236, 2009 WL 35429 (C.A. 30 (Utah)).

100　State v. Boyd, 992 A. 2d 1071 (Conn. 2010). *Cf.* Orin S. Kerr, *supra* note (59), at 406-407 (2013).

101　*See*, Adam M. Gershowitz, *The iPhone Meets the Fourth Amendment*, 56 UCLA L. REV. 27, 38-39. (2008).

102　People v. Diaz, *supra* note (10).

103　United States v. Murphy, 552 F. 3d 405 (4th Cir.2009).

104　*See*, People v. Riley, *supra* note (11).

その他、学説においては、携帯電話・スマートフォンにおいて開かれているアプリケーションに限定して、逮捕に伴う無令状捜索が許容されるとの見解も見られるが[106]、逮捕時に如何なるアプリケーションが開閉されていたか否かという偶発的な事情に影響されることは否定できず、そして何より現場捜査官の判断に委ねられる蓋然性が高いことから、肯定し難いといわざるを得ない。

　同様に、携帯電話・スマートフォン内のデジタル情報に対する無令状捜索につき、違法と判断した判例も、当初は、Lasalle 判決[107]、Zavala 判決[108]、Quitana 判決[109]のように、その特殊性に着目はしていなかったといえるが、Park 判決[110]のようにその情報容量の大きさを重視するなど、次第にその特殊性を鑑み、違法であるとの判断を示す判例が示されるようになってきた[111]。その後、携帯電話・スマートフォン内のデジタル情報に対する捜索は、逮捕に伴う無令状捜索の法理では許容されないとの判例が示され[112]、その質的・量的特殊性から、Robinson 判決の適用を否定した本判決に繋がっていくのである[113]。

---

[105] United States v. Flores-Lopez, *supra* note (61). *Cf.* Commonwealth v. Phifer, 979 N.E. 2d 210 (Mass. 2012).

[106] Adam M. Gershowitz, *supra* note (101), at 47.

[107] United States v. Lasalle, 2007 WL 1390820 (D. Haw. 2007).

[108] United States v. Zavala, 541 F. 3d 562 (5th Cir. 2008).

[109] Quintana, 594 F. Supp. 2d 1291 (M.D. Fla. 2009).

[110] United States v. Park, 2007 WL 1521573 (N.D. Cal. 2007) 当該判断に対する批判として、Adam M. Gershowitz, *Password Protected? Can a Password Save Your Cell Phone From a Search. Incident to Arrest?*, 96 IOWA L. REV. 1125, 1160 (2011).

[111] United States v. Gibson, 2012 WL 1123146 (Cal. 2012). なお、携帯電話とスマートフォンのデジタル情報容量の差に着眼し、携帯電話については逮捕に伴う無令状捜索が許容されるものの、スマートフォンについては、これが否定されるとの見解として、Matthew E. Orso, *Cellular Phones, Warrantless Searches, and the New Frontier of Fourth Amendment Jurisprudence*, 50 SANTA CLARA L. REV. 183, 223-224 (2010).

[112] State v. Smith, 920 N.E. 2d 949 (Ohio 2009); Smallwood v. State, 113 Wo. 3d 724 (Fla. 2013); United States v. Wurie, *supra* note (40). *See also.*, Thomas Rosso, *supra* note (89),at 2472.

[113] なお、学説においては、Charles E. MacLean, *But Your Honor, a Cell Phone is not a Cigarette Pack: An Immodest Call for a Return to the Chimel Justifications for Cell Phone Memory Searches Incident to Lawful Arrest*, 6 FED. CTS. L. REV. 37, 47-50 (2012) が、携帯電話・スマートフォン一般につき、原則として逮捕に伴う無令状捜索の対象から外すことを述べるだけでなく、遠隔操作によるデジタル情報の消去防止策についても触れている点は注目されよう。

Ⅳ　Riley 判決に対する若干の検討とわが国に与える影響

1. Riley 判決の意義

(1)　Riley 判決は、適法な逮捕に伴って押収した被逮捕者の携帯電話・スマートフォン内のデジタル情報につき、無令状で捜索した捜査官の行為は、合衆国憲法修正4条に違反する不合理な捜索であるとの結論を裁判官全員一致で判断した[114]。つまり、法廷意見は、令状要件の例外に当るか否かにつき、憲法制定当時には、携帯電話・スマートフォン内のデジタル情報の捜索に対し、正確な指針が存在しなかったとしたうえで、「個人のプライヴァシーを侵害する程度」と「正当な政府の利益の促進のために必要とされる程度」を衡量することにより評価すべきであるとし、さらに、逮捕に伴う無令状捜索に関する3つの先例（Chimel 判決、Robinson 判決、Gant 判決）との対比を行うことによって、上記の判断を示したのである。Riley 判決は、携帯電話・スマートフォン内のデジタル情報の捜索に対し、初めて判断を示したものであり、GPS 捜査に関する Jones 判決と並んで、現代的な捜査手法に対し、画期的な意義を有するであろうと評価できるし[115]、また、令状による捜索に比べ、逮捕に伴う無令状捜索が圧倒的に多く実施されている合衆国の実情から[116]、実務に与える影響は、決して小さいものとはいえない。

(2)　まず、Riley 判決におけるバランシング・アプローチについて検討するが、「携帯電話内のデータ（デジタル・データ）の持つ特性に着目して、一方では、携帯電話内のデータへの捜索によるプライヴァシー干渉の度合いが著しく強いことを認定し、他方では、逮捕官憲の安全確保、証拠隠滅の防止に携帯電話内のデータの捜索がほとんど役に立たないことを認めて、携帯電話内のデータの捜索には類型的な逮捕に伴う捜索・押収の法理が適用され

---

[114]　*See*, Adam Liptak, *Major Ruling Shield Privacy of Cellphones,* N.Y. TIMES (June 25, 2014).
[115]　成瀬・前掲注（8）169頁は、「本判決は連邦最高裁がデジタル時代における修正4条のあり方を全面的に見直す方針を示したものと見る余地もある」と指摘する。*Cf.* Andrew D. Huynh, *What Comes After "Get A Warrant": Balancing Particularity and Practicality in Mobile Device search Warrants Post-Riley,* 101 CORNELL L. REV. 187, 188-189 (2015).
[116]　3 W. LaFave, *supra* note (19), at 132. *See also,* 2 W. LaFave, Search and Seizure: A Treatise on the Fourth Amendment, 572 (5th ed. 2012).

ず、原則として捜索令状が必要」であると判示したと柳川教授が説明されるように[117]、当該アプローチは、今後、わが国において同様の点が問題となった場合に参考になると考えられる[118]。

(3) 次に、3つの先例についてであるが、このうちベンチマークとされるのが、Chimel 判決であるとされている[119]。Chimel 判決において、逮捕に伴う無令状捜索・押収が認められるのは、「捜査官に対する安全の確保」と「証拠隠蔽・破壊の防止」という利益によって正当化されるものであって、また、無令状捜索が許容される範囲は、「被逮捕者の身体、および直接の支配下にある場所」に限定されるとの判断を示した。

正当化根拠の1つである「捜査官に対する安全の確保」についてであるが、法廷意見が述べるように、「身柄拘束中の逮捕という緊張した雰囲気のなかにおいて、未確認の物体は、常に危険を生じさせ得る」ことから、少なくとも逮捕現場において、携帯電話・スマートフォンを押収することは許容されよう。しかし、いったん携帯電話・スマートフォンを押収しさえすれば、捜査官に対する安全は確保されると解され、その場において携帯電話・スマートフォン内のデジタル情報についてまで、捜索を行う必要は基本的には存在しない。もちろん、被逮捕者の共犯者が当該現場に向かっていることを探知するなど、「より間接的な方法」によって捜査官の安全を確保するために、携帯電話・スマートフォン内のデジタル情報を捜索が必要であるとの解釈は成り立たないわけではないが、そのようなケースを想定することは現実的ではなく、むしろ、これを一般化することは困難であると考えられる。もう1点の正当化根拠である、「証拠隠蔽・破壊の防止」についてであるが、捜査官は、携帯電話・スマートフォンを保全さえすれば、デジタル情報を消

---

[117] 柳川・前掲注 (8) 540 頁。
[118] Riley 判決は、人権保障と捜査の必要性のバランスを適切に保っただけでなく、プライヴァシー権を支持し、譲歩できない一線を画したものであると評価できよう (Andrew D. Huynh, *supra* note (115), at 189.)。但し、あえてバランシング・アプローチによって判断をしている以上、ケースによっては、プライヴァシー保護に繋がらない結論が導き出される可能性は否定できないとの指摘も存在する (*The Supreme Court, 2013 Term-Leading Cases*, 128 HARV. L. REV. 251, 256-260 (2014))。
[119] 1 Joshua Dressler & Alan C. Michaele, Understanding Criminal Procedure, 193 (6th ed. 2013).

去する危険性は、解消すると考えられる。当然、デジタル情報であるが故に、遠隔消去や情報の記号化によって、証拠隠蔽・破壊がまったくなされないわけではない。つまり、Chimel 判決においては、自身の手の届くところにある証拠の隠滅・破壊を防止する点に関心があったものの、携帯電話・スマートフォンについては、逮捕現場にいない第三者の行動についてまでも拡げて考える必要があるといえよう。しかし、Riley 判決が指摘するように、携帯電話の電源を切る、またはバッテリーを外す、あるいは電波を遮断する、または電磁波シールド袋に携帯電話を封入することにより、携帯電話・スマートフォンから電波を遮断するといった方法で対応することは可能である。また、ロックされていない携帯電話・スマートフォンを押収した場合には、自動ロック機能や情報の暗号化機能を無効にするために、捜索令状入手までの間、証拠を保全するために必要な予防策を講じることを認める McArthur 判決に照らして許容される場合があり得ることも指摘している[120]。以上のことに照らせば、Riley 判決は、デジタル情報に対する遠隔消去や情報の記号化に対してまで、Chimel 判決の根拠を拡げるものではないことを示したものであることが判る。これらのことから、「正当な政府の利益の促進のために必要とされる程度」については、Chimel 判決が挙げる「捜査官に対する安全の確保」および「証拠隠蔽・破壊の防止」の２つの正当化根拠のいずれも妥当しないとの判断を Riley 判決は示したと解される。

　次に、「個人のプライヴァシーを侵害する程度」についてであるが、Riley 判決は、逮捕に伴う無令状捜索・押収が、不安定な逮捕の状況と関わりのあ

---

[120] 柳川・前掲注（8）541 頁は、さらに、「個別の事案で、逮捕官憲の安全が脅かされたり、あるいは携帯電話内のデータが破壊されたりする具体的な危険が切迫しており、それを携帯電話内の情報を捜索することにより防止できるなどの状況にあれば、緊急性の例外（exigency exception）の法理が適用されて緊急捜索が許されることも認めている」とする。そのため、今後は、「被逮捕者の身体及び直接的支配下については、（携帯電話内のデータのような例外はあるが）逮捕に伴う捜索・押収の法理に基づき無令状で捜索を行うことができ」、また、「逮捕に伴う捜索・押収の法理により無令状捜索が許されない領域で、令状を入手する間に、被逮捕者の家族であるとか共犯者による証拠隠滅の虞がある場合には、逮捕現場をインパウンドした上で、令状を入手して捜索を行うことができる。被逮捕者以外の者による証拠隠滅が逮捕時にまさに行われようとしているという切迫したものであれば、緊急捜索が許される」等、「携帯電話の捜索の問題を超えて、逮捕の際の逮捕の現場での捜索について一般的に押し及ぼすことができるように思われる」ことを指摘される（同・544 頁・545 頁）。

る高度な政府の利益のみならず、捜査官による身柄拘束において、被逮捕者のプライヴァシーの利益が減少していることも指摘している。この点につき、Robinson 判決では、被逮捕者の着衣の上から捜索し、ポケットの中から発見されたタバコの包みを検査することが許容されるのは、身柄拘束する際になされた政府の重要な権限の行使と比較し、限られた侵害にとどまっているに過ぎないからであると説明されている。但し、Riley 判決において、対象となっているのは、デジタル情報であることから、さらなる検討が必要であろう。この点につき、法廷意見は、携帯電話やスマートフォンには、カメラやビデオプレイヤー、カレンダー、日記等の多彩な機能が搭載されており、その実態はミニ・コンピュータであることから[121]、量的にも質的にも、被逮捕者が身体に所持する他の物とは異なると指摘し、携帯電話・スマートフォンの捜索により生じるプライヴァシー侵害の程度は、住居に対する捜索により生じるプライヴァシー侵害の程度を上回ると解している。つまり、住居であれば、仮にそれが豪邸であったとしても、有体物に対する捜索であれば、物理的な限界が存在するため、「量的側面」から、プライヴァシーに対する侵害の程度も限定的であるが[122]、デジタル情報は、クラウド・コンピューティング・システムに代表されるように、これが無限であることから、物理的な実行可能性とデジタル容量との隔たりは、将来、さらに拡大し続けるものと考えられていると指摘しているのである。また、「量的側面」だけでなく、「質的側面」からも、デジタル情報から、被逮捕者の嗜好や病気、あるいは行動の仔細まで明らかにすることも可能であり、これまでの有体物を対象とする捜索とは、比較にならない違いが存在する。つまり、Robinson 判決では、被疑事実と関連する証拠が実際に発見される蓋然性は不要であると解しており、当該判決において示された画一的準則は、物理的な物体との文脈においては、相当な均衡を保っているものの、携帯電話・スマートフォン内のデジタル情報については、当該理論的根拠は、説得力を有しないと Riley 判決は評価したのである。このように、仮に同内容であったとして

---

[121] なお、携帯電話・スマートフォンとコンピュータを同旨することに疑問を呈するものとして、Andrew D. Huynh, *supra* note (115), at 187 等がある。
[122] Orin S. Kerr, *Applying the Fourth Amendment to the Internet: A General Approach*, 62 STAN. L. REV. 1005, 1005 (2010).

も、有体物であるかデジタル情報であるかによって、その保護の範囲に差を見出したことは、まさにこれからさらに発展する社会変化を見据えてのことであろう[123]。

　なお、柳川教授は、さらに、Robinson 法理を携帯電話・スマートフォン内のデジタル情報に対する捜索に適用すれば、「重大な犯罪に関わる情報が被疑者の携帯電話内に保存されていないか探ろうとして、捜査機関が被疑者を交通違反などの軽微犯罪で逮捕し、携帯電話を取り上げてそのまま中の情報を徹底的に調べるといった恣意的な法執行を行っても、これを第4修正が規制できない事態となる可能性」があることも指摘し、「Riley で携帯電話内のデータの捜索に令状が必要とされたということは、捜索を行うためには、令状審査の対象となる捜索の実体要件、すなわち、被疑者が罪を犯したと疑うに足りる相当な理由があり、そして、その逮捕帆擬事実と関連する証拠が携帯電話内のデータとして保存されていると疑うに足りる相当な理由がなければならないということであり、さらには、その認定を捜査機関とは独立した令状発付官が行わなければならない」ということであって、これにより、「軽微な犯罪の逮捕を藉口として別罪捜査の目的で捜索が行われることや、一般的・探索的捜索が広範囲に行われることは、防止できるものと思われる」ことを指摘している[124]。また、Riley 判決では、クラウド・コンピューティング・システム上のデジタル情報についても触れられているため、第三者法理（Third Party Doctrine）[125] が関係する事案であったと捉え、「第三者法理は受託者に対して情報の開示を求める場合に働くものであり、被疑者から情報を引き出す場合には妥当しないとの考えによっているのかもしれないが、これも、さらなる理論的な究明が必要」との問題提起も行っている[126]。

---

[123] Alan Butler, *Get a Warrant: The Supreme Court's New Course for Digital Privacy Rights After Riley v. California*, 10 DUKE J. CONST. L. & PUB. P OL'Y 83 (2014); Yelton H. Rick, *Riley v. California: Setting the Stage for the Future of Privacy by Distinguishing Between Digital and Physical Date*, 60 LOY. L. REV. 997 (2014); George M. Dery Ⅲ & Kevin Meehan, *A New Digital Divide?: Considering the Implications of Riley v. California's Warrant Mandate for Cell Phone Searches*, 18 U. PA. J. L. & SOC. CHANGE 311 (2015).

[124] 柳川・前掲注（8）541頁・542頁。

[125] 第三者法理とは、「第三者に預託した物や情報に関しては、プライヴァシーの合理的な期待が認められないとする法理」である（同・553頁注（39））。See., *e.g.*, United States v. Jones, *supra* note (7), at 957 (Sotomayor, J., concurring).

最後に、Gant 判決との関係であるが、Riley 判決においては、被疑者が自動車登録証の失効している車両を運転したところ、交通違反を理由に捜査官によって停止させられ逮捕された事案であったことから、携帯電話・スマートフォン内のデジタル情報に対し、Gant 判決において認められた自動車例外の適用の有無についても、検討を行っている。すなわち、Gant 判決基準により、携帯電話・スマートフォン内にある逮捕被疑事実に関する証拠が存在すると合理的に信じられる場合には、無令状捜索を許容し得るのではないかということである。これに対し、法廷意見は、過去の犯罪の証拠に対する捜索や交通違反のような軽微な犯罪を端緒として、恣意的な捜索がなされることを防止することは可能であるものの、携帯電話やスマートフォン内のデジタル情報は、その他の犯罪の証拠にもなり得るため、Gant 判決基準は、携帯電話・スマートフォンに対する捜索については、実質的な制限にはならないことを理由に退けている。もともと、当該基準は、Thornton 判決において Scalia 判事の補足意見で示されているように、「プライヴァシーの期待の減少」と「高度な法執行の必要性」という自動車に対する捜索特有の事情を踏まえたものであって、そのような事情の存在しない携帯電話・スマートフォン内のデジタル情報の捜索に対し、その範囲を拡張することについては、慎重でなければならないことは当然であろう。

　(4)　Riley 判決の結論につき、成瀬准教授は、合衆国では、「警察官の判断のみで誰もが逮捕され、無令状捜索の対象となりうるから、大きなプライバシー侵害を伴う携帯電話の捜索の前に、令状審査を介在させて手続的適正を担保する必要性が大きい。他方で、警察官に令状取得を要求しても実体面・手続面ともにそれほど困難はなく、緊急状況では無令状で携帯電話の捜索ができるから、捜査側の不利益は小さい。このような事情を踏まえて、連

---

[126]　同・544 頁。*See. e.g.*, Ryan Watzel, *Riley's Implications for Fourth Amendment Protection in the Cloud*, 124 YALE L. J. F. 73 (2014); Monu Bedi, *Social Networks, Government Surveillance, and the Fourth Amendment Mosaic Theory*, 94 B.U. L. REV. 1809 (2014); George M. Dery III & Kevin Meehan, *supra* note (123), at 331-338; Jennifer Daskal, *The Un-Territoriality of Date*, 125 YALE L. J. 326 (2015); Steven I. Friedland, *Riley v. California and the Stickiness Principal*, 14 DUKE. L. & TECH. REV. 121 (2016). なお、Riley 判決以前から、クラウド・コンピューティング・システムに保存されたデジタル情報に対し、第三者法理の適用可能性を指摘していたものとして、Daniel J. Solove, *Fourth Amendment Pragmatism*, 51 B.C. L. REV. 1511, 1531 (2010).

邦最高裁は携帯電話内のデータに対する捜索について令状を要求したと考えられる」と分析される[127]。

但し、携帯電話・スマートフォン内のデジタル情報を捜索するに際し、令状入手が義務付けられたとしても、如何なる範囲の特定性が要求されるかとの問題は残り[128]、事実、Riley 判決以降、この点の議論が盛んに行われるようになってきている[129]。特に、Riley 判決において、携帯電話・スマートフォンをミニ・コンピュータと位置付けたため、現時点において、両者は類似の側面が多々あるものの、実質的に両者にはなお一定の差異が存在するなかで、その特定性に対して、携帯電話・スマートフォン内のデジタル情報が捜索対象となった場合、コンピュータに対する場合と同様の内容を要求すべきかが問題となるであろうし[130]、また、捜索の際の捜査官に対する現場での裁量の幅の問題も未解決であるため[131]、今後、具体的なケースに対する判例の集積が待たれるところである[132]。

2. わが国における捜査法の枠組

(1) Riley 判決は、今後、わが国で同様の問題を議論する際に示唆すべき

---

[127] 成瀬・前掲注（8）169 頁。

[128] 成瀬・前掲注（8）169 頁・170 頁、柳川・前掲注（8）542 頁等。

[129] Andrew D. Huynh, *supra* note (115), at 187-222. *See also,* William Clark, Note, *Protecting the Privacies of Digital Life: Riley v. California, the Fourth Amendment's Particularity Requirement, and Search Protocols for. Cell Phone Search Warrants,* 56 B.C. L. REV. 1981 (2015); Adam M. Gershowitz, *The Post-Riley Search Warrant: Search Protocols and Particularity in Cell Phone Searches,* 69 VAND. L. REV. 585 (2016). なお、太田茂「捜索差押えの特定性の要求に関するアメリカ合衆国連邦裁判所判例の諸法理とその実情―『詐欺性充満の法理』を中心として―（1）〜（4）」比較法学 49 巻 1 号（2015 年）83 頁以下、同 49 巻 2 号（2015 年）1 頁以下、同 49 巻 3 号（2016 年）41 頁以下、同 50 巻 1 号（2016 年）1 頁以下。

[130] *Id.,* at 201-208. なお、コンピュータ一般につき、U.S. Dep't of Justice, Searching and Seizing Computers and Obtaining Electronic Evidence in Criminal Investigations 90-91 (2009) 参照のこと。

[131] *Id.,* at 221.

[132] 緑・前掲注（8）679 頁は、「デジタルデータの収集に対する法的規律については、既存の判断枠組では司法府は充分に対応しきれず、立法府によるルール形成を経る方がよいという価値判断があるならば、連邦最高裁がデジタルデータの問題について、射程を限定して判断を積み重ねることには理由がある」と指摘する。また、森本准教授が指摘されるように、Riley 判決は、デジタル時代に対応した合衆国憲法修正 4 条の今後の在り方を探る試みの幕開けを意味するものなのであろう（森本・前掲注（8）346 頁）。

点が非常に多いことは、論を俟たないところであるが、合衆国とわが国の捜査法の枠組みが同一ではないだけに、この点については、成瀬准教授が指摘されるように、そのままの考え方がわが国において妥当するものとまではいえない[133]。以下では、今後、Riley 判決がわが国に示唆する点について、若干の概観を試みることにする。

これまで概観してきた Riley 事件は、逮捕現場においてスマートフォンが押収され、逮捕から約 2 時間後、警察署においてスマートフォン内のデジタル情報が入念に調べられた事案であった。Riley 判決の判断内容をわが国の刑訴法に即して説明するのであれば、以下のような構成になろう[134]。

まず、前提として、刑訴法 99 条 1 項は、押収の対象物を「証拠物又は没収すべき物と思料するもの」と規定していることから、『有体物』に限られるため[135]、携帯電話・スマートフォン内のデジタル情報である『無体物』は、本来、その対象として予定されていない。そのうえで、被疑者を適法に逮捕した場合には、無令状で捜索・差押えをすることが認められていることから（憲法 35 条 1 項、刑訴法 220 条 1 項 2 号・同上 3 項）、証拠隠滅防止目的で被逮捕者の所持する携帯電話・スマートフォンそれ自体を差押えることは可能である[136]。さらに、当該携帯電話・スマートフォン内のデジタル情報を確認する必要性が存在する場合には、押収物に対する必要な処分（刑訴法 222 条 1 項、111 条 1 項・同条 2 項）として、これを実施したということになろう[137]。

133　成瀬・前掲注（8）170 頁、池亀・前掲注（8）150 頁注（28）。
134　成瀬・前掲注（8）170 頁、緑・前掲注（8）679 頁。
135　河上和雄＝中山善房＝古田佑紀＝原田國男＝河村博＝渡辺咲子編著『大コンメンタール刑事訴訟法・第 2 巻』256 頁〔渡辺咲子〕（青林書院、第 2 版、2010 年）等。
136　なお、携帯電話・スマートフォンの中身を確認せずに差押えを行なうことに疑問を抱くものとして、栗田知穂『エクササイズ刑事訴訟法』83 頁（有斐閣、2016 年）。但し、「実務でも確認できないまま差し押さえることは多いと思われる」とし、最 2 小決平成 10 年 5 月 1 日刑集 52 巻 4 号 275 頁に照らし、携帯電話・スマートフォンの破壊やデジタル情報の消去の危険性が存在すれば、適法であると解される（同・83 頁）。
137　刑訴法 111 条は、「捜索・差押えに関する新たな権限を認める規定ではなく、捜索・差押えそのものではない処分を捜索・差押えに付随して行なうことができることを確認する」趣旨の規定である（河上ほか編著・前掲注（135）393 頁・394 頁〔渡辺咲子〕。なお、必要な処分につき、酒巻匡「捜索・押収とそれに伴う処分」刑雑 36 巻 3 号（1997 年）444 頁以下、松代剛枝「捜索差押状執行に伴う『必要な処分』の変容」ジュリ 1148 号（1997 年）100 頁・101 頁、大野正博「捜索・押収に伴う『必要な処分』の意義―来訪来意告知を欠く捜索対象場所への立入りの有無を素材として―」朝日法学論集 33 号（2006 年）1 頁以下、同「必要な処分―令状執行中の捜査

但し、Riley 判決を現行のわが国の捜査法の枠組に置き換えるのであれば、緑准教授が指摘されるように、押収物に対する「必要な処分」には限界が存在することから、携帯電話・スマートフォン内のデジタル情報の内容を確認するためには、「令状を要する旨を説示したもの」と解するのが適切であると思われる[138]。

(2) では、そもそも刑訴法 220 条における逮捕に伴う捜索・押収と刑訴法 222 条 1 項・111 条 1 項・同条 2 項にいう必要な処分の関係とは、如何なるものであろうか。刑訴法 220 条 1 項は、「検察官、検察事務官又は司法警察職員は、第 199 条の規定により被疑者を逮捕する場合又は現行犯人を逮捕する場合において必要があるときは」、「人の住居又は人の看守する邸宅、建造物若しくは船舶内に入り被疑者の捜索をすること」(同条項 1 号)、「逮捕の現場で差押、捜索又は検証をすること」(同条項 2 号) を認めている。このような逮捕に伴う捜索・押収がなぜ認められるかにつき、田宮博士は、Rabinowitz 判決[139]と Chimel 判決を対比し、逮捕を完遂させるために被逮捕者の抵抗を制圧し、逃亡を防止するため、および現場の証拠の破壊を防止するための緊急の必要性からこれが肯定されるとする「緊急処分説 (限定説)」と逮捕現場には証拠の存在する蓋然性が高度であるため、合理的な証拠収集手段として、これが認められるとする「相当説 (合理説)」とに見解を整理された[140]。「緊急処分説 (限定説)」[141]によるならば、「①令状による余裕

官による架電制止行為の適法性を中心として─」法學新報 123 巻 9＝10 号 (2017 年) 87 頁以下等。なお、玉本将之「捜査機関が押収し保管中の電磁的記録媒体内の情報を読み出すためには令状が必要か。情報がパスワードで保護されていて解読の必要がある場合はどうか」高麗邦彦＝芹澤政治編『別冊判例タイムズ 35 号 令状に関する理論と実務 II』(判例タイムズ社、2013 年) 150 頁・151 頁も、併せて参照のこと。

[138] 緑・前掲注 (8) 679 頁。
[139] United States v. Rabinowitz, 339 U.S. 56 (1950). なお、田宮・前掲注 (21) 230 頁以下も、参照のこと。
[140] 田宮裕編著『刑事訴訟法 I ─捜査・公判の現代的展開』348 頁・349 頁〔田宮裕〕(有斐閣、1975 年)、同『刑事訴訟法〔新版〕』109 頁 (有斐閣、1996 年)。併せて、井上正仁「逮捕に伴う無令状捜索・差押え」井上正仁＝酒巻匡編『刑事訴訟法の争点』80 頁以下 (有斐閣、2013 年) も参照のこと。なお、逮捕により「合法にプライバシーが開かれた空間は、官憲が自由に行動できる公共空間とみることが許される」ため、証拠は会の危険と緊急性が認められることから、逮捕に伴う捜索・押収が認められるとする見解も、存在する (渥美東洋『全訂刑事訴訟法』126 頁 (有斐閣、第 2 版、2009 年))。
[141] この見解を採るものとして、小林充「逮捕に伴う捜索・差押に関する問題点」警研 48 巻 5 号

がない場合に、②被逮捕者の身辺（身体およびその直接の支配下にある範囲にあるもの）について、武器、逃走具、その他の証拠を収集すること」が許容されることになり、「相当説（合理説）」[142]によるならば、「①令状による場合との関係は捜査戦術の選択の問題にすぎず、どちらが原則かという優劣の差はないので、必ずしも令状のえられない緊急事態である必要はなく、②許容範囲も、令状を請求すれば許されるであろう関連性のある範囲で広く認められる」ことになる[143]。なお、「緊急処分説（限定説）」の根拠の１つである逮捕者の身体の安全を図る必要性については、刑訴法220条によるというより

(1977年) 18頁以下、平良木登規男『捜査法』242頁・243頁（成文堂、第２版、2000年）、同『刑事訴訟法Ⅰ』197頁（成文堂、2009年）、渡辺咲子『刑事訴訟法講義』92頁（不磨書房、第７版、2014年）、池田修＝前田雅英『刑事訴訟法講義』188頁（東京大学出版会、第５版、2014年）、小林充〔植村立郎監修・前田巌改訂〕『刑事訴訟法』107頁（立花書房、第５版、2015年）、安冨潔『刑事訴訟法講義』114頁・115頁（慶應義塾大学出版会、第４版、2017年）等。なお、東京高判昭和44年６月20日高刑集22巻３号352頁、福岡高判平成５年３月８日判タ834号275頁等。

[142] この見解を採るものとして、平野龍一『刑事訴訟法』116頁（有斐閣、1958年）、鈴木茂嗣『刑事訴訟法』89頁（青林書院、改訂版、1990年）、三井誠『刑事手続法（１）』52頁（有斐閣、新版、1997年）、長沼範良＝酒巻匡＝田中開＝大澤裕＝佐藤隆之『演習刑事訴訟法』129頁〔長沼範良〕（有斐閣・2005年）、光藤景皎『刑事訴訟法Ⅰ』153頁（成文堂、2007年）、渡辺直行『刑事訴訟法』109頁・110頁（成文堂、第２版、2013年）、寺崎嘉博『刑事訴訟法』162頁（成文堂、第３版、2013年）、上口裕『刑事訴訟法』167頁（成文堂、第４版、2015年）、白取祐司『刑事訴訟法』152頁・153頁（日本評論社、第９版、2017年）等。なお、「緊急処分説（限定説）」においても、「相当説（合理説）」と同様に、証拠物存在の蓋然性が高いことを前提にしていることを指摘するものとして、大澤裕「逮捕に伴う被逮捕者の所持品等の差押えの適法性」法教192号（1996年）100頁・101頁、川出敏裕「逮捕に伴う差押え・捜索・検証」法教197号（1997年）37頁、酒巻匡「逮捕に伴う令状を必要としない強制処分」同297号（2005年）55頁以下、笹倉宏紀「逮捕に伴う捜索・差押えの範囲」井上正仁編『刑事訴訟法判例百選』（有斐閣、第８版、2005年）62頁・63頁等。また、田口教授も、「緊急処分説が妥当であるが、副次的には、証拠存在の蓋然性や逮捕者の身体の安全も総合的に考慮されたものといえよう」と指摘され（田口守一『刑事訴訟法』93頁（弘文堂、第７版、2017年））、堀江教授も、「緊急処分説についても、（相当説と同様に）その前提としている『証拠の存在する蓋然性の高さ』が、令状主義の例外の根拠として適切かはなお検討の余地がある」とされる（宇藤崇＝松田岳士＝堀江慎司『刑事訴訟法』129頁〔堀江慎司〕（有斐閣、2012年））。

[143] 田宮・前掲注（140）109頁。その他、「人心の拘束という重大な処分すら適法にできる場合であるから、その人身の拘束にかかる事実（被疑事実）と関連のある対物処分は、当然に令状なくして許される」と解する「付随処分説」も存在する（鈴木義男「逮捕後になされた令状によらない捜索・差押の適法性（２）」研修339号（1976年）53頁、伊藤栄樹＝亀山継夫＝小林充＝香城敏麿＝佐々木史朗＝増井清彦著者代表『新版注釈刑事訴訟法・第３巻』214頁〔伊藤栄樹＝河上和雄補正〕（立花書房、第３版、1996年））。なお、最大判昭和36年６月７日刑集15巻６号915頁。

も、「逮捕に対する妨害排除のための措置として、そもそも逮捕の効力により行なうことができると考えるのが妥当であろう」とし、証拠の破壊・隠滅の防止による証拠保全の必要性のみを根拠として挙げる見解も存在する[144]。

　(3)　以上のように「緊急処分説（限定説）」と「相当説（合理説）」の対立が学説上みられるが、捜査機関が差押えた携帯電話・スマートフォン内のデジタル情報を確認する目的の観点からは、両説において如何なる差異が生じるであろうか。「緊急処分説（限定説）」は、被疑者を逮捕する際の抵抗・妨害等を防ぐことにより、逮捕者の安全を確保するとともに、罪証隠滅の防止を図るために緊急的に必要であるとされる措置を講じることが許容されると解するため、Riley判決の事案をこれに当て嵌めて考えるのであれば、携帯電話・スマートフォンそれ自体については、当該目的を達成するために差押えをすること許容される。しかし、捜査機関がこれをいったん保全してしまえば、すでにいずれの目的も達成されるため、刑訴法222条1項・111条1項・同条2項にいう必要な処分を行なうことはなし得ないことになる。そのため、携帯電話・スマートフォン内におけるデジタル情報を確認する必要があるならば、別途、令状を請求する必要が必然的に生じることになる。このことは、Riley判決において示された携帯電話・スマートフォン内におけるデジタル情報の「量的側面」・「質的側面」の判断内容に即して考えた場合からもいえよう。つまり、有体物としての押収物に存在する情報とデジタル情報を比較した場合、両者は比べものにならないほどの開きが存在することから、プライヴァシー保護の観点からも、やはり別途、令状が請求されることは必要という結論になるのである。なお、成瀬准教授は、逮捕に伴い無令状で携帯電話・スマートフォン内のデジタル情報を確認することが不可能とな

---

[144]　川出・前掲注（142）36頁、酒巻・前掲注（142）59頁、同『刑事訴訟法』126頁（有斐閣、2015年）。但し、井上教授は、「逮捕のために必要な処分は、被疑者の逮捕が行なわれる具体的状況の下で妨害等の危険のあることが実質的に認められる場合に初めて—そして、それに応じて必要とされる限りでのみ—許されるものである。これに対し、逮捕の現場における凶器等の存否の確認・保全を目的とした無令状の捜索・差押えは、逮捕が行なわれる場合に一般的・類型的に……危険が伴うと考えられることから、その防止のために、当然に実施され得るものであるという点で、少なくとも理論上は、差異があるといえよう」と指摘する（井上・前掲注（85）349頁）。井上教授の指摘によるならば、凶器等については、逮捕完遂において必要な限りにおいてなされれば良いのであり、差押えを行うことについては許されないことになるであろう。

ると、個別の事案において携帯電話・スマートフォン内のデジタル情報が被逮捕者等に消去される現実的な危険が生じた場合、わが国では、合衆国のように緊急性の例外の法理が適用され、緊急捜索を行なうことが認められていない以上、このような段階でも、令状を請求する必要が生じると指摘される[145]。しかし、「緊急処分説（限定説）」が罪証隠滅の防止を図ることを目的の1つとしている以上、成瀬准教授が指摘するような危険が仮に発生した場合には、刑訴法222条1項・111条1項・同条2項における必要な処分を実施することは、必ずしも不可能ではないように思われる[146]。これに対し、「相当説（合理説）」は、逮捕現場においては、被疑事実に関連する証拠物が存在する蓋然性が高度であるために、無令状で証拠収集を行うことができると解していることに照らすのであれば、捜査機関が差押えた携帯電話・スマートフォン内のデジタル情報を確認するのは、証拠としての情報を取得することに他ならないことになろう。そうであるならば、携帯電話・スマートフォン内のデジタル情報を確認するために、別途、令状を請求する必要はなく、刑訴法222条1項・111条1項・同条2項における必要な処分として、これを行なうことが可能であるとの解釈もなし得よう[147]。もちろん、Riley判決におけるバランシング・アプローチに見られるように、携帯電話・スマ

---

[145] 成瀬・前掲注（8）170頁。
[146] 緑・前掲注（8）681頁も、同様に指摘する。
[147] 杉原隆之「押収した携帯電話機内のデータを読み出すための令状」高麗ほか編・前掲注（136）146頁・147頁は、捜索差押令状による携帯電話・スマートフォンが押収された場合についての検討であるが、「捜査機関が物を押収する目的は、押収物の内容を把握するとともに、その検証・留置等の必要を検討するものと考えられることと、書類の内容確認は、この目的を達成するために必要である上、書類の内容改変を伴うものではなく、相当性にも問題はないと考えられることから、『必要な処分』として認められるとすることは可能と思われる」、また、「押収した書類の内容を確認することは、押収という強制処分の本来的効力として認められると考えることもできよう」、あるいは「刑訴法111条が特に『必要な処分』を規定した意義を認め、同条について、『捜索・差押えそのものとはいえない処分であって、新たな重要な法益を侵害する処分についても、これが可能であることとその限界を示した』ものであるとの見解もあるところ、この見解によっても押収書類の内容確認は、押収に当然に付随する処分であって新たな重要な法益を侵害するものではないとして、『必要な処分』としてではなく、押収の効力として認められることは可能と思われる」ことから、携帯電話・スマートフォン内のデジタル情報の読み出しについても、同様にこれが認められるとしている。なお、島戸純「デジタル情報と捜査-裁判の立場から-コメント2」三井誠＝渡邉一弘＝岡慎一＝植村立郎編『刑事手続の新展開・上巻』439頁・440頁（成文堂、2017年）。

ートフォン内のデジタル情報特有の「量的側面」、「質的側面」から、これに対し、捜索を行なうことによるプライヴァシー侵害の程度が著しく強いことに着眼し、別途令状を要求する必要があるとの構成も成り立ち得よう[148]。この点につき、緑准教授は、「相当説（合理説）」における逮捕に伴う無令状捜索の場所的限界が、「明白なルール（Bright Line Rule）」を示す点にあるならば、Riley 判決が携帯電話・スマートフォン内のデジタル情報を逮捕に伴う無令状捜索の対象から、カテゴリカルに外しているとの解釈もあるように[149]、類型的に携帯電話・スマートフォン内のデジタル情報に対する要保護性が高いとして、一律に別途令状が必要であると解する余地があることを示されると解される[150]。しかし、仮に「相当説（合理説）」を採用するのであれば、恣意的判断が入り込む余地も存在することから、事案ごとに個別具体的に利益衡量を行なうよりは、類型的に別途、令状を要すると解する方が妥当であろう。このように、「緊急処分説（限定説）」、「相当説（合理説）」のいずれの立場を採るとしても、結果的にわが国においては、携帯電話・スマートフォン内のデジタル情報を確認するにつき、別途、令状を要すると解するべきであると思われるが[151]、では、その際、如何なる令状が要求されることになるのであろうか。

　(4)　この点については、すでに捜査機関において、携帯電話・スマートフォンそれ自体は、すでに差押えているのであるから、携帯電話・スマートフォン内のデジタル情報を確認する必要性が存在する場合には、仮に、現行法の範囲内に限定して議論をするのであれば、五官の働きによって対象の存在、内容、状態、性質等を認識するというその実質的観点からしても[152]、

---

[148]　なお、柳川教授は、「緊急捜索を認めず、インパウンドメント制度も持たない我が国において、緊急処分説を採ることが、個人のプライヴァシー保護と政府の正当な利益との適切な調整を図ることになるのか、今一度検討する必要があるのではないだろうか」と述べられる（柳川・前掲注(8) 548頁）。

[149]　池亀・前掲注(8) 151頁。

[150]　緑・前掲注(8) 682頁・683頁。

[151]　この点につき、成瀬准教授は、「日米では、逮捕に伴う無令状捜索・差押えの規律や実施範囲、令状捜査の実情や無令状捜査全般のあり方が大きく異なることから、携帯電話内のデータの捜索に令状を要求する本判決の結論は直ちに日本に妥当するものではない」と解される（成瀬・前掲注(8) 170頁）。

[152]　河上和雄＝中山善房＝古田佑紀＝原田國男＝河村博＝渡辺咲子編著『大コンメンタール刑事訴

検証令状によることが妥当であると考える[153]。

　但し、憲法35条は、捜索する場所および押収する物を令状に明示することを要求するが[154]、実際上、携帯電話・スマートフォン内のデジタル情報については、令状請求段階において、これを特定することは現実的に非常に困難であることも疑いない[155]。そのため、たとえば、「本件に関係のある情報が記録された電磁的記録媒体」といった記載も許容され得るかもしれない[156]。しかし、緑准教授が批判されるように、「個々の有体物の特定はなされても、当該有体物の中に膨大なデータが保有されている以上、実質的には広範なプライバシーが捜査機関にさらされる。したがって、既存の令状の特定方法では、プライバシーの保護には充分に機能」せず、また、「逮捕に伴う押収によって得た携帯電話に対して、検証令状により内容を確認する際に、検証対象として当該携帯電話機が明記されるにとどまるならば、やはり令状はプライバシーの保護のために充分に機能しない」ことになろう[157]。そこで、緑准教授は、Rule 41（Federal Rules of Criminal Procedure 41）における2段階過程の最小化措置から示唆される点を示し、取得対象たる情報の特

訟法・第3巻』12頁〔岩橋義明＝辻裕教〕（青林書院、第2版、2010年）等。なお、検証の客体については、条文上、何らの制限もないないことから、五官の作用により、認識でれば良く、有体物に限らず、無体物もその対象となる（河上和雄編『刑事裁判実務大系11 犯罪捜査』583頁〔大竹健嗣〕（青林書院、1991年））。

153　柳川・前掲注（8）547頁、緑・前掲注（8）683頁。
154　なお、最3小決平成11年12月16日刑集53巻1327頁も、「検証許可状の『検証すべき場所若しくは物』（刑訴法219条1項）の記載に当たり、傍受すべき通話、傍受の対象となる電話回線、傍受実施の方法及び場所、傍受ができる期間をできる限り限定する」ことを求めている。
155　対象の特定が要求される趣旨は、令状裁判官によって「正当な理由」が存在することを実質的に認定される確保し、捜査機関による捜査活動の及ぶ外枠を認定することによって、誤りや逸脱を防止することになるといえる（井上・前掲注（34）68頁）。なお、大澤裕「捜索場所・押収目的物の特定」刑雑36巻3号（1997年）431頁以下も、併せて参照のこと。
156　池田修「フロッピーディスク等につき内容を確認せずに差押えることが許されるとされた事例」法曹会編『最高裁判所判例解説刑事篇・平成10年度』83頁（法曹会、2001年）。なお、小川新二「時期のディスクと捜索差押え」平野龍一＝松尾浩也編『新実例刑事訴訟法Ⅰ』256頁（青林書院、1988年）、南部晋太郎「電磁的記録に係る記録媒体に対する捜索差押え」高麗ほか編・前掲注（136）148頁、櫪清隆「被疑事実に関わりの内個人情報等が多く含まれていると予想される電磁的記録に係る記録媒体やパソコン全体を差押対象物とする捜索差押許可状発付に当たり考慮すべき事項」高麗ほか編・前掲注（137）152頁等。
157　緑・前掲注（8）684頁。合衆国においても、わが国においても、携帯電話・スマートフォン内のデジタル情報に対し、如何なる範囲を捜査の対象として限定するかは、今後の大きな課題であることは、間違いない。

定の具体化、令状執行時に被疑事実と関連性を有しない情報のフィルタリングの実施、立法によるデータの保存利用期間の制限との方策を提案し、2段階過程を踏む最小化措置の採用とフィルタリングの実施については、アルゴリズムの構築による自動化を、そしてこれにデータの保存期間の制限も含め、立法による捜査機関への義務化論を展開されるが、当該見解は、今後これから当該問題点が議論されていくうえで、非常に参考になるものであると思われる[158]。

V　おわりに

本稿で検討をした逮捕に伴い携帯電話・スマートフォンを捜索・押収する場合だけでなく、捜索差押令状により携帯電話・スマートフォンを押収し、内部のデジタル情報を確認するについても、今後、令状主義を通じ、司法の解釈によりプライヴァシーの保護を図るべきが妥当であるか、あるいは立法により解決を図るべきが妥当であるか、──もちろん、両者を複合的に用いる解決方法も含めて──非常に難しい判断が迫られる時代をわが国も迎えている[159]。つまり、従来より当然の概念として用いられてきた、「捜索したものを押収する」との枠組に固執することなく、これからの時代に応じた証拠保全の手続的枠組を新たに構築していかなけらばならないであろう[160]。

---

[158] 同・685頁以下。See also, Orin S. kerr, *Executing Warrants for Digital Evidence: The Case for Use Restrictions on Nonresponsive Data*, 48 TEX. TECH L. REV 1 (2015).

[159] なお、Riley判決については、逮捕に伴う無令状捜索・押収に関する判例ではあるものの、携帯電話・スマートフォン内のデジタル情報を捜索する際には、基本的に令状を要することを示したものであると解される（Bryan Sandford, *A Castle in the Sky: GPS Tracking of a Defendant's Cell Phone Post-Riley v. California*, WIS. L. REV. 907, 921 (2015)）。但し、Riley判決は、逮捕に伴う捜索・押収であることを前提としているため、デジタル情報の集合体の収集、あるいは内容の検査が、捜索に至るか否かとの問題についてまでは取り上げていない（Riley v. California, *supra* note (8), at 2489. n. 1)。この点につき、会沢ほか・前掲注（8）294頁〔笹倉宏紀〕、池亀・前掲注（8）151頁。なお、わが国において、捜索差押令状に基づき、携帯電話・スマートフォン内のデジタル情報を確認する捜査手法につき、仮に現行法の範囲内において検討するのであれば、最（1小）決昭和53年10月23日刑集34巻5号300頁を基に、刑訴法216条6項を準用することによる対応策が考えられるかもしれない（緑・前掲注（8）690頁も、この点を指摘する）。

[160] なお、2019年6月までに導入される予定の「一時的保存を命じて行なう通信傍受の実施の手続」は、従来の枠組から脱却した一種の手続的枠組として位置付けられるように思われる（犯罪

なお、GPS捜査に関する最高裁は、「これらの問題を解消するための手段として、一般的には、実施可能期間の限定、第三者の立会い、事後の通知等様々なものが考えられるところ、捜査の実効性にも配慮しつつどのような手段を選択するかは、刑訴法197条1項ただし書の趣旨に照らし、第一次的には立法府に委ねられていると解される。仮に法解釈により刑訴法上の強制の処分として許容するのであれば、以上のような問題を解消するため、裁判官が発する令状に様々な条件を付す必要が生じるが、事案ごとに、令状請求の審査を担当する裁判官の判断により、多様な選択肢の中から的確な条件の選択が行なわれない限り是認できないような強制の処分を認めることは、『強制の処分は、この法律に特別の定のある場合でなければ、これをすることができない』と規定する同項ただし書の趣旨に沿うものとはいえない。以上のとおり、GPS捜査について、刑訴法197条1項ただし書の『この法律に特別の定のある場合』にあたるとして、同法が規定する令状の発付をすることには疑義がある。GPS捜査が今後も広く用いられ得る有力な捜査手法であるとすれば、その特質に着目して憲法・刑訴法の諸原則に適合する立法的な措置が講じられることが望ましい」[161]との判断を示したことは、今後のハイテク機器を用いた捜査手法のあり方に対する警鐘であり[162]、外延を示したものであると評価できよう[163]。また、近年、差し押さえたパソコンに対し、検証令状により、サーバーにアクセスし、メール等を閲覧・保存する捜査手法に対し、重大な違法があり、当該検証の結果である検証調書および捜査報告書につき、証拠能力が否定された判例が示されているが[164]、携帯電話・

　捜査のための通信傍受に関する法律20条・21条、23条1項2号・同条4項）。
[161]　最（大）判平成29年3月15日刑集71巻3号13頁。
[162]　植松立郎＝太田茂＝指宿信＝清水真＝小木曽綾「《座談会》GPS捜査の課題と展望―最高裁平成29年3月15日大法廷判決を契機として―」刑ジャ53号（2017年）40頁〔指宿信〕は、Jones判決意向の最高裁判例をみると、テクノロジーの時代の捜査の規制の仕方が変わってきていることは明らかであり、「テクノロジーの進歩がアメリカ最高裁の判断を変えざるを得なくなってきた証左ではないか」と指摘するが、正鵠を射ているものと思われる。
[163]　なお、Jones判決においても、Riley判決においても、Alito裁判官は、21世紀のプライヴァシー保護に関する判断は、司法府によるよりも、立法府による方が望ましいことを強調される。
[164]　東京高判平成28年12月7日高刑集69巻2号5頁、京都地判平成29年3月24日LEX/DB25448598等。このような捉え方の前提として、池田教授は、「電子計算機によって接続先の媒体を用いる権限は、電子計算機を使用する人に属し、電子計算機そのものに属するものではないから、処分者が、差し押さえるべき電子計算機を超えて外部接続機器を捜査することはできな

スマートフォンにおいても、同様の問題は発生することから、国際捜査共助の在り方、さらには、相互承認型捜索の現実的運用も含めて[165]、検討をしなければならないことはいうまでもない。

携帯電話・スマートフォンは、GPS をはじめとする各種センサーが内蔵されていることから、位置情報等が自動的に集積されており[166]、その他、閲覧履歴、発信履歴、購買履歴、映像・音声等の多くの記録（Life Log）から、利用者等の動向だけでなく傾向に至るまで、様々なことを仔細に明らかにすることが可能である。そのため、集積されたデータとマッチングを行なうことにより、情報を収集すれば、捜査機関においては、より効率的であり、かつ高度な情報収集を実現することが可能となる反面、被逮捕者のプライヴァシーに対する侵害の度合は、従来とは比べものにならないほど高まる[167]。これまで、逮捕に伴う捜索・押収については、その対象が有体物であったため、これに含まれるデジタル情報等の無体物について、充分な議論がなされてこなかったといわざるを得ないが、今後、社会が急速に変化を遂げるなかで、この点についても、さらに積極的な議論が早急になされ、より深められていかなければならないことは言うまでもない[168]。

い」との考え方があるのかもしれない（池田公博「電磁的記録を含む祥子の収集・保全に向けた手続の整備」ジュリ1431号（2011年）81頁）。なお、井上正仁「コンピュータ・ネットワークと犯罪捜査（2・完）」法教245号（2001年）54頁、川出敏裕「コンピュータ犯罪と捜査手続」曹時53巻10号（2001年）2756頁。

[165] 指宿信「押収済みパソコンを用いて検証許可状に基づき海外メールサーバにアクセスした捜査に重大な違法があるとして証拠を排除した事例」新・判例解説編集委員会編『新・判例解説 Watch【2017年4月】』（日本評論社、2017年）225頁以下。なお、池田・前掲注（163）82頁、杉山徳功＝吉田雅之『「情報処理の高度化等に対処するための刑法等の一部を改正する法律」について（下）」曹時64巻5号（2012年）101頁、山下幸夫「デジタル情報と捜査―弁護の立場から―コメント1」三井ほか編・前掲注（147）434頁。

[166] Cf. Sandford, *supra* note（159）, at 924-925.

[167] なお、岩田研二郎「捜査手続上の問題」日本弁護士連合会刑法改正対策委員会編『コンピュータ犯罪と現代刑法』192頁以下（三省堂、1990年）、山下・前掲注（165）430頁・431頁。

[168] 笹倉宏紀「捜査法の思考と情報プライヴァシー権―『監視捜査』統御の試み」法時87巻5号（2015年）70頁以下。なお、今後の議論を展開する前提として、これまでのわが国における現代型捜査に対する判例と立法の変遷につき、大野正博「いわゆる『現代型捜査』の発展と法の変遷」法セミ752号（2017年）22頁以下も、参照のこと。

紛争解決の基層にある法的価値体系

平 田 勇 人

Ⅰ　はじめに
Ⅱ　ロジカル・シンキング
Ⅲ　正当性としての正義
Ⅳ　適法的正義（法的安定性）
Ⅴ　個別的正義（衡平）
Ⅵ　おわりに

Ⅰ　はじめに

　加賀山茂教授が指摘されるように、民法の目的は、市民生活で生じる問題を解決する合理的なルールを提供し、紛争を平和的に解決することにある。世の中で生起する民事事件を、平和的かつ合理的に解決するために、紛争解決の一般基準をすべての市民に与えることが民法の目的である[1]。この認識はきわめて重要なことである。本稿の目的は、民事紛争を平和的かつ合理的解決するための、紛争解決の一般基準の基層にある基本的な法的価値体系を明らかにし、そのことを通じて、民法の持つ大きな意味を考える契機となれば幸いである。民法の究極の目的として私たちが希求すべき、「公共の福祉」と「個人の尊厳と両性の本質的平等」（憲法第 13 条、第 24 条）とを同時に実現することができるといったことを深く理解するためにも、以下において基本

---

[1] 加賀山茂「民法における体系的思考の第一歩としての第一編第一章（通則）」日本民法典研究支援センター 2017 年 9 月 2 日（http://lawschool-jp.com/CcJRcC/2016/03/11, 2017 年 9 月 2 日最終閲覧）。

的法的価値体系について考察したい。

II ロジカル・シンキング

ロジカル・シンキングは、法律家のみならずビジネスにおいても重視される思考の「グローバル・スタンダード」といわれている。その基本となる考え方は、物事を構造的に捉えることと、モレなくダブリなく（MECE［ミーシー］とは Mutually Exclusive and Collectively Exhaustive の略）考えることの二つである。基本的な法的価値体系を、相互に排他的な項目による完全な全体集合として提示することは困難さを伴う作業である。筆者は、東京工業大学大学院で法律人工知能を研究してきた中で、法的価値判断をする際の価値判断のマップ（地図）は必要不可欠であると感じてきた。

法的な諸価値を構造的にとらえ、正しく考えるためには、その対象となるものの項目を明らかにしなければならない。本稿において「重複なく・漏れなく」構造化ができたかどうかは、読者の判断によるところであるが、貴重なコメントやアドヴァイスを参考にしながら、今後より完成度の高い価値体系を明示したいと考えている。

1. トポイ・カタログ

法的トポス（topos：トポスというのは場所を意味するギリシャ語。複数形は topoi）という言葉は、哲学上の概念である。これはアリストテレスのいわゆる特殊なトポス、すなわち特殊なテーマに関するトポスに属している。法的トポスの役割と重要性とを明確にするものとして、ゲルハルト・シュトルック教授によるトポイ・カタログがある[2]。このカタログには体系的ではないにせよ、64個の法的トポスが集められている。広い意味での法的価値をカタログの形で明らかにした、シュトルック教授の功績は大きいであろう。法律の分野で問題となる法的トポスは、法文を実質的かつ具体的に個別的に理解するこ

---

[2] G. Struck, *Topische Jurisprudenz — Argument und Gemeinplatz in der juristischen Arbeit,* Athenäum Verlag (Frankfurt, 1971), S.20-34. Th. フィーヴェク（植松秀雄訳）『トピクと法律学―法学的基礎研究への一試論』（木鐸社、1993年）。Ch. ペレルマン（江口三角訳）『法律家の論理―新しいレトリック』160頁以下（木鐸社、1986年）参照。

とを重視し、形式的な熟練のみを重んじ、実質的知識、事柄についての知識をもたらさない旧来のトピクとは明らかに一線を画している。トポイは、法的な規則、あるいは価値判断を与える際の視角と単純に同一ではなく、厳密な用語法に従えば、法規則は論拠の規則であるトポイとは区別される[3]にしても、トピク的思考と体系思考は相互補完の関係にあり、法的トポスは法的推論に対して適当な指針を与え、また、裁判官が合理的で公平な解決を模索するとき利用できる知的方法を増やすことを、筆者はこれまでの研究で明らかにしてきた[4]。体系的なトポイ・カタログを上手に活用すれば、相互に関連した法的トポスは法的価値判断をコントロールするであろう。

2. トポス間の矛盾の解消

これまで、信義則と調停に関する法的トポスならびに様々なメタ知識を体系的に四つのグループに整理してきた。すなわち、①高次の法価値に関するもの、②信義則それ自体に関するもの、③立法者や裁判官が法の定立・解釈・適用に当たって考慮しなければならない観点を示すもの、④法格言に関するもの、に大きく分けることができるが、いずれも広い意味で法的価値である。

シュトルック教授によるトポイ・カタログは、法的な諸価値をカタログの形で提示しているが、体系的網羅的ではないため、トポスとトポスの間で矛盾した関係にあるものもあれば、どのルールを優先すべきかといった矛盾を回避する措置(メタ・ルール)がとられていない。そこで、こうした矛盾を回避するためのメタ・ルールを抽出したい。

(1) 最優先メタ・ルール

「『和』を前提とする議論と説得によって紛争が解決するよう、最も合理的で説得力のある解決に導くトポスが優先されるべきである」というルールが最優先メタ・ルールである。

「和の精神」というと「他人と争わず、同調するのをよしとする精神」だ

---

[3] ヤン・シュレーダー(石部雅亮編訳)『トーピク・類推・衡平―法解釈方法論史の基本概念』40頁(信山社、2000年)。
[4] 平田勇人『信義則とその基層にあるもの』(成文堂、2006年)。

と考えられてきた。しかし和の精神のルーツを辿っていくと、加賀山教授が指摘されるように、和の精神には実に深い意味がある。筆者は、調停実務に長年携わってきた者として、トポス間の矛盾の解消をするメタ・ルールについて考えた場合、「『和』を前提とする議論と説得によって紛争が解決するよう、最も合理的で説得力のある解決に導くトポスが優先されるべきである」というルールが最優先メタ・ルールであると考える[5]。

5 　加賀山茂「民事法への招待―法科大学院で学ぶ前に知っておくべき知識とものの考え方」（仮想法科大学院、2012年4月4日版）2〜5頁（http://lawschool.jp/kagayama/material/civi_law/introduction/intro_law2012.pdf, 2017年10月27日最終閲覧）。以下、加賀山教授のテーゼに関連する部分を以下に引用したい。
　「わが国は、不幸な戦争を体験した反省に立って、紛争解決の手段としての武力の行使を放棄した世界でも数少ない国である。日本国憲法（1946年）第9条は、以下のように、紛争解決の手段として武力を用いないことを宣言している。
　憲法第9条〔戦争の放棄〕の1項には「日本国民は、正義と秩序を基調とする国際平和を誠実に希求し、国権の発動たる戦争と、武力による威嚇又は武力の行使は、国際紛争を解決する手段としては、永久にこれを放棄する。」と規定されている。
　わが国の最初の憲法とされる十七条の憲法（604年）も、「国のかたち」として、紛争の解決について、武力ではなく、議論によるべきことを明文で定めていた。十七条の憲法というと、最初のフレーズである「和をもって貴しとなす」だけが引用され、武力ではなく平和に「事を論ずるにかなうときは、すなわち事理自ずから通ず」という、後半部分が引用されないのは、何とも不幸なことである。
　十七条の憲法第1条〔和の精神〕
　和をもつて貴（とうと）しとなし〔孔子〕、忤（さから）うことなきを宗とせよ。人みな党（たむら）あり、また達（さと）れる者少なし。ここをもつて、あるいは君父に順わず、また隣里に違（たが）う。しかれども、上和（かみやわら）ぎ、下睦（しもむつ）びて、事を論ずるに諧（かな）うときは、すなわち事理（じり）自ら通ず。何事か成らざらん。
　第10条〔仏教の教え：議論の前提条件〕
　心の怒りを絶ち、顔色に怒りを出さないようにし、人が自分と違うからといって怒らないようにせよ。人には皆それぞれ心があり、お互いに譲れないところもある。彼がよいと思うことを、自分はよくないと思ったり、自分が良いことだと思っても、彼の方は良くないと思ったりする。自分が聖者で、彼が愚者ということもない。ともに凡人なのである。是非の理は誰も定めることはできない。お互いに賢者でもあり愚者でもあることは、端のない環のようなものだ。相手が怒ったら、自分が過ちをしているのではないかと反省する。自分一人が正しいと思っても、衆人の意見も尊重し、その行なうところに従うがよい。」（2頁から引用）
　加賀山教授の説明をさらに引用したい。
　「和の精神」というと、「他人と争わず、同調するのをよしとする精神」だと考えられてきた。しかし、原文を最後まで読んでみると、そうでもないようである。では、「和の精神」とは、どのようなことなのだろうか。1文で表現してみよう（「五箇条の御誓文」の第1条も、「広く会議を起こし、万機（すべての重要事項）は、公論に（公開の議論を通じて）決すべし（決定すべきである）」とされていた）。加賀山教授は、十七条の憲法を現代の憲法と比較しつつ再評価することは、興味深い試みであると述べておられる。そして、教授は日本国憲法の趣旨を活かして、十七条の憲法の第1条を以下のように解釈している。なお、十七条の憲法の現代的解釈について

加賀山教授は、「和」と「同」すなわち「付和雷同」を区別し、「法の手段は『和』を前提とする議論と説得である」というテーゼを立てられ、自分の考えで行動せず、多数の人がそうしているから正しいと考えて同じ行動をするという論理は、論拠として使うことができないことを指摘されているが[6]、多数の人が賛成しているから正しいという論理は、論拠として使うことはできない理由を補強する論者として、岩田宗之氏は次のように説明する。すなわち、正しい観察によって得られた事実からしっかりした論理展開によって導出された結論には、多くの人が賛成するので、傾向として、正しいことと多くの人が賛成することには相関関係がある。つまり、賛成する人の数が多ければそれは正しい可能性が高いというのは事実である。しかし、このことは、他の人がきちんと事実や論理展開を見極めて導き出したという仮定のもとでのみ成り立つと岩田氏は、加賀山教授と同旨のことを述べており、正鵠を射ていると考える。多くの人が賛成しているから正しいという考え方をもとに賛成してしまうことは、誤った結論を導く可能性を増大させるだけであり、自己矛盾を含んでいるからこそ、たとえその結論が正しくても、使ってはいけないのであり[7]、論語の「君子は和して同ぜず、小人は同じて和せず」の意味は深いといえよう。

(2)　その他のメタ・ルール

　メタ・ルール1「法格言は矛盾を回避する措置がとられていない限り、そ

は、岡野守也『聖徳太子「十七条憲法」を読む―日本の理想』（大法輪閣、2003年）参照。
　十七条の憲法第1条〔和の精神〕の日本国憲法流の解釈（加賀山説）
　平「和」を誠実に希求し、正義と秩序を尊重して、武力に訴えることのないようにせよ。紛争の解決を力に頼る人は、みな数を頼んで党派を作る。しかし、力や数では問題の真の解決にはならないことを理解していない。このような人々は、多数に雷同してリーダーに従わなかったり、相隣関係における「必要かつ損害最小」の原理を無視する行動に出たりする。しかし、上司も和やかに部下も睦まじく、「輪」になって議論を行えば、自然に道理が明らかになり、どんな困難な問題でも解決できないことはない。
　十七条の憲法の第1条の原文には、出典として「孔子」と書かれている。おそらく、論語の「君子は和して同ぜず、小人は同じて和せず」を意識して起草されたものと思われる。「和」と区別される「同」とは、「付和雷同」のことであり、自分の考えで行動するのではなく、多数の人がそうしているから正しいと考えて同じ行動をすることを意味する。しかし、「多数の人が賛成しているから正しい」という論理は、論拠として使うことはできないとされている」（加賀山・前掲『民事法への招待』2・3頁）。
[6]　加賀山・前掲注［5］『民事法への招待』2・3頁。
[7]　岩田宗之『議論のルールブック』18・19頁（新潮新書、2007年）。

のままでは非論理的で説得力がないため優先度において後退する」[8]

メタ・ルール2「調停においては、和を前提とした議論と説得に意味があり、一貫性の原則は裁判に比べて後退する」

メタ・ルール3「より高度な法的安定性が必要とされる領域では、無条件に不動的体系が優先されるべきである」[9]

メタ・ルール4「異なるトポス間で衝突が生じた場合、当該事例に対してより重要であり、最も合理性のある解決に導くトポスを優先すべし」[10]

メタ・ルール5「個別事例でどの解決を優先すべきかは、対象の構造と中核の価値に依存し、可動的体系が特に重要な役割を果たす」[11]

メタ・ルール6「『特別法優位の原則』と抵触するときは、一般法の後法は特別法の前法を廃止しない」

メタ・ルール7「調停委員会は、解決の価値と法適合性とを同時に尊重しながら両者の総合を探求しなければならない」

メタ・ルール8「恣意性の排除が、単なる平等よりも正義にとってより基本的なものとされている」[12]

メタ・ルール9「調停実務において、簡易迅速低廉性は裁判に比べると優先されている」

メタ・ルール10「当事者が納得すれば、解決の内容の柔軟性・弾力性よりも、適正の確保が優先する」

---

[8] 西村克己『論理的な考え方が面白いほど身につく本』20・21頁（中経出版、2005年）。故事や法諺というのは、正反対の意味を持つものが存在することがしばしばある。例えば「君子危うきに近寄らず」と「虎穴に入らずんば虎子を得ず」は正反対の意味である。このように、時と場所によって都合のよい故事を引用することは、論理的でないため、説得力に欠けるため、法格言は優先度において後退する。

ただし、「『善は急げ』が原則であるが、善の行為に緊急性がなく、かつ、急いでやると、失敗したり、他人に損害をもたらしたりするおそれがある場合には、『急がば回れ』が優先する」という矛盾を回避する措置（メタ・ルール）が講じられていれば、論理的で説得力を持つため、西村氏のテーゼは成り立たない。

[9] C. W. Canaris, *Systemdenken und Systembegriff in der Jurisprudenz: entwickelt am Beispiel des deutschen Privatrechts*, 2. Aufl. (Berlin, 1983), S. 82. C. W. カナリス（木村弘之亮代表訳）『法律学における体系思考と体系概念—価値判断法学とトピク法学の懸け橋—』（慶應義塾大学法学研究会、1996年）。

[10] Struck, *op.cit.*, S. 47.

[11] Canaris, *op.cit.*, S. 85.

[12] M.P. ゴールディング（上原行雄＝小谷野勝巳共訳）『法の哲学』162頁（倍風館、1985年）。

メタ・ルール11「裁判においては適正が前面に出るのに対して、民事調停では迅速性が前面に出ると言われているが、民事調停においても、適正という価値が重要なのはいうまでもない」
メタ・ルール12「合意への説得を急ぐあまり、事実関係の究明が軽視されると、真に事案に適切な解決策を見出すことができなくなり、当事者の信頼を得ることはできないので、真相究明が優先する」
メタ・ルール13「個別事例でどの解決を優先すべきかは、対象の構造と中核の価値に依存し、可動的体系が特に重要な役割を果たす」

3. 法的価値体系

本稿では、基本的な法的価値体系をモレなくダブリなくという「MECE」の手法を使って体系的に分類した。価値の体系化に際して、漏れや、重なりをなくすことは困難な作業を伴うが、構造的な思考とMECEの手法を組み合わせることで、複雑な法的価値体系を効率的に分析していきたい。

正義観念は多義的である。本稿では、正義の体系化を試みた。なお、実定法の内容・実現について正義・不正義を論じる場合、①適法的正義（法の内容そのものの正・不正は問わず、実定法の規定するところが忠実に遵守され適用されているか否かを問う）、②形式的正義（「等しきものは等しく、等しからざるものは等しからざるように取り扱え」に代表される考え方）、③実質的正義（実定法の一定の内容やそれに基づく決定などの正当性を判定する実質的な価値規準というレヴェルで問われる）の三段階がある[13]ので注意を要するが、それらも組み込んで、以下のように体系化した。

Ⅲ　正当性としての正義

正当性〈Topos-38〉としての正義は以下のように体系化できる。

1. 手続的正義

紛争解決手続における正義の役割を考える場合、「手続的正義」[14]が問題に

13　井上茂ほか編『講義・法哲学』185・186頁（青林書院新社、1982年）。

なる。手続的正義は、自然的正義の観念として発展し、民事訴訟法の根本思想といわれている手続保障およびアクセスの確保と深い相関関係にある。この手続的正義は、形式的正義をその中に含みつつ、一定の実質的正義の考慮も入り込んでいるといわれている[15]。実質的正義の諸要求は、一定の場合には一般条項・憲法条項などの法原理・法価値を媒介として、衡平の要請に従って一定の実質的正義の要求を個別的に取り入れるという形で、法適用過程に内在化されうるチャンネルが開かれているといわれている[16]。

(1) 恣意性の排除〈Topos-51〉

共和主義においては、法の制定によって、特定の人間の「恣意性」を排除する「法の支配」による制約が採用される。法というものは干渉の形式を取るが、それは必ずしも特定の人間による恣意的な働きによるものではない[17]。公正な法の支配を達成するためには、恣意性の排除が重要な位置を占める。「恣意性の排除」について、マーチン・ゴールディングによれば「恣意性は禁じられている」すなわち「恣意性の排除」が、単なる平等よりも「正義」にとってより基本的なものとされている[18]。「恣意性の排除」はさらに、「判断基準」、「適正」、「公正」、「効率性〈Topos-64〉」等の法価値とも深く関連している。

(a) 判断基準

「判断基準」は、法律家が法的判断をする際に日常用いる基準である。

調停手続の第一の特質は「当事者の任意性」であり、第二の特質は「条理にかない実情に即した解決」かどうかを見る調停機関の判断性である。それゆえ、判断基準は調停においても重要な位置を占めている。この当事者の任意性は、調停委員会の恣意的な誘導を排除し、あくまでも当事者の任意性を求めるため、「恣意性の排除〈Topos-51〉」と相通じるものがあると言えよう。

14　平田勇人「憲法と手続的正義をめぐる諸問題」木川統一郎博士古稀祝賀『民事裁判の充実と促進・上巻』161〜183頁（判例タイムズ社、1994年）。

15　田中成明『現代法理論』165頁（有斐閣、1984年）。

16　田中・前掲注［15］170頁。

17　宮崎文彦「現代の行政裁量に対する民主的統制—フィリップ・ペティットの異議申し立てのデモクラシー論」高崎経済大学論集53巻3号（2010年）30頁。

18　ゴールディング・前掲注［12］162頁。

(ⅰ) 標準（日常用いる判断基準）〈Topos-36〉

紛争解決制度はその社会の文化的発展度を反映するものであるといわれている。裁判において用いる判断基準（criteria［単数形は criterion］）を明確にしていくことは恣意性の排除〈Topos-51〉に繋がるであろう。体系化に際して、次の理由から判断基準という法価値を重要な上位概念に考えた。「法的問題を"IRAC"に基づいて分析・検討し、説得的な解決案を提示できるかどうかが、法的分析能力と法的議論の能力の判断基準である」[19]との法命題に示されているように、Issue（具体的事実の中から重要な事実や問題点をピックアップする争点の発見）、Rule, Resource or Reference（争点に関連するルール・法理の参照と発見）、Application（発見されたルール・法理の重要な事実への適用）、Argument（賛成説と反対説とを戦わせることによって自分の立場の弱点を知り、補強するための議論）、Conclusion（自分の最終的な立場を明確に表現する結論）の五つのプロセスの重要性に鑑みて、「判断基準」をより重要な価値と考えた。

(ⅱ) 大まかな判断〈Topos-49〉

信義則は、訴訟行為の適法性や有効性の「大まかな判断基準」となる。ゆえに、信義則は、一般条項への逃避にならないように、個別的法命題の形で判断基準とすべきであるといわれている。

(ⅲ) 論理（法的推論と価値判断）

法的推論と価値判断は「修正的法的三段論法」、そして法規範を全称命題と捉える伝統的な論理学の限界[20]を超えるべく、「非単調推論」[21]、「Toulmin モデル」[22]が注目されており、「論理」という法価値で表現できる。法的推論と価値判断に関する法命題の中には、「法的推論は単なる三段論法的演繹ではあり得ない」[23]、「三段論法的演繹では、たとえ結論が不合理と思われる場

---

19 加賀山茂『現代民法 学習法入門』33〜36頁（信山社、2007年）。
20 高橋文彦「『法論理』再考〜三段論法から対話的なデフォルト論理へ」法学研究（慶應義塾大学）82巻1号（2009年）25〜28頁で述べられているように、法規範を全称命題と捉える伝統的な三段論法にはどうしても表現に限界がある。筆者はこうした問題意識を共有して東京工業大学大学院で Toulmin 図式を用いた研究を行ってきた。この点については、今後の課題としたい。
21 高橋文彦「要件事実論と非単調論理」伊藤滋夫先生喜寿記念『要件事実・事実認定論と基礎法学の新たな展開』3〜20頁（青林書院、2009年）。
22 Stephen E. Toulmin, *The Uses of Argument* [*Updated Edition*], Cambridge University Press, 2003. スティーヴン・トゥールミン（戸田山和久＝福澤一吉共訳）『議論の技法―トゥールミンモデルの原点』（東京図書、2011年）。

合であっても、その結論を受け入れざるを得ない」[24]、「裁判官は、解決の価値と法適合性とを同時に尊重しながら両者の総合を探求しなければならない」[25]、「法適用は現行法に基づいて正統化されなければならず、社会通念やコモンセンスに基づくべきではない」[26]、「適用（抽象的規範から具体的事案への移行）は、単なる演繹的プロセスではなく、法廷論争において衝突している諸価値に法律の規定を不断に適合させる作用である」[27]、「法的思考は価値判断抜きに理解することはできない」[28]、「種々の考察は法的トポスによって総合が可能になる」[29]、「価値が論争の対象になる場合、価値とその適用についての同意を得ることを目的とする推論を、弁証論的推論という」[30]、といった内容のものが含まれる。

　論理（法的推論と価値判断）は、調停においても大きな意味を持っている。調停だからと言って、法的推論と無関係であるわけではない。実際に調停実務においては、交通事故の紛争解決基準が準用されており、そこでは当然のように法的推論や価値判断がなされている。調停に関わる法命題を挙げてみると、前述したように伝統的な論理学の限界を超える「非単調推論」、「Toulminモデル」は、調停においても注目されている。調停における法的推論と価値判断に関する法命題の中には、「調停委員会は、解決の価値と法適合性とを同時に尊重しながら両者の総合を探求しなければならない（メタ・ルール7)」、「法的思考は価値判断抜きに理解することはできない」、「種々の考察は法的トポスによって総合が可能になる」といった内容のものが含まれる。

　(b)　適正

　「適正」手続は、アメリカ合衆国憲法の修正第5条「何人も法の適正な過程によらなければ、生命・自由又は財産を奪われることはない」や、日本国

23　ペレルマン・前掲注［2］151頁。
24　ペレルマン・前掲書［2］151頁。
25　ペレルマン・前掲書［2］151頁。
26　Canaris, *op.cit.*, S. 159-160 "These21".
27　ペレルマン・前掲注［2］153頁。
28　ペレルマン・前掲注［2］153頁。
29　ペレルマン・前掲注［2］158頁。
30　ペレルマン・前掲注［2］182頁。

憲法第31条において定められている。また、民事訴訟制度の理想として適正が挙げられる。この場合、適正とは裁判の内容に過誤がないことを意味し、裁判にとって最も重要な要求である。適正であるためには、事実の認定が事実に合致し、法規の解釈適用が正当でなければならない。

調停に関して言えば、合意を過度に優先させて、一方当事者の強い主張に押されて、客観的に妥当性を欠く内容の調停は許されない。「当事者が納得すれば、解決の内容の柔軟性・弾力性よりも、適正の確保が優先する（メタ・ルール10)」。調停機関が条理を尽くして説得に当たっても合意成立の見込みがないときは、早期に手続を打ち切り、訴訟による解決を選ばせる場合もある。「裁判においては適正が前面に出るのに対して、民事調停では迅速性が前面に出ると言われているが、民事調停においても、適正という価値が重要なのはいうまでもない（メタ・ルール11)」。

（ⅰ）　法の一般原則

「法の一般原則」という総称は、成文法の欠缺を埋めるために持ち出されたものであり、国際裁判準則にあたることは、広く認められている。常設国際司法裁判所の設立条約（PCIJ：Permanent Court of International Justice 規程）第38条の3は「文明国が認めた法の一般原則」を適用することができると初めて明文上、規定した[31]。ただ、法の一般原則という総称は極めて抽象的であり、個々の具体的な原則の内容は多様である[32]。本稿においては、国際法のみならず国内法の一般原則を対象にした。

（ⅰ-1）　真相究明

軍政や重大な人権侵害を経験したラテン・アメリカあるいはアフリカの国々が「真相究明」委員会を設け、事実の解明と被害者の尊厳の回復を通じて過去の清算を図ろうとしている中に、過去の不正義に向き合う法の一般原則の発現がみられる[33]。

---

[31]　福王守「『法の一般原則』概念の変遷に関する一考察：国内私法の類推から国内公法の類推へ」法政理論39巻4号（2007年）271～330頁。

[32]　福王守「実定国際法における『法の一般原則』の役割」敬和学園大学研究紀要7号（1998年）75頁。

[33]　阿部浩己「国家責任のポリティクス：国際法の視座」法社会学56号『シンポジウム・法と倫理』（有斐閣、2002年）76頁。

調停に関して言えば、事件の実情に即した解決を得るためには、事案の真相が十分に把握されていなければならない。「合意への説得を急ぐあまり、事実関係の究明が軽視されると、真に事案に適切な解決策を見出すことができなくなり、当事者の信頼を得ることはできないので、真相究明が優先する（メタ・ルール12）」。精密に事実認定し判断を下す訴訟とは趣を異にするが、調停においても、紛争に関連する諸般の事情を幅広く調査、検討して、これを総合勘案して、客観的に妥当な解決案を探求する努力を怠ってはならない[34]。そうした意味でも、「適正」という法価値と通じるものがある。

（ⅰ-2）　訴えを超えて審判せず（処分権主義）〈Topos-6〉

「訴えを越えて審判せず」とは、裁判所は、当事者の求めに応じて紛争を解決しあるいは権利保護を与えるのであり、審判対象の決定権は当事者にある（処分権主義）。ラテン語の法格言に「請求されたものを越えて行かないように（Ne ultra petita. / Ne eat judex ultra petita partium.）出典 / Gaius, Inst. 4.52」によれば、この法的トポスはいわゆる処分権主義の原則を示すものと理解されている。ローマ法の民事訴訟の基本構造の出発点は、ローマの通常訴訟の形式である方式訴訟であり、この方式書において請求表示が確定（訴訟物が確定）すると、以後訴訟はこれに無条件に従わなければならないため、原告の請求が過多の場合は訴えは却下され、逆に審判人が過小な判決をした場合は、判決は無効とされた[35]。

（ⅰ-3）　味方になる者は同時に敵にもなる（証人は敵にも利用される）
　　　　〈Topos-18〉

「味方になる者は同時に敵にもなる」という法命題に似たような格言はいくつかある。例えば「率直な敵にまさる味方はない」、「無能な味方よりも有能な敵のほうが役に立つ」がそれである。

（ⅰ-4）　意思の独立（私的自治の原則）〈Topos-26〉

「意思の独立」という法命題について言えば、近代民法は、自由で独立の

---

[34] 最高裁事務総局民事局編『民事調停委員のための民事調停法規の概説』5頁（最高裁、2002年）。なお、最高裁事務総局民事局編『民事調停委員の手引』（最高裁、改訂版、2012年）も参照したが、法価値に関しては前者の方が詳しいので、本稿においては前者から引用した。

[35] 吉原達也ほか『リーガル・マキシム～現代に生きる法の名言・格言』249・250頁（三修社、2013年）。

意思を法律の基礎に置いている（私的自治の原則）。法律行為の効果は当事者がそれを意欲するから発生するという考え方にたっている。

（ⅰ-5）　権利は権利の侵害に対して譲歩してはならない〈Topos-40〉

「権利は権利の侵害に対して譲歩してはならない」という法命題について言えば、個人の権利が絶対化されていた時代では「自己の権利を行使する者は、何人に対しても不法を行うものではない」や、「自己の権利を行う者は、何人も害することはない」という法諺が言うように、いやしくも権利者の権利行使であるかぎり、たとえ他人に損害を加えたとしても、権利侵害に対して譲歩する必要はなく、やむを得ないことであると考えられていた。

（ⅰ-6）　時宜を得た行為は許される（適時提出主義）〈Topos-45〉

「時宜を得た行為は許される」という法命題について言えば、民事訴訟において、各当事者は攻撃防御方法を訴訟の進行状況に応じて、適時提出しなければならない（民訴156条。適時提出主義）。訴訟遅延防止に適するため、1996年の民事訴訟法改正で随時提出主義（かつては、口頭弁論が終わるまでいつでも攻撃防御方法を提出できた）から適時提出主義に改められた。

（ⅱ）　法の無矛盾性

フラーによれば、法が法であるためには内面道徳を備えなければならない。そして、八つの要請の内の一つでも満たされていない場合は、法体系は存在しているとはいえないと説く[36]。フラーのいう法の内面道徳とは、一般性・法の公布・不遡及性・明確性・無矛盾性・遵守可能性・恒常性・宣言された法と公権力の行動との合致という八つの要請であり[37]、「法の無矛盾性」はその要請の一つである。

（ⅱ-1）　後法は前法に優先する〈Topos-1〉

これは、「後法優位の原則」ともよばれ、同一法形式間では妥当するが、憲法と法律、法律と命令等のように異なる法形式間では妥当しない。また、「『特別法優位の原則』と抵触するときは、一般法の後法は特別法の前法を廃止しない（メタ・ルール6)」。

---

[36]　L. L. フラー（稲垣良典訳）『法と道徳』（有斐閣、1968年）。
[37]　深田三徳「法実証主義における『法と道徳分離論』と『源泉テーゼ』（二）」同志社法学40巻2号（1988年）164頁。

(ⅱ-2) 特別法は一般法に優先する〈Topos-2〉

これは、「特別法優位の原則」ともよばれ、適用領域には事項・地域・時間などがあるが、同一の法形式間では特別法が一般法に優先する。

(ⅲ) 法の実行可能性（実行可能な事柄）〈Topos-48〉

「法の実行可能性」という法的トポスについて言えば、1999年3月26日にハーグで作成された「武力紛争の際の文化財の保護に関する1954年のハーグ条約の第二議定書」第8条（敵対行為の影響に対する予防措置）によれば、紛争当事国たる締約国は、実行可能な最大限度まで、(a) 動産の文化財を軍事目標の付近から移動させ、又は当該動産の文化財に対しその所在地において適当な保護を与えること、(b) 文化財の付近に軍事目標を設けることを避けることとされている。

(ⅲ-1) 何人も不可能なことは義務付けられない〈Topos-50〉

「何人も不可能なことは義務づけられない」という法的トポスについて言えば、予見可能性を前提に、行為者に課される結果回避義務の違反があった場合に、過失が認められるという考え方の根底にある法的トポスである。すなわち、予見が不可能な場合や、予見が可能であっても結果回避が不可能な場合には過失を認めることができない。

(ⅲ-2) 不適当で要求できないことは要求されるべきではない
　　　　〈Topos-53〉

「不適当で要求できないことは要求されるべきではない」という法的トポスについて言えば、「不適当」の類義語は、「目的にそぐわない」「不均衡」「妥当でない」がある。

(ⅲ-3) 人として堪えがたいことを法は求めることができない
　　　　〈Topos-54〉

「人として堪えがたいことを法は求めることができない」という法命題について言えば、騒音、振動、煤煙等の環境権、または人格権の侵害や公害訴訟において、一般人が社会通念上、受忍できる範囲内であれば不法行為は成立せず、損害賠償や差止めは認められない。

(ⅲ-4) 限界のない請求は認めることができない〈Topos-55〉

「限界のない請求は認めることができない」という法命題について言えば、

債務の履行の請求に一定の限界があることは、債権債務関係の最も基本的なルールの一つである。

（iv）法の明確性〈Topos-47〉／法の公開性／一般性

「法においては明確に定められたことのみが適切である」という法命題について言えば、「法律の明確性」という憲法上の要請から、法律は明確でなければならない。不明確な法律は、政府の恣意的な運用の危険を生じさせる一方で、予測不能な形で違法の宣言が出される可能性も出てくる。不明確な法案は、法案内容の過不足を判定する基準がないこと、つまり「政策的に妥当だ」との判断もなし得ないことを意味する。内容の不明確な法律は、政府にすべての判断を白紙で一任するようなものであり、「法の支配」そのものの危機である[38]。

(c) 公正

信義則は fair and equitable principle とも訳されるが、ユニドロア国際商事契約法原則［UNIDROIT 原則］1．7条等[39]、ヨーロッパ契約法原則［PECL］1:102条等[40]は、「信義誠実および公正な取引」をセットで規定し、good faith が信義則の意味で用いられている。その他、「公正ということが解決を推進する」[41]、「各当事者は手続につき、公正な告知を与えられなければならない」[42]、「各当事者は相手方当事者の弁論および証拠に抗弁する公正な機会を与えられなければならない」[43]といった法命題が含まれる。

調停においても、正義という価値は当然重視されている。すなわち、民事訴訟法においても民事調停法においても、正義に立脚し公正なる解決を図るという共通の理念の上に成り立っているといえる。そして、調停による解決は、両当事者の誠意（good faith）と調停委員の能力によって両当事者が公正

---

[38] 木村草太「社説【木村草太の憲法の新手】(12) 存立危機事態　不明確な法律　政府が判断　恣意的運用の危険」沖縄タイムス＋プラス2015年7月20日（http://www.okinawatimes.co.jp/cross/?id=279, 2017年10月27日最終閲覧）。

[39] 曽野和明ほか訳『UNIDROIT 国際商事契約原則』（商事法務、2004）参照。

[40] PECL の1998年7月の最終版（訳語は加賀山教授の完全・改訂版(1998)翻訳に従った）に基づいて分析をした。(http://lawschool-jp.com/kagayama/material/civi_law/contract/comparison/pecl/pecl98_ej.html, 1998年8月1日最終閲覧)。

[41] ゴールディング・前掲注［12］166頁。

[42] ゴールディング・前掲注［12］165頁。

[43] ゴールディング・前掲注［12］165頁。

かつ正当な解決 (fair and just solution) をはかるものでなければならない。当事者が民事調停にとって余りにもフェアでない行動をとり、明らかに正義に反していると思われる場合、調停委員会は当事者にその事実を告知して、調停を終結することができる。

　Good Faith という言葉が出たので、ここで民事調停における信義則について述べてみたい。「民事調停においては、不誠実な駆け引きをしてはならない」という法命題を挙げることができる。調停委員が調停を成立させるために、調停委員会が考えている案より不利益な案を、双方にそれぞれ示して、最終的に調停委員会の案に近づけるというケースを想定してみたい。申立人には「相手方から100万円を出させようと思うが」と意向を尋ね、相手方には「120万円支払うという約束はできないか」と申し出る。すると今度は、申立人には「もう少し上乗せしてもらいたい」と譲歩させ、相手方からは「もう10万円減額してもらいたい」という了承を取り付けて、最終的には110万円で合意させるというような方法である。説得する相手の出方を見ながら、多少の駆け引きはやむを得ない場合もあるかもしれないが、このようないわば「掛け値」をする方法は、それが余りに極端であり、前述した事例の場合、申立人には「50万円」、相手方には「200万円」と提示するようなことは、調停委員会としては不誠実な行為であり、たとえ結論が妥当であっても、信義則に反して許されないというべきであろう。

　調停においても、「公正」という価値からは、「中立性」と「公平」が導かれる。調停における妥当なる解決とは、生活現象たる紛争自体を直接かつ全体的に対象とし、条理を判断基準とした公正な解決であるといえる。公正という法価値は裁判における場合だけでなく、調停においても重要な位置を占める。

　（ｉ）　ルールが初期の公正な合意に基づいて形成された限り、すべて公正
　　　　であると判断（判断基準）

　全員が同じような状況に置かれており、特定個人の状態を優遇する諸原理を誰も特定できないがゆえに、正義の諸原理が公正な合意もしくは交渉の結果もたらされる。原初状態とは適切な契約の出発点をなす現状であって、そこで到達された基本的な合意は公正なものとなる。こうして公正な初期状態

において合意されるものが、正義の諸原理である[44]。
　（ⅰ-1）　確定判決における判断内容は真実とみなす〈Topos-4〉
　「確定判決における判断内容は真実とみなされなければならない」という法命題について言えば、実体判決は、いったん確定すると、その判断内容が真実とみなされ、もはや争うことが許されなくなる。それが、実体判決の既判力といわれるものである。既判力が生じると、その作用として、同一の事件を裁判所に提訴することが許されなくなる。既判力が、後訴を遮断するのである。この効果をさして、一事不再理といわれる。既判力の制度、したがって、一事不再理の制度は、裁判制度そのものに内在する要請である[45]。
　（ⅰ-2）　簡易迅速低廉性
　解決の「簡易迅速低廉性」について、訴訟においては、内容面からも手続面からも、適正が重視されるため、手続が複雑かつ技術的になり、主張を法律的に整理・構成し、それを裏付ける証拠の提出は当事者の責任とされている。これに対し、調停では訴訟のような厳格な規制はなく、自由な形で主張を述べることができ、事件の実情を明らかにするための事実の調査等も、調停機関が必要と認めるものを職権で行うとされている。このため、特に法律の知識を持たなくても自分で調停を申し立て、手続を進めることが可能であり、費用負担も比較的軽く、事件終了までの期間が長期に渡らない[46]。他方、訴訟の場合は、複雑性（煩雑性）・緩慢性・高価性は、その性質上、避けられないであろう。しかし、簡易性・迅速性・低廉性は民事調停だけの理論的存在理由というわけではないとの考え方も存在する[47]。いずれにしても、「調停実務において、簡易迅速低廉性は裁判に比べると優先されている（メタ・ルール9）」といえよう。
　（ⅰ-3）　明白な場合の訴訟手続簡略化〈Topos-64〉（効率性）
　「明白の場合における訴訟手続簡略化の可能性」という法命題について言えば、この法的トポスは「迅速」と深く関わり、不当に停滞・遅延しない、適正な解決に向けて充実した手続進行を行うため、手続的正義が侵害されな

---

[44]　ジョン・ロールズ（川本隆史ほか訳）『正義論』18・19頁（紀伊国屋書店、改訂版、2010年）。
[45]　野中俊彦ほか『憲法Ⅰ』429・430頁（有斐閣、第4版、2006年）。
[46]　最高裁事務総局・前掲注［34］『民事調停委員のための民事調停法規の概説』4頁。
[47]　佐々木吉男『民事調停の研究』124頁（法律文化社、増補版、1974年）。

いことが明白な場合は、訴訟手続の簡略化が認められる。

　民事調停において交互方式が重視する価値が、この効率性である。交互方式を支持する立場からは、調停人が親身になって個別に当事者の主張や事情を聞くことができ、それによって当事者から本音を聞くことができ、解決を促進できるとされる。さらに、同席方式では当事者の力関係に左右されるばかりか、無口な人や対話の上手でない人が不利になって、かえって不公平になると主張する。わが国では効率性を重視して交互方式を支持する人が多いが、最近では欧米が交互方式を一部採り入れ、わが国でも同席方式にウィングを伸ばし、いずれも調停技法の能力を高めている傾向があると指摘されている。すなわちケース・バイ・ケースで、交互方式と同席方式双方の利点を使って解決する志向が強まってきたというのである[48]。私自身の経験からいえば、利害の対立や、感情上の問題を配慮して、原則として相手方のいない席で別々に聞くことにしている。もちろん、当事者が過敏に反応して自分が不公平に扱われているのではないかという不安を抱かないように注意していることは言うまでもない。また、相手に他方が譲歩したことを伝える場合にも、「先方が非を認めて譲歩した」というような言い方をしないで、双方の体面を保つような形で合意が成立するように心掛けている。この「効率性」という価値から「解決の簡易迅速低廉性」が導かれる。

　（ii）　公平／中立

　「公平」とは、判断や行動が公正で偏っていないことと定義され、「公正」「中立性」とも深く関わる。「正しく公平に思考する者とは、社会通念に従う者を指す」[49]。

　公平という法価値は、調停においても判断や行動が公正で偏っていないことと定義でき、「公正」「中立性」と関わっている。

　紛争解決者に期待される中立性は、公正の主要な要素の一つともいわれている[50]。「中立性」の中には、「反対当事者の言い分も等しく聴くべし〈Topos-7〉」、「何人も自己の争訟事件の裁判官となることはできない

48　廣田尚久『民事調停制度改革論』59・60頁（信山社、2001年）。
49　Canaris, *op.cit.*, S. 150.
50　ゴールディング・前掲注［12］146頁。

〈Topos-8〉」といった法命題が含まれる。

　調停で実情を聴取する場合、当事者双方を同席させて行う場合（同席方式あるいは対席方式）と、相手方のいない席で別々に聞く場合（交互方式あるいは個別方式）とがある。当事者が対話をすることによって相互理解と解決促進をするのが真の合意に到達する道であるから、当事者双方の同席のもとで調停を進めるべきであると考えるのが同席方式である。欧米では、公正、中立性を重視して、同席方式へのこだわりが強いとも言われている。この同席方式が重視する価値が、公正と中立性である。交互方式では相手方が何を調停人に話したかわからず、調停人が偏った情報で心証を形成する危険性があると、同席方式の立場からは評される。さらに交互方式では、当事者が調停人を説得しなければならなくなったり、ときには調停人が当事者を無理やり説得するといった問題点も指摘される。

　調停委員が余裕のある態度で接していれば、当事者の気持ちも自然となごみ、冷静な判断が可能になる。つねに調停委員は当事者と同じ立場に立たず、冷静な第三者的立場を維持すべきであるといわれている。特に、調停委員として熱心さの余り、意気込みすぎて、無意識のうちに一方の当事者の立場に偏ったり、強引に調停委員会の案を押しつけるような形になったりして、当事者に余裕のない気持ちを持たせ、調停の場を堅苦しい雰囲気のものとしてしまうことのないようにするためにも中立性は重要である。第三者的立場から中立性という価値に繋がっているが、調停委員は実務に当たって中立・不偏であることを自ら認め、かつ、当事者にも中立・不偏であると語るのが常である。

　（ⅱ-1）　何人も自己の争訟事件の裁判官となることはできない
　　　　〈Topos-8〉
「何人も自己の争訟事件の裁判官となることはできない」という法的トポスについて言えば、裁判官が事件と特別な関係にあり、公正な裁判が妨げられることを未然に防ぎ、裁判に対する市民の信頼を確保するため、裁判官を事件の担当から外す制度が設けられている。これには、除斥（民訴23条）、忌避（民訴24条）、回避（民訴規12条）制度がある。

（ⅱ-2） 反対当事者の言い分も等しく聞くべし〈Topos-7〉

「反対当事者の言い分も等しく聴くべし」という法命題について言えば、裁判手続それ自体が、当事者にとって一つの説得力になる。裁判は、紛争処理手続の中で最も厳格なプロセスを経て判断が下され、原告・被告双方の「言い分」を十分に聞いて行われるが、「言い分を聞いたこと」が、当事者をして十分な満足となる場合が多い（従って、裁判官の中立性が極めて重要になってくる）。原告と被告は平等な形で審理が行なわれ、たとえ相手が国や大企業であっても、対等な立場で審理が行われる。英米における法の諺にも「相手側からも聴くべし」「双方に耳を貸す（audi et alteram partem）」というものがあるが、これらの諺はすべて「手続的正義」の重要性を示唆している。

2. 実体的正義

「実体的正義」とは、問題となっている結論が、内容として正義を実現しているときに正しいとみなす正義観であり、正義の実体は、形式によって確定され、その実質が検討される。手続的正義が、公認された手続きを経て得られた結論は、その内容が何であれ正しいとみなすことと対立する正義観である。

（1） 形式的正義

「形式的正義」は法に普遍的な形式を採ることを要求するという点で、有用である。正義の普遍妥当性（すべての人に普遍的に適用）、適用における平等性（「等しきものは等しく、等しからざるものは等しからざるように取り扱え」）、二つの事例を個体的差異に基づいて差別的に扱ってはならない、普遍的特徴における重要な差異が必要とされるという内容を有する。

（a） 普遍妥当性

正義の「普遍妥当性」とは、固有名詞や特定の条件（場所や時間）に依存せず、いかなる場合にも常に真であるという性質を指す。

（ⅰ） すべての人に普遍的に適用

「すべての人に普遍的に適用」という考え方はローマ法に由来する概念であり、全ての人に対して適用される法・法体系を万民法（ius gentium）と呼び、市民法（ius civile）に対立する概念である。ユスティニアヌス『法学提

要』第1巻第2章「自然法、万民法及び市民法」の中で「自然的理性がすべての人びとのうちに定めたものが、一切の国民に等しく遵奉せられそして各国民の用いる法のようにして万民法と呼ばれる」と定義されている[51]。

(b) 何人も自己が所有する以上の権利を他人に移転（譲渡）することはできない〈Topos-16〉

「何人も自己が有する以上の権利を他人に移転（譲渡）することはできない（Nemo plus juris ad alium transferre potest, quam ipso habet. 出典／Ulpianus, 46 ed. D. 50.17.54, 29 Sab. D. 41.1.20pr.; Paulus, 11 Plact. D. 50.17.175.1; Broom, Max. 363,305,546; Wingate, Max. 56)」という法的トポスは、『ローマ法大全』（6世紀に編纂）にしばしば登場する法格言である。本来は法定相続人の相続財産占有に関する法務官の告示の註解において、包括承継に関する説明として説かれていたが、その後、一般に権利の承継に適用される原則を認められるようになった。権利移転の意思表示により、つねに移転者の有した権利のみが移転され、譲受人が善意の場合もそれ以上の権利を取得しないことを意味している[52]。

債権譲渡の通知がなされたとき、債務者はその通知を受けるまでに譲渡人に対して生じた事由を譲受人に対抗できるとの規定（民法468条2項）は、この法的トポスを注意的に確認した規定であると言われている。債務者が異議をとどめないで承諾をしたときには譲受人に対抗できないとの規定（民法468条1項）は不文の法命題を前提としたうえで、その例外規定と位置付けられる。即時取得（民法192条）も、動産取引の安全の見地から規定されたこの法命題の例外である。

(c) 平等〈Topos-22〉

哲学の支配的伝統は正義の核心的意味を「平等」の観念に結びつけているが、アリストテレスの「等しきものは等しく、等しからざるものは等しからざるように取り扱え」という法命題は有名である。平等は正義の形式的要素である。「平等」の中には、「疑わしいときは平等に分配しなければならない〈Topos-14〉」といった内容のものが含まれる。

調停に関して「平等」について言えば、当事者の一方の本人や代理人と

---

51 吉原ほか・前掲注［35］24・25頁。
52 吉原ほか・前掲注［35］360頁。

は、他方のいる前で親しそうな態度で話すようなことは避けるべきである。当事者や代理人の呼び方についても、双方を同じように扱わなくてはならない。一方にのみ弁護士の代理人がついている場合には、調停委員が平等に両当事者を見ていないのではないかという疑義を持たれないためにも、「○○代理人」という呼び方をするのが適当であるといわれている。

実情聴取の時間にも、ほぼ同じくらいの時間配分にするとか、一方を長く待たさなければならないときには、その旨を連絡し了解を得ておくこととか、同一期日には、両当事者から同じ回数だけ事情を聞くように配慮すべきである。

（ⅰ）　疑わしい時は平等に分配しなければならない〈Topos-14〉

分配に関しては次の三つの分配原理があると言われている。第一は衡平原理（equity principle）、第二は平等原理（equality principle）、第三は必要原理（needs principle）である。衡平原理は「各人の貢献度に応じて報酬を分配することが公正である」とする分配原理である。平等原理は「あらゆる条件を無視して均等に分配することが公正である」とする分配原理である。必要原理は「必要としている者がより多くの成果を受け取ることが公正である」とする分配原理である[53]。ドイチュ（1975）によると、生産を行うことを目的とし、そこにいる人間同士で競争関係がある場合は衡平原理を公正とし、育成・維持を目的として協同関係を重視する場合は平均原理が公正であり、そして、福祉のような生活向上を目的とする場合は必要原理が公正とされる。「疑わしい時は平等に分配しなければならない」というのは、平等原理は「あらゆる条件を無視して均等に分配することが公正である」とする分配原理である。

(2)　実質的正義（具体的正義）

実定法の一定の内容やそれに基づく決定などの正当性を判定する実質的な価値規準というレヴェルで問われる。平等性だけでなく差異をも包摂する概念であり、いかなる点で平等なのか、いかなる点で差異があるのかを問題とする。

---

[53] Deutsch, M. "Equity, Equality, and Need: What Determines Which Value Will Be Used as the Basis of Distributive Justice," *Journal of Social Issues*, 31 (1975) pp. 137-149.

（a）　交換的正義

アリストテレスにおいては、交換的正義は諸々の人間交渉、具体的には、随意的なものとして、販売、購買、貸与があり、また不随意的なものとして、窃盗、暗殺、殺人、強奪などがあって、そこにおいて、矯正の役目を果たすものであった[54]。また、イマニュエル・カントによって代表される交換的正義は、契約などの相互関係において、他人の権利を互いに不正に侵害しないことを指す。

（ⅰ）　匡正（矯正）的正義

アリストテレスは、裁判官は均等を回復する際に、いわば一つの線分が不均等な両部分に分たれている場合に、大きな部分が全体の半分を超えているそれだけのものをそこから取り除いて、小さいほうの部分へ付け加えてやる場合の正義を、匡正（矯正）的正義と呼んでいる。この匡正（矯正）的正義は、アリストテレスによれば平均を回復することにある。一方が損失を被り、他方が利得を得る場合、一方から過多としての利得を奪い、現実に不均衡が存在する場合に、その不均等を矯正する調整の正義である[55]。

（ⅰ-1）　損害賠償（違法な行為によって生じた損害を填補）

匡正（矯正）的正義の例として、損害賠償や不当利得がある。各人は不正に失ったり受け取ったりしたものを、算術的計算によって再受領ないし返還しなければならないことになる。匡正（矯正）的正義は、不法行為や不当利得における、算術的な等しさを回復させるためのものであり、矯正的正義は損害賠償を命じる（事後的救済）。

（ⅰ-2）　補償（適法な行為によって生じた損害を填補）〈Topos-13〉

「補償」という法的トポスについて言えば、補償は適法な行為によって生じた損害について損害を填補するものである。この点で、違法な行為によって生じた損害を填補する賠償とは異なる。

54　高橋一行「交換的正義論」政経論叢 81 巻 5・6 号（2013 年）199・200 頁。
55　ニコマコス倫理学については、アリストテレス（高田三郎訳）『ニコマコス倫理学（上）』181〜184 頁（岩波文庫、1971 年）。

（ⅰ-3） 法的理由なく得たものは返還しなければならない（不当利得）
〈Topos-12〉

「法的な理由なくして得たものは返還しなければならない」という法的トポスについて言えば、不当利得とは、契約などの法律上の原因がないにもかかわらず、本来利益が帰属すべき者の損失と対応する形で利益を受けること、またはその受けた利益そのもののことであり、本来帰属すべきだった者に対して自身が不当に得た利益を返還させる法理・制度（不当利得法、不当利得制度）。民法703条から708条に規定されている。

（ⅱ）応報的正義

応報的正義は「やられたらやり返してよい」という言葉に表される「やられた者の権利」であることもあるし、「やられたらやり返せ」という言葉に表されている「やられた者の義務」であることもある。義務としての応報の具体例としては、同胞が直接の被害者であり、同じ部族の一員として自分にも直接の加害者ないしその部族に対する報復の義務がかかってくるケースが想定されている。

（ⅱ-1） 法務官は些事を配慮せず（デ・ミニミス・ルール）〈Topos-5〉

「法務官は些事を配慮しない」という法命題について言えば、ごく軽微な法律違反は実体法上の犯罪を構成せず、可罰的違法性についての考え方に通じる法命題である。

（ⅱ-2） 疑わしきは被告人の利益に〈Topos-9〉

「疑わしいときは被告人の利益に」という法命題は、すべての被告人は無罪と推定されることから、刑事裁判では、検察官が被告人の犯罪を証明しなければ、有罪とすることができない。一つ一つの事実についても、証拠によってあったともなかったとも確信できないときは、被告人に有利な方向で決定しなければならない原則を、「疑わしきは被告人の利益に」という。刑事訴訟における原則であるが、「無罪の推定」とほぼ同義と考えられている。

（ⅱ-3） 一度しか無いことは無きに等しい〈Topos-10〉

「一度しか無いことは無きに等しい」という法的トポスについて言えば、刑事裁判の判決で執行猶予が付く条件として、初犯であること、特に重罪ではないこと、十分に反省していることが挙がられるが、このことと関係して

いるように思われる。

（ⅱ-4）　単に疑わしいだけでは決定的とはいえない〈Topos-11〉

「単に疑わしいだけでは決定的とはいえない」という法的トポスについて言えば、一つ一つの事実について、証拠によってあったともなかったとも確信できない（単に疑わしいだけ）ときは決定的とはいえないため、被告人に有利な方向で決定しなければならない原則を、「疑わしきは被告人の利益に」という。

（ⅱ-5）　沈黙は何事も義務付けない〈Topos-25〉

「沈黙は何事も義務づけない」という法命題について言えば、憲法38条1項は「何人も、自己に不利益な供述を強要されない」と「自己負罪拒否特権」を保障しているが、「沈黙は何事も義務付けない」はその根底にある考え方である。そして、憲法の下位法である刑事訴訟法198条2項では「自己の意思に反して供述すること」の強要が禁止され、刑訴法291条3項では「終止沈黙し、又は個々の質問に対して陳述を拒むことができる」とされ、同法311条では「終止沈黙し、又は個々の質問に対し、供述を拒むことができる」とされている。

（ⅱ-6）　人はすべて善良（または無実）であると推定される〈Topos-27〉

「無罪推定原則」と「疑わしきは被告人の利益に」の原則は互換的に使用されている[56]。「無罪推定原則」は、被疑者や被告人について、刑事裁判で有罪が確定するまでは「罪を犯していない人」として扱わなければならないとする原則である。「無罪の推定」は、世界人権宣言や国際人権規約に定められている刑事裁判の原則であり、憲法31条によっても保障されている。

（ⅱ-7）　法は制裁を必要とする〈Topos-32〉

社会のルールや慣習などに反した行動主体に対し、法律に則って下される罰や対抗措置を意味する表現。所得の不正申告や無申告、法人の使途秘匿金などを防止するため、違反者に対して懲罰的な税金を課すことを制裁課税という。

(b)　配分的正義（利益と負担の配分）

アリストテレスは、特殊的正義のなかには、配分的正義と匡正（矯正）的

---

[56]　酒巻匡『刑事訴訟法』476頁（有斐閣、2015年）。

正義とがあるとし、共同的な資財に基づいて配分が行なわれる場合でも、その正しい配分は当事者たちの寄せた資財の相互間に存在する比率とまさに同じ比率に即して行なわれる場合に配分的正義が問題になるとする。この配分的正義は、ある共同体、例えばポリス（都市国家）の構成員が共同体に寄せた財産が、共同体全体の財産のうちで占める割合に応じて配分されることを求め、寄与した割合に応じた見返りがあるべきと考える[57]。

アリストテレス『政治学』によれば、「配分的正義」とは、名誉や財産をどう配分するのが正義に適っているかということを問題とし、アリストテレスは各人の有する価値に応じた比例的配分が正義であるとする[58]。

（ⅰ）　分割に際して他に方法がない時はくじ引きによる 〈Topos-15〉

「分割に際して他に方法がないときはくじ引きによる」という法命題について言えば、くじを引かない人は「選択権放棄」と見られ、権利を失う。最終手段として、くじ引きは公平で秩序ある割り振りであり、曖昧さも消える。

（ⅱ）　必要かつ損害最小の原則（民211条1項）

民法211条は次のように規定している。第1項「前条の場合には、通行の場所及び方法は、同条の規定による通行権を有する者のために必要であり、かつ、他の土地のために損害が最も少ないものを選ばなければならない。」第2項「前条の規定による通行権を有する者は、必要があるときは、通路を開設することができる。」過失責任主義のもとでの、私たちの行動原理である「必要なことはしてよい。しかし、損害を最小にするような注意を払うべきである」という行動基準が、民法211条1項に結実している。

（ⅱ-1）　最も被害の少ない方法を用いる義務がある 〈Topos-43〉

「最も被害の少ない方法を用いる義務がある」という法命題について言えば、民法211条1項で採用された「必要かつ損害最少の原則」は、ゲルハルト・シュトルック教授が作成したトポイ・カタログの第43番目と第44番目のトポスを組み合わせたものとなっている[59]。

57　アリストテレス・前掲注［55］160〜181頁。
58　吉原ほか・前掲注［35］22頁。
59　加賀山茂「故意又は過失、因果関係における定量分析の必要性―過失に関する『ハンドの定式』の誤解の克服、および、因果関係におけるベイズの定理の応用を中心に―」明治学院大学法

（ⅱ-2）　必要なことは許される〈Topos-44〉

「必要なことは許される」という法命題について言えば、民法211条1項で採用された「必要かつ損害最少の原則」は、ゲルハルト・シュトルック教授が作成したトポイ・カタログの第43番目と第44番目のトポスを組み合わせたものとなっている。

（ⅲ）　事故による損害は所有者が負担する〈Topos-19〉

「事故による損害は所有者が負担する」という法命題について言えば、交通事故加害者の未成年者が責任無能力者である場合、その加害者以外に損害賠償請求できる相手方を探さなければならないが、その交通事故が自動車による人身事故であった場合、その自動車の運行供用者に対して、自動車損害賠償保障法3条の運行供用者責任に基づいて損害賠償請求をすることができる。さらに、未成年者による交通事故の場合、その加害自動車の所有者が親や家族であるという場合が少なくなく、その場合、その所有者である親や家族に対して損害賠償を請求できる。

（ⅳ）　発生原因との対応の原則〈Topos-20〉

「発生原因との対応の原則（負担の適正配分決定のためのドイツ所得税法上の原則）」という法命題について言えば、国税には応能負担の原則が適用され、地方税には応益負担の原則が適用されるという一種の公理である。応能負担原則とは、納税義務者がその負担能力に応じた納税義務を負うという原則⇒所得税などについて用いられる超過累進税率は、応能負担原則の具体化である。応益負担原則とは、受益者負担論的な構成をとり、能力ではなく、納税義務者が公共サービスなどから得た利益に応じて納税義務を負うという原則⇒消費税などの間接税の多くについて、この考え方がとられ、比例税（率）や均等税（率）となって具体化される[60]。

（ⅴ）　優先権（最初に来た者が最初に利益にありつく）〈Topos-21〉

「優先権（最初に来た者が最初に利益にありつく）」という法命題について言えば、このルールはごく単純なもので、最初に来たものが利益にありつく（権

科大学院ローレビユー15号（2011年）28頁。

[60] 森稔樹『租税法講義ノート』大東文化大学法学部講義ノート（大東文化大学、第2版、2009年）（http://kraft.cside3.jp/steuerrecht04-2.html, 2017年10月27日最終閲覧）。

利を獲得する）というもので、ここに公正さがあり予測も可能、その場限りのやり方が避けられる。

　利益衡量を行う際に、利益という法的トポスが重要なことはいうまでもない。権利濫用法理に基づく法的推論の場合、「権利者個人の利益が小さく、かつ、相手方の不利益または社会全体に及ぼす害悪が大きい【客観的要件】」かつ「権利行使者が加害意思・加害目的を持っている【主観的要件】」ならば、「権利の濫用が成立」し「権利の行使は無効あるいは違法となる」[61]。ここでも、利益という法的トポスが重要な役割を果たしている。この「利益」を体系化するに際して、「優先権〈Topos-21〉」[62]から「利益〈Topos-58〉」と「均衡〈Topos-42〉」に枝分かれしし、「利益」をさらに「一般利益〈Topos-59〉」と「経済的利益〈Topos-61〉」に分類される。

（vi）「各人に彼のものを」キケロ

「各人に各人のものを帰属させること、それこそが最高の正義である」(Suum cuique tribuere, ea demum summa justitia est. 出典／Cicero)。アリストテレス『政治学』によれば、配分的正義とは、名誉や財産をどう配分するのが正義に適っているかということを問題とし、アリストテレスは各人の有する価値に応じた比例的配分が正義であるとする[63]。

（vii）　利益〈Topos-58〉

「利益」という法的トポスについて言えば、利益の類義語として、「利得」「報酬」「収益」「(誰かの便宜や恩恵のために) 味方」「(何かをやり遂げたいと思う) 理由」「(何かをやり遂げたいと思う) 目的」があげられる。法律の趣旨、法的保護の必要性、裁判時の社会通念等、諸事情を総合考慮した上で、裁判所が

61　平田勇人「信義則をめぐる背景知識の体系的整理（改訂版）」科研費「法律エキスパート」『平成5〜9年度研究成果報告書』196頁（明治学院大学、改訂版、2000年）。

62　加賀山茂『現代民法　担保法』24・25頁（信山社、2009年）によれば、優先弁済効の優先順位は、原則として「保存」「供給」「環境提供」の順で定まり、保存に関しては「後の保存者が前の保存者に優先する」（民法330条1項2文）という「優先権の順位決定のルール」に従うことが明らかにされ、担保法に関しても、優先権という法的トポスが重要な役割を果たしていることが分かる。加賀山教授が先取特権と抵当権の両者を等質と考えることに成功し、物的担保の優先順位決定のルールを明らかにしたことで、両者が同一のルールに従う両立しうる存在であることが判明し、担保法に関する一貫した体系を創設することに成功したことを考えるとき、「優先権」という法的トポスの重要性が認識出来ると考える。

63　吉原ほか・前掲注［35］22・23頁。

法的保護に値すると判断すれば「法律上の利益」となり、そうでなければ「事実上の利益」と表現する。法律上の利益：①期限の利益、②現存利益、③逸失利益、④反射的利益、⑤訴えの利益、⑥信頼利益などがある。「法律上の利益」というのは、その利益が法律で「明確」に定められていたり、法律の趣旨解釈によって定められるものである。「事実上の利益」というのは、その利益が法律で明確に定められておらず、趣旨解釈によっても導けないものである。

「利益〈Topos-58〉」は、「法律上の利益」、「一般利益〈Topos-59〉」、「経済的利益〈Topos-61〉」に細分化でき、また「社会の保護〈Topos-60〉」とも密接に関係している。

(vii-1) 法律上の利益（期限の利益、現存利益、逸失利益、反射的利益、訴えの利益、信頼利益）

「法律上保護された利益」にいう「利益」とは、ある個人の何らかの「私益」でなくてはならず、単なる不特定多数の「公益」ではない。最高裁は平成17.12.7判決で、小田急高架事業が実施されることにより一定範囲の「騒音、振動等による健康又は生活環境に係る著しい被害を直接的に受けるおそれのある者」に、当該事業の認可の取消を求める原告適格を認めて、原告適格を拡大した。行政事件訴訟法9条は、取消訴訟の原告適格について規定するが、同条1項にいう当該処分の取消しを求めるにつき「法律上の利益を有する者」とは、当該処分により自己の権利若しくは法律上保護された利益を侵害され、又は必然的に侵害されるおそれのある者をいう[64]。当該処分を定めた行政法規が、不特定多数者の具体的利益を専ら一般的公益の中に吸収解消させるにとどめず、それが帰属する個々人の個別的利益としてもこれを保護すべきものとする趣旨を含むと解される場合には、このような利益もここにいう法律上保護された利益に当たり、当該処分によりこれを侵害され又は必然的に侵害されるおそれのある者は、当該処分の取消訴訟における原告適格を有するものというべきである。

(vii-2) 一般利益／事実上の利益〈Topos-59〉

「一般利益」という法的トポスについて言えば、社会一般のためになる利

---

[64] 小田急高架訴訟判決（最大判平成17年12月7日民集59巻10号2645頁）。

益（公益）、債権者の一般の利益、等で用いられている。

（vii-3）　経済的利益〈Topos-61〉

「経済的利益」という法的トポスについて言えば、一般的な民事事件において、経済的利益とは、金銭等の具体的利益を得た場合の金額、もしくはその支払を免れた場合の金額のことを意味する。

（vii-4）　社会の保護〈Topos-60〉

「社会の保護」という法的トポスについて言えば、「社会の保護」の類義語として、「利益の損失や危害から守る」「保全」「維持」「防御」がある。

（viii）　過失を犯した者はその結果について責任を負わなければならない
〈Topos-23〉

「過失を犯した者はその結果について責任を負わなければならない」という法命題について言えば、民事訴訟では本来「過失責任」論から原告（被害者）が被告（加害者）の故意・過失を立証しなければ責任を問えず、敗訴してしまう。しかし、航空機事故などの科学技術的問題や公害問題などで、被害者が加害者（大企業）の技術的なことを含めた故意・過失を立証することは困難であり、その救済策として「無過失責任」論が登場した。すなわち、加害者の被告大企業などが自分たちに故意・過失が無かったことを立証すれば責任に問われないという原則。

（ix）　自己の利益をなおざりにして有責的に損害惹起に協力した者は保護されない〈Topos-24〉

不法行為とは、不法に（違法かつ有責に）他人の権利または法律上保護される利益（法益）を侵害して損害を加える行為である。民法は、不法行為の加害者はその行為によって生じた損害を賠償すべき責任を負うと定めている。この法的トポスは、不法行為と関わりが深い。大正期以降、ドイツ法学の影響を強く受けた日本の民法学は、「理念型としての不法行為としては有責に基づく違法行為による損害惹起を考え、実定法上の不法行為は有責に基づく権利侵害行為による損害惹起」と解されていた[65]。しかし、学説は昭和期に入り「権利侵害」から「違法性」へと展開し、「権利侵害」は違法行為の徴

---

[65] 曽根威彦「不法行為法における『違法性』概念 ― もう一つの〈比較法学〉の試み」早稲田法学85巻1号（2009年）28頁。

表にすぎず、厳格な意味での「権利侵害」がなくても、保護に値する他人の利益を違法に侵害したという違法性があれば不法行為が成立するとの理論が支配的となった。被侵害利益の性質・種類と侵害行為の態様との相関関係から違法性を判断してゆこうとする相関関係説は、戦後になって学説の到達点とされ、多くの学説の支持を受けて通説的な地位を獲得するに至った。近時、権利拡大説とか、新過失論とか、違法性一元論とか、類型論などの種々の有力な見解が提唱され相関関係説への批判が強くなっているが、いずれの説も未だ通説としての相関関係説にとってかわるに至っていない[66]。

3. 法の支配

法の支配とは、専断的な国家権力の支配を排し、権力を法で拘束するという原則をいう。前述したように、内容の不明確な法律は、政府にすべての判断を白紙で一任するようなものであり、「法の支配」そのものの危機である[67]。

Ⅳ 適法的正義（法的安定性）〈Topos-63〉

適法的正義は、法の内容そのものの正・不正は問わず、実定法の規定するところが忠実に遵守され適用されているか否かを問う。

「法的安定性」という法価値は、同種の紛争に関して同一に解決することを要請し、「例外は厳格に解釈されなければならない〈Topos-3〉」から導かれる。法的安定性を保つために、英米法系の「一定の紛争を解決したときに、後の紛争については、前の紛争と同一かどうかを判断して、同一と判断したときには前の判断を踏襲する」というやり方と、大陸法系の「紛争の同質性に着眼しながら一定の同質的なものを、概念を抽象化しながら取り出していき、抽象的な法規範の体系を構築した上で、個々の具体的紛争解決にそれを適用する」という方法がある[68]。

---

[66] 加賀山茂「一般不法行為法」(2007年5月2日更新版) (http://lawschool.jp/kagayama/material/civi_law/ex_contract/2007/12tort_law.html, 2017年10月27日最終閲覧)。

[67] 木村草太・前掲注［38］「社説【木村草太の憲法の新手】(12) 存立危機事態 不明確な法律 政府が判断 恣意的運用の危険」。

法的安定性という法価値の中には、「可動的体系は固定的法律要件よりも法的安定性を欠く」[69]、「可動的体系は法理念のさまざまな要請の間で特に都合の良い妥協を示し、法的安定性は、常になお裸の衡平条項の場合よりもずっと強く保障されている」[70]、「より高度な法的安定性が必要とされる領域では、無条件に不動的体系が優先されるべきである（メタ・ルール）」[71]、「法的安定性と並んで、正義も可動的体系と矛盾する場合がある。正義の一般化傾向は平等条項から生じるが、この一般化傾向は個別事例の状況についてのあらゆる考慮や、一般的に確立している諸要素の衡量に際して妨げになる」[72]といった内容のものが含まれる。

1. 一貫性

「一貫性」の中には、「例外は厳格に解釈されなければならない〈Topos-3〉」、「法的推論において、法体系を柔軟に理解しながらその統一性を維持し、また満足の行く解決を追求しなければならない」[73]といった法命題が含まれる。裁判においては、一貫性は法的安定性へと繋がるため、非常に重要な法価値である。しかし「調停においては、和を前提とした議論と説得に意味があり、一貫性の原則は裁判に比べて後退する（メタ・ルール）」と言えよう。

(1) 秩序の維持〈Topos-62〉

クラウス‐ウィルヘルム・カナリス教授の考え方に基づいて「秩序の原則」を体系化すると、「トピク的思考」、「体系思考」、「一般条項」に大別され、「体系思考」はさらに「不動的体系」と「可動的体系」とに細分化できる。カナリス教授は、カール・ラーレンツ教授の後継者であり、今日なお有力なドイツの法学者や裁判官に多大な影響を及ぼし続けている研究者である。カナリス教授によれば、法律学における体系が考慮されることなく紛争

---

68 加藤雅信『民法ゼミナール』278・279頁（有斐閣、1997年）。
69 Canaris, *op.cit.*, S. 82.
70 Ebenda, S. 84.
71 Ebenda, S. 82.
72 Ebenda, S. 83.
73 ペレルマン・前掲注［2］154頁。

事案ごとに利益衡量が行われ、その紛争解決の結果、理論が構築されるとすれば、そのような個々の紛争解決を目指す利益衡量論は相互に整合性も一貫性も無いことになる。立法者が下した基本的価値判断および原則に即して徹頭徹尾考え抜く方法論がカナリス教授により明らかにされている[74]。そして、カナリス教授が説くように、トピク的思考は体系的思考と排他的関係にあるのではなく、相互に補完し合っている。既存の価値体系の構造やそれに基づく諸々の価値判断の相互関係を明らかにすることで、人は、どのような価値判断が特定の価値体系（および価値判断の体系）と矛盾するかしないかを判断し、さらに将来、裁判所によって与えられるであろう価値判断を予見することができるのである[75]。

（a） トピク的思考

「トピク的思考」の中には、「法体系・法原則の成立発展段階においてトポイが決定的役割を果たす」[76]、「トピク的思考は社会通念・常識に根拠を置く」[77]、「ドイツの判例は『正しくかつ公平に思考するすべての者』という場合、社会通念に従う者を指す」[78]、「トピク的手法では、まず手探りで様々な観点を摘出し、問題に対して試験的に適用し、比較衡量する」[79]、「コモンセンスを引合いに出したり、衡平を理由として判断したりする場合はトピク的思考が適している」[80]、「トピクは個別事情を問題にする場合に適している」[81]といった法命題が含まれる。

（b） 体系思考

「体系思考」の中には、「体系思考とトピク的思考は排他的に対立しているわけではなく、相互に補完・浸透している」[82]、「体系思考は正義の一般化傾向に属し、個別問題を抽象化し、議論の余地のある観点は初めから除去す

---

[74] Canaris, *op.cit.*, S.151.
[75] 川島武宜『『科学としての法律学』とその発展』51頁（岩波書店、1987年）。
[76] Canaris, *op.cit.*, S. 153.
[77] Ebenda, S. 159.
[78] Ebenda, S. 150.
[79] Ebenda, S. 150.
[80] Ebenda, S. 150.
[81] Ebenda, S. 151.
[82] Ebenda, S. 160.

る」[83]、「法律の欠缺（十分な法律上の価値判断が欠けている）の場合、トピクが応急処置を施す」[84]、「法律の欠缺の場合、速やかに不安定なトポイを明確な価値判断に置換し、体系に組み込むべきである」[85]、「法体系は、前法律的な事前の価値判断の適宜介入を求める」[86]といった法命題が含まれる。

（ⅰ）　不動的体系

「不動的体系」の中には、「不動的体系の徹底的な細分化で、ある程度の個別化は可能である。可動的体系も無制限な個別化を許さない」[87]という法命題が含まれる。

（ⅰ-1）　法解釈・適用の「客観性」

「客観性」の中には、「法的決定が社会の関心に応える場合、相当性の判断は間主観的になされている」[88]、「再現可能性は客観性の証拠となる」[89]といった法命題が含まれる。紛争解決基準の客観性から見ると、裁判では法という客観的な紛争解決基準があるのに対して、調停にあっては民事調停法1条に「条理[90]にかない実情に即した」解決という抽象的な紛争解決基準が示されているにすぎず、それは客観的で具体的な基準とはいえない。

（ⅰ-1-1）　例外は厳格に解釈されなければならない〈Topos-3〉

「例外は厳格に解釈されなければならない」という法命題について言えば、貸金業規正法が第1条において〝業務の適正な運営の確保〟〝資金需要者の利益保護〟を目的としていること、また、17条書面、18条書面の不交付（あるいは不備書面、虚偽書面）には罰則規定が設けられていることからも、み

83　Ebenda, S. 151.
84　Ebenda, S. 160.
85　Ebenda, S. 151f..
86　ペレルマン・前掲注〔2〕153頁。
87　Canaris, *op.cit.*, S. 83.
88　ペレルマン・前掲注〔2〕151頁。
89　Rawls,John., *A Theory of Justice*, Harvard Univ. Press, Cambridge, (1971) pp. 516-519.
90　条理とは「物事の筋道」の意味。出典は「孟子」万章編。裁判事務心得（明治8太告103）3条に「民事ノ裁判ニ成文ノ法律ナキモノハ習慣ニ依リ習慣ナキモノハ条理ヲ推考シテ裁判スヘシ」とある。この規定が現在なお有効か否かは明確でないが、イタリア法例3条が「法の一般原則」、スイス民法1条2項が「裁判官が仮に立法者であったら制定するであろうような準則」に従って裁判せよと規定しているのと同趣旨と解され、さらにラテン語のnaturalis ratio（自然の道理）、ドイツ語のNatur der Sache（事物の本性）の意味とも解されている（金子宏ほか編『法律学小辞典』（有斐閣、第3版、1999年））。

なし弁済という例外については、実態から判断するのではなく、法を形式的、かつ、厳格に適用し判断することが法の趣旨に合致している。

(ⅰ-1-2) 法は注意深い者のために書かれている〈Topos-29〉

不注意は、宥恕（相手方の非行を許容する感情の表示）の理由とはなりえないということを意味している法格言である。

(ⅱ) 可動的体系

「可動的体系」の中には、「可動的体系は、固定的法律要件と一般条項の中間に位置する」[91]、「可動的体系は硬直した規範とも異なり、曖昧な衡平条項とも一線を画する」[92]、「個別事例でどの解決を優先すべきかは、対象の構造と中核の価値に依存し、可動的体系が特に重要な役割を果たす（メタ・ルール13)」[93]、「可動的体系は、極めて重要な諸要素の混合比率を変えて事例の状況に適合させる」[94]、「人としての裁判官は、可動的体系の中で比較的多数の諸要素を比較衡量することは、荷が重すぎる」[95]。すなわち、Magical Number 7±2の要素しか短期記憶で処理できないことと関係が深い法命題である。「可動的体系は、正義の一般化傾向と個別化傾向の対極性を調整する」[96]、「可動的体系は、法理念の様々な要請の中に均衡点を見出すことを可能にする」[97]、「可動的体系は正義の判断諸基準を一般的に確定することができる反面、個別事例において様々な観点を考慮に入れることも可能にする」[98]、「正義は一般化傾向のみならず個別化傾向も同時に有しており、可動的体系の正統化のために個別化傾向を引合いに出すこともできる」[99]といった法命題が含まれる。前述の最後の法命題と関連して、「プラトンの思想を要約すると、正義論は、一方では、正義に関する正しい一般的準則を立てねばならない。他方では、正義論は、具体的な個別事例をも含んでいなければならない」[100]

---

91 Canaris, *op.cit.*, S. 157.
92 Ebenda, S. 84.
93 Ebenda, S. 85.
94 Ebenda, S. 82.
95 Ebenda, S. 83.
96 Ebenda, S. 157.
97 Ebenda, S. 84.
98 Ebenda, S. 83.
99 Ebenda, S. 83.

がある。

(c) 一般条項

「一般条項」の中には、「一般条項は価値の充填を要する」[101]、「一般条項は、その具体化に必要な判断基準を示さず、判断基準が原則として個別具体的事例に関してのみ確定される」[102]、「一般条項の具体化に際しては、トピクは単なる応急処置以上のものである」[103]、「一般条項は、必ずしも全面的に衡平やトピク的思考に委ねられているわけではない」[104]、「一般条項は『衡平への入り口』と呼ばれ、この呼び方は部分的には正当である」[105]、「一般条項も正義の個別化ならびに一般化の両傾向を持ち、一般化傾向は絶えず体系化を指向する」[106]、「一般条項もまた常に、全法律秩序の観点から、それゆえ法体系を背景として解釈されなければならない」[107]、「一般条項は社会通念に基づいて解釈されるべきではない」[108]、「一般条項の具体化は、体系的な確定を指向しながら類型化を通して行われ、部分的には明確な法律要件の構築によって行われる」[109]、「各規定の適用において信義則が顧慮されなければならないとすると、裁判官が一般条項へ逃避する虞がある」[110]、「制度目的、構成要件の内容を茫漠としたものにすることにより、紛争解決の結論を裁判官等に白紙委任することは望ましいことではない」[111]といった法命題が含まれる。

---

[100] シュレーダー・前掲注［3］90頁。
[101] Canaris, *op.cit.*, S. 82.
[102] Ebenda, S. 82.
[103] Ebenda, S. 152.
[104] Ebenda, S. 153.
[105] Ebenda, S. 82.
[106] Ebenda, S. 153.
[107] Ebenda, S. 152.
[108] Ebenda, S. 152.
[109] Ebenda, S. 152.
[110] 曽野和明＝山手正史『国際売買法』〔現代法律学全集60〕73頁（青林書院、1993年）。
[111] 加藤雅信『新民法体系Ⅴ 事務管理・不当利得・不法行為』97頁（有斐閣、2002年）。

V 個別的正義（衡平）

　「衡平」とは、法をそのまま適用することが妥当でない場合、各事件の個別性を考えて、道徳律に従ってバランスをとり修正する原理であり、「具体的妥当性〈Topos-41〉」とも深く関わる。ポンポニウス（Pomponius）の平均的正義の命題「何人も他人の損失において利得せざることは、自然に従い衡平である」[112]からもわかるように、衡平の観念が平均的正義の中核に位置している。「衡平」の中には、「トピクは正義の個別化傾向（衡平）に属する」[113]、「衡平は原則性を欠く」[114]、「常識や衡平を理由に判断する場合はトピク的思考が適する」[115]、「一般条項は衡平やトピク的思考以外にも関わる」[116]、「一般条項には衡平への入口という側面がある」[117]、「法的推論は衡平だけに偏らず、現行法体系に基づくべし」[118]、「法的推論は解決を現行法体系に組入れることができるかどうかを度外視しない。また法的推論は、単に衡平な解決を追求するだけのものではない」[119]、「衡平という言葉によって問題処理の基準を曖昧にすべきではなく、裁判などにおいても、現実的な判断基準である具体的な実定法に密着した判断を示すべきである」[120]といった内容のものが含まれる。さらに、「一般的規定によって把握されない事例が生じるときは、規定し残されたところを、立法者自身の考えに立って修正する、というのは、正しいことであり、これが衡平である」すなわち「衡平とは、法律がその一般的表現ゆえに欠缺をもつ場合の法律の修正である」[121]、「成文の法規をこえて正義であることを衡平と表示する」[122]、「衡

112　加藤・前掲注［68］『民法ゼミナール』291 頁。
113　Canaris, *op.cit.*, S. 151.
114　Ebenda, S. 82.
115　Ebenda, S. 150.
116　Ebenda, S. 153.
117　Ebenda, S. 82.
118　ペレルマン・前掲注［2］151 頁。
119　ペレルマン・前掲注［2］151 頁。
120　加藤雅信『財産法の体系と不当利得法の構造』843 頁（有斐閣、1986 年）。
121　アリストテレス（加藤信朗訳）『アリストテレス全集〈13〉ニコマコス倫理学』177・178 頁（岩波書店、1988 年）。

はその機能を喪失し、自然法と融合する。自然法と衡平が同一であること、あるいは、自然法と並べれば衡平は意味を持たない」[123]、「衡平の占める場所は自然法にはない」[124]、「衡平とは自然法そのものであって、ただ実定法の観点から、衡平と呼ばれるにすぎない」[125]、「黄金律が衡平の原理である」[126]といった個別命題が含まれる。これらの法命題のいくつかは、シュレーダーの『トーピク・類推・衡平』から抽出したものであるが、自然法と衡平の関係について以下のような具体例が挙げられている。すなわち、「汝の債務を弁済せよ」という場合に、例外事例として衡平を持ち出さずとも、履行による義務の消滅に関する諸準則（自然法の下部構造）から説明できると指摘している。また、一定の損害を発生させる行為に関する責任が排除されているのは、帰責性がないためであり、衡平を根拠に責任が排除されるのではないことも指摘されている。このような具体例を示しながら、前述のように「衡平とは自然法そのものである」との法命題が抽出されている[127]。

1. 解決の柔軟性

　当事者の合意を基礎とする調停にあっては、紛争解決の内容を自由に定めることが可能である。紛争をいかに解決するかを当事者の自由意思で幅広く柔軟に選択することができるので、個々の事件の実情に即して具体的に衡平妥当な解決を図ることができる。たとえば交通事故による損害賠償事件で1000万円の賠償が相当とされる場合、裁判ではその金額の即時支払を命ずることしかできないのに比べて、調停では、加害者の支払能力を考慮して長期の分割弁済を認めるなどして（但し支払総額は増加）、具体的な事情に即した柔軟な解決方法をとることが可能である[128]。

122　アリストテレス（戸塚七郎訳）『アリストテレス　弁論術』136・137頁（岩波文庫、1992年）。
123　シュレーダー・前掲注［3］113頁。
124　シュレーダー・前掲注［3］113頁。シュレーダーは、プーフェンドルフの1672年の『大自然法論』(Samuel Pufendorf: *De jure naturae et gentium libri octo* (1672))から引用している。
125　シュレーダー・前掲注［3］113頁。
126　シュレーダー・前掲注［3］113頁。
127　シュレーダー・前掲注［3］111～113頁。
128　最高裁事務総局・前掲注［34］『民事調停委員のための民事調停法規の概説』2・3頁。

(1) 妥当（具体的妥当性）〈Topos-41〉

「妥当」という法的トポスについて言えば、妥当とは、法的判断がその場合だけでなく、同類のすべてに当てはまる正しいことを意味する。

この法価値の中には、「法的に妥当なルールだけが、妥当性のある結論に導く」、「信義則は法の適用に際して、適用の結果が『妥当』であるかどうかを最終的にチェックする機能を有する」[129]という法命題が含まれる。本稿では「妥当」という法的トポスを「具体的妥当性」という法価値として体系化した。

次に、この具体的妥当性が民事調停でどのように考えられているか見てみよう。民事調停においては、「解決の具体的妥当性」という形で重要視されている。裁判の基準となる法律は、一般的・抽象的な法規範として制定されているため、様々な事情の下で発生する具体的な紛争に法規範を適用した結果、実情に即した結果とならないことがある。法律の制定当時は合理的であった法律も、社会の進展とともに現実に適合しなくなり、あるいは、新たに社会に生起した問題を適切に規律する法律が存在しないという場合に、個々の紛争の具体的な実情に応じて問題を解決する際、この妥当（具体的妥当性）という法価値が前面に出る。ただ、「妥当」という法的トポスは調停においてのみ真価を発揮するわけではなく、訴訟においても真価を発揮することは前述したとおりであり、調停一般における紛争解決の具体的妥当性を根拠にして、無制限に法から乖離することが許されるわけではない。

(a) 目的合理性／合目的性〈Topos-57〉

「合目的性」という法的トポスについて言えば、「合目的」は「目的合理性」という法価値と深い関係がある。

「合理性」の中には、「異なるトポス間で衝突が生じた場合、当該事例に対してより重要であり、最も合理性のある解決に導くトポスを優先すべし（メタ・ルール4）」[130]という法命題が含まれる。その他、「合理性」の中には、「特定社会で社会的、倫理的に承認され得る解決につき人々が事前に抱いて

---

[129] 松浦好治「一般条項とエキスパートシステム」平成8年度科研「法律エキスパート」研究成果報告会用報告レジュメ（1997年2月22日）。なお、松浦好治『法と比喩』〔法哲学叢書5〕（弘文堂、1992年）も参考にした。

[130] Struck, *op.cit.*, S. 47.

いる前理解は非法律的な考慮に属するのではなく、決定の相当性に関する価値判断が指針となる」[131]、「どのような解決が公正、合理的で、人々に承認され得る解決かについての前理解が裁判官の指針となる」[132]、「価値に関する思考は、前理解と判決の合理性についての合意を通じて、法解釈学に指針を与える」[133]、「完全合意性は合理性の証拠となる」[134]、「対話的合理性」[135] といった内容のものが含まれる。そして個人や集団の持つ目的に適合しているという意味での合理性は「合目的的合理性」と呼ばれており、合目的性が関わっている[136]。

　「合目的性」という法価値の中には、「裁判官は、解決の価値と法適合性の総合を目的とする」[137]、「法的推論において、法体系を柔軟かつ統一的に捉え、満足行く解決を追求しなければならない」[138]という法命題が含まれる。合理性は、満足の行く解決にとって必要不可欠であるが、個人や集団の持つ目的に適合しているという意味での合理性が「合目的的合理性」と呼ばれているように、合理性から合目的性が導かれる。

　解決の合理性について調停に関して見ると、調停は、比較的簡易で当事者の対立もそれほど深刻ではない紛争解決に特に適している。日常生活での種々の紛争を、できる限り理性的、合理的に解決するために調停制度は十分に活用されるべきである。民事調停においても当然、合理性は重視される。合理性がゴールを念頭に置いている場合、合目的性（Topos-57）が導かれる。詳しくは、前述したように合目的的合理性という言葉があるくらいである。

---

[131] ペレルマン・前掲注［2］150・151頁。
[132] ペレルマン・前掲注［2］150頁。
[133] ペレルマン・前掲注［2］153・154頁。
[134] Rawls, *op.cit.*, pp. 142-150.
[135] 田中成明『法的思考とはどのようなものか』245～258頁（有斐閣、1989年）。
[136] 三宮真智子「情報に対する合理的判断力を育てる教育実践研究の必要性：大学で何をどう教えるべきか」日本教育工学会論文誌26号（2002年）235～243頁。三宮氏によれば、論理学や統計学といった客観的な法則に合致しているという意味での合理性を「合法則的合理性」と呼び、個人や集団の持つ目的に適合しているという意味での合理性を「合目的的合理性」と呼んで区別している。紛争解決という目的に適合しているという観点から見ると、合目的性が導かれるであろう。
[137] ペレルマン・前掲注［2］151頁。
[138] ペレルマン・前掲注［2］154頁。

(b) 和の精神

前述の最優先メタ・ルールで述べたように、わが国の最初の憲法とされる十七条の憲法（604年）も、「国のかたち」として、紛争の解決について、武力ではなく、議論によるべきことを明文で規定していた[139]ことからも分かるように、法の手段は「和」を前提とする議論と説得である[140]。そして、「和」と区別される「同」とは、「付和雷同」のことであり、「多数の人が賛成しているから正しい」という論理は、論拠として使うことはできないのであり[141]、その理由も、前述したように岩田氏が的確な指摘をしているのでここでは割愛したい[142]。和の精神は、「合意」、「相互理解・協調」、「全体的な紛争解決」に大別でき、また「信頼は保護に値する〈Topos-39〉」とも深い関係があるので、以下において見て行きたい。

（i）合意

合意という価値は、和の精神から導かれる。和の精神が調停実務において、どのように発現するか見てみよう。「調停は当事者の互譲と合意による円満な紛争解決方法である」という法命題の背景にある基本的価値体系の中には、和の精神が存在しているといえよう。実情聴取の際に和の精神がどのように現われるかといえば、感情的な面の強い紛争に関しては、双方の感情の融和に重点を置く形で現れる（もちろん常に感情の融和だけを重視するわけではなく、利害得失を考える人には、この解決方法がいかに有利であるかを重点的に説明し、筋を通すことを重視する人に対しては、その解決方法がいかに理にかなっているかを丁寧に話すといったように、当事者の性格に合わせて実情聴取されていることは言うまでもない）。したがって、民事調停は解決の円満性のみをもって存在理由とする紛争解決制度ではないといえよう。

当事者間には、利害や感情の対立がある。合意という価値を導く説得の方法は、ある程度パターン化することはできても、定石は存在しないように思われる。説得を上手に行い合意に至るためには、対立当事者間の相互理解の促進、対立する主張を合意に向けて調整した解決案の提示と討議、そして討

139　加賀山・前掲注［5］「民事法への招待」2頁。
140　加賀山・前掲注［5］「民事法への招待」2頁。
141　加賀山・前掲注［5］「民事法への招待」3頁。
142　岩田・前掲注［7］18・19頁。

議のための環境づくりが重要であるが、調停委員が当事者のよき理解者であり、公正な第三者であるという信頼を当事者双方から得ることが最も大切である。その意味で、信頼という法価値とも深い関係にあるといえよう。ただ、調停の本質は合意であるにしても、合意の成立によって調停条項それ自体の違法性がカバーされ、すべての法乖離が許されると解することはできないと考える。

(ⅱ) 相互理解・協調

ここでは、協議会による労働争議の調停について見てみたい。労働組合の進展に伴って階級対立思想に基づく労使紛争が激発する中、多数の会社は協議会の協力を得つつ、労使の話し合い、「相互理解」のスタイルを確立していき、施策としては穏健な労働組合を育成していく点で協調主義的施策であるが、その解決方法は労使一体理念に基づくような労使の相互理解の土壌を作っていくものでもあった[143]。

(ⅲ) 全体的な紛争解決

「全体的な紛争解決」は、両当事者も、専門家も、世論も納得できる解決であり、和の精神から導かれる。

民事紛争は、必ずしも経済的な利害の対立のみからなるものではなく、感情の対立等も伴いがちなため、合意の成立を目的とする調停による紛争解決は、人間関係の面をも含めて、争いを全体的に解消させ、実効性のある安定した解決をもたらすことが可能とされている[144]。

(c) 信頼は保護に値する〈Topos-39〉

「信頼は保護に値する」という法命題について言えば、権利外観理論(表見法理)は、権利者が真実に反する外観を創出した場合、その外観を信頼した者を保護するため、権利者に対して外観どおりの責任を負わせる法原則である。

信頼保護の法的トポスも、権利失効の理論基礎になる。Savignyの説明によれば、信義則(bona fides)は「すべての人間の取引がその存続の基礎とす

---

[143] 橘川武郎＝島田昌和『進化の経営史―人と組織のフレキシビリティ』98頁(有斐閣、2008年)。

[144] 最高裁事務総局・前掲注[34]『民事調停委員のための民事調停法規の概説』3頁。

る信頼を、不道徳な侵害から保護すること」を内容とするものであり、したがって、信頼保護も信義則の核心的な視点である[145]。

　権利者といえども権利を無条件に自由に行使できるわけではなく、取引の当事者は権利の行使や義務の履行において、互いに相手方の信頼を裏切らないで誠意をもって行動しなければならず、取引社会全体の秩序を守る上からも当然のことといえる。私人の法律関係において相手方からの信頼に応え、誠意をもって行動すべきであるという信義則と共通の法価値を表明したものである。

　調停に関して言えば、調停委員および両当事者の信頼と協力に基づくものでなければならない。調停委員が応対している間におのずから当事者の信頼感が醸成され、胸襟を開いて、ともに紛争解決の方途を見出そうという雰囲気が生まれれば、調停は半ば成功したともいわれている。そのためには、調停に当たる者の側に当事者を尊重する誠意があり、当事者の抱える問題を自分の問題として解決に努めようとする熱意がなければならない[146]。この法的トポスには、権利の濫用〈Topos-56〉が含まれる。

　一般に紛争当事者は、自分の言い分を十分に聞いてもらうことを強く望んでいる[147]。自分が話しをしているときは、誰でも相手に反応を求め、理解してほしいと思っている。相手の人から理解されたと思うとき、①感情的理解（自分の感情を理解してもらったと感じるとき）と②理性的理解（自分の言っている内容を理解してもらったと思ったとき）という分け方があるという[148]。要所で話の要点を整理して当事者に確認することで当事者が安心し、おのずと調停委員への信頼感も生まれてくる。レビン久子氏の言葉を借りれば、傾聴（アクティブ・リスニング）の中のパラフレイジング（話を聞いたら、その要旨をまと

145　呉従周「台湾民法における『権利失効論』の継受とその展開―『建物を収去して土地を返還する』類型を中心に」(http://www.google.co.jp/url?sa=t&rct=j&q=&esrc=s&source=web&cd=1&ved=0ahUKEwiFi5ydqpDXAhUCxrwKHFnaA60QFggmMAA&url=http%3A%2F%2Fwww.oc.kyoto-u.ac.jp%2Fsymposium%2Fku-ntu-symposium2014%2Fwp-content%2Fuploads%2Fsites%2F2%2F2014%2F07%2Fc57fb3742bfc49e49e75d546c6916542.docx&usg=AOvVaw0UthL43LW2pXGN4_ulvoAP、2017年10月27日最終閲覧）。

146　最高裁事務総局・前掲注［34］『民事調停委員のための民事調停法規の概説』48頁。

147　最高裁事務総局・前掲注［34］『民事調停委員のための民事調停法規の概説』47頁。

148　ロバート・M. ブラムソン（鈴木重吉＝峠敏之共訳）『「困った人たち」とのつきあい方』62頁（河出書房新社、1997年）。

め、内容を変えずに言い換える)という調停技法の一つである[149]。また、当事者と真正面に向き合い、開いた姿勢をとり(腕や足を組まない)、体を前に乗り出し、視線の接触(アイ・コンタクト)は当事者を自然に見つめ、緊張せず、継続的に行うことで信頼という価値を生み、また楽な姿勢をとることで、当事者に対して心を開いているということのシグナルになる[150]。こうした理解が信頼へとつながる[151]。

また、調停中に解決方針などについて、いくつかの異なった考えが出てくることがある。このような場合にはいったん当事者を退席させて、間をおいて評議し、調停委員会としての意思統一を確認したうえで進行するのが効果的である。この調停委員会の意思統一というのは当事者に与える信頼という面で重要な役割を果たすと考える。

(ⅰ) 禁反言〈Topos-28〉

「禁反言(矛盾挙動の禁止)」という法的トポスについて言えば、信義則は、訴訟行為の適法性や有効性の判断基準となる。訴訟の過程において一定方向の態度をとってきた一方当事者が、相手方がその先行行為を信頼して自己の訴訟上の地位を築いた後に、従前の態度と矛盾する後行行為をした場合、もしその矛盾挙動を容認すると相手方の訴訟上の地位が不当に崩される結果となるときは、矛盾挙動の効力は、信義則により否定される。禁反言(estoppel)ないしは矛盾行為禁止の原則(venire contra factum proprium)はわが国やドイツにおいて、信義則の個別的法命題の一つとして考えられている。

(ⅱ) 闘争手段の目的に反すること〈Topos-34〉

悪意的訴訟状態を創出するなど、アンフェアに法律要件を騙取したり回避したりして裁判闘争することを禁じることも、わが国やドイツにおいて、信義則の個別的法命題の一つと考えられている。

(ⅲ) シカーネの禁止〈Topos-33〉／権利の濫用の危険〈Topos-56〉

「濫用の危険(訴訟上の権利濫用の禁止)の原則」は訴訟行為の適法性や有効性の判断基準となる信義則から派生する代表的な原則の一つである。「シカ

---

[149] レビン小林久子『調停者ハンドブック―調停の理念と技法』69~72頁(信山社、1998年)。
[150] 石川明『調停法学のすすめ― ADR 私論』147~154頁(信山社、1999年)。
[151] 平田勇人「当事者の視点に立った調停技法」加賀山茂先生還暦記念『市民法の新たな挑戦』65~91頁(信山社、2013年)。

ーネ」すなわち他人に損害を与えることのみを目的とする権利行使は禁止するという法命題も、わが国やドイツにおいて、信義則の個別的法命題の一つと考えられている。権利濫用法理の根底にはこの「シカーネの禁止」という法命題が横たわっている。

　権利濫用法理は「信義則はローマ法における一般悪意の抗弁および誠意訴訟に起源を持つ、権利行使の制約原理から発展してきた」[152]法理である。いかなる場合に権利濫用となるかは、行為者の主観だけでなく、その権利行使によって生ずる権利者個人の利益と、義務者または社会全体に及ぼす害悪とを比較衡量して決めるのが相当であると考えられている。

　調停に関して言えば、当事者が誠実（good faith）なネゴシエーションをしなかったことによって、調停の手続を濫用していることが調停委員に明らかな場合、あるいは当事者が重要な情報を提供しないか、よりよき理解または解決を達成しようとする意図をもたずに、もっぱら何らかの目的外の利益を得ようとして手続を利用するような場合、調停委員は調停を続けることが適切であるか否かを問題にしなければならない。権利濫用の禁止は、調停においても重要な位置を占める。

（iv）　失権〈Topos-52〉

　「失権」という法的トポスについて言えば、「権利失効の原則」は信義則から派生する代表的な原則の一つである（権利者が信義に反して権利を長い間行使しないでいると、権利の行使が阻止されるという原則）。

「訴訟上の権能失効の原則」は当事者が訴訟上の権能を長期に行使せず、相手方が行使しないとの正当な期待を有し、それを前提とした行為をとるようになった場合に、訴訟上の権能を行使することはできないという、訴訟上の信義則の一類型である。信義則は、訴訟行為の適法性や有効性の判断基準となる。

　失権は、民事訴訟では信義則の個別的法命題の一つである。この失権に関しては、「失権の抗弁は、可動的法律要件である」[153]という法命題が含まれる。訴訟上の権能の失効（失権）とは、「訴訟上の権能が行使されずに放置さ

---

[152] 菅野耕毅『信義則および権利濫用の研究』35、81頁（信山社、1994年）。
[153] Canaris, *op.cit.*, S. 152.

れたため、行使されないであろうとの正当な期待が相手方に生じ、相手方がそれに基づいて行動している場合には、その後に至って権能を行使しようとしても、信義則上、その権能はすでに失効したものとして許されない」というルールである[154]。失効の原則についての最高裁判決の判示する要件[155]は、①多年権利行使をせず、②権利不行使につき権利者に帰責事由があり、③権利者が権利のあることを知っており、④債務者側がもはや権利は行使されないと信じ、⑤かく信じるにつき正当事由があり、⑥いまさら権利を行使することが信義則に反することである。

(2) 均衡（バランス）〈Topos-42〉

均衡という法価値の中には、「可動的体系は、法理念の諸要請の中に均衡点を見出させる」[156]という法命題が含まれる。「均衡」を「バランス」と読み替えると均衡という法価値は、利益衡量に際して関与するのみならず、「衡平」という法価値とも深く関っていることがわかる。

調停手続における両当事者の手続権保障の観点から均衡（バランス）の問題について考えてみたい。当事者間に明らかに力の差があると考えられる場合、この格差の解消のために弱者たる当事者に積極的に助力すべき義務を負うか否かが問題となる。すなわち、互角に主張を提出する機会の保障が必要となってくるのである。調停委員又は当事者が、調停を効果的に継続するための力の均衡が著しくとれていないことを認めた場合、調停委員は当事者にその事実を告知して、調停を終結することができるであろう。両当事者に力の不均衡があって、しかも調停委員が消極的立場をとれば、強者が弱者を圧倒するのは当然だからである。

(a) 取引安全の保護〈Topos-37〉

「取引安全の保護」という法的トポスについて言えば、取引安全の保護は、真実の権利者と、契約を介して権利取得しようとする第三者とのどちらを優先的に保護するかという利益衡量の問題である。民法は原則として、取引の安全を、真実の権利者よりも優先的に保護する。個々の取引においては、禁

---

[154] 中野貞一郎「民事訴訟における信義則および禁反言」三ケ月章＝青山善充編『民事訴訟法の争点』（法律学の争点シリーズ5）（有斐閣、1979年）44頁。

[155] 最判昭和51年4月23日（株）TKC LEX/CD 文献番号27000325の判例全文28頁。

[156] Canaris, *op.cit.*, S. 84.

反言によって相手の所有物として信頼された取引目的物の所有権取得そのものが保護される必要があり、その結果、反射的に真実の所有者が所有権を失ってもやむを得ないためである。

（ⅰ）　第三者に義務を負わすような契約の締結は禁じられている
　　　〈Topos-17〉

「第三者に義務を負わすような契約の締結は禁じられている」について言えば、契約責任は原則として契約当事者間でのみ適用されるが、信義則（民1条2項）上、他の契約関係に無い者を危険にさらしてはいけない義務は認められ、信義則上バランスが求められる。

（ⅱ）　意欲され表示された意思が重要である〈Topos-30〉

「意欲され表示された意思が重要である」という法的トポスは、重要なのは何が意欲されたかであって、何が望ましかったかではないことを意味する。重要なのは表示された意思であって、表示されない目的ではないということを説いている。「隠された意図は何も生じさせない（Intentio in mente retenta nihil operator. 出典／CJ.4.6.7)」という法格言がある[157]。ローマ法には現代に言う心裡留保の法源はないと言われる。これはカトリック教会法において、虚言に対する罪悪に関する神学上の理論から発展したものとされている。行為者の内心は、意思理論抜きに語ることができない。意思理論とは、法律効果を生ぜしめるべき旨の意思表示があれば、行為者が欲したために法律効果を発生させるという理論である。19世紀のドイツ法学において、行為者が内心的効果意思を決定し、表示意思を有し、表示行為をするという三つの要素からなると分析されていたが、ここで動機は、内心的効果意思の縁由に過ぎないとして、要素からはずされた。このような分析から、意思表示の本体を内心の意思に置き、意思と表示の不一致を原則として無効にするという分析枠組みが生まれ、これを意思表示と呼んでいる[158]。

（ⅲ）　信義則違反と当事者の意思〈Topos-31〉

「信義則違反と当事者の意思」という法的トポスについて言えば、条件の成就・不成就の権利を有したか否か、当該行為が信義則に反するか否かは、

---

[157]　吉原ほか・前掲注［35］331・332頁。
[158]　吉原ほか・前掲注［35］331頁。

行為時の当事者の意思に依存することを意味している。そこでは、信義則は訴訟行為の適法性や有効性の判断基準となる。「条件の成就・不成就の権利を有したか否か、当該行為が信義則に反するか否かは、行為時の当事者の意思に依存する」という法命題を当事者意思の尊重との関係で見てみよう。民事調停における合意は、あくまでも当事者の自由意思によるもので、調停機関が強制することはできない。調停機関は、当事者に対して自主的な紛争解決への意欲を呼び起こして自発的な合意へと導くために説得すべきである。強制されていると当事者に感じさせるような説得による場合は、客観的に妥当な解決であっても調停として成功したとはいえない。真に納得した合意にこそ価値がある[159]。ただ裁判においても、事案にもよるが、一般には和解は判決よりもベターであると考えられ、その理由として、判決が画一的な法律の適用であるのに比べて、個々の事件の具体的な内容・状況に応じた適切な解決を柔軟に構成することができ、当事者間にしこりを残さず、迅速に権利の実現を図ることができることから[160]、裁判所は訴訟がいかなる程度にあるかを問わず和解を試みることができる（民訴89条）。そのため、これをもって調停の法律乖離性の根拠とすることはできない。

(b) 極めて不幸な場合は例外が許される〈Topos-46〉

「極めて不幸な場合には例外が許される」という法命題について言えば、原則は尊重されなければならないが、極めて結論が容認しがたい場合に例外を認めることで、社会正義に則した妥当な結論を導くことができる。

Ⅵ　おわりに

前述したように、世の中で生起する民事紛争を、平和的かつ合理的に解決するために、紛争解決の一般基準をすべての市民に与えることが民法の目的である。

トポイ・カタログをはじめとして、これまでの研究で抽出してきた法価値を、「漏れダブりなく」また、法価値を扱った先人の研究者たちの見解も参

---

[159] 最高裁事務総局・前掲注［34］『民事調停委員のための民事調停法規の概説』5頁。
[160] 中野貞一郎『民事裁判入門』165・166頁（有斐閣、2002年）。

考にして整理してきたが、法的トポス、法価値を漏れなくダブリなく体系化することの難しさを改めて感じた。本稿執筆中に、"Balance of Various Values in the Conciliation" というタイトルの筆者の英文論文が、ハンガリーのブダペスト・エトヴェシュ・ロラーンド大学（Eötvös Loránd Tudományegyetem（ELTE）／ University of Budapest）が刊行する「法理論雑誌（Journal of Legal Theory）」（HU, ISSN 1588-080X）に受理され、2017年3号（9月27日刊行）[161] に掲載されたが、これまでの裁判所の民事調停委員としての自身の経験から法的な価値を考えた時、紛争解決の基層にある法的価値体系の重要性を再認識した。

　ロジカル・シンキングの立場から、法的価値体系をピラミッド構造的に分解して捉え、モレなくダブリなく（MECE）整理するようにチャレンジした本稿が、民事紛争を平和的かつ合理的解決するための、紛争解決の基層にある基本的な法的価値体系を解明し、そのことを通じて、民法の持つ大きな意味を考える契機となれば幸いである。

　最後に、中央大学法学部在学中から民事訴訟法を指導して下さった小島武司先生（民事訴訟法）、名古屋大学大学院時代から民法を指導して下さった加賀山茂先生（民法）、そして、東京工業大学大学院博士後期課程において、知能システム科学の立場から指導して下さった新田克己先生（人工知能・法情報学）に感謝の意を表し、謹んで本稿を捧げたいと思います。

---

[161] Hayato HIRATA, "Balance of Various Values in the Conciliation," *Jogelméleti Szemle* (*Journal of Legal Theory*) 2017/3 (September 27, 2017) pp. 112〜117. (http://jesz.ajk.elte.hu/, なお、http://jesz.ajk.elte.hu/2017_3.pdf は PDF ファイルへの直接リンク。2017年10月27日最終閲覧）。

資料「トポイ・カタログ（シュトルック教授による）」

※本資料はトポイ・カタログを、法命題文あるいはその内容を筆者が加筆したものである。

Topos番号	法的トポスの内容	Topos番号	法的トポスの内容
Topos-1	同じ法形式の二つの法の間では、後法が前法に優先する。	Topos-33	シカーネの禁止（他人に損害を与えることのみを目的とする権利行使は許されない） 　シカーネのように、単に他人に対する嫌がらせのために、あるいは不当な目的獲得のために行う権利行使は、権利濫用の端緒的形態であり、権利に内在する制約の倫理的要請でもあった。権利濫用の法理の根底にはこの法格言が横たわっている。
Topos-2	特別法は一般法に優先する。	Topos-34	闘争手段の目的に反すること。 　一方当事者が奸策を巡らせて、訴訟法規の要件にあたる状態を故意に創出して法規の適用を図り、あるいはそのような訴訟状態の成立を故意に妨害して法規の適用を不当に回避する場合には、信義則により、期待している事柄の効果が否定されるという、信義則の個別的法命題の一つと深く関係する法的トポスである。
Topos-3	例外は厳格に解釈されなければならない。 　貸金業規正法が第1条において「業務の適正な運営の確保」「資金需要者の利益保護」を目的としていること、また、17条書面、18条書面の不交付（あるいは不備書面、虚偽書面）には罰則規定が設けられていることからも、みなし弁済という例外については、実態から判断するのではなく、法を形式的、かつ、厳格に適用し判断することが法の趣旨に合致している。	Topos-35	いかなる同権者も他の同権者を最終的に排除することは許されない。 　国連憲章の前文は「基本的人権と人間の尊厳及び価値と男女及び大小各国の同権とに関する信念」を確認し、その目的及び原則の章で、「人民の同権及び自決の原則の尊重に基礎をおく諸国間の友好関係」の発展を規定している。国の大小にかかわらず諸国民の民族自決権を尊重し、その同権を犯さないということは、国連活動の全体を貫く基本精神である。
Topos-4	確定判決における判断内容は真実とみなされなければならない。	Topos-36	標準（日常用いる判断基準） 　判断基準は、法律家が法的判

	実体判決は、いったん確定すると、その判断内容が真実とみなされ、もはや争うことが許されなくなる。それが、実体判決の既判力といわれるものである。既判力が生じると、その作用として、同一の事件を裁判所に提訴することが許されなくなる。既判力が、後訴を遮断するのである。この効果をさして、一事不再理といわれる。既判力の制度、したがって、一事不再理の制度は、裁判制度そのものに内在する要請である。		断をする際に重要な役割を果たす。裁判において用いる判断基準（criteria［単数形は criterion］）を明確にしていくことは恣意性の排除〈Topos-51〉に繋がるであろう。
Topos-5	法務官は些事を配慮しない（デ・ミニミス・ルール）。 　ごく軽微な法律違反は実体法上の犯罪を構成しない。可罰的違法性についての考え方に通じる表現である。	Topos-37	取引安全の保護 　取引安全の保護は、真実の権利者と、契約を介して権利取得しようとする第三者とのどちらを優先的に保護するかという利益衡量の問題である。
Topos-6	訴えを越えて審判せず。 　裁判所は、当事者の求めに応じて紛争を解決しあるいは権利保護を与えるのであり、審判対象の決定権は当事者にある（処分権主義）。	Topos-38	正当性 　特定の判断が「正しい」か「正しくない」かを問題にするのが「正当性」（justness）である。
Topos-7	反対当事者の言い分も等しく聴くべし。 　裁判官や調停委員会の中立性が極めて重要になってくる。原告と被告は平等な形で審理等が行なわれ、たとえ相手が国や大企業であっても、対等な立場で審理が行われる。英米における法の諺にも「相手側からも聴くべし」「双方に耳を貸す（audi et alteram partem）」というものがある。	Topos-39	信頼は保護に値する。 　権利外観理論（表見法理）は、権利者が真実に反する外観を創出した場合、その外観を信頼した者を保護するため、権利者に対して外観どおりの責任を負わせる法原則である。
Topos-8	何人も自己の争訟事件の裁判官となることはできない。 　裁判官が事件と特別な関係にあり、公正な裁判が妨げられることを未然に防ぎ、裁判に対する市民の信頼を確保するため、	Topos-40	権利は権利の侵害に対して譲歩してはならない。 　個人の権利が絶対化されていた時代ではいやしくも権利者の権利行使であるかぎり、たとえ他人に損害を加えたとしても、

	裁判官を事件の担当から外す制度が設けられている。これには、除斥（民訴23条）、忌避（民訴24条）、回避（民訴規12条）制度がある。		権利侵害に対して譲歩する必要はなく、やむを得ないことであると考えられていた。
Topos-9	疑わしいときは被告人の利益に。 　すべての被告人は無罪と推定されることから、刑事裁判では、検察官が被告人の犯罪を証明しなければ、有罪とすることができない。一つ一つの事実についても、証拠によってあったともなかったとも確信できないときは、被告人に有利な方向で決定しなければならない原則を、「疑わしきは被告人の利益に」という。	Topos-41	妥当（具体的妥当性） 　妥当とは、法的判断がその場合だけでなく、同類のすべてにも当てはまる正しいものであること。
Topos-10	一度しか無いことは無きに等しい。 　刑事裁判で執行猶予が付く条件として、①初犯であること、②特に重罪ではないこと、③十分に反省していることが挙がられるが、①と関係している。	Topos-42	均衡 　「均衡」を「バランス」と読み替えると均衡という法価値は、利益衡量に際して関与するのみならず、「衡平」という法価値とも深く関っていることがわかる。
Topos-11	単に疑わしいだけでは決定的とはいえない。 　一つ一つの事実について、証拠によってあったともなかったとも確信できないときは決定的とはいえないため、被告人に有利な方向で決定しなければならない（「疑わしきは被告人の利益に」）。	Topos-43	最も被害の少ない方法を用いる義務がある。 　民法211条1項で採用された「必要かつ損害最少の原則」は、ゲルハルト・シュトルック教授が作成したトポイ・カタログの第43番目と第44番目のトポスを組み合わせたものとなっている（加賀山教授の説明を引用）。
Topos-12	法的理由なくして得たものは返還しなければならない。 　不当利得とは、契約などの法律上の原因がないにもかかわらず、本来利益が帰属すべき者の損失と対応する形で利益を受けること、またはその受けた利益そのもののことであり、本来帰属すべきだった者に対して自身が不当に得た利益を返還させる法理・制度（不当利得法、不当	Topos-44	必要なことは許される。 　民法211条1項で採用された「必要かつ損害最少の原則」は、ゲルハルト・シュトルック教授が作成したトポイ・カタログの第43番目と第44番目のトポスを組み合わせたものとなっている。

	利得制度)。		
Topos-13	補償 　補償は適法な行為によって生じた損害について損害を填補するものである。この点で、違法な行為によって生じた損害を填補する賠償とは区別されている。	Topos-45	<u>時宜を得た行為は許される。</u> 　民事訴訟において、各当事者は攻撃防御方法を訴訟の進行状況に応じて、適時提出しなければならない（民訴156条。適時提出主義）。訴訟遅延防止に適するため、1996年の民事訴訟法改正で随時提出主義から適時提出主義に改められた。
Topos-14	疑わしいときは平等に分配しなければならない。 　平等〈Topos-22〉は正義の形式的要素である。平等の中に「疑わしいときは平等に分配しなければならない」といった内容のものが含まれる。	Topos-46	<u>極めて不幸な場合には例外が許される。</u> 　原則は尊重されなければならないが、極めて結論が容認しがたい場合に例外を認めることで、社会正義に則した妥当な結論を導くことができる。
Topos-15	<u>分割に際して他に方法がないときはくじ引きによる。</u> 　くじを引かない人は選択権放棄と見られ、権利を失う。最終手段として、くじ引きは公平で秩序ある割り振りであり、曖昧さも消える。	Topos-47	<u>法においては明確に定められたことのみが適切である。</u> 　法律の明確性という憲法上の要請から、法律は明確でなければならない。
Topos-16	<u>何人も自己が有する以上の権利を他人に移転（譲渡）することはできない。</u> 　「何人も自己の有する以上の権利を他人に譲渡することはできない」という法命題はローマ法に由来すると言われており、英米法にも見られ、法諺にもなっている、いわば公理のようなものである。	Topos-48	実行可能な事柄 　「武力紛争の際の文化財の保護に関する1954年のハーグ条約の第二議定書」第8条によれば、紛争当事国たる締約国は、実行可能な最大限度まで、(a) 動産の文化財を軍事目標の付近から移動させ、又は当該動産の文化財に対しその所在地において適当な保護を与えること、(b) 文化財の付近に軍事目標を設けることを避けることを行うとされている。
Topos-17	第三者に義務を負わすような契約の締結は禁じられている。 　契約責任は原則として、契約当事者間の問題となる。ただし、信義則（民1条2項）上、他の契約関係に無い者を危険にさら	Topos-49	大まかな判断 　信義則は、訴訟行為の適法性や有効性の判断の際に、大まかな判断基準となる。

			してはいけない義務は認められる。
Topos-18	味方になる者は同時に敵にもなる。 　この種の格言はいくつかある。「率直な敵にまさる味方はない」（ダゴバート・ルーンズ（哲学者／米）） 「無能な味方よりも有能な敵のほうが役に立つ」（マキャベリ（君主論著者／伊））	Topos-50	何人も不可能なことは義務づけられない。 　予見可能性を前提に、行為者に課される結果回避義務の違反があった場合に、過失が認められるという考え方の根底にある法的トポスである。
Topos-19	事故による損害は所有者が負担する。 　交通事故加害者の未成年者が責任無能力者である場合、その加害者以外に損害賠償請求できる相手方を探さなければならないが、その交通事故が自動車による人身事故であった場合、その自動車の運行供用者に対して、自動車損害賠償保障法3条の運行供用者責任に基づいて損害賠償請求をすることができる。	Topos-51	恣意性の排除 　法の制定によって、特定の人間の「恣意性」を排除する「法の支配」による制約が重要視されている。法というものは干渉の形式をとるが、それは必ずしも特定の人間による恣意的な働きによるものではない。
Topos-20	発生原因との対応の原則 　国税には応能負担の原則が適用され、地方税には応益負担の原則が適用されるという一種の公理である。	Topos-52	失権 　「権利失効の原則」は信義則から派生する代表的な原則の一つである。
Topos-21	優先権（最初に来た者が最初に利益にありつく） 　このルールはごく単純なもので、最初に来たものが利益にありつく（権利を獲得する）というもので、ここに公正さがあり予測も可能、その場限りのやり方が避けられる。	Topos-53	不適当で要求できないことは要求されるべきではない。 　「不適当」の類義語には、「目的にそぐわない」「不均衡」「妥当でない」がある。
Topos-22	平等 　平等は正義の形式的要素である。アリストテレスの「等しきものは等しく、等しからざるものは等しからざるように取り扱え」という法命題は有名である。	Topos-54	人として堪えがたいことを法は求めることができない。 　騒音、振動、煤煙等の環境権、または人格権の侵害や公害訴訟において、一般人が社会通念上、受忍できる範囲内であれば不法行為は成立せず、損害賠償や差

			止めは認められない。
Topos-23	過失を犯した者はその結果について責任を負わなければならない。 　民事訴訟では、原告（被害者）が被告（加害者）の故意・過失を立証しなければ責任を問えず敗訴してしまう。しかし、科学技術的問題や公害問題などで、被害者側が故意・過失を立証することは困難なため、その救済策として無過失責任論が登場した。	Topos-55	限界のない請求は認めることができない。 　債務の履行の請求に一定の限界があることは、債権債務関係の最も基本的なルールの一つである。
Topos-24	自己の利益をなおざりにして有責的に損害惹起に協力した者は保護されない。 　民法は、不法行為の加害者はその行為によって生じた損害を賠償すべき責任を負うと定めている。この法的トポスは、不法行為と関わりが深い。	Topos-56	濫用の危険 　「濫用の危険（訴訟上の権利濫用の禁止）の原則」は信義則から派生する代表的な原則の一つである。
Topos-25	沈黙は何事も義務づけない。 　憲法38条1項は「何人も、自己に不利益な供述を強要されない」と「自己負罪拒否特権」を保障しているが、「沈黙は何事も義務付けない」はその根底にある考え方である。そして、憲法の下位法である刑事訴訟法198条2項では「自己の意思に反して供述すること」の強要が禁止され、刑訴法291条3項では「終始沈黙し、又は個々の質問に対して陳述を拒むことができる」とされ、同法311条では「終始沈黙し、又は個々の質問に対し、供述を拒むことができる」とされている。	Topos-57	合目的性 　「合目的性」という法的トポスについて言えば、「合目的」は「目的合理性」という法価値と深い関係がある。
Topos-26	意思の独立 　近代民法は、自由で独立の意思を法律の基礎に置いている（私的自治の原則）。法律行為の効果は当事者がそれを意欲するから発生するという考え方に立	Topos-58	利益 　法律の趣旨、法的保護の必要性、裁判時の社会通念等、諸事情を総合考慮した上で、裁判所が法的保護に値すると判断すれば「法律上の利益」となり、そ

	っている。		うでなければ「事実上の利益」と表現する。
Topos-27	人はすべて善良（または無実）であると推定される。 「無罪の推定」は、世界人権宣言や国際人権規約に定められている刑事裁判の原則であり、憲法31条によっても保障されている。	Topos-59	一般利益 　社会一般のためになる利益（公益）、債権者の一般の利益、等で用いられている。
Topos-28	禁反言（矛盾挙動の禁止） 　訴訟の過程において一定方向の態度をとってきた一方当事者が、相手方がその先行行為を信頼して自己の訴訟上の地位を築いた後に、従前の態度と矛盾する後行行為をした場合、もしその矛盾挙動を容認すると相手方の訴訟上の地位が不当に崩される結果となるときは、矛盾挙動の効力は、信義則により否定される。	Topos-60	社会の保護 　「社会の保護」の類義語として、「利益の損失や危害から守る」「保全」「維持」「防御」があげられる。
Topos-29	法律は注意深い者のために書かれている。 　たとえば「示談書」に「宥恕の意思」という項目があり、被害者がそれに署名すると「加害者を寛大な心で許す」という意思表示になり、刑事処分・裁判において、加害者に有利な証拠となる。「宥恕」のような、一般に意味が分かりにくい内容の文が含まれていた場合は、注意深く確認する必要がある。	Topos-61	経済的利益 　一般的な民事事件において、経済的利益とは、金銭等の具体的利益を得た場合の金額、もしくはその支払を免れた場合の金額のことを意味する。
Topos-30	重要なのは何が意欲されたかであって、何が望ましかったかではない。重要なのは表示された意思であって、表示されない目的ではない。 　これはカトリック教会法において、虚言に対する罪悪に関する神学上の理論から発展したものとされている。	Topos-62	秩序の原則 　クラウス-ウィルヘルム・カナリス教授の考え方に基づいて「秩序の原則」を体系化すると、「トピク的思考」、「体系思考」、「一般条項」に大別される。
Topos-31	条件の成就・不成就の権利を有	Topos-63	法的安定性

	したか否か、当該行為が信義則に反するか否かは、行為時の当事者の意思に依存する。 　信義則は、訴訟行為の適法性や有効性の判断基準となる。		適法的正義は、法の内容そのものの正・不正は問わず、実定法の規定するところが忠実に遵守され適用されているか否かを問う。
Topos-32	法は制裁を必要とする。 　所得の不正申告や無申告、法人の使途秘匿金などを防止するため、違反者に対して懲罰的な税金を課すことを制裁課税という。	Topos-64	効率性 　この法的トポスは「明白の場合における訴訟手続簡略化の可能性」とも表現され、不当に停滞・遅延しない、適正な解決に向けて充実した手続進行を行うため、手続的正義が侵害されないことが明白な場合は、訴訟手続の簡略化が認められることを意味する。

立法過程の改善に向けた司法の役割

小 林 祐 紀

I　はじめに
II　立法過程における手続的留意事項の切り下げ
III　司法による立法過程の改善の可能性
IV　司法的解決をめぐる諸課題
V　おわりに

I　はじめに

近年、多くの国々の立法府にあらわれている、法形成をめぐる状況に対して多くの批判がなされている[1]。共通してなされる批判として、正規のルールの衰退（立法過程を規律する正規のルールからの逸脱）[2]、性急で向こう見ずな法形成[3]、熟議や熟議的規範の消滅[4]、さらには、立法過程からの少数派や反対

---

1 法形成をめぐる状況に関する問題点を指摘する研究については、たとえば、Ittai Bar-Siman-Tov, *Mending the Legislative Process-The Preli minaries*' (2015) 3 Theory and Practice of Legislation 245-256 がある。

2 THOMAS E. MANN & NORMAN J. ORNSTEIN, THE BROKEN BRANCH: HOW CONGRESS IS FAILING AMERICA AND HOW TO GET IT BACK ON TRACK (2008); Ittai Bar-Siman-Tov, *Lawmakers as Lawbreakers*, 52 WIL & MARY L. REV. 805 (2010).

3 JEREMY WALDRON, PARLIAMENTARY RECKLESSNESS: WHY WE NEED TO LEGISLATE MORE CAREFULLY (2008).

4 MANN & ORNSTEIN, *supra* note 2, at n. 2; Gerald B.H. Solomon & Donald R. Wolfsenberger, *The Decline of Deliberative Democracy in the House and Proposals for Reform*, 31 HARV. J. ON LEGIS. 321 (1994); House Rules Committee Minority Office, Official Congressional Report, *Broken Promises: The Death of Deliberative Democracy: A Congressional Report on the Unprecedented Erosion of the Democratic Process in the 108th Congress* (1994).

派の排除[5]といったことが指摘できる。このように立法府やその立法過程への不満が拡大していることは、他方で立法府という組織の改革による解決という議論の過剰を生みだすことになっている。というのも、立法府の組織や立法過程の改革それ自体に主眼が置かれ、そこで提唱される改革を司法審査で補完することの可能性についてほとんど検討されていないのである[6]。こうした背景の中で、本稿では立法過程を改善するための司法の役割というアプローチについて検討することにしたい。

この問題は近年の研究でも多くの指摘があるように、裁判所が立法府の法律制定過程を審査することにその関心を移すようになってきており[7]、時宜を得たものであるといえる。こうした裁判所の姿勢については、「幾つかの国の裁判所あるいは国際的な裁判所の判例において、……グローバルな『手続的側面についての流行（procedural trend）』」[8]としても説明されている。立法過程に対する司法審査に関する既存の研究の多くは、当該事象が正当なものといえるかどうかという規範的な問題に専ら焦点を当ててきていた[9]。こうした議論にも重要性が認められるが、本稿はあまり論じられることのなか

---

[5] Oliver A. Houck, Things Fall Apart: *A Constitutional Analysis of Legislative Exclusion*, 55 EMORY L.J. 1 (2006).

[6] Patricia Popelier, *The Role of Courts in Legislative Policy Diffusion and Divergence*, 3 Theory and Practice of Legislation 315-322 (2015). わが国でも近年、「立法過程の合理化」や「立法の質」に焦点を当てた研究が少しずつ積み重ねられている。たとえば、宍戸常寿「立法の『質』と議会による将来予測」西原博史編『立法学のフロンティア〔2〕──立法システム再構築』60頁以下（ナカニシヤ出版、2014年）、大沢秀介「立法の質と裁判所の役割」川崎政司・大沢秀介編『現代統治構造の動態と展望──法形成をめぐる政治と法』388頁以下（尚学社、2016年）、赤坂幸一「立法過程の合理化・透明化」『法学教室』440号（2017年）36頁以下などが挙げられる。

[7] Ittai Bar-Siman-Tov, *Semiprocedural Judicial Review*, 6 Legisprudence 271 (2012); Patricia Popelier & Catherine Can De Heyning, *Procedural Rationality: Giving Teeth to the Proportionality Analysis*, 9 European Constitutional Law Review 230 (2013); SUSAN ROSE-ACKERMAN et al., DUE PROCESS OF LAWMAKING (2015).

[8] Alberto Alemanno, *The Emergence of the Evidence-Based Judicial Reflex: A Response to Bar-Siman-Tov's Semiprocedural Review*, 1 The Theory and Practice of Legislation 327 (2013).

[9] Philip P. Frickey & Steven S. Smith, *Judicial Review, the Congressional Process, and the Federalism Cases: An Interdisciplinary Critique*, 111 YALE L.J. 1707 (2001); Dan T Coenen, *The Pros and Cons of Politically Reversible Semisubstantive Constitutional Rules*, 77 FORDHAM L. REV. 2835 (2009); Ittai Bar-Siman-Tov, *The Puzzling Resistance to Judicial Review of the Legislative Process*, 91 B. U. L REV. 1915 (2011); Patricia Popelier, *Preliminary Comments on the Role of Courts as Regulatory Watchdogs*, 6 Legisprudence 257 (2012).

った異なる観点である、立法過程の司法審査は立法過程の抱える諸問題に対する1つの解決策としてその役割を果たすことができるか否か、またどのように果たすことができるのか、ということに焦点を当てることにしたい。この観点は、立法過程の司法審査への転向の際に、裁判官が実際に「政治機関が……自らの決定を承認する方法を改善するという目的を持っている」[10]ことを明らかにしていることからも非常に重要性が認められるといえる。こうした問題について検討を進めるにあたり、まず立法過程やそれが原因となって生じる諸問題について新たな視点を提供し（Ⅱ）、立法過程の司法審査が立法過程を改善するという役割を担うことができるとする見解について取り上げるとともに（Ⅲ）、最後に立法府の抱える病理を司法によって対処するという解決策に対して指摘される課題を検討する（Ⅳ）ことにしたい。

Ⅱ　立法過程における手続的留意事項の切り下げ

ある上院の委員会で行われた議会改革の公聴会において、議会改革の権威であるDon Wolfensbergerは、次のような「精通した認識（seasoned perspective）」を示した。

> 「私は今日ここに特効薬を持ってきたわけではない。というのも、私は欠陥や欠点を有した人的組織を連邦議会として魔法のように変質させることができるようなものは存在すると考えていないからである。しかしながら、こうした場合にもなしうる些細で、漸進的な幾つかの事柄が存在する。最初に、正規のルールを復活させることである。一連の新たなルールは必要ない。委員会や議場での討論における立法過程を規律する既存のルールを忠実に守ることがただ必要なのである。」[11]

本稿の冒頭でも述べたように、近年の研究では既に、正規のルールや熟議、参加や公正という手続的規範や価値というものが立法過程の中で軽視されていることが指摘されてきた。また、立法過程を修復する際に鍵となるの

10　Koen Lenaerts, *The European Court of Justice and Process-Oriented Review*, 31 Yearbook of European Law 3 (2012).
11　Statement of Donald R. Wolfensberger before the Senate Committee on Homeland Security

は、大規模な選挙制度改革や新たな手続的準則の採択、さらには立法過程における手続的規範や価値に忠実であることを促進していくということになる。立法過程においてそのような手続的留意事項に立法者がより重きを置くことをどのように促すことができるのかを理解するためにも、近年の状況の原因を理解する必要がある。そこでの問題は、個々の立法者の誘因と立法手続の間の相互関係にあると考えられる。熟議や参加、公正などのような立法手続や手続的留意事項は長期的な分散的利益には資するが、同時に立法府の指導部と個々の立法者のより切迫し、集中した利益の妨げにしばしばなるのである[12]。

　立法手続や適切な立法過程は機関としても、また適切に機能するためにも立法府にとって重要なことである[13]。立法過程における手続的規範は、政府や法に対する信頼を向上させ、法を遵守しようという意欲に繋がるというような、より広汎な社会的利益にも資するものであり[14]、また、法の支配や基本的な民主主義的価値のような規範的理念にも資するものであるといえる。このようなことから、立法者が立法過程における手続的規範に忠実であることへの強い誘因を有していると考えられなくもない。しかしながら、個々の立法者——彼ら以上に立法府の指導者——は、正規のルールから逸脱し、熟議や参加、そして公正という手続的理想を回避しようとする強力な誘因というものを有している。

　立法手続、とりわけ立法の慎重な検討や熟議、参加や公正を可能とするために企図された準則や規範には、固有の（そして、意図的に設けられた）効果が

---

　　and Governmental Affairs, Hearing on 'Raising the Bar for Congress: Reform Proposals for the 21st Century' (14 March 2012) 〈http://www.wilsoncenter.org/article/congress-low-point-time-for-reform-now〉.

12　Ittai Bar-Siman-Tov, *The Role of Courts in Improving the Legislative Process*, 3 The Theory and Practice of Legislation 295, 297 (2015).

13　Kenneth A. Shepsle, *Institutional Arrangements and Equilibrium in Multidimensional Voting Models*, 23 American Journal of Political Science 27, 35-37 (1979); Kenneth A. Shepsle & Barry R. Weingast, *Structure-Induced Equilibrium and Legislative Choice*, 37 Public Choice 503, 507-511 (1981); JEREMY WALDRON, LAW AND DISAGREEMENT, 75-76, 81-82, 88-91, 101-108 (1999).

14　*See*, Tom R. Tyler, *Governing Amid Diversity: The Effect of Fair Decisionmaking Procedures on the Legitimacy of Government*, 28 Law & Society Review 809, 827 (1994); Stacy G Ulbig, *Policies, Procedures, and People: Sources of Support for Government?*, 83 Social Science Quarterly 789, 793-96 (2002).

包含されている。それらは、法律を制定するという行為が非常に労力のかかるものにすることや、立法を阻止するための十分な機会を提供している[15]。その結果として、重要な目的や価値に資する正規のルールや熟議を重視する手続的規範は、立法することや個々の政策アジェンダを立法行為に繋げていくという立法者の能力を妨げたり、時には失敗させたりするというリスクを抱えている[16]。

しかしながら、立法者は法律を可決させようという極めて強度な個人的動機を有している。確かに、議会における各議員の行動は現実には様々な誘因によって影響を受けている[17]。具体的には、立法者は個人的な利益と公に関する利益との組み合わせによって動機づけられており[18]、同時に、再選、権力や権威、イデオロギー、さらにはより良い公共政策を実現したいという願望のような多元的な目標を追求しているのである[19]。立法することはこれらすべての多元的な目標にとって重要になる。たとえば、立法者のイデオロギーやよい公共政策を行いたいということや、影響力のある政策形成者になりたいということ、組織の中での権力や自らの権威を高めたいということ、さらには利益集団からの資金援助を引き出したいという願望を促進することになるのである[20]。

法案を可決するという圧力は立法府の指導部――委員長、政党とりわけ連立政党からの指導部――の場合でさえも強度なものとなる[21]。立法府の指導部は一般には他の議会の議員と同様に個人的な目標を遂行している。しかし

---

15 William N. Eskridge Jr, *Vetogates and American Public Law*, Journal of Law, Economics and Organization 2-6 (2012) http://jleo.oxfordjournals.org/content/early/2012/04/19/jleo.ews009.full?sid=94460956-b986-48d1-a9f1-47c097e4dcb5.
16 Bar-Siman-Tov, *supra* note 2, at 815-816.
17 ERIC SCHICKLER, DISJOINTED PLURALISM: INSTITUTIONAL INNOVATION AND THE DEVELOPMENT OF THE U.S. CONGRESS 5-12 (2001).
18 *See* Colin Jennings & Iain McLean, *Political Economics and Normative Analysis*, 13 New Political Economy 61, 66, 69-71 (2008).
19 *See* RICHARD F. FENNO JR, CONGRESSMEN IN COMMITTEES 1 (1973); John W Kingdon, *Models of Legislative Voting*, 39 Journal of Politics 563, 569-70 (1977); DANIEL A. FARBER & PHILIP P. FRICKEY, LAW AND PUBLIC CHOICE: A CRITICAL INTRODUCTION (1991) 21 n. 39.
20 Daniel Shaviro, *Beyond Public Choice and Public Interest: A Study of the Legislative Process as Illustrated by Tax Legislation in the 1980s*, 139 U. PA. L. REV. 1, 85-86, 93-94 (1990).
21 Bar-Siman-Tov, *supra* note 2, at 845.

ながら、その権力や権威に関する目標というのはとりわけ顕著であり、個々的な権威に関する事項は一般の議員の場合以上に議会における勝利ということに依存している[22]。さらに、立法府の指導部は一般の議員に比べ、政党の集合的な目標を取り込むことに強い誘因を有しており、こうした政党の目標というのは法案を可決するという事柄に対する追加的な圧力になっていると指摘できる。実際に、政党の集合的な目標の多く——具体的には、政党のアジェンダの促進、多数派という現状の維持ないし達成、政党に所属する各議院の再選を促進すること、さらには「政党ブランド」や政党のイメージの向上——は、立法府の議案を可決する際に当該政党が成功するか否かがカギとなっているのである[23]。さらに、立法府の指導部は立法手続というものが法案を可決する確率を決定していること（さらには可決される法案の内容にも影響を与えること）を鋭敏に感じていることから、実際に自らのアジェンダの成立を確実なものとするために立法手続を操作するということを行っていることが示されている[24]。

　結果として、手続的準則や規範と立法者の個人的動機あるいは政党の有する動機との間での固有の緊張関係というものが生じることになる。この緊張関係は、多くの民主政における立法府に組み込まれた系統的特徴であるが、その緊張の程度はその国々の立法府によって異なる。いくつかの国の立法府においては、法形成を規律する諸準則は拒否の扉を創出しており、それゆえ他の国々の立法府に比べて立法者の議会における目標に対する障害として見られている。

　さらに、立法者に影響を与える個々の党派的な組織的誘因や手続的理想と関わる方法との均衡を探るという点については、立法府の中に様々なバリエーションが存在するが指摘できる。たとえば、個々の議員が目標を遂行する能力に対して政党が極めて支配的な立場にある立法府の場合には、立法者が立法府という組織的な利益（手続的な規範を支持する誘因）にほとんど注意を払わずに、個人的利益や政党の利益（手続的規範を侵害する誘因として資するもの）

---

[22] Shaviro, *supra* note 20, at 83-84, 102.
[23] Gary W. Cox, *On the Effects of Legislative Rules*, 25 Legislative Studies Quarterly 169, 187-88 (2000).
[24] *Id.* at 183-184.

を系統的に好んだりするという誘因構造を創出することになる[25]。他の重要な要素としては、党派心やイデオロギー的極化現象の度合いというものが挙げられる。党派心や極化現象は、手続的理念と個々の立法者や政党利益との間の衝突を一層深刻なものにする。というのも、それらは多数派政党に対して瞬時にその立法アジェンダを押し込むために立法過程を操作するような圧力を増大させたり、少数派政党に対して立法を妨害し、短期間に政治的な結論が出るように立法府のルールを悪用するような圧力を増大させたりしている[26]。さらに、「政策に関する極端な党派的な相違は、立法目的がいかなる手続的手段も正当化するという状況を作り出し」[27]、さらには手続的価値が「政治的、政策的な成功を達成するという広い目標に対しての障害」[28]として見られ、党派心や極化現象という増悪因子として機能することになる。

以上までの内容を約すれば、手続的規範と、立法者あるいは立法府の指導部そして政党としての動機の間には、固有の緊張関係というものが存在する。このことは、手続的留意事項が系統的に過小評価され、比重が軽減される傾向に繋がり、対立する留意事項に有利なように手続的留意事項が侵害されるという立法過程を生みだしているということになることが指摘できるのである。

Ⅲ 司法による立法過程の改善の可能性

John H. Ely は、裁判所がプロセスについて専門的知見を有していることや、その外的機関としての立場から、政治過程の諸準則を執行する審判として機能することに特に適していると主張した（いわゆるプロセス理論）[29]。この Ely の見解は、とりわけ立法過程の司法審査を正当化する際に適用することができるものであるが[30]、本稿では裁判官の制度的な能力に関する見解に依

---

25 この点についての詳細な検討は、Bar-Siman-Tov, *supra* note 2, at 843-855 を参照されたい。
26 Matthew Green & Daniel Burns, *What Might Bring Regular Order Back to the House?*, 43 Political Science & Politics 223 (2010).
27 MANN & ORNSTEIN, *supra* note 2, at 7.
28 *Id.* at 170-171.
29 JOHN H. ELY, DEMOCRACY AND DISTRUST: A THEORY OF JUDICIAL REVIEW (1980).
30 Bar-Siman-Tov, *supra* note 9, at 1958-1962.

拠するのではなく、むしろ司法過程それ自体の特徴に依拠する論者の見解を参照しつつ、新たな視点を示すことにしたい。

本稿が依拠する Ittai Bar-Siman-Tov の見解は、立法過程が手続的留意事項を過小評価ないし比重軽減する傾向にあるものの、司法過程は法形成を規律する手続的規範が議論の俎上に載る空間を提供していることを指摘する[31]。立法府の手続的留意事項を系統的に強調するという司法過程の傾向は、立法過程における手続的留意事項の無視ないし軽視との釣り合いを取るものであるといえる。立法過程と司法過程の組合せというのは、手続的価値や規範と、法形成過程における競合する留意事項との間の適切な均衡を創り出すことになるのである。

本章では、まず司法過程が手続的規範を強調する傾向にあるという主張を展開する (III-1)。そして、立法過程の司法審査が立法過程における手続的な規範に関して全般的な均衡を傾ける2つの方法を説明する。その方法の1つは、手続的な瑕疵を是正し、侵害された手続的規範を守るという事後的な司法審査を通じて行われるものである (III-2)。そして、もう1つは、司法審査の事前の（あるいは抑止的）影響を通じて、立法者に対して手続的留意事項に重点を置かせる動機を与えることができるというものである (III-3)。

1 司法過程における立法手続の再評価

前章では、正規のルールや、熟議や参加といった手続的規範というものが、立法者の切迫し、強度な個人的誘因を脅かすが、他方で広範囲にわたる利益に資するため、手続的準則や規範が回避されてしまうというリスクに絶えずさらされてしまうことを指摘した。司法過程においては、こうした状況は覆されることになる。というのも、立法過程において手続的留意事項に優越する他の検討事項は司法過程においては除外され、立法府の手続的規範がその中心に据えられることになるからである。

ある定義によれば、立法過程の司法審査は、立法の妥当性が裁判所において、特定の手続的規範が立法過程において侵害されたという主張に基づいて争われる過程を意味する[32]。したがって、司法過程の性質は手続的規範をそ

---

31 Bar-Siman-Tov, *supra* note 12, at 301.

の中心に据えるというところにある。この議論は、関連する立法府の手続的規範の解釈や、当該規範が侵害されたか否かの事実問題を判断すること、さらには当該侵害が問題となった法律を違憲とすべき立法過程上の瑕疵とまでいい得るかどうかという問題に集中することになる[33]。

　この最後の問いの答えについて異なるアプローチを採用している裁判所も存在する。ある国の裁判所においては、侵害された規範の類型に焦点を当てている。たとえば、裁判所が法令上あるいは議事規則に記載されたルールや成文化されていない規範を執行する一方で、立法過程を規律する憲法上のルールの侵害のみ問題となった法律を違憲とするのとを正当化するという見解を支持するというものである。また、他の裁判所は立法過程における欠陥が「当該議院の意思を構築する過程」に影響を与えたか否かに焦点を当てている[34]。しかしながら、手続的規範と、実際に立法者に当該規範を侵害することを生じさせる個人的、政策的、党派的あるいは政治的理由との間の均衡を取ることに基づいて、この問題を判断するように裁判所を苦境に立たせることになる。これらの留意事項は司法過程からは除外される。すなわち、裁判官にとってこれらを検討することはイレレヴァントなだけではなく、正統でもないということである。たとえば、問題となっている法律の可決が多数派政党の議員の再選という目標にとって重要であるという理由から、憲法上に規定のある三読会の要件の侵害が正当化されるという判断をしている裁判官を想像できるだろうか。

　本稿の立場を明らかにしておけば、本稿は司法の判断形成の「法的モデル」の純真な考え方に依拠するものではない。立法者や彼らの誘引の現実的な見方というものが裁判官の現実的な見方を同様に求めるものであることを前提としている。したがって、本稿での前提は、立法者のように、裁判官もまた誘因や留意事項（法的なものだけではなく、イデオロギー的、制度的そして個人的留意事項を含む）の組合せによって影響を受け得るということである。むしろ、本稿では、たとえ裁判所の判断形成が政治から自由でないとしても、裁

32　なお、立法過程の司法審査の定義については、*id.* at 1921-1923 を参照されたい。
33　*See* Suzie Navot, *Judicial Review of the Legislative Process*, 39 Israel Law Review 182（2006）.
34　*Id.* at 203.

判官が用いる法的あるいは制度的枠組みや、裁判所に対する裁判官らの認識というものが判断形成に影響を与えるという一般に受容されている前提に依拠して論を進めていく[35]。したがって、立法府の手続的準則が、立法過程を規律するルールをその中心に据え、かかる議論の枠組みを示し、それを正統な検討事項として扱う司法過程において検討されるという事実はそれ自体において、立法府の手続的規範が立法過程における以上に重きを置かれることを確信する1つの根拠になるということである。

また、本稿では、この種の司法過程は、裁判官の法的理由付けがイデオロギー的、政策あるいは政治的留意事項に基づいて判断を覆い隠すというリスクの程度に影響を与えるものと考えている。また、立法過程の司法審査は、司法裁量の幅も狭く、実体的な価値観を担った判断も少ないとの理由から、実体審査に比べてこのリスクが小さいものといえる。実際に、「一般的な事柄として、裁判官に対してある法案が下院に先に提出されたか、あるいは同様の形式で両院において通過したのか、三読会を経たのか否かについて検討することを求めることは、特定の法律がやむにやまれぬ利益に資するか否か、残虐で異常であるか否か、実体的デュー・プロセスを侵害するか否かを決定することを求めるモデルよりも裁判官が個人的な政治的見解を入れ込む機会はほとんどない」[36]といえる。

さらに、手続的留意事項と正式な手続的準則を他の競合する留意事項に優るものとして見るという裁判所の傾向は、手続的規範を侵害して制定された法律の妥当性に関する司法審査の場合だけではなくとも見受けられるものである。こうした傾向は、現に裁判所が立法手続それ自体の合憲性を決定する必要がある事件においても明白である。この種の事件は手続的留意事項と競合的事項との間の均衡の誘因となるため極めて重要なのである。

議会拒否権（legislative veto）の手続を違憲としたINS v. Chadha連邦最高裁判決や、項目別拒否権（line-item veto）の手続を違憲としたClinton v. City

---

[35] *See* Frank B. Cross & Blake J. Nelson, *Strategic Institutional Effects on Supreme Court Decisionmaking*, 95 Nw. U. L. Rev. 1437 (2001); David S. *Law & David Zaring, Law versus Ideology: The Supreme Court and the Use of Legislative History*, 51 Will. & Mary L. Rev. 1653 (2010).

[36] Bar-Siman-Tov, *supra* note 9, at 1962.

of New York 連邦最高裁判決は適切な具体例を提供してくれる[37]。項目別拒否権や議会拒否権の規定についての議会の議論は、手続的規範が立法過程において競合する留意事項が優先される傾向にある。立法手続の議会による検討に関する研究によって、伝統的な立法過程から逸脱した立法手続が合衆国憲法に規定された諸準則に反することを連邦議会が認識していたことが明らかになっている。これらの研究は憲法上の留意事項が法形成者にとって決定的な留意事項ではなかったことを示しているのである[38]。議会拒否権を、複雑な問題に対する政治的にも実体的にも思慮深い政策的解決を考え出すための議会の試みとして見る、議会を擁護する論者も、本件は立法者にとって憲法適合的であるかどうかは、時に競合する留意事項によって逸脱される可能性のある1つの留意事項に過ぎないことを示していると主張している[39]。

他方で、これらの事件が連邦最高裁の判断を仰ぐことになった際に、この議論の焦点は、これらの法形成手続が単に憲法に規定される二院制や送付要件を侵害したかの問題に当てられていた。両事件の多数意見はともに、憲法上の諸準則からの逸脱を正当化し得る他の政治的あるいは政策的留意事項を検討することを明確に拒絶したのである[40]。これらの裁判所の意見は、こうした留意事項をイレレヴァントで不適切なものとして扱うように、かような実践的な留意事項を重要視しないことを示している。このことは、Chadha 事件において連邦最高裁が以下のように判示したことからも分かる。

> 「政府の機能を手助けする際に所与の立法手続が効率のよいものであり、便利で、有益であるという事実は、それだけでは合衆国憲法に反する場合に擁護することはできないだろう。便利さや効率性は民主的政府というものの主たる目的（ないし特質）ではない……有益な「政治的発明（political inventions）」は、諸権限を定義し、この点に関してこれらの権限をどのように行使すべきかを確立している合衆国憲法の要求に服することになる。……実際の問題として、

---

[37] INS v Chadha, 462 U.S. 919 (1983); Clinton v City of New York, 524 U.S. 417 (1998).
[38] Abner J. Mikva, *How Well Does Congress Support and Defend the Constitution?*, 61 N.C. L. REV. 587, 600 (1983).
[39] Barbara Sinclair, *Can Congress Be Trusted with the Constitution?: The Effects of Incentives and Procedures, in* NEAL DEVINS & KEITH E WHITTINGTON at el., CONGRESS AND THE CONSTITUTION 293, 296 (2005).
[40] Chadha, 462 U.S. at 944-45, 958-59; Clinton, 524 U.S. at 447.

大統領への提出なく1つの院だけによってなされる行為にとっては容易であるが、起草者は効率性よりも他の価値を重視したということは明白なことである。……国の議会による立法が着実に、熟慮したうえでの熟議的過程であるという決定の疑いもない表明が存在するのである。これらの選択は……不器用で、非効率的で、あまり機能しないようにみえる政府の過程に負担を課すものであるが、……権限行為が合衆国憲法に表明された注意深く起草された制約に服することにすること以上に自由を維持するより良い方法は見出すことはできない。」[41]

他の具体例としては、Arrangements Law（AKA 一括法案）と呼ばれる立法手続に関するイスラエル最高裁の事件がある。本件は、ある1つの長大な政府法案に膨大な関連性のない手段を結合するという論争的な行為——正規の立法手続から逸脱する過程を用いて可決された——が問題となった事件である[42]。本件において、イスラエル最高裁は「Arrangements Law を用いることを擁護する者の主たる主張は、イスラエルにおける経済的・政治的現況の視点において、これは最も効果的な手段で、時に政府の政策を促進し、構造的・経済的改革を導入することの唯一の手段であり、そしてそれらのうちの幾つかは、Knesset（イスラエル国会）においては慣習として存在してきた一般の立法過程の手段によって認められてきたものである」ということを認識している。しかし、最高裁はそのような主張を受け入れることを拒否し、「Arrangements Law の立法メカニズムの有効性に与する主張は権力分立原理や代表民主制の原理の重要性に反してまで支持できるものではない」と判示したのである。

さらに、イスラエル最高裁は、Arrangements Law の手続きが常に違憲となるということを判示したわけではなく、立法過程の司法審査を行使する際の司法の制約を示すことを強調したのである。しかしながら、イスラエル最高裁は、有効性は多数決ルール、形式的平等原理、公開性や透明性の原理、参加の原理というような手続的原理の侵害を正当化することはできないということを強調することで、Arrangements Law の手続きは「議会制システ

41　Chadha, 462 U.S. at 944-45, 958-959.
42　HCJ 4885/03 Isr. Poultry Farmers Ass'n v. Gov't of Isr. 59 (2) PD 14 [2004] (Isr.), translated in 2004 Isr. L. Rep. 388 (2004).

ムや憲法システムにおける立法過程の基本原理」を侵害することはできないということを判示したのである。

確かに、こうした主張に対する批判として、かような司法判断は権力分立に対する機能的アプローチというよりも形式的アプローチを示すものであるということ、あるいはこうした判断は現代の規制国家の現実や要求に適合するものではないことが指摘される[43]。また、ある論者は、有効性というものが立法手続を評価する際に重点を置かれるべき重要で適切な留意事項であるとも主張する[44]。実際に、批判的な論者は、司法過程は、有効性や有用性、あるいは手続的理想と政策的検討との間の均衡を適切に検討するのに不向きであると主張する。多くの国々の立法府における立法過程が熟議や参加のような手続的留意事項にあまり重きを置いていなく、競合的留意事項を好む傾向にあるように、司法過程は逆転の問題に苦しむことになり得る。他方で、そのような批判は、司法過程は立法過程において優位に立つ傾向にある競合的留意事項に対して手続的価値を強調する傾向にあるという本稿の主張を裏づけることに繋がっているのである。

本稿での主張は、たとえ司法過程が手続的留意事項を歪められたとしても、司法による監視の導入は、立法過程がこれらの留意事項に対して著しく歪められるため、正しい方向に均衡を保つことができることになるというものである。次節では、司法審査の導入が立法過程におけるルール遵守の強化、熟議そして参加に関して均衡を維持することができる幾つかの方法を示すことにしたい。

2 司法審査の事後的是正機能

立法過程の司法審査の1つの重要な機能は、法律制定過程が完結し、その過程において生じた欠陥を是正した後に、その過程を審査することにある。

---

[43] See Peter L. Strauss, *Was There a Baby in the Bathwater?: A Comment on the Supreme Court's Legislative Veto Decision*, 1983 DUKE L.J. 789 (1983); William N. Eskridge Jr & John Ferejohn, *Making the Deal Stick: Enforcing the Original Constitutional Structure of Lawmaking in the Modern Regulatory State*, 8 J.L. ECON. & ORG. 165 (1992).

[44] Hans-Martien ten Napel, Reijer Passchier & Wim Voermans, *Combining Efficiency and Transparency In the Legislative Process*, 3 Theory and Practice of Legislation 279-294 (2015).

当該問題というものが立法過程において手続的留意事項が無視され、手続的準則が侵害されたという場合に、司法審査を取り入れることによって、そのような問題を治癒するための追加的な機会を提供することになるのである。審査の追加的場面や治癒のための追加的な機会を取り入れることは、立法府が重要な誘因を欠いている（→Ⅱ）からだけではなく、立法過程においてルールを遵守するという最適水準を確保するのに十分な余地を欠くことが多いということから求められることになる。実際に、ある論者が指摘するように、立法者が立法過程の完全性を維持することに十分動機づけられていたとしても、立法府による執行や自主的な規制というメカニズムは不十分なのである[45]。こうした内部的なメカニズムの有効性というものは、多くの国々の立法府の現代の立法過程の現実——計り知れない時間的制限の下で多くの数の立法を制定することなど——によって縮減されている[46]。実際に、近年の研究によく見られるように、かような立法過程の現況において過誤というものは珍しいことでもなく、実際には不可避なものとなっている[47]。

以上の内容を約すると、追加的で、外的な事後的執行メカニズムを取り入れることは、限定的な誘因によるものなのか、それとも自働執行する際の限定的な能力によるものなのかによって生じる、立法過程における手続的規範の過少執行に対する1つの解決策として資することになるということである。手続的規範の執行の追加的な場面が導入されることは手続的規範の全般的な執行を向上させることに貢献することにつながるといえよう[48]。

3 司法審査の事前防止機能

立法過程を審査し、既に生じた欠陥を是正することに加えて、立法過程の司法審査を取り入れることは、そのような欠陥が最初に生じる機会を減らすという重要な機能に資する。司法審査の当該機能が適正に作用すれば、司法

---

45 Bar-Siman-Tov, *supra* note 2, at 817-827.
46 *See* PETER L. STRAUSS, LEGISLATION: UNDERSTANDING AND USING STATUTES 264 (2006).
47 *See* J.A.C. Grant, *Judicial Control of the Legislative Process: The Federal Rule*, 3 The Western Political Quarterly 364, 366-68 (1950); Ittai Bar-Siman-Tov, *Legislative Supremacy in the United States?: Rethinking the Enrolled Bill Doctrine*, 97 GEO. L.J. 323, 336-340 (2009).
48 実体審査の場面で同様の主張を支持する見解として、たとえば、Richard H. Fallon Jr, *The core of an uneasy case for judicial review*, 121 HARV. L. REV. 1693-736 (2008) がある。

審査を取り入れることの主たる意義は、事後的是正メカニズムとしてではなく、手続的規範に対して重点を置き、それらを自働執行することへの立法者の動機を強化する予防的な効力としてである。

前述のように、立法過程において系統的に過少評価されてきた手続的留意事項を生じさせる根本的な問題は、個々の立法者の誘因と立法手続の間の相互関係に存在する。立法手続を執行し、手続的規範を強調する司法審査を取り入れることは立法者を動機付ける誘因構造を変化させることができる。手続的規範を無視することを動機付けるものとして前章で議論した同様の誘因──個々の議員のイデオロギーの促進、よい公共政策を行いたいこと、影響力のある政策形成者になること、組織内の権力を示し、そこでの権威を高めること、目立つような「政党ブランド」を促進し、政党イメージを向上させることなど──は個々の立法者や彼らの政党の政策アジェンダを妨げることになる裁判所による違憲判断を回避するという強力な動機を創出することにも繋がる。したがって、司法審査という脅威は、今や立法者や立法府の指導部に対して手続的留意事項を軽視するように動機付ける影響力を、手続的規範を遵守することに変換することができるのである。

司法審査それ自体の予測は立法府の判断形成に影響を与え、自主的規制を促進するという主張は学説の中では概ね支持されてきたといえる。この考え方は1921年にBenjamin Cardozoによって、以下のように巧みに表現されていた[49]。

「意識的あるいは無意識的影響によって、この抑制力の存在感は、その背景から離れているが、にもかかわらず常に将来のために蓄えられており、立法判断を安定化させ、合理化する傾向にあり、それに原理の輝きを与え、高いところで水準を維持し、競争し約束を守らなければならない人々に目に見えるようにする。」

それ以来、理論的、経験的な研究は司法審査の事前的（あるいは抑止的）影響力の存在が裏づけられている[50]。実際に、広汎な法システム横断的な研究

---

[49] BENJAMIN N. CARDOZO, THE NATURE OF THE JUDICIAL PROCESS, 93 (1921).
[50] *See,* Andrew D. Martin, *Congressional Decision Making and the Separation of Powers,* 95 American Political Science Review 361, 361-62 (2001); Alec Stone Sweet, *Constitutional Courts*

は、裁判所による違憲判断を回避するために、立法者の「司法による反対を予期し、司法規範を立法府の判断形成に組み込むという試み」を示している[51]。確かに、この研究にもかかわらず、立法過程の司法審査の立法者の姿勢に及ぼす影響力について特に研究した業績はほとんど存在しない（これに対して、実体的な司法審査や連邦主義に関する研究は存在する）。このことは紛れもなく、更なる経験的研究が求められる領域であるということである。しかし、司法審査の他の領域において証明されている事前的効果が立法手続の領域に等しく適用されないということを前提とする理由は存在しないのではないだろうか。

以上の内容を約すると、立法過程の司法審査は、その是正や防止機能において、近年の準最適レベルからより最適なレベルへの手続的規範の執行や擁護の全体の水準レベルを押し上げることができる。さらに、司法審査が是正の適正なレベルを創出するように適切に行使されうるならば、当該執行の多くを立法府それ自体が立法過程の中で行うことを確保することによって、手続的規範の遵守を向上させるように立法者を促す可能性というものを生み出すことにつながる。もちろん、司法的解決というものが不十分な効果を有したり、逆効果を生みだしたりするという潜在的な危険性というものも存在する。これらのリスクについては次章で検討を行うことにしたい。

Ⅳ　司法的解決をめぐる諸問題

本章では、司法的解決に対して指摘される2つの課題を検討するとともに、それらの課題に対する本稿の一定の結論を示すことにしたい。

1　立法者による司法的解決の軽視

前章までに見てきたように、司法的解決の重要部分とは司法審査の是正的効果（deterrent effect）である。すなわち、立法者は彼らの手掛けた立法が違

---

and Parliamentary Democracy, 25 West European Politics 77 (2002).

51　Janet L. Hiebert, *Parliamentary Engagement with the Charter: Rethinking the Idea of Legislative Rights Review*, 58 SUP. CT. REV. 87, 95 (2012).

憲とされるのを見たくないわけであるから、立法者は立法過程における手続的規範に注意を払うことになるということである。しかしながら、司法的解決は、もし立法者が自らの立法を違憲とされるのを気にしない場合には不十分な効果を持つに過ぎないということになってしまう。司法審査に批判的な論者は、立法者が立法過程の中では自らの手掛けた立法が成立していくのかということを見ることに関心を持ってはおらず、単に「地位を獲得すること」に関心を持っているだけだという可能性を指摘することによって、司法審査が立法者に対してより責任を持って活動する誘因を与えるという前提に疑義を呈している[52]。本稿では、立法者が自ら支持した立法が違憲とされたことに対して何も感じないという事件が存在するということを主張するわけでもなく[53]、また地位を獲得するという状況を否定するわけでもない[54]。しかし、大抵の場合、多くの立法者は自らの手掛けた立法が違憲となるのをみたいとは思わないのではないだろうか。

　第 1 に、立法者が再選だけを望んでいるわけではないという見解や、再選は重要な目標であるにしても立法者はよい公共政策を行い、世界に影響を与えたいということを望んでいるという見解を支持する多くの証拠が存在するということである。したがって、彼らは自らの政策がどのように実行されていくのかを見たいわけではない。

　第 2 に、立法者が再選だけを求めていた場合であっても、彼らの再選という目標は自らが手掛けた政策が実行されていく過程を見るという誘因を創出することになるということである。実際に、立法者が何よりも再選を望んでいるという見解の先駆的提唱者である Mayhew でさえ、法形成者は再選について、単に「地位の獲得」を通じてではなく、政策変更を自分の功績であると主張することも含まれていると主張する[55]。政策変更あるいは選挙民の

---

[52] Mark Tushnet, *Interpretation in Legislatures and Courts: Incentives and Institutional Design*, in RICHARD W BAUMAN & TSVI KAHANA AT EL., THE LEAST EXAMINED BRANCH: THE ROLE OF LEGISLATURES IN THE CONSTITUTIONAL STATE 355, 357 (2006).

[53] Keith E Whittington, *Legislative Sanctions and the Strategic Environment of Judicial Review*, 1 International Journal of Constitutional Law 446, 463 (2003).

[54] *See* James M Snyder Jr. & Michael M Ting, *Why Roll Calls?: A Model of Position-Taking in Legislative Voting and Elections*, 21 J.L. ECON. & ORG. 153 (2005).

[55] DAVID R MAYHEW, CONGRESS: THE ELECTORAL CONNECTION 5-6, 13-17 (2d ed. 2004).

暮らしを好ましい状態に改善したことを自分の功績であると主張するために、当該政策が違憲とされるのではなく、実現されることが当然必要となってくるからである[56]。実際に、立法者が排他的に地位の獲得に従事しているとの見解を経験的研究は斥けているし、自らの功績の強調は立法過程においても、立法者の選挙民との関わりにおいても明確であることが示されている[57]。

第3に、立法に対する違憲判断を立法者が気に掛けるという事実を支えるものは、裁判所が違憲判断をしたことに立法府が応答することに関する研究の中で見出すことができる。この研究は、違憲判断の内容よりはむしろ、多くの場合に、立法府は違憲とされた法律を再度制定していることを示している[58]。また、違憲とされた立法を再度制定することは著しいコストがかかることになる。Janet Hiebert が説明するように、

「どの政党が政権の座にあるかにかかわらず、立法のアジェンダの遂行に対して予期できない障害をいかなる政府も歓迎していない。立法を現実に制定できた政府は、関連事項を再び開いたり、政治的に当該手段を擁護するために必要な追加的資源を支出したり、あるいは党員総会での支持を弱体化させる内部組織を操ろうということをしようとはしない。」[59]

以上の内容を約すると、立法者が自ら手掛けた法律が違憲と判断されたかどうかを気に留めないという主張や、彼らが単に地位の獲得に主眼があるという主張は非現実的であり、措定される立法者像が過度に冷笑的なものであると指摘できる。皮肉にも、司法審査に批判的な見解はあまり敬意を表さない立法者の見方に依拠しているのに対して、立法過程の司法審査に好意的な見解の方が立法府に対してより敬意を表した（より現実的な）見解を採用しているといえる。

56　Martin, *supra* note 50, at 362-363.
57　*Id.* at 367; Justin Grimmer, *Appropriators not position takers: The distorting effects of electoral incentives on congressional representation,* 57 American Journal of Political Science 324 (2012).
58　J. Mitchell Pickerill, *Congressional Responses to Judicial Review, in* NEAL DEVINS & KEITH E. WHITTINGTON at el., CONGRESS AND THE CONSTITUTION 151 (2005).
59　Hiebert, *supra* note 51, at 94-95.

2 司法の過剰による司法審査の逆効果

前節では、司法審査が効果的ではない可能性があるという議論について検討してきた。こうした主張よりもラディカルなものとして、司法審査が逆効果 (counter-productive) になり得るという主張がなされることがある。司法審査に批判的な論者は、司法審査が「司法の突出 (judicial overhang)」や「倫理の欠如 (horal hazard)」という効果を生じさせることになると主張する[60]。こうした主張は、裁判所が憲法上の過誤を是正することが可能であるという立法者の認識は、憲法上の問題に対してほとんど気を配らないように立法者をさせてしまうという主張である。

本稿では、この「司法の突出」というリスクは斥けられるものであり、この領域におけるより多くの経験的研究が求められるということを主張する。とはいえ、既存の研究に鑑みれば、事前の司法審査は立法者が自己の功績を強調することよりも、憲法により注意を払うように誘導するという主張を支持する多くの経験的研究が存在するように見受けられる。実際に、Michael Gerhardt が主張するように、「司法の突出によって連邦議会の議員の一部にとって従事しようとする誘因が働かないという主張は、事実ではなく、検討が必要な前提である」[61]とされる。他方で、司法審査の実証的な事前の効果は、「広範囲にわたって証明されている」とされる。

また、立法過程の司法審査の場合には、実体審査よりも「司法の突出」という効果の危険性というものがほとんど存在しないのである。少なくとも、心理学的な調査においては、外的な審査とアカウンタビリティ・メカニズムの影響力というものが、判断形成者が自らの判断が自分たちが用いたプロセスに基づいて評価されるということを知った際に、より良く機能するという記述は支持されている。そのような手続的審査は、判断形成者が自らの判断の実体的帰結に基づいて評価されるということを知った場合以上に、より責任のあり、注意深い判断形成を促す傾向にある[62]。実際に、この心理学的知

---

[60] James Bradley Thayer, *The Origin and Scope of the American Doctrine of Constitutional Law*, 7 HARV. L. REV. 129, 155-56 (1893); MARK TUSHNET, TAKING THE CONSTITUTION AWAY FROM THE COURTS 57-65 (1999); Adrian Vermeule, *Judicial Review and Institutional Choice*, 43 WILL. & MARY. L. REV. 1557 (2002).

[61] Michael J. Gerhardt, *Judging Congress*, 89 B.U. L. REV. 525 (2009).

見は、既に行政機関の準則形成の手続的審査を支持するように導いている。

　ちなみに、実体審査に対して「司法の突出」という主張の主導的立場であった Mark Tushnet は、手続的審査と実体審査の間には幾つかの相違点が存在し得るという考え方に対して受容性を指し示しているように読むことができる。準手続審査を議論する際に、Tushnet はこの種の司法審査は、手続的審査が政治機関のパフォーマンスを促進するという主張に基づいて、実体審査を弱体化させるということを主張していたのである[63]。

V　おわりに

　本稿では、正規のルール、熟議、参加そして手続的公正のような手続的規範や価値というものがしばしば立法過程においては無視されてきたことを説明した。この背景に対して、本稿では2つの主張をしてきた。第1に、この問題について、その背景となる原因を明らかにすることによって斬新な視点を提供した。そこでは、手続的規範（手続的民主主義的理想を発展させる）と立法者の誘因の間の固有の緊張関係というものが存在した。このことは、手続的留意事項が過少評価されたり、軽視したりし、時には侵害を受けることになったという指摘をした。

　第2に、本稿では、立法過程の司法審査は立法過程を発展させるために資するものであることを主張することによって、この問題について新たな解決策を提案した。立法過程の司法審査の導入は、立法過程おける手続的規範に対する競合的留意事項との全般的な均衡を図ることになると主張している。このことは、司法過程が立法手続の留意事項を強調する傾向にあるという主張に基づいている。司法審査には、その二元的影響力を通じて、立法過程における手続的規範と他の考慮事項との均衡を崩すことが期待されている。つまり、手続的瑕疵の事前的是正、侵害された手続的規範の正当性の主張といったように、立法者に対して手続的留意事項を事前に注意を払うような誘因

---

[62] Mark Seidenfeld, *Cognitive Loafing, Social Conformity, and Judicial Review of Agency Rulemaking*, 87 CORNELL. L. REV. 486, 517 (2002).

[63] Mark Tushnet, *Subconstitutional Constitutional Law: Supplement, Sham, or Substitute?*, 42 WILL. & MARY L. REV. 1871, 1877 (2001).

を付与できるものになっている。確かに、立法過程の司法審査は現代の立法過程におけるすべての病理に対する万能薬ではないし、立法過程を進展させるという立法府の主たる責任を代置すべきでもない。しかしながら、特効薬が存在せず、政治的意思がしばしば欠けているという状況において、司法的解決は潜在的な能力を有しているとされる。

　この潜在的能力が機能するかどうかは今後の課題として残されている。本稿はこうした研究の意義を指摘するとともに、立法府の姿勢という点について立法過程の司法審査の影響力について経験的研究がより多く必要であることを指摘した。本稿では、そのような経験的研究やその仮定に対する基礎などに理論的な背景を提供することが出来たのではないだろうか。立法過程を裁判所が――とりわけ立法裁量統制の一環として――審査する場合の方法論を探ることも重要であるが、こうした課題の裏側には、立法過程の合理化という問題が常に付きまとっている[64]。立法過程の合理化といった場合に、現在の立法府が抱える問題状況からは、裁判所がその機能の一端を担うことが重要であることを本稿では示したが、その影響を検討することは今後の課題とすることにしたい。

---

[64] 「〔鼎談〕憲法のこれから」片桐直人・岡田順太・松尾陽編『別冊法学セミナー』247号（2017年）236頁〔片桐発言〕。

保証債務の履行のための資産の譲渡に係る課税の特例についての一考察
—— 裁判例等に基づく課税要件の再検証 ——

坂 元 弘 一

Ⅰ　はじめに
Ⅱ　所得税法64条2項の意義
Ⅲ　第1要件（債務の履行をするために資産の譲渡をしたこと）
Ⅳ　第2要件（保証債務を履行したこと）
Ⅴ　第3要件（求償権の全部または一部を行使することができないこととなったこと）
Ⅵ　第4要件（手続上の要件）
Ⅶ　おわりに

Ⅰ　はじめに

　90年代のバブル経済の崩壊に続く2000年代、会社特に中小企業の経営者は、不良債権処理や金融機関による貸し渋り・貸しはがし、事業再建、事業承継、組織再編、個人財産の売却、更には譲渡所得課税等様々な経営上の問題に直面し、2010年代の現在もこれらの問題を含む新たな問題に取り組み続けている。租税政策も社会経済の変化の実態、それに伴う産業政策上の要請なども踏まえつつ、その一翼を担うものでもあることを十分認識し、企業の再生・再建といった経営戦略が適正に遂行されるように、納税者が的確かつ円滑に税制上のメリットを受けられるよう配意されねばならない。
　保証債務の特例制度（所得税法64条2項（保証債務の履行のための資産の譲渡に係る課税の特例、以下本件特例という。））は、こうした厳しい経営環境に直面している経営者にとって、税制上の一つの恩典に過ぎないとも言えるが、保証

債務を履行せざるを得ない保証人（多くの場合経営者）にとって、また、事業の再生・再建を目指す主たる債務者（多くの場合経営する企業）にとっては、その権利・利益に重大な影響を持つものである。

本稿で、本件特例を取りあげることとしたことには、主に二つの理由がある。

一つ目は、本件特例には、譲渡についての事実認定、保証債務の履行についての法令解釈、求償権行使不能の判定、求償権行使不能部分の範囲など、法令解釈上、事実認定上、多くの論点を含み、そうした論点には、立法論上、解釈論上、または理論上、実務上様々な興味深い検討事項があり、譲渡所得の中でも衆目を集める規定だということである。

二つ目は、2000年代前半ごろ、不良債権処理を積極的に進めなければならなかった社会的背景から本件特例を円滑に運用することが求められた経緯があり、租税法律主義の下、そうした政策課題と法令解釈の関係のあり方について考えさせる一つの例としても興味深い問題[1]をはらんでいると思われ、そうした観点からも検討を加えたいと考えたからである。

本稿では、本件特例規定に対する個別的、具体的な批判や疑問を呈するのではなく、本件特例の課税要件と検討課題について最高裁判決などを踏まえながら整理し、筆者の個人的考え方を述べるとともに、本件特例の適用のあり方からみられた政策課題と法令解釈の関係性等に関して考察するものである。

II　所得税法64条2項の意義

本件特例の課税要件及びそれに関する判例等を考察する前提として、本件特例の意義について検討しておきたい。最初に、条文の内容を確認した後、立法趣旨に触れ、さらに所得税法において本件特例と同様に収入金額を発生させない「資産の譲渡」の規定や逆に無償譲渡を課税に取り込む「みなし譲

---

[1]　この時期の、経産省照会を受けた形で発出された平成14年12月25日付国税庁の個別通達、興銀事件最高裁平成16年12月24日判決、さいたま地裁平成16年4月14日判決、東京地裁平成19年4月20日判決などが顕著な特徴的な動きを示すものとして指摘できる。

渡」の規定を参照して、所得税法の中での本件特例の性格づけをしたい。また、本件特例の適用要件と適用除外要件について、簡単に触れることとする。

1 所得税法64条（資産の譲渡代金が回収不能となった場合等の所得計算の特例）の規定

以下、所得税法64条1項から3項までの条文を掲げる。

(1) 1項：その年分の各種所得の金額（事業所得の金額を除く。以下この項において同じ。）の計算の基礎となる収入金額若しくは総収入金額（不動産所得又は山林所得を生ずべき事業から生じたものを除く。以下この項において同じ。）の全部若しくは一部を回収することができないこととなった場合又は政令で定める事由により当該収入金額若しくは総収入金額の全部若しくは一部を返還すべきこととなった場合には、政令で定めるところにより、当該各種所得の金額の合計額のうち、その回収することができないこととなった金額又は返還すべきこととなった金額に対応する部分の金額は、当該各種所得の金額の計算上、なかったものとみなす。

(2) 2項：保証債務を履行するため資産（第33条第2項第1号（譲渡所得に含まれない所得）の規定に該当するものを除く。）の譲渡（同条第1項に規定する政令で定める行為を含む。）があった場合において、その履行に伴う求償権の全部又は一部を行使することができないこととなったときは、その行使することができないこととなった金額（不動産所得の金額、事業所得の金額又は山林所得の金額の計算上必要経費に算入される金額を除く。）を前項に規定する回収することができないこととなった金額とみなして、同項の規定を適用する。

(3) 3項：前項の規定は、確定申告書、修正申告書又は更正請求書に同項の規定の適用を受ける旨の記載があり、かつ、同項の譲渡をした資産の種類その他財務省令で定める事項を記載した書類の添付がある場

合に限り、適用する。

(昭 49 法 15・平 11 法 160・平 23 法 114・一部改正)

2　64条2項を考察するに当たって
(1)　立法趣旨

所得税法が 64 条として、回収不能の収入金額または求償権の行使が不可能になった資産の譲渡金額をなかったものとみなして所得税の対象から除外し、いわゆる課税減免規定を特例として設けている理由を金子宏教授は、「法的には所得は生じているとしても、経済的には所得は生じていないのと同じであるから、課税の対象から除外するのが公平（この場合には担税力に即した税負担の配分）の観点から必要である、という理由によるものであろう。また、事業所得の計算においては、回収不能の売掛金や貸付金債権は貸倒損失として控除される（筆者注：所得税法51条2項）ことになっているから、事業所得との間の公平の維持も、本条の立法理由の一つであるといえよう。」とされている[2]。

本条は、昭和 36 年 7 月 20 日付の直所 1-47「他人の債務の担保に提供されていた資産が担保権の実行により譲渡された場合の所得税または再評価税の取り扱いについて」に端を発するとされている。この通達は、物上保証の場合に関するものであったが、昭和 37 年の改正で現在の 64 条 1 項、2 項の前身でありそれに相当する人的保証の規定が設けられ、また、昭和 44 年の所得税法の全文改正により、現在の 64 条 1 項、2 項が規定され、昭和 49 年の改正で 3 項、4 項の手続き規定が追加された。物上保証に関しても昭和 56 年からは所得税基本通達 64-4 として引き続き拡張して取り扱われている。

佐藤英明教授は、「この規定は「気の毒」な立場に立たされた納税者の救済のための規定であるから、二つの論点が生じる。」とされる[3]。一つは、救済規定である以上、救済すべきものはできるだけ広く対象とすべきだとの考え方で、保証の範囲を広く解釈し（所基通64-4）、履行のための譲渡の範囲についても広く解釈する運用もされている（所基通64-5）。「他方でこの規定は、

2　金子宏『租税法理論の形成と解明（上巻）』638 頁（有斐閣 2011 年）
3　佐藤英明『スタンダード所得税法』103-105 頁（弘文堂、第 2 版、2016 年）

譲渡所得が発生しているのにそれに対して課税しないという納税者にとってオイシイ規定であるので、乱用には注意が必要[4]である。」ともされる。乱用に対する配慮のために、たとえば、保証契約締結時から主たる債務者が無資力であり弁済見込みがないことを知っていたような場合には、明らかに乱用事例であるので、適用対象を制限する厳格な解釈論[5]が必要とされると指摘される[6]。

(2) 譲渡所得を発生させない「資産の譲渡」

所得税法の譲渡所得においては、「資産」も「譲渡」も広い意味を与えられているので、「資産の譲渡」の範囲は広いものとなっているが、所得税法上、課税されない「資産の譲渡」は3類型に区分されている。一つ目は、棚卸資産等のように譲渡によって譲渡所得以外の所得が発生する資産の譲渡であり（所得税法33条2項1号）[7]、二つ目は、非課税となる生活用動産の譲渡（所得税法9条1項9号）。三つ目が、納税者の資力に着目した措置であり、譲渡から得られた所得を納税者が実質的には享受できない場合に関する資産の譲渡である。この三つ目の第一の場合が、資力を失って債務を弁済することができない納税者が一定の強制換価手続きによる資産の譲渡をした場合であり（所得税法9条1項10号）（所基通9-12の2）、第二の場合が、保証債務の履行

---

[4] 乱用、租税回避に対するチェックとしては、履行のための譲渡であったのか、保証債務の履行があったのか、保証人は実質的な保証人なのか、求償権の行使は不能なのか、等々、一般的に認められた解釈（例えば裁判例や通達）のもと、個別事案の適用の面で、厳格な法令解釈、事実認定が求められる。

[5] 木村弘之亮教授は、所得税法64条2項の趣旨について、「保証債務締結時においては保証債務の履行を求められる蓋然性は低かったにもかかわらず、ある日突如として保証債務の履行を求められたため、その保証債務の履行のために資産を譲渡せざるを得なかったという場合において、その求償権の行使不能による損失は、その損失が重大であるのみならず予期されていない異常なものである（突発性、重大性、偶然性）ときは、資産損失としてとらえて、その資産の所有者の担税力を減殺するという観点から、これを調整するため、その者の所得から特別控除すべきものである。」と論じられている。（酒井克彦『所得税法の論点研究』428頁（財経詳報社、初版、平成23年）より参照。

[6] Vの1に掲げた札幌高判平成6年1月27日訟月41巻10号2637頁、判タ861号229頁参照。

[7] 所得税法33条2項各号で譲渡所得の起因となる資産から除かれている資産は、①棚卸資産（1号前半）…棚卸資産の譲渡からは事業所得が生じる、②準棚卸資産（1号括弧内）…準棚卸資産（所令81条）の譲渡からは雑所得が生じる、③営利を目的として継続的に行われる譲渡に係る資産（1号後半）…この資産の譲渡からも雑所得が生じる、④伐採または譲渡される山林（2号）…山林の譲渡からは山林所得が生じる。

のための資産の譲渡の場合（所得税法64条2項）である[8]。

(3) 9条及び64条と59条との関係

　未実現のキャピタルゲインである無償譲渡について、包括的所得概念、増加益清算課税説の観点から、時価で譲渡があったものとみなし、譲渡課税に取り込んでいくのが所得税法59条であるが、譲渡の実現があったもののそれをあえて課税しない方向にいくのが所得税法9条、所得税法64条の諸規定である。それぞれは、相反する方向に向いている。

　これらの規定は、納税義務者との接点に違いがあると考えられる。つまり、59条は無償譲渡課税と位置付けられるものであり、課税の原則、制度のしくみの問題と考えられる。納税者の手から資産が離れたのを機に、実際には対価、経済的利益がなくとも、原則（包括的所得概念、増加益清算課税説）に従い、時価で譲渡があったものとみなすという課税の仕組みそのものの考え方を表すものである[9]。一方、ある一定の条件の下で、所得、収入がなかったものとみなすという課税減免の規定は、課税原則上の観点から課税されることとして成立した課税債権をそのまま押し通してよいのか、徴収段階へ進んでよいのか、という課税の公平や納税者の担税力、徴収の効率といった諸事情を考慮しての多分に政策的な判断、個別性の大きい事実認定に関する判断が求められる問題である。納税者との接点の違いにより、前者には、課税上、法令解釈上の普遍的、事前の問題という要素が強く、後者には、徴収上、事実認定上の個別的、事後の問題という要素が強いため、それらの相違からベクトルが違うようにみえるが、両者とも租税の公平の原則の実現を図

---

[8] 佐藤英明『スタンダード所得税法』91-96頁（弘文堂、第2版、2016年）

[9] みなし譲渡規定は、いわば未実現所得課税措置であり、この措置には、みなし譲渡所得規定のほかに、平成27年度税制改正により導入された措置である、国外転出をする一定の要件を満たす居住者がその国外転出の時において有する有価証券等については、その者の事業所得の金額、譲渡所得の金額または雑所得の金額の計算上、その国外転出の時等において時価相当額による譲渡があったものとみなされる60条の2第1項の規定もあり、また、同税制改革によって導入された、一定の要件を満たす居住者から贈与、相続または遺贈により非居住者に移転した有価証券等については、その居住者の事業所得の金額、譲渡所得の金額または雑所得の金額の計算上、その贈与等の時において時価相当額による譲渡があったものとみなされる規定もある（60条の3第1項）。なお、国外転出時における未決済信用取引等または未決済デリバティブ取引に係るみなし決済課税（60条の2第2項、第3項）も同様の措置である（谷口勢津夫『税法基本講義第5版』291、293-297頁（弘文堂、第5版、平成28年）。

る点からは実質的には同じベクトルである。

3　本件特例の適用要件

所得税法 64 条 2 項の適用要件は、以下の 4 つからなる（適用要件の区分については、さいたま地判平成 16 年 4 月 14 日判タ No.1204（2006 年 5 月 10 日）などを参照[10]したが、同地判は実体要件のみについて取り上げているが、本稿では、同条第 3 項の手続要件についても掲げている[11]。）。以下の要件は、通達等により一定の解釈がなされているが、本件特例は、多分に個別の事実認定が判断の分かれ目となり、実務上、通達による解釈だけでは判断できない事案も多く、その結果、要件の解釈や充足の有無など特例の適用をめぐる問題や厳格解釈による救済されない事例も少なくないと言われている[12]。

　（ア）保証債務を履行するために資産を譲渡したこと
　（イ）その保証債務を履行したこと
　（ウ）その保証債務の履行に伴う求償権の全部または一部を行使することができないこととなったこと
　（エ）所得税の確定申告にこの特例の適用を受ける旨の記載があること
以下、上記の 4 つの要件を（ア）から順に第 1 要件ないし第 4 要件と呼ぶこととする。

---

[10] さいたま地判平成 16 年 4 月 14 日判タ 1204 号（2006 年）
「所得税法 64 条 2 項の法意は、保証人が主債務者のために財産を譲渡して弁済し、かつ求償権行使が不能となったときは、資産の譲渡代金の回収不能が生じた場合と同様、結論的にその分はキャピタルゲインたる収入がなかったものと扱うという趣旨であると解される。
　所得税法 64 条 2 項に定める保証債務の特例の適用を受けるためには、実体的要件として、納税者が
　（ア）　債権者に対して債務者の債務を保証したこと
　（イ）　上記（ア）の保証債務を履行するために資産を譲渡したこと
　（ウ）　上記（ア）の保証債務を履行したこと
　（エ）　上記（ウ）の履行に伴う求償権の全部又は一部を行使することができないこととなったことが必要であり、かつこれで足りるものであって、それ以上に債権者の請求があったことや主債務の期限到来が要求されているとは解し得ない。」

[11] さいたま地裁では、保証債務の存在を第 1 要件としてあげているが、本稿では、平成 10 年 6 月 9 日国税不服審判所裁決を参考に同地裁の第 2 要件を 4 つに細分化し、その第 1 番目の要件が同地裁の第 1 要件に該当する。

[12] 三木義一、田中治、占部裕典『租税判例分析ファイル I』273 頁（税務経理協会、第 2 版、2009 年）

4　本件特例の適用除外要件

(1)　所得税法33条2項1号の資産の譲渡

棚卸資産や棚卸資産に準ずる資産の譲渡、その他営利を目的として継続的に行われる資産の譲渡が適用除外とされている。これらの資産の譲渡は、事業所得、不動産所得、山林所得または雑所得の収入金額とされるものであり（脚注7参照）、資産の譲渡が事業その他営利を目的として継続的に行われていれば、保証債務履行後の求償権回収不能という条件下では、事業所得、不動産所得、山林所得または雑所得の所得計算において損失とされることとなり、特例対象とする必要がないためである。

(2)　その行使することができないこととなった金額（不動産所得の金額、事業所得の金額又は山林所得の金額の計算上必要経費に算入される金額）

保証債務履行後の求償権行使不能の金額については、不動産所得、事業所得及び山林所得に関しては、通常それぞれの基準に従って必要経費に算入され、担税力に見合った課税が行われることとなっており特例対象とする必要はない。ここで、雑所得については明示されていないが、(1)の資産の譲渡の部分で除かれているので、本件特例の適用はないと解される。したがって、資産の譲渡で雑所得を生じる場合、求償権が不能であるときの損失の控除を受けるためには損失の業務関連性が求められる。

立法趣旨でも述べたように、本件特例は、事業の遂行上生じた保証債務を履行した場合（本件特例の適用除外とされる部分）と非事業の遂行上生じた保証債務を履行した場合（本件特例で救済する部分）との担税力に配慮したものと解される。

Ⅲ　第1要件（債務の履行をするために資産の譲渡をしたこと）

Ⅱの3での第2要件は、さらに以下のように4つに細区分することが可能と思われる。ここでの第2要件の細分化による分類は、国税不服審判所平成10年7月9日裁決（裁決事例集56巻156頁）を参考とした[13]。当該裁決では、

---

[13] 当該裁決は、主たる債務者の現社長であり、債権者である会社の前社長であった審査請求人が、前社長時代の資金の不正流用に係る主たる債務者の有する債務を自己の固有資産の売却をも

当時の実務上の課税要件を法令解釈として明確に示しており、本稿では、本件特例の要件の検証を試みるために細分化した要件を俎上に挙げることとした。以降、これら4つの（ア）ないし（エ）をそれぞれ第1要件①ないし第1要件④と呼ぶこととする。

（ア）資産の譲渡をしようとする者が他人の債務の保証人となっていること（保証債務の存在）

（イ）資産の譲渡前に保証債務の履行義務が具体的に確定しており、その履行をしなければならない状況にあったこと（余儀なくされた履行）

（ウ）保証債務を履行するために必要な資金の捻出を主たる目的として資産を譲渡したものであること（履行と譲渡との牽連性、譲渡の目的）

（エ）資産の譲渡代金により保証債務を履行して主たる債務を消滅させたこと（履行資金の原資）

1 第1要件①について（保証債務の存在）

(1) 口頭による保証債務の存在が否定された事例（最判平成3年2月22日税資182号350頁、福岡高判平成2年2月27日税資175号901頁）

保証債務の存在が否定された判決として、平成3年の最高裁の判決（下に掲げた判決文は控訴審のものである。）や左記裁決（平成10年7月9日）などがあるが、平成16年の民法改正で、口頭による保証債務契約は無効となったので、この点を争点とする事件については、今後は表面化してこないものと思われる（書面性の問題は残るかも知れない。）。

「控訴人は、亀鶴は火災によって生じた太洋の被災者らに対する補償金支払債務を含む太洋の全債務につき個人保証をしていたので、亀鶴及びその共同相続人は右保証債務を履行するため、1ないし5の各物件外三筆の個人資産を太洋に提供し、これらの処分方法及び代金の受領等の権限もすべて太洋に委ねて保証債務を履行した旨主張する。

って肩代わりした事件であり、代位弁済額約2億5,800万円について特例適用が主張されたが、そもそも主たる債務者の債務について保証人となっていた事実は認められないとして、実質的には請求が棄却され、一部の1,500万円についてのみ保証債務があるとして認容されたもの。

しかしながら、…(略)…亀鶴が控訴人主張のように太洋の全債務について保証したことを認めるに足りる証拠も十分ではない。確かに、亀鶴が太洋の取引銀行等に対する多くの債務につき保証していることは否定することはできない。そして、…(略)…谷口肇は、証人尋問において、亀鶴が火災によって生じた太洋の被災者らに対する補償金支払債務を個人保証した旨供述し、…(略)…甲第23号証の1には右供述を裏付けるような記載があるが、右甲第23号証の1(作成日は昭和57年5月14日)に記載された昭和54年3月27日付覚書は証拠として提出されていないこと並びに…甲第23号証の1…の記載のみから直ちに亀鶴が火災によって生じた太洋の被災者らに対する補償金支払債務を保証したものとは認めるに足りない(亀鶴ないしその共同相続人による右補償金の支払約束及び支払の履行は、太洋の取締役としての同人らの固有の責務としてなされたものと推認される。)。また、1ないし3の各物件の譲渡代金が太洋の債務について亀鶴が保証したどの保証債務の履行に供されたものかを具体的に確定するに足りる証拠はなく、控訴人の引用する嘆願書…によってもこれを認めることができない。…(略)…したがつて、控訴人の法64条2項を適用ないし準用すべきであるとの主張は理由がない。」(福岡高判平成2年2月27日税資175号901頁)

(2) 保証人が実質上の保証人であること

通常は、主たる債務者は会社であり、その社長が私財を担保に保証人となるというのが自然な形態であるが、何らかの理由で債務者名義を会社ではなく社長本人にするということもないわけではない。この場合、形式的には債務者名義は社長であるが、実質的には会社が債務者で社長は保証人になっており、本件特例が適用できることもある。また、逆に、実質的には社長が主たる債務者であるにもかかわらず、本件特例を適用するために、形式上、債務者名義を会社にし、社長が保証人となっている場合もある。後者の場合は、明らかに制度の乱用、租税回避行為である。

ここで紹介する事例は、会社社長の友人であり同社の取締役である被控訴人が保証人となっていたところ、処分庁によって、被控訴人は実質的には主債務者であり保証人ではないとして本件特例の適用が否認された処分が取り消された事例[14]である。

また、脚注に掲げた2件[15,16]についてはそれぞれ、主たる債務者の名義は社長または父親となっていたが、後日、特に有力な証拠もなく、原告によって実質的な主たる債務者は、会社または長男であって、自分は保証人だったと主張されたものであり、そもそも主張に説得力はない。判断のポイントは、やはり詳細で正確な事実認定である。

「金融業者借入金1ないし5は、札幌基礎調査のために使用され、同社は実質的には我妻の個人会社というべきもので、被控訴人は、同社の取締役の地位にあったが、同社の資金繰りに協力するのが主たる役割であり、月額20万円の報酬を得ていただけであったこと、被控訴人と我妻との間で、金融業者借入金1ないし5に対応する金銭貸借契約書が作成されたこと…（略）…からすれば、被控訴人と我妻との間では、金融業者借入金1ないし5の弁済資金は札幌基礎調査又は我妻において出捐すべきものであり、被控訴人が自ら弁済しても、これを我妻に請求し、最終的には我妻の負担とすることが合意されていたものと認められる。このような被控訴人と我妻の関係からすれば、我妻が右金融業者借入金を自ら直接弁済するために、自身が債務者となって金融機関から融資を受け、これについて被控訴人が保証人となり担保提供をすることは、格別異常のものではないし、実体と齟齬するものでもない。…（略）…そうすると、本件借入金1、2については、単に形式上のみならず、関係当事者の意思においても実体上も、我妻が債務者であり、被控訴人がその保証人であったというべきである。…（略）…右のとおり認められる以上、債務者たる我妻の弁済能力が不確実であり、前記各農協がもっぱら被控訴人の資力、被控訴人の提供した担保に着目して融資をしたからといって、所得税法64条2項に規定する「保証債務」の範囲を限定して、被控訴人の本件各保証を同項の「保証債務」に該当しないとするのは相当でないというべきである。」[17]（札幌高判平

14　三木義一、田中治、占部裕典『租税判例分析ファイルⅠ』300頁（税務経理協会、第2版、2009年）
　　実質上の保証人であることが認められた事例としては他に、裁決昭和55年6月24日（裁決事例集20号128頁）、大阪地裁昭和42年7月4日判決（訟月13巻10号1285頁、税資48号244頁）があげられるが、いずれも（酒井克彦『所得税法の論点研究』447-449頁（財経詳報社、初版、平成23年）を参照。

15　三木義一、田中治、占部裕典『租税判例分析ファイルⅠ』300頁（税務経理協会、第2版、2009年）

16　静岡地判平成7年9月7日税資213号574頁及び裁決平成12年12月11日裁決事例集 No. 60 -315頁

17　本文に掲げた事例とは異なるが、かつて農業協同組合が組合員以外には貸付けを行うことがで

6年1月27日訟月41巻10号2637頁、判タ861号229頁)

きないことから、組合員を名義人とした迂回融資(トンネル融資、員外融資)が行われたことがあり、これに関連して、以下のような照会とそれを受けた個別通達が発遣され、名義上の主たる債務者である組合員が実質上の保証人として取り扱われたことがある。
　照会の要旨
　　A農業協同組合の組合員である甲(照会者)は、組合員でないために同組合から融資を受けることができない乙からの依頼により、甲名義で同組合から借入を行い、直ちにこれを乙に貸付けた。その後、乙が資力を喪失し、その貸付に係る債務の弁済が困難な状態に陥入ったため、甲は自己の負担においてA農業協同組合からの借入金を返済しなければならないこととなった。そこで甲は、自己所有の土地を譲渡して当該借入金の返済を行った。甲がした当該借入は、融資資格を有しない乙のために債務の保証をすることに代えて行われたものであるが、甲は、乙が資力を喪失して債務を履行することができないこととなったためやむを得ず自己の所有する土地を譲渡してその債務の履行をすることとしたものであり、その土地の譲渡は、その実質において保証債務を履行するための資産の譲渡に該当するものと考えられるから、当該土地の譲渡については所得税法第64条第2項に規定する保証債務を履行するための資産の譲渡として取扱われたい。
　　個別通達昭和54直審5－22(他人のために農業協同組合等から借入れた債務を弁済するために資産を譲渡した場合における所得税法第64条第2項の規定の適用について)
　　他人のために農業協同組合から借入れし、その借入金を返済するために資産を譲渡した納税者から、当庁に対して別紙記載要旨のような照会(上記の照会の要旨；筆者注)があった。これについては、その債務を履行するための資産の譲渡が、その事実からみて保証債務を履行するための資産の譲渡と同等のものであると認められたので、所得税法第64条第2項の規定を適用することとしたから了知されたい。なお、これと同様の事案については、下記のいずれにも該当する場合に限り、これに準じて取扱うこととされたい。
　1　資金の借入をしようとする者(以下「実質上の債務者」という。)が農業協同組合の組合員でないため、当該組合から資金の借入ができないので、当該組合の組合員(以下「名目上の債務者」という。)がその資格を利用して当該組合から資金を借入れて、これを実質上の債務者に貸付けた場合のように、その借入及び貸付が債務を保証することに代えて行われたものであること。
　2　実質上の債務者が、その貸付を受ける時において資力を喪失した状態にないこと。
　3　名目上の債務者が借入れた資金は、その借入を行った後直ちに実質上の債務者に貸付けられており、その資金が名目上の債務者において運用された事実がないこと。
　4　名目上の債務者が、その貸付に伴い実質上の債務者から利ざやその他の金利に相当する金銭等を収受した事実がないこと。
　(注)　この取扱いは、名目上の債務者が、実質上の債務者のために債務を保証したと同様の事情にあると認められるものについて所得税法第64条第2項の規定を適用することとしたものであるから、名目上の債務者が当初から貸付けた資金の回収を意図していないと認められるような場合には適用がないことに留意する。

2 第1要件②について（『余儀なくされた』履行、『止むに止まれぬ』資産の譲渡でなければならないか。）

(1) 債務者の返済遅延、債務者に対する返済請求、保証人に対する保証債務の履行請求、返済請求などが必要であるとするもの

債権者からの保証債務の履行請求がない時に、保証人が債権者に土地等を代物弁済した場合には、保証人が自己の資産を主たる債務者に提供しもしくは貸し付け、主たる債務者が単なる債務の返済として債権者に土地等を代物弁済したものとみなされ、保証債務の履行とは認められない可能性があるとの考え方もあったようである[18]。事実、以下に掲げるように裁判例や裁決も同様の考え方[19]を採用していたと思われる。こうした考え方は、本件特例の趣旨が窮地にある保証人、つまり、保証債務の履行をせざるを得ない状況に追い込まれ、履行して得た求償権が所期の想定に反して行使できなくなった状況にある保証人の担税力、立場に配慮し酷となるような措置を控えるという点にあること、また、取引の実務においても主たる債務者が事業廃止、倒産等の事態に至らない限り債権者から保証人に対する請求あるいは担保物件についての競売の申し立て等がなされることはまれであること、さらには、単純保証である場合には補充性があることなどの諸々の要因のため、保証人に対する保証債務の履行請求等を必要条件として観念し、債務者が期限の利益を放棄するような状況を予期して来なかったのではないかと思われる。以下、従来の考え方の裁判例[20]を掲げる。

「本来、資産の譲渡による収入を保証債務の履行に充てるか否かは所得処分の問題であり、所得金額の有無やその計算にあたっては当然に考慮されるべき事柄ではない。しかしながら、資産の譲渡が保証債務を履行するためになされたものである場合、これにより生じた収入をもってなされた保証債務の履行、すなわち出捐の全部又は一部が回収できなかったときには、経済的

---

18 三木義一、田中治、占部裕典『租税判例分析ファイルⅠ』275頁（税務経理協会、第2版、2009年）

19 Ⅳ4(1)に掲げる平成14年の経産省からの照会も同じ現状認識にあると考えられる。

20 同旨、静岡地判平成5年11月5日訟月40巻10号2549頁。その他、多くの同旨の判例があるが、判示をみると、要件ではなく、立法趣旨を推測して述べているのに過ぎないとの批判もある。（岸田貞夫「保証債務の特例における債務の借り換えと求償権行使不能の判断」TKC税情14巻1号（2005年2月）49頁

には、その分の所得はなかったのと変わりがないとみることもできる。そこで、このような場合の課税の特例的な減免を認めたのが所得税法64条2項である。したがって、右「保証債務を履行するため資産の譲渡があった」との要件を充足するためには、資産の譲渡が保証債務の履行を余儀なくされたために行われたものであることを要すると解するべきであ（中略）…る。」（大阪地判平成4年12月1日税資193号708頁）

(2) 債権者からの働きかけは不要とするもの

従来、第1要件②については、上記裁判例にもみられるように保証債務の履行を「余儀なくされる」状況下で「やむにやまれず」資産を譲渡した場合でなければならないと解釈されてきており、実務でもそういう解釈が処分の基本的考え方であった。しかし、この従来からの実務面や裁判例での解釈に対して、警鐘を鳴らした判決が以下に掲げる、さいたま地裁平成16年4月14日判決である。

被告国側は、従来の考え方に基づき、本件では、主債務者の弁済能力（事業継続能力も含む）があったこと、さらには、債務履行の請求もなく弁済期到来前の譲渡であることの二つをあげ、本件特例の適用はないと主張した。これに対して、判決では、債務者は期限の利益を放棄しても何ら差支えないこと等の判断を示し、原告主張を認容した。この裁判例については、「課税の特例的な減免規定である本件特例につき限定解釈を示していた過去の判例等を翻すものであり、」また、「実務上の対応と異なるものであり、…課税要件明確主義に沿ったものである。」との評釈[21]や、「租税法の解釈適用にも一定の趣旨的解釈ないし目的論的解釈が許される余地もあろうが、法律の明文になく判例や通達にも示されていないような要件を現場の課税庁が独自に設定し、法律で認められている特例の適用を必要以上に狭める結果となるとすれば問題である。本件は、所得税法64条2項の保証特例の目的論的解釈の限界を指摘し、租税法律主義の厳格な適用を求めた一事例といえよう。」との評釈[22]もあり、総じて評価されている[23]。第1要件②については、現状、

---

21 村田美雪『最新租税判例60』61-63頁（税研、148号、2009年）
22 判タ1204号（2006年）300頁。
23 岸田貞夫教授は、「所得税法64条2項の保証債務について、税法は特に規定しておらず、いわゆる借用概念と解されるところ、民法上の保証債務の請求権の行使についての規定である民法

要件とされていないものと考えられる[24]。以下、同地裁判決[25]を掲げる。

「被告は、所得税法64条2項の適用のためには、保証債務の履行を「余儀なくされる」状況下でやむにやまれず資産を譲渡した場合でなければならないとして、まず、本件では、①資産の譲渡が債務の弁済期の到来前に行われ、②債権者である住友銀行及び埼信が主債務者であるZに債務の返済を請求した事実はなく、③保証人である原告に保証の履行を請求した事実もない等の事情から、本件には所得税法64条2項の適用はないと主張する。

しかし、上記被告の主張は採用できない。保証人は主債務の弁済期の前後を問わず弁済でき、弁済したときは求償権は発生する（民法459条）。しかも、期限の利益は債務者の利益の為の定めと推定され（民法136条1項）、債務者は期限の利益を原則として放棄することができる（同条2項本文）。もちろん債務者の側で期限の利益を放棄しても直ちに保証人に対抗できないが、保証人が債務者と歩調を合わせ期限の利益を放棄することは何ら差し支えない。そして有限会社が解散した場合には、清算の早期結了の要請から、会社は期

459条（委任を受けた保証人の求償権）により判断すると、通説では、『保証債務は保証人自体の債務であり、期限の利益は保証債務者のためにあるから、それを放棄しても原則として問題はない。もっとも、主たる債務者の有する期限の利益を害することはできず、主たる債務者の意思に反して保証債務を履行すれば、その求償できる範囲が制限されることになる。この場合でも、主たる債務者が承諾したときは、この限りではない。この承諾は事前であると、事後であるとを問わない。』（注釈民法債権総論Ⅱ（459条関係中川淳稿）272頁）と解されていること、また、民法459条に関する裁判例においても弁済期前の保証債務の履行については、『債務を消滅せしめる行為は、弁済期の前であると、後であるとを問わない。したがって、保証人が弁済期の前に弁済したときには、求償権を取得するが、主たる債務者の有する期限の利益を害することはできないから、弁済期が到来するまでは、その求償権を行使することはできない。』（大判大正3年6月19日民録20号476頁）とした判決などがあることから、民法の通説的な解釈では、期限前に保証債務を履行することは認められているところであり、所得税法64条2項においてもそう判断すべきこととなる。」と評釈されている。さらに、今後の判例も本件判決に追随すべきものと思われるとされる一方、実務家の中には、今後の判決や課税庁の動向については懐疑的な見解も少なくないとし、今後の判決例による検討、積み重ねが期待されるとされている。（岸田貞夫「保証債務の特例における債務の借り換えと求償権行使不能の判断」TKC税情14巻1号（2005年2月）49-50頁。

24 岩崎正明教授は、さいたま地裁判決の事実関係はかなり特殊であるから、同判決の理由付けを請求前履行について一般的に援用できるかどうかは定かではないとされつつ、この判決を拠り所として、保証債務の特例の適用を認めるべきであると主張することができる事件が増加するものと示唆されている。（岩崎政明『ハイポセティカル・スタディ租税法』212頁（弘文堂、第3版、平成22年）

25 同旨、東京高判平成7年9月5日。

限未到来の債務についても弁済することができるとされている（有限会社法75条、商法125条）。本件でも保証人である原告が期限前に代位弁済したのは主債務者であるZと保証人である原告がともに期限の利益を放棄した結果とみて差し支えない。すなわち、債務者本人たる有限会社が解散し、清算の早期結了の要請から期限の利益を放棄して、保証人に対し代位弁済を要請し、保証人がこれに応じた場合は、保証人の立場は、主債務の弁済期到来による代位弁済とほぼ同様であって、前者と後者について所得税法64条2項の適用上取扱いを異にすべき合理的理由はない。

所得税法64条2項の適用について、主債務について期限が到来しあるいは遅滞に陥っていなければならないとするのは、所得税法64条2項の条文にも判例通達にも見当らない要件である。被告の上記のような主張は、商法や有限会社法では会社が解散した場合、清算の早期結了のためむしろ期限前の弁済を奨励しているとみられること（商法125条、430条、有限会社法75条）とも矛盾したこととなろう。」

「所得税法等税法の解釈・運用は、可能な限り経済的利益の得喪・変更という客観的指標によることが望ましい。被告が本訴で主張しているような「保証債務の履行を余儀なくされた」とか「止むに止まれぬ弁済」でなければならないとの要件は、所得税法64条2項の法文になく、これを明らかにした通達もなく、標準的な所得税法の解説書（例えば、金子宏「租税法」9版や注解所得税法研究会「注解所得税法」3訂版等）にも触れられていない。仮にそうした要件をもうけることがふさわしい場面があるとしても、できる限り明確な基準によるべきであり、本件で問題となったような「会社の事業継続が可能であったかどうか」などという曖昧な基準で所得税法64条2項の適否を決するのが適当とは思われない。…（略）…」（さいたま地判平成16年4月14日税資254号9625頁、判タ1204号299頁）

3　第1要件③について（履行と譲渡との牽連性、譲渡の目的）

従来から、特例が適用されるためには、資産の譲渡と保証債務の履行との間に強い因果関係、牽連性が必要であるという要件解釈があり、これについては、譲渡による収入が履行に充てられたとの因果関係[26]が必要と解されて

きており、現在も承認されている。
 (1) **譲渡による収入が履行に充てられたとの因果関係が必要とするもの**
 以下に掲げる事件は、譲渡後、譲渡した土地の譲渡代金が入る前に、借り入れた資金で保証債務の履行をしたもので、(2) の事件と類似するものの、借入目的には差異が認められるものであり、牽連性が認められなかったものである。
 「所得税法第64条第2項の規定が適用されるためには、資産の譲渡と保証債務の履行との間に強い因果関係が必要であるというべきであって、保証債務の履行と資産の譲渡とが、たまたま時期を同じくして行われたとしても、保証債務の履行が保証人の譲渡代金以外の資金、信用によって行われたときは、同条項の適用がないものと解すべきであり、ただ、保証債務の履行を求められたため、やむを得ず譲渡代金を受領するまでのつなぎ資金として、一時的に借入金でその保証債務を履行しておき、その後短期間のうちに資産を譲渡して、その譲渡代金をもって遅滞なくその借入金を返済するなど、資産の譲渡と保証債務の履行との間に強い因果関係があると認められる場合にも同条項の適用があるものと解する。本件については、分割受領した譲渡代金の流れ等からみて、資産を譲渡した後に借り入れた資金は本件土地の譲渡代金を受領するまでの一時的なつなぎ資金であるとは認められず、土地の譲渡と保証債務の履行との間に強い因果関係があるとは認められないから、所得税法第64条第2項の適用はない。(裁決要旨)」(裁決平成2年6月22日裁決事例集 No. 39-133頁)
 (2) **借入金で返済し、借入返済のために譲渡した場合**
 これは、上記裁決の傍論で触れられている所得税基本通達64-5が例示して認めているものである。履行請求があってもすぐに資産の販売先が見つかるものでもなく、若干の時間的猶予が必要な場合もある。譲渡代金を受領するまでのつなぎ資金として、一時的に借入金でその保証債務を履行してお

---

26 第1要件③と第1要件④の差異は、前者は取引全体の関連性に注目しているのに対し、後者が資金的な動きそのものに注目している点にある。もともと第1要件①から第1要件④までは必要要件であるとして俎上に挙げているが、個別の事例へのあてはめでは、例えば、3 (2) でみるように第1要件④を満たさなくとも適用可能と判断されることもあるが、その場合は、譲渡代金の解釈の問題と考えることもできると考えられる。

き、その後短期間のうちに資産を譲渡してその譲渡代金をもって遅滞なくその借入金を返済する場合にも、譲渡と債務履行の牽連性が認められるので、特例の適用を認めることとされている[27]。

同通達では、資産の譲渡が保証債務を履行した日からおおむね1年以内に行われていれば、実質的に保証債務を履行するために資産の譲渡があったものとしている[28]。

(3) 譲渡代金を預金し、借入金で履行した場合（最判平成5年3月2日税資 194 号 619 頁、東京高判平成 2 年 11 月 29 日税資 181 号 491 頁、東京地判平成元年 10 月 31 日税資 174 号 491 頁）

基本通達 64-5 は、保証債務を履行する時に不動産が譲渡されていない場合であるが、下の裁判例は、譲渡代金で履行することなく、当該資金を定期預金に設定し預金運用しつつ、あえて借り入れで履行しており、履行と譲渡との牽連性が薄れ譲渡の目的が保証債務の履行とは認定できないと判断されたものと思われる。

「原告は、三井銀行に対する保証債務を履行した昭和55年2月28日以前に右1,000万円を含む別表2の〈1〉の土地の譲渡代金を全額受領し、この金員をもって定期預金を設定していたのであるから、定期預金を設定せずあるいは定期預金を解約して保証債務の履行に充てることが十分可能であったにもかかわらず、同行の担当者からの要請があったとはいえ、敢えて借り入れをして保証債務を履行し、右譲渡代金を定期預金として一年間にわたって運用し、利息を受領する等の経済的利益を受け、あるいは裏磐梯の土地の売却を有利に運ぼうとしたものということができるのであるから、別表2の〈1〉の土地のうち右1,000万円に対応する部分についても保証債務の履行のために資産の譲渡があったと認めることはできないものというべきである。

なお、課税実務上、借入金により保証債務を履行し、不動産を譲渡してその借入金を返済するような場合であっても、所得税法64条2項の適用を認める扱いがされることがあることは、当事者間に争いがないが、弁論の全趣

---

[27] 東京高判平成 2 年 11 月 29 日税資 181 号 449 頁参照。
[28] 占部裕典教授は、履行から売却まで1年を超えても因果関係が存する場合には、認められると解すべきであろうと指摘される。（三木義一、田中治、占部裕典『租税判例分析ファイルⅠ』282 頁（税務経理協会、第 2 版、2009 年）

旨によれば、右取扱いは、保証債務を履行する際には不動産が譲渡されていない場合に関するものであることが認められるから、不動産が譲渡され、その譲渡代金を受領したあとに借入金で保証債務を履行したという本件に右取扱いが適用される余地はないというべきである。」（東京高判平成2年11月29日税資181号491頁）

(4) 譲渡収入が僅少な場合（最判平成4年6月25日税資189号790頁、東京高判平3年7月25日税資186号386頁、東京地判平3年2月27日税資182号482頁）

原告の保証人としての弁済額が譲渡収入金額に比較しあまりにも僅少であるため、その譲渡と保証債務履行との牽連性が全くなく、譲渡の目的を保証債務の履行のためと認めなかったものである。

「所得税法64条2項…（中略）…が適用され得るのは、当該資産の譲渡の原因が、保証債務の履行をするためである場合のほか、少なくともこれと同視し得るような、不可分債務、連帯債務の履行等、他人の債務の履行たる実質を含む自己の債務の負担に基づく場合又は物上保証人に対する担保権の実行、物上保証人による債務弁済等、他人の債務の履行たる実質を有する自己の法律上の責任の負担に基づく場合などに限られるものと解するのが相当である。

しかるところ、原告の主張によれば原告が55年分譲渡に係る譲渡収入で弁済したとする各債務のうち、…（中略）…鈴木牧場が東京信用保証協会の保証の下に金融機関から借り入れた金員を同信用保証協会が代位弁済することにより生ずべき求償債務につき、原告が同信用保証協会に連帯保証し、55年分譲渡に係る譲渡収入のうち2万円を右連帯保証債務の弁済に充てたことは当事者間に争いがなく、右事実によれば、右弁済は、他人の債務の履行たる実質を含む自己の債務の負担に基づくものといい得るが、55年分譲渡に係る譲渡収入金額が4,821万6,350円であるのに対して右弁済額が2万円であるにすぎないことに照らせば、原告が55年分譲渡をしたのが右保証債務の弁済のためであると認めることはできない。」（東京高判平成3年7月25日税資186号386頁）

4　第1要件④について（履行資金の原資）

(1)　譲渡代金が貸し付けに使用された場合

「これらの事実を総合すると、原告は、本件第一土地の譲渡代金2億7,729万6,078円の一部である1億7,194万8,078円を八色産業に貸し付け、その後、八色産業はこれを資金とするなどして本件第一債務の支払いをしたものと認められる。そうすると、原告の本件第一土地の譲渡は、主債務者である八色産業の資金運用のためにされたものというべきで保証債務履行のためにされたものであるということはできない。」（新潟地判平成12年2月25日税資246号980頁）

(2)　譲渡代金以外で債務が履行されている場合[29]

「同条同項は「保証債務を履行するため資産の譲渡があった場合」と定められているのであるから、右資産の譲渡代金によって保証債務が履行された場合に限って同条同項の適用があることは明らかであって、右資産の譲渡代金以外の金員をもって保証債務が履行されたとしても、右適用はないものといわなければならない。ところで、…（略）…本件土地の売買代金は未だ南大阪住宅株式会社から控訴人に対して支払われてなく、同社の買掛金として未払のまま残存している事実が認められるのであるから、前記2の（二）及び（三）の各支出については所得税法64条2項適用の要件を欠いているものと認めることができる。」（大阪高判昭和59年3月29日税資135号505頁）

Ⅳ　第2要件（保証債務を履行したこと）

1　所得税基本通達64-4の意義

64条2項の条文からすると、保証債務の履行があった場合とは、民法446条に規定する保証債務または同454条に規定する連帯保証人の債務の履行があった場合を指しているといえるが、所得税基本通達64-4[30]は、通達の

---

[29] 譲渡代金以外で債務が履行されているとして、特例適用を認めなかった事件として他に、福岡地判昭和63年2月18日税資163号261頁、東京地判平成2年4月13日（税資176号534頁）、大阪地判平成4年12月1日（税資193号708頁）参照。

[30] 所得税基本通達64-4（保証債務の履行の範囲）
　法第64条第2項に規定する保証債務の履行があった場合とは、民法第446条《保証人の責任

(1)から(6)までに掲げる場合においても、その債務の履行等に伴って求償権が生ずるときは、保証債務の履行の場合と同様の事情にあるものと認められることから、これらの場合においても、保証債務の履行があった場合に該当するものとして取り扱っている[31]。

この通達の規定は、Ⅱ2(1)で述べた昭和36年7月20日の通達の後身であり、民法上、物上保証は保証債務には含まれないが、一種の類推解釈[32]となっており、文理解釈を旨とする租税法の解釈に違反するようにも見えるが、この通達は納税者にとって有利な取り扱いを肯定するものであり、発遣以来すでに50年以上を経過していることから、すでに行政先例法になっていると評価する見解のもとで肯定されうるとされている[33]。

2 保証債務の履行に関する裁判例

裁判例も同様の考え方のように思われる。

(1) 物上保証

以下に掲げる昭和40年の最高裁判決の争点は、①抵当権実行のための任

等》に規定する保証人の債務又は第454条《連帯保証の場合の特則》に規定する連帯保証人の債務の履行があった場合のほか、次に掲げる場合も、その債務の履行等に伴う求償権を生ずることとなるときは、これに該当するものとする。(昭56直資3-2、直所3-3、平17課資3-7、課個2-25、課審6-13改正)
 (1) 不可分債務の債務者の債務の履行があった場合
 (2) 連帯債務者の債務の履行があった場合
 (3) 合名会社又は合資会社の無限責任社員による会社の債務の履行があった場合
 (4) 身元保証人の債務の履行があった場合
 (5) 他人の債務を担保するため質権若しくは抵当権を設定した者がその債務を弁済し又は質権若しくは抵当権を実行された場合
 (6) 法律の規定により連帯して損害賠償の責任がある場合において、その損害賠償金の支払があったとき。

[31] 森谷義光、北村猛、一色広己、田中健二共編『所得税基本通達逐条解説』728頁(大蔵財務協会、平成26年版)
[32] 法律関係を実質的にみて保証契約が存するということができるものについて保証債務の履行があったものとして、保証債務の履行の範囲を規定しているものと思料される。
[33] 酒井克彦教授は、本文で述べた行政先例法としての成立を認める行政先例法アプローチのほかに、保証債務を借用概念と解した上で目的論的に解釈する目的論的アプローチを提唱されている。つまり本件特例が所得税本法にありながら政策的色彩の濃い規定であることから、実質的な観点から、保証債務あるいはこれに類する同種の状況下にある担税力の減殺を考慮するという趣旨に見合った場合には、保証債務として理解することとするというアプローチである(酒井克彦『所得税法の論点研究』423頁(財経詳報社、初版、平成23年))。

意競売は資産の譲渡に含まれるか、②その収入金額の権利確定時期はいつか、③求償権の取立不能は譲渡所得の金額の範囲に影響するか、の3点であった。旧法下の事件であり、本件特例は未だなかったので、3点目の争点が最大の争点として争われたものである。原告は、競売が譲渡であるとしてもその収入金額の確定は保証債務を履行し求償権が発生した時であり、その求償権に相当する金額が譲渡対価であるとし、行使できない求償権については控除すべきであると主張したものである。本件判例に係る処分は昭和35年12月なので、処分には直接の影響はないが、既にこの昭和40年の判決より4年前に前述の昭和36年7月20日の長官通達（物上保証）が発遣されており、その後、Ⅱに既述のとおり、昭和37年の改正で現在の人的保証も含む法規定が設けられ、物上保証に関しても基本通達として、引き続き拡張して取り扱われている状況であった[34]。

当該判決では、「代位弁済による求償権は、代金納付後、担保権者に代金交付がなされることにより、その代位弁済的効果として発生する権利であって、所論のごとく、競売の対価たる性質を有するものではない。」とし、求償権は、担保物件の譲渡による譲渡所得の計算とは無関係[35]であるとした。そして、保証債務の履行との関係でいえば、実質的に代位弁済同様の効果により生じるものと説示していることから、担保権の実行による債権者への弁済は、保証債務の履行があった場合と同様であると判断されているものと考えられる。

「抵当権実行のためのいわゆる任意競売は、担保権の内容を実現する換価行為であって、競落人は目的不動産の所有権を承継取得するものであるから、所得税法9条1項8号にいう資産の「譲渡」に該当するというべきである。しかして、資産の譲渡によって発生する譲渡所得についての収入金額の権利確定の時期は、当該資産の所有権その他の権利が相手方に移転する時であるが、任意競売における所有権移転の時期は競落代金納付の時と解するのが相当である（大審院昭和7年2月29日判決、民集11巻697頁参照）から、競売に

34　吉田富士夫、別冊ジュリスト17号78頁
35　主たる債務者への求償は譲渡後の所得の処分に係る関係であるから、譲渡所得の計算において、求償権の金額は全く無関係である。ただし、背景にある減免についての考え方に関して言えば本件特例の考え方と軌を一にするものがあると思料される。

よる譲渡所得については、代金納付の時に権利が確定する、というべきである。

ところが、所論代位弁済による求償権は、代金納付後、担保権者に代金交付がなされることにより、その代位弁済的効果として発生する権利であって、所論のごとく、競売の対価たる性質を有するものではない。それ故、譲渡所得の対象は競落代金そのものであつて、求償権の取立が事実上不能であるとしても、かかる事情は、譲渡所得の成否に何等の消長をもきたすものではないといわなければならない。…（略）…」（最判昭和 40 年 9 月 24 日民集 19 巻 6 号 1688 頁、訟月 11 巻 12 号 1817 頁、税資 41 号 1031 頁、判タ 183 号 109 頁、判時 422 号 29 頁）

(2) 合資会社の無限責任社員の会社債務履行

「法 64 条 2 項は、直接には「保証債務を履行するため」に資産の譲渡があった場合の所得計算の特例を規定したものであるが、合資会社の無限責任社員が会社の債務を履行した場合も、債務の履行を余儀なくされ、その結果、求償権を取得するということでは、保証人が保証債務を履行した場合と同様であるから、本件特例の適用があると解すべきところ、合資会社の無限責任社員が会社の債務を弁済すべき責任は、会社が債務超過の状態にあり、会社債務の完済が不能であるときに初めて生ずるものであるから（商法 147 条、80 条）、合資会社の無限責任社員が本件特例の適用を受けるためには、資産の譲渡時に会社が債務超過となっているか、あるいは債務超過になることが確実に予想されることのほかに、無限責任社員が会社の債務を履行した時点においても、当該会社が債務超過であったことを要するものと解するのが相当である。」（東京地判平成 9 年 3 月 21 日行集 48 巻 3 号 159 頁、税資 222 号 1055 頁）

(3) 第三取得者による代位弁済

本件特例において、保証人の担税力を斟酌し保護を与える趣旨の根底には、保証人が債権者に対して法的に相応の責任を持ち、取引の安全に関して貢献していることに対して、税務上の恩典を与えるところがあるのではないかと考えられるところから、債権者との間に保証契約や物上担保契約という法的形式を通して相応の責任を負っている保証人や物上保証人とは異なり、第三取得者は以下の説示のように債権者との関係性の観点や譲渡に伴うリス

ク負担の関係などから本件特例の恩典が与えられていないものと考えられる。

「本件特例は、課税の特例を定めた規定としてその適用は厳格であることが要求されるところ、物上保証人であれば、債権者に対して保証債務を負うものではないが、自己所有の財産を他人の債務の担保として債権者に供するため債権者と当該担保権の設定契約を締結するものであり、債権者との契約により保証債務を負う保証人と実質的には同様の立場にあるといい得るから、物上保証人が代位弁済する場合には実質的には保証債務の履行と変わらないものとして本件特例の適用を認めることができるけれども、第三取得者の場合は債権者の関与を要せずに売主との合意のみで当該物件を取得するものである上、取得の際に抵当権等の負担を織り込んで代金等を決定することが可能であり、また、そのようにするのが通常であるから、保証人ないし物上保証人とは立場を異にするというべきであり（なお、民法501条が代位者相互間の関係について保証人及び物上保証人を同列に置き、第三取得者をこれらの劣位に置いていることも右解釈の参考となる。）、第三取得者には本件特例の適用はないというべきである。」（東京地判平成元年5月15日判タ722号244頁、行集40巻5号464頁）

3 譲渡代金を主債務者に貸付け、主債務者が返済した場合

債権者に対して履行することなく、主たる債務者に対して貸し付けた場合には、主たる債務者が債権者に返済しない場合も考えられるところであり、その場合は実質的にも債権者の債権は回収されておらず、適用がないことはいうまでもない。仮に返済されたとしても、主たる債務者に対して保証人が持つ債権は求償権ではなく、貸付債権となり、両者の取引の法的実質は全く異なったものである。

以下に掲げる事件は、資金は、相当部分について保証人から主たる債務者を経由して債権者へ渡り保証債務が弁済されているのであるが、保証債務の履行と認定されず営業資金の貸付けと認定されたものである。

「原告は、本件売買代金をAの預金口座に送金することにより、主債務者であるAに対し、営業資金を貸し付けたにすぎず、その貸付金のうちの相当部

分がＡによって各債権者への債務の弁済に充てられたとしても、これをもって原告が自らの保証債務を履行したものと認めることはできないというべきである。」（盛岡地判平成 13 年 6 月 29 日税資 250 号）

また、弁済の有無を確認するまでもなく、両者間の資金の移動は確たる金銭消費貸借であり、資産の譲渡の目的は保証債務の履行のためではなく、貸付のためであると認定された事件もある。

「保証債務を履行するために納税者は土地の譲渡を行っているから、譲渡所得の計算に当たり、所得税法 64 条（資産の譲渡代金が回収不能となった場合等の所得計算の特例）2 項の特例を適用すべきであるとの納税者の主張が土地の譲渡代金は訴外会社に対する貸付金とする公正証書があること、納税者は貸付金の返済として支払いを受けていることなどから、納税者の土地の譲渡は訴外会社に対する資金の貸付けのために行われたものであるとして排斥された事例」（原審判決引用）」（東京高判平成 10 年 10 月 15 日税資 238 号 707 頁）

Ｖ　第 3 要件（求償権の全部または一部を行使することができないこととなったこと）

1　主たる債務者がすでに債務を弁済できない状態である時に、債務の保証をしたものでないこと（債務保証時の主たる債務者の状況）

主たる債務者に資力がないため求償権の行使がそもそも不可能であることを知りながらあえて保証をした場合には、最初から主債務者に対する求償を前提としていないものであり、むしろ保証人において主たる債務者の債務を引き受けたか、又は主債務者に対し贈与をした場合と実質的に同視できるので特例の適用はないこととなる。

また、文理解釈から、「できないこととなったとき」とは、求償権行使ができる状態あるいはできると思われていた状態からできない状態になったときと解すべきであるから、当初から求償権の行使ができないような場合には、そもそも「求償権の行使をすることができないこととなったとき」という要件を充足することはないと解釈することも可能である[36]。

---

[36] 債務保証時に求償権の行使不能を知っていた場合に本件特例が適用できない場合を整理するに

この類型の裁判例は数も多く、ほとんどの事件が棄却事件である。以下に事例を掲げ、脚注に同類系の事件[37]をあげる。この種の棄却事件が後を絶たない状況もあるので、保証契約締結時点で求償権のあることを証明し、銀行への事業計画・融資申込書等を保存していくことが肝要とされる[38]。

　「所得税法64条2項は、…(略)…旨規定しているところ、その趣旨は、通常、保証人は保証債務を履行することとなっても、主債務者に対して求償権を行使することにより最終的負担を免れ得るとの見通しのもとに保証契約を締結するものであるが、保証債務履行のため資産を譲渡しても、これに反して求償権を行使できなかったときには、その限度で資産譲渡に係る所得に対する課税を差し控えようとするものと解される。したがって、保証人が保証契約締結時に、既に主債務者に対して求償権を行使することが不可能であることを確実に認識していたときには、その実質は主債務者に対し一方的に利益を供与するものにほかならないから、右趣旨からして所得税法64条2項を適用すべき場合に該当しないというべきである。」(札幌高判平成6年1月27日訟月41巻10号2637頁、判タ861号229頁)

2　保証した債務が借り換えされているときの主たる債務者の状況についての判断時期

　以下に掲げるさいたま地判平成16年4月14日では、包括的な根保証や根抵当権を設定している場合には、「個々の債務の入れ替わりが当然予定されているから、当初の根保証や根抵当権設定時の認識を問題とすべきであ

　　当たり、本文で記したように、保証人において主たる債務者の債務を引き受けたものと同様であるという点に焦点を当てると、保証債務の不存在、つまり、本稿でいう第1要件①（保証債務の存在）を満たさないからという整理もできる。

[37]　［債務保証時に求償権の行使不能を知っていた場合の判決例］
　　大阪地判昭和56年6月26日（行集32巻6号972頁）、名古屋地判昭和55年10月27日（訟月27巻2号398頁）、名古屋高判昭和57年3月24日（税資122号660頁）、名古屋地判平成5年2月26日（税資194号568頁）、静岡地判平成7年9月7日（税資213号574頁）、福島地判平成8年7月8日（税資220号47頁）、仙台高判平成10年1月.27日（税資230号180頁）、裁決平成12年12月11日（裁決事例集No. 60-315号、国税不服審判所HP）、仙台高判平成14年8月7日税資252号

[38]　三木義一、田中治、占部裕典『租税判例分析ファイルⅠ』308頁（税務経理協会、第2版、2009年）

る。」としつつ、単純な保証の場合であっても、「保証人は従属的な地位に置かれているのが通常であるから、借換え時において、保証人が主債務者に資力がなく、主債務者に対する求償権の行使が不可能であると認識していた場合であっても、」現実的には、保証債務負担を免れ得ないとして、保証した債務が借り換えされているときは、主たる債務者の状況は当初保証時の状況で判断するとされた[39,40]。この判示に関して平沢勝氏は、昭和39年の最判を引用しながら理論的には反論も可能であるとしながらも、特に中小企業の場合においては現実的には妥当な判断であるとされている。「期間が定められていない継続的保証契約は、会社の代表取締役である立場で保証した者が取締役を退任した、主たる債務者の経営状態が大きく変更されたり、財政状態が悪化して回復の見込みがない等、保証人として解約の申し入れについて相当な事由があると認められるときは保証人から解約をすることができるものと解されている（最判昭和39年12月18日民集18巻10号2179頁）ことから、新たに借り入れをする場合のその時の認識が適用可能か、否かの判定となるが、現実的には、出資も経営も同一である中小企業にとって、このようなことは不可能に近いのではないか。」[41]

以下さいたま地裁判決を掲げる。

「金銭消費貸借契約において、弁済期や月々の分割金の支払額を変更するため、新たな契約を締結する方法（いわゆる借換え）が採られることがあるが、かかる借換えがなされた場合、旧契約締結当時の主債務者の資力と、借換え時の主債務者の資力に変動があることが十分あり得る。そして、借換え時に、保証人は、保証債務の負担を自由に免れることができるものではなく、保証人は従属的な地位に置かれているのが通常であるから、借換え時に

---

[39] 借り換えに関する課税庁の主張は、①借り換えは新しい債務の成立、すなわち、従来の債務とは別物であるから保証債務の当然の引継ぎはない、②保証債務者は主たる債務者の借り換えの場合に、新たな保証債務への介入を拒絶できるから実質的にも新たな保証人を保護する必要はないとするものであった。

[40] 岸田教授は、「保証人は借り換え後の保証人にならざるを得ないのであるという事情から、従来の保証債務と借り換え後の保証債務とは、実質的に同一あるいは後者は前者の地位を引き継いだものとみるべきであり、本判決の先見性に賛同する」とされている。（岸田貞夫「保証債務の特例における債務の借り換えと求償権行使不能の判断」TKC税情14巻1号（2005年2月）51頁

[41] 平沢勝「保証債務・保証の借換えと求償権行使不能の判断」税研116号（2004年）82頁

おいて、保証人が主債務者に資力がなく、主債務者に対する求償権の行使が不可能であると認識していた場合であっても、旧契約締結時において、保証人が、求償権の行使も可能であると認識していた場合については、所得税法64条2項の適用はあると解するのが相当である。」（さいたま地判平成16年4月14日判タ No1204（2006.5.10））

3　履行不能についての従来の考え方、法令解釈

　求償権の全部または一部を行使することができなくなったか否かの判断につき、従来の考え方は、債務者の事情を考慮して、求償権を行使してもその目的が達せられないことが客観的に判断して確実な場合を指すとされていた。しかし、税法ではこれについて何ら規定を置いていないため、実務上、判定については、貸金等についての貸倒れの取扱い（所得税基本通達51-11～16）に準じて行うこととされてきている（所得税基本通達64-1（回収不能の判定））[42,43]。基本的な考え方としては、以下の（2）の裁判例にもあるように、求償の相手方たる主たる債務者及び他の共同保証人の資産や営業の状況、支払能力、他の債権者に対する弁済の状況や債権者に代位する物上担保権の優先順位、担保価値等を総合的に考慮して客観的に判断すべきとされ、主に債務者側の事情を観察することとされていた。

(1)　所得税基本通達64-1

　実務界では、「課税庁側から、『まだ、会社の事業継続ないし事業再建が可能であり、主債務の返済あるいは求償権行使が可能であったのに、保証人である会社経営者自らの判断で事業をたたみ、求償権行使を不能にしたものである。』との主張がされることがよくある。」との指摘もあり、また、会社の事業継続ないし事業再建の可能性などを保証特例という法律適用の可否の判断基準とすることは、要件としては曖昧ではないかとの批判もされているよ

42　所得税基本通達64-1（回収不能の判定）
　　法第64条第1項に規定する収入金額若しくは総収入金額の全部若しくは一部を回収することができなくなったかどうか、又は同条第2項に規定する求償権の全部若しくは一部を行使することができなくなったかどうかの判定については、51-11 から 51-16 までの取扱いに準ずる。（昭48直資4-6、直所2-22 追加）

43　貸倒れに関しての法人税の実務の認定基準については、法人税基本通達9-6-1以下。

うである。さらに、特例適用の要件である求償権の行使不能の判定は、法人（主たる債務者）が解散しない限り認定されないのではないかという認識もあり、実態として特例適用を見送る例が多々あったとの指摘もある[44]。

しかしながら、会社の事業継続ないし事業再建の可能性（のないこと）などが本件特例の要件とされているものではなく、要件の一つである、「求償権が行使できないこと」という主たる債務者の資力状態に関する要件を判断する上での一つの間接事実として事実認定されているものであり、認定すべき事実としてどのような事実に重点が置かれるかは、事案によって異なるものと考えられる。

(2) 求償権行使可能とされた判決（請求棄却とされたもの）

求償時の主たる債務者に弁済能力が全くない場合には、求償権の全部が行使不能ということになり、また、弁済余力が少しでも残っていれば、その部分は求償可能であるからその部分を控除した残額である「求償権の一部」が行使不能ということになる。本件特例は納税者への課税減免規定であるから、納税者側に求償権行使不能であることの証明責任はあるところ、「弁済能力が全くない」ことの証明は相対的に容易であると思われるが、求償権が一部行使できないことの証明は困難なことが少なくないのではないかと思われ、こうした事情があることが求償権行使可能と判断された判決[45]が多い理由である可能性も考えられる。以下、法令解釈部分の一例をあげる。

「所得税法64条2項にいう『求償権の全部又は一部を行使することができないこととなったとき』とは、保証債務を履行するために資産の譲渡があっ

---

44 三木義一、田中治、占部裕典『租税判例分析ファイルⅠ』275、304-305頁（税務経理協会、第2版、2009年）
45 ［求償権行使可能と判断されたその他の裁判例］
仙台高判昭和55年9月3日（訟月26巻12号2239頁）、大阪高判昭和58年11月30日（民集15巻9号2332頁）、東京地判昭和59年4月26日（税資136号352頁、シュトイエル281号9頁）、大阪高判昭和60年7月5日（行政例集36巻7＝8号1101頁）、京都地判昭和60年7月10日（税資146号89頁）、神戸地判昭和60年9月30日（訟月32巻6号1325頁）、大阪高判昭和60年10月31日（シュト292号11頁）、最判昭和61年10月21日（税資154号112頁）、新潟地判平成4年10月29日（税資193号354頁）、宇都宮地判平成5年2月24日（税資194号493頁）、静岡地判平成5年11月5日（訟月40巻10号2549頁）、東京高判平成5年11月25日（税資199号940頁）、東京地判平成7年6月2日（税資209号949頁）、東京高判平成12年1月26日（訟月46巻12号4365頁、税資246号212頁、裁判所ウェブサイト、判タ1055号130頁）

た年分の所得税の確定申告期限を基準として主たる債務者及び他の共同保証人が破産宣告、和議開始決定を受け、又は失踪、事業閉鎖等の事実が発生したり、債務超過の状態が相当期間継続して金融機関や大口債権者の協力を得られないため事業運営が衰微し再建の見通しもないことが確実になったとか、債権者に代位して物上担保権を行使しても優先債権者が存在するため担保価値が乏しいとかなどの事情によって事実上債権の全部又は一部の回収ができない場合をいい、求償の相手方たる主たる債務者及び他の共同保証人の資産や営業の状況、支払能力、他の債務者に対する弁済の状況や債権者に代位する物上担保権の優先順位、担保価値等を総合的に考慮して客観的に判断すべきものと解すべきである。」(東京高判平成16年3月16日訟月51巻7号1819頁、税資254号 (順号9597))

(3) 求償権行使不能とされた判決 (請求認容とされたもの)

求償権行使が不能と判断され納税者の主張が容認された事件は、判決例としては、東京地判昭和47年4月26日 (税務訴訟資料65号299頁) 判決、V2で取り上げたさいたま地判平成14年4月14日判決がみられる。「債務者に対する視点」からの基準で求償権行使不能とされ原告の主張が認められた事例は、裁決例も含め、数が極めて少ない[46]。

「Zの経営状態についてみるに、本判決添付別表3によれば、Zは平成5年以来当期損益は連続マイナスで、債務超過の状態が長期間継続しており、平成8年4月末の段階で未処理損失は約8,419万円にのぼっていること、このように平成8年4月末現在の未処理損失は約8419万円に止まっていたのは、建物や付属設備等の有形固定資産について長期間減価償却を行わないまま貸借対照表で簿価約1億6,716万円と計上していたことによるもので、適切な減価償却が行われていれば、… (略) …平成9年4月30日現在では未処理損失は約2億7,930万円となったことが認められる。

このように、Zの経営は、平成5年から連続して赤字続きであり、… (略) …これらから、Zがこれ以上事業好転の見込みもなく、事業継続は難しいと

---

46 [求償権行使不能と判断されたその他の裁決例]
　上記の2裁判例のほか、裁決平成10年7月9日裁決事例集 No. 56-156頁、国税不服審判所HPがある。なお、求償権行使不能と判断された事例については、朝倉洋子「保証債務特例における求償権の行使不能判断」税理50巻11号 (2007年8月) 82頁を参照。

の判断から、事業をたたむこととしたとしても何ら不合理な判断とはいえず、その一環として債務整理に役立てるため、老朽化した建物設備等を除却して保証人である原告の土地を高く売却しようと努めたことも何ら不合理な判断とはいえない。」(さいたま地判平成 16 年 4 月 14 日 (税資 254 号 (順号 9625) 判タ 1204 号 299 頁 (P317))

4　求償権を行使する債権者としての保証人側の事情も斟酌すべきとする動向

上述の 3 のとおり、求償権行使不能や貸倒れに係る判断においては、従来、債務者の経営状況、財産状態、将来の事業見込など債務者側の事情[47]を考慮するということが行われてきており、また、その理論的根拠も妥当なものとされていたものと思われる。しかし、平成 10 年代半ばころから、債権の回収可能性を判断する場合、債権者側 (本稿でいえば保証人) の事情も考慮に入れるべきであるとする考え方が現れてきたことが特徴としてあげられる。その背景には、その当時の重要政策課題であった不良債権の処理促進という課題の影響があったと思われるが、以下、債権者側の事情も考慮すべきであるとされた 3 つの事例、(1) 経産省から国税庁への照会への回答である平成 14 年 12 月 25 日の国税庁の通達、(2) 住専問題に関する興銀事件最高判平成 16 年 12 月 24 日、(3)「求償権の全部又は一部が行使することができなくなったとき」を争った東京地判平成 19 年 4 月 20 日 (税資 257 号 (順号 10699)) を検討したい。

(1)　保証債務の特例における求償権の行使不能に係る税務上の取り扱いについて (通知)[48] 個別通達 (平成 14 年 12 月 25 日課資 3-14、課個 2-31 ほか)

当時の不良債権処理方針の下、債権者である銀行は、債権回収を積極的に行い、一部では、「貸しはがし」などという状況も現出しており、本件特例

---

[47] 求償権者の主観的意図を斟酌することに対しては、従来消極的であった。主債務者に少しでも資産があるのにそれを回収せずに債権を放棄するのは、求償のための努力不足であり利益の供与であると判断されることはあっても、債権者の主観的事情から、債権放棄もやむを得ないとは判断されてこなかったといえる。

[48] 中小企業庁環境事業部長からの照会 (脚注 50 参照) に国税庁課税部長が回答した文書を国税庁資産税課長が各国税局へ通知 (個別通達) している。

の適用について新たな問題が生じていたとの指摘もされている[49]。本件特例の適用を巡り、経産省は脚注に掲げる趣旨の下、国税庁に照会[50]を行ってい

[49] 三木義一、田中治、占部裕典『租税判例分析ファイルⅠ』272頁（税務経理協会、第2版、2009年）

[50] 経済産業省による国税庁への照会（平成14年12月18日　中庁第1号）
「保証債務の特例における求償権の行使不能に係る税務上の取扱いについて下記Ⅰのとおり解して差し支えないか、貴見を伺いたく照会申し上げます。また、本特例措置に関して税務署に納税者等から相談があった場合は、下記Ⅱの対応が採られるものと承知していますが、念のため照会申し上げます。

（趣旨）
保証債務の求償権の行使不能における所得計算の特例規定（所得税法第64条第2項）は、保証債務を履行するために行われた個人保有資産の譲渡に係る所得について、求償権の行使が不能となった場合には、実質的な担税力が喪失することを勘案して設けられているものである。したがって、法人の経営が行き詰まったため、法人の代表者等が、その法人の債務に係る保証債務を履行した場合で、求償権を行使することができなくなるケースにも適用されることが想定される。しかしながら、本特例が適用できるかどうかの判定については、法人が解散しない限り適用できないのではないかという認識が実務界にあることから、実態として当該規定の適用を見送る例があると承知しているところである。昨今の企業倒産件数の増加等も踏まえ、当該規定の趣旨を十分実効あるものとするためには、代表者等が求償権を放棄することにより、法人の再建を目指す場合や、廃業に向かいつつもまだ法人が解散に至らない場合にも、本規定の適用があり得ることを明確にするとともに、その周知を図るために照会するものである。

Ⅰ　求償権行使の能否判定の考え方
主たる債務者である法人の代表者等が、その法人の債務に係る保証債務を履行した場合において、所得税法第64条第2項におけるその代表者等の求償権行使の能否判定等は、次による。

1　求償権行使の能否判定は、他のケースと同様、所得税法基本通達51-11に準じて判定する（所得税法基本通達64-1）。このうち、同通達51-11（4）については、その法人がその求償権の放棄後も存続し、経営を継続している場合でも、次のすべての状況に該当すると認められるときは、その求償権は行使不能と判定される。

①　その代表者等の求償権は、代表者等と金融機関等他の債権者との関係からみて、他の債権者の有する債権と同列に扱うことが困難である等の事情により、放棄せざるを得ない状況にあったと認められること。これは、法人の代表者等としての立場にかんがみれば、代表者等は、他の債権者との関係で求償権の放棄を求められることとなるが、法人を存続させるためにこれに応じるのは、経済的合理性を有する、との考え方に基づくものである。

②　その法人は、求償権を放棄（債務免除）することによっても、なお債務超過の状況にあること。これは、求償権の行使ができないと認められる場合の判定に際しての考え方である。

なお、その求償権放棄の後において、売上高の増加、債務額の減少等があった場合でも、この判定には影響しないことになる。

2　その法人が債務超過かどうかの判定に当たっては、土地等及び上場株式等の評価は時価ベースにより行う。なお、この債務超過には、短期間で相当の債務を負ったような場合も含まれる。

Ⅱ　特例の適用に関する相談等の対応
保証債務の特例に関して相談があった税務署においては、仮に確定申告時点において求償

る。これに対して、運用基準を明確化する形で各国税局に通知（平成14年12月25日課資3-14他）が発遣され、小規模事業者の事業再編、再生に資されることとなり、現在に至っている。本件個別通達に関しては、代表者が私財を売却して法人の債務を返済した後、求償権を放棄することにより、法人の事業を存続させ再建を目指す場合や、廃業に向かいつつもまだ法人が解散に至らない場合にも、特例の適用がありうることを明確にしたもので、会社が存続していても求償権行使不能と認められる可能性があるという点で、特例の適用の範囲が広まった（立証要件が緩和された）と評価されている[51]。

　既述したように履行不能であることの挙証責任は課税減免措置の適用を受けようとする納税者側にあるので、主たる債務者（経営する会社）の債務超過の状態が相当期間続いていることを過去数年分の貸借対照表により示し、時価計算を取り入れた資産負債明細書を作成し、収益力のないことを過去数年分の損益計算書により立証するなどのことも必要となる[52]。

　　　　権行使不能と判定されない場合であっても、その後、求償権が行使不能な状態に陥ったときには、所得税法第152条による更正の請求ができるのであるから、その旨及びその手続等について説明する。また、納付困難との申し出があった場合には、納付についての相談に応じる。」

[51] 債権回収が不能な状態にあるか否かの実務上の認定基準については、脚注42、43のとおりであるが、回収不能の債務者に対して債権放棄（債務免除）した場合、所得税法64条2項では、その部分の譲渡収入はないものとされ、法人税法では貸倒れ（損金）とされる。一方、債権の回収がまだ可能な状態にある債務者に対して求償権を放棄した場合には、所得税法では収入金額がないものとはされず、法人税法では寄付金と認定される。しかし、この場合でも、法人税法では、債権者側の事情を考慮し債権放棄することについて「経済取引として十分肯首しうる合理的理由」があれば、寄付金とは認定されず損金と認定される取扱い（法基通9-4-1、同9-4-2）及び裁判例（東京高判平成4年9月24日行集43巻8＝9号1181頁）となっている。これは、寄付金該当性に関する認定の限界を有権解釈したものと解される。一方、同様の状況にある債務者に対して、所得税法上、保証人（債権者）の立場を考慮し収入金額がなかったものと取扱われる平成14年の個別通達は、収入金額をなかったものとみなす認定の限界を解釈しているものと考えられ、両者は類似している。寄附金課税の基準や保証債務の履行に伴う求償権が行使不能と認められる基準においては、債権者の事情を考慮する考え方が実務では定着しているものと考えられる。（川端康之「関連会社に対する売上値引きが法人税法37条の寄付金にあたるとされ、右会社を支援するためにした買戻しによる損失が右寄付金には当たらないとされた事例」判例時報1421号、169～172頁を参照。

[52] 岩崎正明教授は、所得税の平成14年の個別通達が、「再建型倒産処理手続きとして創設された民事再生法（平成11年12月20日法律第225号、平成12年4月1日施行）が制定、施行された後になってから発されたものであることに鑑みると、民事再生法の趣旨・目的を踏まえたとしても、譲渡所得課税に係る公平や租税債権の確保との調整のうえで、上記基準（脚注50の個別通達に示されているⅠ1の①、②の二つの基準；筆者注）を満たすことが保証債務の特例の適用に

(2) 興銀事件判決

債権者側の事情を考慮すべきであるとする解釈上の考え方の現れの2番目の例として、興銀事件の最高裁平成16年12月24日判決を挙げることができる。吉村政穂教授は、その評釈において、「最高裁は、回収不能であることが客観的に明らかであることを判定するに当たって、債務者側の事情のみならず、債権者側の事情、経済的環境等も基礎として総合的に判断すべきことを明らかにしている。金銭債権の実現、すなわち回収が、債権者と債務者との具体的な関係及び両者の置かれた経済的な環境の下において実現されるものであること（阪本勝・最判解民事篇平成16年度（下）845頁）からすれば、全額回収不能を推認させる事実が債務者側の事情に限定される必然性はなく、金銭債権の回収可能性の欠如を基準として提示する以上、当該債権の実現に向けた納税者（債権者）の行為可能性に関係する事情を判断の対象に含めるのは自然である。」と評されている[53,54]。以下、最高裁の判示を掲げる。

「法人の各事業年度の所得の金額の計算において、金銭債権の貸倒損失を

関する限界的な基準と判断されたのであろう。しかし、債務者の再建・再生という時代的要請の観点からみれば、同通達による『求償権を放棄することによっても、なお債務超過の状況にあること』という基準は厳しすぎる感がある。民事再生法によれば、①『債務者に破産手続き開始の原因となる事実の生ずるおそれがあるとき』及び『債務者が事業の継続に著しい支障を来すことなく弁済期にある債務を弁済することができないとき』には、債務者は再生手続きの開始申し立てをすることができ（同法21条1項）、債務者の債務超過はその条件とはされていないこと、②再生計画の有力策が一般に債権者による債務免除であることに鑑みれば、個別通達による上記基準に固執すると、保証人による求償権放棄は促進されず、ひいては債務者の再建・再生にも支障が生じる事態となろう。私見においては、せめて、裁判所による民事再生法上の再生手続き開始決定がなされた後に、保証人による求償権の放棄がなされたときには、債務者の状況が債務超過の状況にあるかどうかにかかわらず、保証人には、所得税法64条2項所定の『保証債務の特例』が適用されてよいのではないかと思われる。」と述べておられる（岩崎政明『ハイポセティカル・スタディ租税法』216頁（弘文堂、第3版、平成22年）。

53 吉村政穂「租税判例百選55事件」別冊ジュリスト228号（2016年）。
54 国税当局は、最高裁判決を受けて、平成17年3月1日付で全国の国税局に、金銭債権の貸倒損失の損金算入について本判決の判示内容に従ってその判定を行うこととなる事案に係る事前照会窓口を設置している。この事前照会窓口の設置の趣旨については、「事例の集積を図るとともに、具体的事例についてその取扱いの妥当性を確保する」（平成17年3月1日付課審5-17ほか2課共同「平成16年12月24日最高裁判決を踏まえた金銭債権の貸倒損失の損金算入に係る事前照会事案への対応について（指示）」）と説明されている。このことから、課税当局は、最高裁判決が示した貸倒れの認定基準について、まずは類似の個別事例の集積を図ることにより通達の改正の要否について検討を進めることを企図していたものとの見方がされている。（国税庁HP資料（税務大学校矢田教育官研究報告書）より）

法人税法22条3項3号にいう「当該事業年度の損失の額」として当該事業年度の損金の額に算入するためには、当該金銭債権の金額が回収不能であることを要すると解される。そして、その全額が回収不能であることは客観的に明らかでなければならないが、そのことは、債務者の資産状況、支払能力等の債務者側の事情のみならず、債権回収に必要な労力、債権額と取立費用との比較衡量、債権回収を強行することによって生ずる他の債権者とのあつれきなどによる経営的損失等といった債権者側の事情、経済的環境等も踏まえ、社会通念[55]に従って総合的に判断されるべきものである。…(略)…本件債権については、興銀と農協系金融機関との交渉の経緯等から、「仮に住専処理法及び住専処理に係る公的資金を盛り込んだ予算が成立しなかった場合に、興銀が、社会的批判や機関投資家として興銀の金融債を引き受ける立場にある農協系統金融機関の反発に伴う経営的損失を覚悟してまで、非母体金融機関に対し、改めて債権額に応じた損失の平等負担を主張することができたとは、社会通念上想定し難い。…(略)…興銀が本件債権について本件母体金融機関に対して債権額に応じた損失の平等負担を主張することは、それが前記債権譲渡担保契約に係る被担保債権に含まれているかどうかを問わず、平成8年3月末までの間に社会通念上不可能となっており、当時のJHLの資産等の状況からすると、本件債権の全額が回収不能であることは客観的に明らかとなっていたというべきである。」(最判平成16年12月24日、民集58巻9号2637頁、裁時1378号12頁、訟月52巻3号1020頁、税資254号（順号9877）、判タ1172号129頁、判時1883号31頁、金法1739号42頁)

(3)　東京地判平成19年4月20日税資257号（順号10699)

上記(2)に掲げた興銀事件については、「その貸倒損失が非常に巨額なこ

---

[55] 中里実教授は、興銀事件判決の法的な意義に関して、債権の回収不能に関して、「債務者側の事情のみならず、…（略）…債権者側の事情、経済的環境等も踏まえ、社会通念に従って総合的に判断されるべきものである」という基準を提示した点にあるとされ、さらに、①企業による租税訴訟提起の増加、②司法国家の進展、③企業経営への影響などの広範な影響を日本社会に対して及ぼしたとされている。特に、3点目の企業経営への影響については、「本件判決により貸倒の認定に関して常識的な判断が下されたことにより、不良債権の問題について、企業が対応しやすくなったのみならず、同様の思考方法が課税上の他の分野にも影響を及ぼすようになるであろう。すなわち、本件判決の『社会通念』という考え方の影響が、貸倒損失以外の様々な分野にみられるようになることもあるかもしれない。」と解説されている（中里実「興銀事件コラム③」租税判例百選第4版　別冊ジュリスト178号106頁)。

と、住専各社の不良債権問題の早期処理はいわば国策であり、母体行の責任が厳しく問われていたこと、興銀の頭取が国会において全額放棄する旨の答弁をしていること等から、判決の射程距離に疑問を呈する向きもなくはなかった。」としつつも、本件東京地裁判決に対して課税庁が控訴を断念し、本判決で確定したことから、「興銀事件の最高裁判決をその特異性を強調して射程距離を限定して考えることは妥当ではないことが明確になったといえよう。」との評釈[56]もある。

本件の原告も、社会的知名度の高い者で関係会社に対する求償権を放棄せざるを得なかった事情が窺われるところ、債権者側の事情の影響が大きいという意味では、興銀事件に類似した要素を持っていた[57]。今後、債権者側の事情を斟酌する認定事実の法令へのあてはめの仕方についてのさらなる積み重ねが必要である。しかし、実際問題としては、債務者側の事情についての事実であれば収集、提示される証拠で、判断の客観性は確保できるように思われるものの、求償権行使不能や貸倒を主張する債権者の側からは主張も証拠もどうしても自分に有利な主観的なものとなりやすく、客観性を確保するためにはある程度の困難が伴うのではないかと思われる。そうではあるものの、反面、債権者は当然、自己を取り巻く全体的状況について客観的に説明するための証拠は十分に持っているとも考えられ、そうした証拠の出されるタイミングの問題も含め、債権者側の事情を斟酌する新しい基準は、今後、個別事件の判断を積み重ねて定着していくものと考える。以下、平成19年4月20日の東京地裁判決[58]を掲げる。

---

[56] 中村雅紀「保証債務の履行と求償権行使不能の判定」（税理51巻1号（2008年）162頁）。

[57] 二つの事件が事例判決であるか否かには関係なく、貸倒損失についての法令解釈は、債権者側の事情を斟酌するものとなったと考えるべきであると思われる。ただ、債権者側の事情がどの程度斟酌されるのかは、個別の事件の判断にあたり、当該個別の事件において債権者側の事情がどれほど重要性を持っているのかによって異なると思われる。

[58] 岸田貞夫教授は、興銀事件最高裁判決に関して、「法人税法22条3項の貸倒損失の概念は、同条4項の公正妥当な会計処理基準に基づいて判断されることになり、その場合、法律的な判断のみならず、社会通念上のもの、社会的事情なども加味されるべきものであることを確認したものとして、高い評価を得ているところである。」と評され、「かかる立場からすれば、本件判決の考え方は基本的に賛同されうるものといえる。」と本件判決も評価されている。本件判決では、具体的にどのような事情を債権者側の考慮すべき事情として判決が認定、判断したかが重要であるとされ、①本件貸し付け、保証債務の設定自体は、もっぱら原告（債権者）の経済力を前提として行われていることから銀行への求償や他の保証人に対して連帯割合以上の部分を求償すること

「本件保証債務の特例の『求償権の全部又は一部が行使することができなくなったとき』に当たるかどうか…(略)…の具体的な判断基準について、被告は、『…(略)…求償の相手方たる債務者の資産や営業の状況、他の債権者に対する弁済の状況等を総合的に考慮して客観的に判断すべきものである。』と主張するのに対し、原告は、これを争っている。

そこで、この点について判断するに、確かに、上記判断基準に列挙された事情が上記基準時に存した場合には、主債務者が弁済不能の状態にあるし、将来の求償の余地がないことが容易に認められるというべきであるが、本件保証債務の特例が適用される場合が、上記の事情がある場合に限定されると被告が主張するのであれば、それは誤りであるというほかない。すなわち、上記判断基準が主債務者が事業を継続している場合について、何らかの法的倒産処理手続が開始されていることを要するという趣旨であれば、主債務者がいわゆる私的整理を行うに至った場合は、むしろ法的倒産処理手続等は開始されていないのが通常であるという実態を無視した形式論との批判が妥当する。また、上記判断基準は、求償権を行使する保証人側の事情に触れていないが、保証人と主債務者の関係いかんによっては他の債権者と同等の立場で弁済を受けることもできないこともあり得るから、たとえ債務者に一定の財産があったとしても、保証債務を履行した保証人が、全額の求償はもちろん、全く求償を受けられないことが確実になっていると評価される場合もあり得るものというべきである。

したがって、債務者の資産状況、支払能力等の債務者側の事情だけでなく、求償債権を行使する債権者側の事情等の客観的事情[59]を総合考慮した上で、上記基準時において求償債権の回収の見込みのないことが確実となった

など考えられないこと、②原告は、主たる債務者が債務を負う他の債権者に対しても保証債務を負っていたこと、③消費税等が優先的に回収されるので回収可能金額は低くなること、④全体として、回収されない結果となっていること、などを指摘されている(岸田貞夫「保証債務の求償権行使不能が確実であったと認められた事例」(TKC税情2008年2月) 19-21頁。

[59] 朝倉洋子氏は、「本判決が『債務者の資産状況、支払能力等の債務者側の事情だけでなく、求償債権を行使する債権者側の事情等の客観的事情を総合考慮し』と判断を示したことについては、求償権を行使することが可能か否かについて、客観的基準を重視するという判断の方向性が確認されたことであると考えることができる。客観性の基準が示され、定着してきつつあることは、租税法律主義の観点から、その意義は極めて大きいと考える。」と評されている(朝倉洋子「保証債務特例における求償権の行使不能判断」税理50巻11号(2007年) 89頁)。

場合か否かを判断するのが妥当である。」(東京地判平成19年4月20日(税資257号(順号10699)))

5　負担割合

(1) 連帯保証人のうちに償還をなす資力のない者がある場合でもその者の負担部分も他の連帯保証人間で分担負担されたものとして求償権行使可能額を計算すべきとした裁決例

　求償権行使可能額の計算も問題となるが、以下の裁決は、代物弁済した審査請求人と他に償還資力のない者1名を含む連帯保証人が3名であったという場合で、償還資力のない者の負担部分も他の連帯保証人の間で分割負担されるものとして、求償権行使可能額は、4分の3として計算すべきであるとしたものである(原処分は誤って行使可能額を3分の2として計算していたが、範囲内棄却となったもの)。

　「物上保証人であった請求人は、…(略)…保証債務額35,392,179円を代位弁済したとして、その弁済額全額について所得税法第64条(保証債務の履行のための譲渡の場合の課税の特例)第2項の規定を適用すべきであると主張するが、本件金銭消費貸借には、物上保証人のほかに連帯保証人が三名存し、物上保証人である請求人と連帯保証人との間には保証に際しての負担部分の特約が存在しないことから、物上保証人・連帯保証人相互間においてはその頭数に応じて平等に負担することになり、請求人は代位弁済額のうち自己の負担割合である4分の1に相当する部分を超える部分について連帯保証人に対して求償権を取得し、そして、連帯保証人のうちに償還をなす資力のない者がある場合においても、その償還資力がない者の負担部分も他の連帯保証人の間で分割負担することとされているから、結局、請求人の求償権行使可能額は、…(略)…26,544,135円とするのが相当であり、同金額については保証債務の履行のための譲渡の場合の課税の特例の規定の適用はない。」(裁決平成3年2月1日裁決事例集 No. 41-160頁)

(2) 保証契約でも連帯保証契約でも、負担割合は、特約のない限り平等とした判決

　「乙と原告はAの前記約束手形にかかる原告のB銀行に対する弁済額合計

3億1,829万6,639円について、共にAの連帯保証人であったものと認められるところ、連帯保証人である両者間において、その負担割合について、格別の合意をした事実を認めるに足りる証拠はない。原告は、乙が原告の長男であること、Aの代表取締役は原告であって、乙は平取締役にすぎないことを理由に、乙の負担割合を零とすべきである旨主張するが、主張にかかる事実をもっては、上記負担割合に変動を与える事実とはいえない。…（略）…そうすると、本件譲渡物件の売却代金からB銀行に対し支払った3億2,000万円のうち、1億5,914万8,320円については、原告の乙に対する求償権が発生し、乙に対する求償権行使は可能であるから、この部分につき所得税法64条2項の適用はない。」（奈良地判平成13年5月9日税資250号、大阪高判平成15年3月26日税資253号、最判平成15年9月26日税資253号）

VI 第4要件（手続上の要件）

本件特例の手続要件は、平成23年11月30日改正前においては、所得税法第152条の規定による更正の請求をする場合を除き、当初申告要件（平成22年分以前の所得税の適用においては、確定申告書の提出がない場合または同項の記載がない確定申告書の提出があった場合につき、税務署長がやむを得ない事情があったと認めた場合を含む。）とされていた[60]。以下の裁判例は、その改正前の当初申告要件当時のものであり、参考までに掲げる。

また、要件ではないが、手続き上、留意しておくべき事項として、保証債務を履行した年には求償の可能性があるとして申告したものの、その後数年たってから主たる債務者に求償できないことが確定したという場合には、求償できないことが確定した年に、保証債務を履行するために資産を譲渡した年の所得税について更正の請求ができる旨の更正の請求の特例がある（所得

---

[60] 平成23年改正前の所得税法64条3項は、当初申告要件を定めていたが、その一方、「確定申告書の提出がなかった場合又は前項の記載がない確定申告書の提出があった場合においても、その提出がなかったこと又はその記載がなかったことについてやむを得ない事情があると認めるとき」は、第2項の規定を適用することができるとの宥恕規定が置かれていた。いかなる場合に宥恕規定が認められるのかという不明瞭さが避けられなかったわけであるが、当初申告要件でなくなったことで本件特例は、その分使いやすいものとなったと思われる。

税法152条)[61]。求償権行使の可能性の判断が困難であることに鑑みると、当該規定は重要な意味を持っている。

「本件特例は、…（略）…所得計算の特例であり、法152条による更正の請求をする場合を除き、確定申告書に右特例の適用を受ける旨その他大蔵省令で定める事項の記載がある場合に限って適用されるものである（法64条3項）。また、右更正の請求は、求償権を行使することができなくなった事実が生じた日の翌日から2か月以内に行わなければならないとされている（法152条）。

本件の場合、成立に争いのない乙第1号証によれば、原告は、昭和62年3月14日、昭和61年分所得税の確定申告にあたり、…（略）…確定申告書を提出しているが、本件特例の適用を受ける旨の記載はなく、本件特例を適用した所得金額の算出もされていないことが明らかである。

もっとも、原告は、確定申告後の昭和62年8月31日になって、原告が無限責任社員として本件債務の一部を弁済したことによる求償権を行使できなくなった事実が確定した旨主張しているから、仮にそうだとすれば、原告が本件特例の適用を受けるためには、法152条による更正の請求によるべきこととなるのであるが、前記のとおり、右更正の請求は求償権を行使できなくなった事実が生じた日の翌日から2か月後である昭和62年10月31日までに行わなければならないところ、原告がそれまでに右更正の請求をしたとの事実の主張立証はない。

したがって、いずれにせよ、原告は、本件特例の適用を受けるための手続要件を具備しておらず、昭和61年分所得税の所得計算につき、本件特例を適用することはできないといわなければならない。」（東京地判平成9年3月21日行集48巻3号159頁、税資222号1055頁）

Ⅶ　終わりに

本件特例制度は、課税減免措置であることを踏まえ、制度を定める規定の実体的要件解釈に当たっては解釈通達による行政裁量が認められ、制度とし

---

[61] 佐藤英明『スタンダード所得税法』96頁（弘文堂、第2版、2016年）

て柔軟に運用されていることは有意義である。しかし、他方で、その個別事案の適用においては、減免措置であるために厳格解釈に配意するあまり、法令の予定していない要件を課したり、社会経済の変化の要請に対応しない硬直的な解釈に拘泥することなどは、租税法律主義や課税中立性、応能負担の原則に反することとなり、厳に慎まなければならない。本制度には、こうした二面性が存するため、その制度としての運用、個別の事件の適用等に関して、本稿でみてきたように様々な難しく、しかしながら、有意義な問題が内在している。本件特例ついては、他の諸規定同様、今後ともこれからの裁判例、裁決例を積み重ねることによって柔軟かつ的確な運用、真の意味で厳格な解釈が担保されていかなければならない。

　租税回避行為は論外であるが、そこまでに至らずとも、乱用事案は防止するという租税の公平性の観点から、これまでの裁判例、裁決例、通達、実務での取り扱い等の蓄積を踏まえつつ、本件特例の判断基準をさらにより明確にしていく努力をするとともに、必要な場合には、できる限り法令で定める等の適宜な措置を取っていくことが租税法律主義、租税公平主義の要請から求められていることは再確認しておきたい。

児童福祉行政における里親の法的位置づけ

髙 梨 文 彦

I　はじめに——問題の所在
II　里親制度の概要
III　里親への委託をめぐる論点
IV　里親の認定と登録をめぐる論点
V　里親への経済的支援をめぐる論点
VI　おわりに

I　はじめに——問題の所在

　2016年の児童福祉法（以下、児福法と略す）改正により追加された3条の2は、家庭での養育が困難または不適当な児童（要保護児童）ができる限り良好な家庭的環境において養育されるよう、必要な措置を講じることを国又は地方公共団体に義務付けている。こうした要保護児童に対する家庭的養護優先の原則は、2016年改正以前より、既に厚生労働省（以下、厚労省と略す）によって掲げられてきたところでもある[1]。
　しかし現実には、わが国における児童の社会的養護は児童養護施設等における施設養護を中心に展開されてきており、家庭的環境とされる里親等への委託率は、近年徐々に向上しているとはいえ、2016年3月末時点において

---

[1]　2011年3月30日に発出された厚労省雇用均等・児童家庭局長通知「里親委託ガイドライン」（雇児発0330第9号、以下「ガイドライン」と略す）は、里親委託優先の原則を明示している。さらに遡れば、2004年12月に公表された「子ども子育て応援プラン」では、里親委託率（代替養育を受けている子どものうち里親委託されている子どもの割合）を2009年度に15％とする目標が掲げられていた。

も17.5％に留まっている[2]。これは他の先進諸国における数値と比べても著しく低く[3]、わが国の児童養護の顕著な特徴と言うことすら可能で、2009年12月に国連総会で採択された決議「児童の代替的養護に関する指針」の求める脱施設化、家庭的養護推進の理念の実現には程遠い。

厚労省に設置された「新たな社会的養育の在り方に関する検討会」は、2017年8月に「新しい社会的養育ビジョン」（以下「新ビジョン」と略す）を公表した[4]。その中では、乳幼児の里親委託率を概ね7年以内に75％に引き上げるなど[5]、現状から考えれば極めて高い目標値が設定されている。この目標を達成するためには、当面、年に916組の里親が新規登録されていかなければならないとの試算もあり[6]、従来の体制で対応できないことは明らかである。

子どもの福祉を最重要視する観点から、適切な委託先を確保するために児童養護における家庭的養護の比重を高めていくことが必要であることは、疑いがない[7]。ただ他方で、なかなか拡大してこなかった里親委託を急速に進めることには、何らかの歪みが生じることも懸念される。とりわけ、乳幼児の里子との間の愛着形成を期待され、あるいは既に学齢期に達した里子の人生に途中から関わることになる里親には、大きな負担がかかるケースが少な

---

[2] 厚労省子ども家庭局家庭福祉課「社会的養育の推進に向けて」21頁（2017年）。この委託率には、里親だけでなく、定員6名までとされる小規模住居型児童養育事業（ファミリーホーム）に委託された児童が含まれる。

[3] 厚労省の資料によれば、2010年前後の要保護児童に占める里親委託児童の割合は、オーストラリア93.5％、アメリカ77.0％、イギリス71.7％、フランス54.9％、ドイツ50.4％に対し、日本は12.0％であった。「社会的養護の現状について」（2014年版）23頁。（http://www.mhlw.go.jp/bunya/kodomo/syakaiteki_yougo/dl/yougo_genjou_01.pdf, 2018年1月3日最終閲覧）

[4] http://www.mhlw.go.jp/file/04-Houdouhappyou-11905000-Koyoukintoujidoukateikyoku-Kateifukushika/0000173865.pdf, 2018年1月3日最終閲覧

[5] 「新ビジョン」・前掲（注4）4頁。

[6] 「新たな社会的養育の在り方に関する検討会」の藤林構成員が提出した資料5頁。（http://www.mhlw.go.jp/file/05-Shingikai-11901000-Koyoukintoujidoukateikyoku-Soumuka/0000173635.pdf, 2018年1月3日最終閲覧）

[7] もっとも、家庭的養護が施設養護よりも一義的に優れているとする見方には、疑問を呈する者もいる。例えば、藤間公太『代替養育の社会学』155頁（晃洋書房、2017年）は、家庭が理想的な子育て環境であるとの前提には問題があり、施設における「集団性でこそ可能になる個別性の保障がある」と指摘する。ただ、里親委託がいまだ低率に留まっている現況に鑑みれば、里親委託に適した児童にとっての選択肢の確保という点からも、推進体制を整える必要があろう。

からずあり、様ざまな面でトラブルが多発することを想定しておかなければなるまい。里親委託数の急増にも耐え得る適切なサポートが機能しない限り、虐待事案の発生も含め[8]、里親子の生活に悪しき影響が及ぶことになるだろう。さらに「新ビジョン」が述べるように、里親養育を職業化し、相応の委託費を支払うことで委託の安定を目指すことになれば[9]、里親の類型の多様化のみならず里親登録希望者もいっそう多様化し、里親の絶対数増加と相俟って、従来とは異なるタイプの摩擦が生じる可能性も否定できない。児童の社会的養護の責任を担う行政機関は、これまで以上に、里親制度を適切に管理・運営することを強く要請されることになる。

　家庭的養護に関する従前の研究は、社会福祉学領域において膨大な蓄積がある一方、法的側面については、実親等の保護者の意向に反して施設や里親への一時保護または措置委託が行なわれる場合の家庭裁判所（以下家裁と略す）の審判や保護者の権利保障のあり方について一定の積み重ねが見られるものの、家庭的養護の担い手である里親に着目した議論は充分に行なわれてこなかったきらいがある。里親をめぐる法的検討課題を大別すれば、委託される児童について行使しうる権限や負うべき義務の観点と、委託権限を有する行政機関との関係に目を向ける観点とがあろう[10]。本稿は後者の観点か

---

[8] 里親による里子への虐待事例は、決して珍しいものとは言えない。厚労省の調査によれば、里親およびファミリーホームでの虐待事件は、把握されているだけで年10件前後を数える。「平成26年度における被措置児童等虐待への各都道府県市の対応状況について」22頁。(http://www.mhlw.go.jp/file/06-Seisakujouhou-11900000-Koyoukintoujidoukateikyoku/0000174952.pdf, 2018年1月3日最終閲覧) ヒューマン・ライツ・ウォッチは、近年の虐待事案のうち特に深刻と考えられるものを列挙したうえで、行政担当者が里親や委託された里子への適切なサポートを効果的に実施できていないことに大きな問題がある、と指摘する。HUMAN RIGHTS WATCH 報告書「夢がもてない 日本における社会的養護下の子どもたち」40〜41頁（2014年）。(https://www.hrw.org/sites/default/files/reports/japan0514jp_ForUploadR.pdf, 2018年1月3日最終閲覧)

[9] 「新ビジョン」・前掲（注4）33頁。

[10] 前者の観点に着目する近時の論稿として、鈴木博人「第9章 他児養育制度としての里親制度の特色」「第10章 里親の私法上の地位」『親子福祉法の比較法的研究Ⅰ』（中央大学出版部、2014年）を参照。また、アメリカの児童養護において、委託される要保護児童の親族が里親になる場合の法的位置づけについて論じた、原田綾子「児童虐待への対応における親族の位置づけ」比較法学43巻3号（2010年）63頁は、後者の観点にも着目するものである。さらに、里親委託の法的性質について論じたものとして、石川稔「里親制度・養子斡旋」私法46号66頁（1984年）や鈴木隆史「里親制度の改革と法的対応について」石川稔ほか編『家族法改正への課題』403頁（1993年、日本加除出版）があるが、その主眼は、2011年の民法および児福法の改正まで明確に認められていなかった委託児童に対する里親の監護権を論ずることに向けられてお

ら、予想される里親委託の拡大を視野に入れつつ、里親をめぐる法的問題を
検討するものである。

II　里親制度の概要

まず、里親委託の拡大が検討されるに至った経緯をこれまでの里親制度の
利用状況の変遷とともに振り返るとともに、個々の里親委託がどのようなプ
ロセスで行なわれているのか確認しておきたい。

1　里親委託の利用状況の推移

わが国における里親制度の展開に関する記述は、一般的に、戦災によって
多くの浮浪児が生じたことへの対応を主たる契機とした1947年の児福法制
定に起源を求める[11]。委託児童数は1959年の約9500人をピークとして減少
に転じ、里親登録者数も1962年の約19000を頂点に減少し始める。減少の
カーブは1970年代から緩やかになるものの、20世紀中は総じて減り続けた
といって良い。これは要保護児童全体が減少していったことに加え、わが国
の児童の社会的養護が、児童養護施設に児童を委託する施設養護を中心に展
開されるようになり、1950年代には20％を超えることもあった里親委託率
が次第に低下していったためである[12]。

ところが、1990年代を通じて年2100人程度、委託率6％台まで減少した
里親への委託は、21世紀に入ると一気に上昇のカーブを描くこととなる。
その主たる要因とされるのは、1990年代になって児童虐待が社会問題化し
て認知件数が増え、要保護児童の数が増加したことである。虐待の認知件数
の増加は、そうした直接的な影響のみならず、児童福祉司の増員という間接
的な影響をももたらした。児童相談所（以下児相と略す）で各種の子どもに関

り、委託する行政機関との関係については触れるところは少ない。

[11]　もっとも、戦前において公的な里親制度が存在しなかったわけではなく、東京市養育院は
1910年代には年500人規模で里親委託を実施していた。しかし委託先で児童が虐待的処遇を受
ける事案が発生したことへの懸念から次第に数が減り、1932年には委託なしに至った。土屋敦
『はじき出された子どもたち』171頁（勁草書房、2014年）。

[12]　施設の定員充足率の上昇と里親委託率の低下との間には、2002年までは相関性が見られると
いう。三輪清子「里親制度の長期的動態と展望」首都大学東京博士論文（2014年）74頁。

する相談を受け、社会的養護が必要な場合の措置に関する決定の実質を担う福祉司の増員は、1人当たりの担当件数を軽減するとともに、各地の児相に里親担当の福祉司が設置されることに繋がり、これが施設への委託よりも手間がかかるとされる里親委託の増加に寄与したと考えられている[13]。厚労省は、こうした社会的養護をめぐる環境の変化に合わせ、2002年以降、里親制度についても省令や通知の制定、発出、改廃を短い期間に繰り返し、整備と活用を推進してきた。前述のとおり、わが国の里親委託率は他の先進国に比べると低率に留まっているが、2015年度末の数値を1999年度末と比べると委託児童数が約3.1倍、委託率も約2.7倍に達しており[14]、急激に伸びていると見ることもできよう。

なお、わが国の家庭的養護は里親によってのみ担われているわけではない。2009年度に制度化されたファミリーホームは、当初「里親と施設の中間的位置づけ」と捉えられていたが、平成24年3月29日厚労省雇用均等・児童家庭局長通知「里親及びファミリーホーム養育指針」（雇児発0329第1号、以下「養育指針」と略す）によって理念と要件が明確化され、少なくとも行政の立場からは、里親と並ぶ家庭的養護の担い手としての位置付けを与えられている。もっとも、家庭的養護の実践者や研究者の間では必ずしも、ファミリーホームと里親とを同一カテゴリーのものと捉える視点が定まっているわけではない[15]。配置すべき職員の最低人数（基本形である「夫婦型」でも、養

---

[13] 三輪・前掲（注12）88～89頁。

[14] ただし2011年度以降はファミリーホームを含む数値。里親のみの委託数を見ると、2015年度末の児童数は4973人で1999年度末比は約2.3倍。

[15] 「養育指針」は、ファミリーホームについて「養育者は生活基盤をファミリーホームにもち、子どもたちと起居を共にする」「基本形は夫婦型であり、生活基盤をそこに持たない住み込み職員型ではない」と明記する。しかし2012年の厚労省資料「ファミリーホームの要件の明確化について」（http://www.mhlw.go.jp/bunya/kodomo/syakaiteki_yougo/dl/yougo_genjou_13.pdf、2018年1月3日最終閲覧）は、基本形と異なる「法人型」のファミリーホームを認め、そのタイプとして、法人が単身の養育者を雇用して事業を行なう住居に住まわせて事業を実施させ得ることをも示している。これらが果たして整合的に両立するのか、住込みとはいえ単身者による養育を夫婦による養育と同様に「家庭養護」と位置づけられるのか、疑問が呈されている。伊藤龍仁「家庭養護に関する政府定義の再考」東邦学誌44巻2号（2015年）62～64頁。なお「新ビジョン」・前掲（注4）29頁は、ファミリーホームを里親と同様に家庭的養護の担い手と位置づけることに、一定の留保を付けている。

他方、厚労省は「ガイドライン」の2017年3月改正においても、ファミリーホームは「個人の里親には不安感を持つ保護者に対しても有用である」との記述を変えておらず、措置委託に対

育者たる夫婦の他に養育の補助者を1人以上）が定められた施設として運営されている限り、ファミリーホームは児童の委託が進まなければ安定的な経営が難しく、他方で、少人数とはいえ異なる背景を持った複数の児童の共同生活の場となることから、児童間の関係性への配慮を欠かすわけにはいかない[16]。その点、里親に委託される児童は、厚労省令「里親が行う養育に関する最低基準」（以下「養育最低基準」と略す）17条1項によって実子も含めて同時に6名（委託児童は4名）までとされ、しかも委託の前提となる里親認定の要件として「経済的に困窮していないこと」が求められるから、より限られた人数の児童に家庭的な環境を提供し得るのは里親ということになる。

2　里親の種類と要件

里親は4種類に区分され、2008年の児福法改正による区分変更以降は、養育里親・専門里親・養子縁組里親・親族里親に分けられている[17]。里親になることを希望する者は、原則としてその居住地である児相設置自治体の長に申請を行ない[18]、認定を受けて里親名簿に登録されることで、児童の委託を受けることができる。申請に際しては、心身ともに健全であること、児童の養育について理解があること、熱意と児童への豊かな愛情を有していること、経済的に困窮していないこと、虐待等の問題がないと認められることなどの要件を満たしていることが求められ、それを担保するものとして、児相設置自治体が実施する里親研修を修了または修了見込みであることも要件である。登録の有効期間は5年とされ、更新申請をする際にも研修を受けなけ

する保護者の心理的抵抗感を和らげる選択肢としての意義を強調している。

[16] 施設としての運営の難しさは、社会的養護を担う各施設と共通するところがあろう。家庭的養護の推進と並行して、施設養護を担う児童養護施設等も小規模化が推進されてきたが、職員の人材育成に困難が生じたり職員が孤立感を深めるケースが見られるなど、対処すべき課題も指摘されるようになっている。「特集・児童養護施設の小規模化でみえてきたこと」子どもと福祉9号（2016年）所収の各論稿を参照。

[17] 厚労省・福祉行政報告例によれば、2015年度末の里親登録総数は10659、うち養育里親8442、専門里親687、養子縁組里親3445、親族里親505である。複数の区分に跨って登録されている者もあり、合計と総登録数は一致しない。

[18] 児相は、すべての都道府県および政令指定都市に1ヶ所以上設置される。また、この他に政令で指定する市も児相を設置することができることとされており（「児童相談所設置市」）、2016年度末時点では横須賀市と金沢市が指定されている。

ればならない。

　もっとも、これらの要件は登録数が最も多く一般的な区分と言える養育里親に係るものであり、他の区分については若干の相違がある(以下、児福法6条の4各号および、同施行規則1条の37各号、1条の39、36条の44第2項各号、36条の47の規定による)。専門里親は、養育里親のうち、被虐待経験のある児童や障害のある児童等、養育に関して特に支援が必要と認められる児童をも委託され得る里親であり、養育里親として3年以上の委託児童の養育の経験があること、または社会福祉事業に3年以上従事したことがあることなどが求められ、専門里親に固有の研修も受けなければならない。専門里親名簿は登録期間も2年と短期である。養子縁組里親は、養子縁組によって委託児童の養親となることを希望する者であり、委託に際しては養育里親や専門里親に支給される里親手当を支給されない。親族里親は要保護児童の民法上の扶養義務者およびその配偶者である親族で、両親等が死亡、行方不明、長期入院加療等で養育できない要保護児童の養育を希望する者である。養育里親とは異なり、経済的に困窮していないこと、里親研修を修了していることという要件が課されず、また、委託に際しては里親手当を支給されない。

　以上のとおり、家庭的養護の担い手は多種にわたり、期待される役割や登録から委託に至る流れにも異なる部分がある。「新ビジョン」が描く里親委託の急速な拡大を現実化するとすれば、里親のうち最も一般的な区分である養育里親の普及と活用が課題となるだろう。そこで本稿では以下、養育里親を考察の中心に据えることとする。

3　里親委託のプロセス

　児相の所長は、自治体や一般市民から保護者のない児童または保護者に監護させることが不適当であると認められる要保護児童について通告を受けた場合、必要に応じて当該児童を施設に入所させるかファミリーホームまたは里親へ委託する(以下、里親等への委託と略す)等の措置をとるよう、児相設置自治体に報告をする。児福法27条1項は、報告を受けた児相設置自治体はそれらの措置を「採らなければならない」と規定しているが、同32条は措置の権限を児相設置自治体の長から児相の所長に委任できる旨を定め、実際

に委任されるのが通常であるから、実質的には児相の所長が措置内容を決定することになる。しかし同条4項は、里親等への委託措置について、児童に親権を行う者又は未成年後見人（以下、親権者等と略す）があるときはその意に反して行なうことができない旨を定める。親権者等が里親等への委託に同意せず、しかし保護者がその児童を虐待し、著しくその監護を怠るなど、保護者に監護させることが著しく当該児童の福祉を害する場合は、児相設置自治体は児福法28条1項1号により、家裁の承認を得ることで里親等への委託の措置を採ることができる（一般に「28条申立て」と呼ばれる）。28条申立てを経て行なった措置は、開始から2年を超えることはできず、更新には改めて家裁の承認を要する（同条2項）。

　児相設置自治体の長は、児童の年齢や発育状況、養育期間等を考慮し、里親登録名簿から委託先として望ましい里親を抽出し、養育の可否を打診する。厚労省雇用均等・児童家庭局長通知「里親制度の運営について」（平成14年9月5日雇児発第0905002号、以下「運営要綱」と略す）は、児童の最善の利益を図る観点から、里親と児童の調整を充分にした上で最も適合する里親に委託するよう要請しており、里親登録者と児童との交流期間が設けられることが一般的である。受け入れ態勢が整って委託が決まると、児福法施行令30条の規定に基づき、児童福祉司等のうち指定された1名が里親の家庭を訪問して必要な指導をするとともに、里親委託決定通知書、児童に関する記録その他の書類を里親に渡す。里親は委託後も、児相または支援機関と連携しサポートを受けながら[19]、厚労省令「里親が行う養育に関する最低基準」（以下「養育最低基準」と略す）に適合するよう養育を行なっていく。児相設置自治体の長は、児童の保護について、必要な指示をし、または必要な報告をさせることができる（児福法30条の2）。

　委託期間が終了した場合、または児童を委託し続ける理由がなくなった場合には、委託は解除される。措置自体が更新されない理由として、親権者等の生活状況が変わったことによる児童の家庭復帰、委託児童が制度の対象年

19　里親支援事業は児相設置自治体が実施主体となり、その一部を、里親会、児童家庭支援センター、児童養護施設、乳児院、NPO法人等に委託して実施する。委託後の訪問支援だけではなく、登録前の里親研修、委託前のマッチング、さらには里親制度の啓発活動等も含まれる。

齢の上限に達したこと[20]、就職等による自立などが挙げられる。他方で、児童と里親との関係悪化（一般に「養育不調」と呼ばれる）や「養育最低基準」に適合しない不適切な養育により、児相の判断で委託を解除するケースも少なくない。社会的養護がさらに必要な児童については、他の里親等への委託あるいは児童養護施設等への入所といった措置変更が行なわれる[21]。

　児童の社会的養護をめぐる争訟は少なくないが、その多くは、里親委託に先立つ児童の一時保護や措置委託の判断をめぐって、児童の親権者その他の保護者か、児童を一時保護さらには措置委託する自治体が裁判当事者となるものである。個々の里親が当事者となる争訟は、裁判のみならず行政上の不服申立てまで視野を拡げても、ごく限られている。しかし今後、里親への委託が一般化していくとすれば、登録および委託の各段階で何らかの紛争が生じることは充分に想定されるところである。

Ⅲ　里親への委託をめぐる論点

　里親登録者が抱える不満の代表的なものの一つに、登録しても児童をなかなか委託されないというものがある[22]。里親の選定は児童の個性や背景をよく考慮して行なわなければならないので、未委託の状態が長期化する場合があることは避けがたいが、現在においても里親登録者に対する委託児童の割合が決して高くないことを考えれば[23]、今後の里親委託の拡大へ向けて、制

20　原則として委託の対象となる児童は18歳未満だが、児福法31条2項の規定に基づき、児相設置自治体の長が必要と認めるときは満20歳に達するまで延長できる。

21　厚労省・福祉行政報告例によれば、2015年度中に養育里親に委託されていた児童のうち297名が措置変更となり、うち他の里親に委託された者が94名、児童養護施設に入所した者が128名である。

22　例えば、里親登録からしばらく児童委託を受けない者の「1年待つと、ああもう自分は必要とされないかもしれないという気持ちが出てきてモチベーションが下がる」という意見を紹介するものとして「第4章 座談会 里親委託・養子縁組において大切なこと」宮島清ほか編『子どものための里親委託・養子縁組の支援』72頁（2017年、明石書店）［米沢普子発言］を参照。

23　厚労省・福祉行政報告例によれば、2015年度末における登録里親数10659に対し、現に児童を委託されているのは約36.0％である。「ガイドライン」は、里親委託を進めるにあたって、要保護児童の親権者等の抱く「子どもを取られてしまうのではないか」「子どもが里親になついてしまうのではないか」という不安を解消すべく、説明に努めるよう促している。親権者等が施設養護には同意しても里親による家庭的養護には同意しないことが里親委託率の上昇を阻む一因で

度の啓発活動と併せて既登録者への委託の促進を図る必要があるだろう。他方でそれは、児相と里親との間で委託をめぐる法的紛争が生じる可能性を高めることにも繋がる。

1 3号措置と里親委託との関係

児相設置自治体の長（現実には児福法32条による委任を受けた児相の所長）による里親への児童委託は、法的にはどのように説明されるべきであろうか。児福法27条1項は要保護児童について「次の各号のいずれかの措置を採らなければならない」と定め、その3号に「児童を小規模住居型児童養育事業を行う者若しくは里親に委託」することを挙げている（以下3号措置と略す）。同条4項は親権者等の意に反して措置を採ることはできないと定める一方、同意が得られなくても28条申立てにより家裁に承認されることで措置できる旨を定め、同56条2項は措置に要する費用を児相設置自治体の長が親権者等から徴収できる仕組みを採用し、さらに同33条の5が措置に関する手続について行政手続法第3章の規定を適用しない（処分基準の設定と処分理由の提示を除く）と定めている。すなわち3号措置は、親権者等に対しては居所指定権等の親権を制限し、措置に要する費用の負担義務を負わせ、児童に対しては親権者等に養育される権利を制限する不利益処分であり、反面、児童は社会的養護を受ける地位を得ることになる。

他方、措置委託先となる個々の里親の権利や義務は、3号措置によって直接的に変動させられるものではない。28条申立てによる家裁の審判では予定される措置の種別を特定することが求められ、里親委託を予定する場合には里親の名前も資料として提出されることになるが[24]、審判はあくまで児相

ある、と児相の現場職員の多数が感じていることを指摘するものとして、三輪清子「なぜ里親委託は伸展しないのか？」社会福祉学56巻4号（2016年）8-9頁。また児相の職員のなかには、実親との信頼関係の構築によって児童と最善の関係を作れるようサポートすることを児相の本務と考え、実親の意向を押し切ってまで里親委託を推進することに消極的な者もいることを指摘するものとして、牧野千春「我が国における社会的養護の現状と課題」レファレンス798号（2017年）58頁。

[24] 要保護児童が被虐待児である場合など、親権者等に子どもの措置先を伝えない必要がある場合は、家裁への提出資料のうち措置先に関する記載のある部分について非開示を希望する旨を明示するとともに、審判書に里親名等を記載しないよう希望を述べておく必要がある。

の所長が採ろうとする措置の必要性と相当性を判断するものであり、個別の委託先の指定については行政庁の判断に委ねている[25]。なかには、具体的な里親候補がいない段階でも里親委託を承認した審判例もある[26]。すなわち3号措置は里親委託に関する児相の決定であり、その後の養育の提供はそれとは別に、特定の里親との間に3号措置の対象となった特定の児童についての委託契約が締結されることによって行なわれるものと考えられる[27]。1990年代末の社会福祉基礎構造改革は、福祉サービスの提供を「措置から契約へ」と転換したと表現され、利用者の視点に立てば、行政からの措置（処分）に基づく利用ではなく事業者との準委任契約による利用へと変わったと説明される。しかし事業者の視点に立てば、福祉サービスに本来的な責任を有する行政主体との関係に、本質的な変化はない[28]。とりわけ社会的養護は、対象者たる児童および親権者等の利用申請に基づかずに、むしろ不利益処分を介在させることで事業者や里親による養育を可能にする仕組みであり、旧来の措置制度の法律関係との隔たりはいっそう小さい。

　3号措置とそれに伴う委託との関係に言及した裁判例として、名古屋高判平17.9.29賃金と社会保障1407号56頁がある。本件は、社会福祉法人の運営する児童養護施設に措置委託されていた児童の負傷につき国家賠償法（以下、国賠法と略す）に基づく賠償請求を認めた最判平19.1.25民集61巻1号1頁（いわゆる暁学園事件）の控訴審であるが、被告愛知県は、3号措置と養護施設への委託とは別個の行為であり、委託に基づく養護施設の養育監護行為は国賠法1条1項にいう「公権力の行使」に該当しないから県に賠償責任は生じない、と主張していた。上告審は、養護施設における養育監護行為は本

---

[25] 28条申立てに対する家裁の承認の特定性に関する議論を整理したものとして、浦和家審平成8年5月16日家月48巻10号162頁の評釈である平部康子「判批」『社会保障判例百選』186頁（有斐閣、第5版、2016年）を参照。

[26] 福岡高決平成24年11月15日家月65巻6号100頁は、障害のある要保護児童につき里親委託が適切であるとの観点から、将来において里親候補が現れた場合の里親委託の機会を付与するため、特定の候補がいない時点で承認を与えている。

[27] これに対し、3号措置には入所決定事務とサービス提供事務の双方が含まれると理解するものとして、桑原洋子ほか編『実務注釈 児童福祉法』287頁［菊池馨実］（信山社、1998年）を参照。

[28] 福祉基礎構造改革後の措置制度の法律関係について説明するものとして、倉田聡『これからの社会福祉と法』25頁以下（創成社、2001年）を参照。

来都道府県が有する公的な権限を委譲されて行なわれたものであるから「公権力の行使」に該当する、として県の国賠責任を肯定したため、社会福祉法人が養育監護を担うに至る根拠である3号措置と委託との関係について、直接には述べるところがない[29]。他方、控訴審は「公法上の契約であるとの面があるとしても、3号措置と委託とが全く別の性格を有するものと解するのは相当でな」いと述べている。本件の主たる争点は、社会福祉法人の職員が国賠1条1項にいう「公務員」に該当するか、また社会福祉法人が行なっていた養育が「公権力の行使」に該当するかであったから、国賠責任を肯定するなかで3号措置と委託契約との関連性が強調されるのは当然のことであるが、両者が性質の異なる別個の行為であることは前提とされているように読める。

暁学園事件は児童養護施設への委託に係る事案であり、家庭的養護である里親への委託を同列に論じることが妥当か即断し得ないが、里親委託が要保護児童との個別的で慎重なマッチングの下に行なわれ、里親が児童の受入れについて選択できることを考えれば[30]、むしろ尚のこと、個々の里親への委託については3号措置とは別個の行為と理解すべきであるように思われる[31]。だとすれば里親委託は、児童福祉の実現という公共目的の観点から法令上の制約がかかる公法上の契約（準委任契約）だと整理するのが妥当ではなかろうか[32]。

---

[29] 上告審が国賠1条1項にいう「公共団体」を被告県とし国賠責任を認めた最大の決め手は、被告県と被告社会福祉法人との措置委託契約であり、これは3号措置に係る養育監護行為という「行政事務の委託」であるとするものとして、原田大樹「判批」法政研究（九州大学）74巻2号（2007年）122-124頁がある。

[30] 児童養護施設は、児福法46条の2第1項により正当な理由のない限り措置委託を拒むことができないが、里親について受託義務を課す規定はない。

[31] これは、不法行為責任を論ずる際に3号措置と委託契約との連関性を強調することを妨げるものではない。暁学園事件上告審は、行政主体と社会福祉法人との関係には着目しておらず、児童養護施設長の具体的な権限や受託義務の存在を判断の決め手としていないから、里親の不法行為により委託児童が損害を負った場合も、同じ社会的養護における事案として、委託した児相設置自治体への国賠請求は可能だと考えられる。横田光平「判批」法学協会雑誌125巻12号（2008年）156頁。

[32] 里親委託を公法上の契約と明記するものとして、堀・後掲（注36）196頁を参照。また、里親に関する児福法の規定が未整備だった時代の論稿ではあるが、右田紀久恵「養子制度と里親制度」大阪市立大学家政学部紀要6号（1959年）167頁は、里親委託を都道府県と里親との委託契約に基づくものとの理解を前提としつつ、民法上の委任契約の解釈をそのまま里親里子関係に持

2　措置変更をめぐる争い

児童の社会的養護は原則として期間を区切った措置であり、養育の担い手である里親も児福法48条の3により、児相等と協力しながら委託児童が家庭で養育されるために必要な措置を採るよう義務付けられている。しかし里親委託の終了は、そうした家庭復帰といった社会的養護の前向きなステップとして訪れるとは限らない。委託児童と良好な関係を形成することができない「養育不調」で已む無く他の委託先への変更を受け容れなければならないこともあるし、養育が不適切だと判断した児相の所長の措置変更によって委託を解除されることもある。「運営要綱」は児相の所長に対し、児童福祉の観点から慎重な審査の上で委託解除を行なうよう求め、また「ガイドライン」も「里親に対しては、委託解除の理由等について丁寧に説明するなど、養育がうまくいかなかったことへの傷つきや、喪失感等へのケアが重要」と指摘するが、それでも里親の立場からは納得のいかないまま行なわれることも少なくない[33]。その場合、里親はどのような法的手段で対抗することができるだろうか。

前項で検討したように里親委託を3号措置とは異なる委託契約の締結という行為として捉えるとすれば、措置変更も、3号措置の変更（講学上の行政処分の撤回）と個々の里親との委託契約の解除とが組み合わされて同時に行なわれるもの、と理解される[34]。措置変更に不満を抱く里親が取り得る最も明解な法的対抗手段としては、自身が名宛人ではない3号措置ではなく当事者である委託契約を捉えて、一方的な契約解除に伴う損害の賠償請求をする

ち込むことを批判している。

33　里親委託を経験した者へのインタビューでは、児相や担当の福祉司による措置委託の解除または解除権限を背景とした指導の姿勢について、不満が語られることが多い。例えば、深谷昌志ほか編『社会的養護における里親問題への実証的研究』40-42頁（福村出版、2013年）、山藤宏子ほか「里親にとって措置解除とは何か」子ども家庭福祉学15号（2015年）37頁。なお、措置変更について児童または親権者等が反対の意向を示している場合、児相設置自治体の長は児福法施行令32条により児童福祉審議会（または社会福祉法7条により設置される地方社会福祉審議会の児童福祉に関する部会）の意見を聴かなければならないが、里親が反対の意向を示したとしてもこのような手続的な仕組みは用意されていない。

34　例えば東京都児童福祉法施行細則11条は、措置変更に係る決定通知書につき、本人または保護者への通知書と里親への通知書を別様式とし、本人または保護者への通知書には不服申立ておよび取消訴訟に関する教示事項を記載する一方、里親への通知書には教示事項を記載していない。

か、行政事件訴訟法（以下、行訴法と略す）4条に基づく当事者訴訟として契約上の地位の確認を求めることが考えられる。しかし、例えば家族再統合へ向けて児相の所長が3号措置を終了させる場合は、里親委託の前提が失われることになるから確認訴訟で争うことは難しく、事後的に損害賠償請求で争うことになろう。他方、養育不調等を理由とした委託契約の解除（委託先の変更）の場合は、いずれの争い方も採り得る。公法上の法律関係の確認の訴えにおける「確認の利益」が肯定されるためには、争いが成熟し、原告の法律上の地位に現に危険が及んでおり、確認訴訟が紛争解決手段として実効的であること等が必要であるが[35]、家庭的養護において誰が養育を担うかは児童の福祉に大きな影響を与えるものであるから、既に養育を行なってきた里親に確認の利益が肯定される可能性は充分にある。

　管見の限り、里親が児相設置自治体を相手取って提起した裁判はいずれも国賠請求訴訟である。このうち東京地判平3.2.12判タ768号97頁は、里親として5年にわたり養育してきた児童につき児童養護施設への措置変更がなされたため、東京都らを相手取って提訴したものだが[36]、里親としての地位を享有する利益について東京地裁は以下のように判示した。「里親が、委託に基づき里子となる児童を養育監護することは、里親である養育家庭の果たすべき義務であると同時に里親である地位を享有できる利益であり、かかる里親側の利益もまた法的保護に値するものというべきである」。安定した養育こそが家庭的養護の目的であり、その担い手である里親の側にも養育の継続への期待が生ずることは自然であるから、妥当な判断ということができよう[37]。他方で判決は「養育家庭に対する指導助言、児童の委託に関する措置等の事柄は、原則として、…職員らの児童育成に関する専門的判断に基づく合理的裁量に委ねられているというべき」だから「指導助言、措置等が、里

---

[35] 公法上の法律関係の確認の訴えにおける「確認の利益」を整理したものとして、小早川光郎ほか編『論点体系 判例行政法2』180-182頁［横田明美］（第一法規、2017年）を参照。
[36] 本件は里親制度をめぐる初めての裁判例と見られる。堀勝洋「判批」季刊社会保障研究28巻2号（1992年）201頁。
[37] 堀・前掲（注36）197頁。なお同種の事案として、静岡地浜松支判平19.8.27判タ1256号66頁があるが、本件は、里親としての地位を享有できる利益及び里子の適切に養育される権利が法的保護に値する利益であるか否かについては判示しないまま、児相の所長の決定に違法性はないとして訴えを斥けている。

子である児童の福祉という観点からも著しく不合理であって、その委ねられた裁量判断の範囲を逸脱したと認められる場合に」限って国賠法上の違法と評価されるとして、本件における原告の請求を棄却している。

　では、里親が3号措置の変更について争うことはできるだろうか。端的には、行訴法3条2項に基づく取消訴訟の提起が考えられるが、里親自身は処分の名宛人ではないので、同9条1項の「処分の取消しを求めるにつき法律上の利益を有する」か否かが問われることになる。その解釈について指針を与える同2項は「当該法令の趣旨及び目的並びに当該処分において考慮すべき利益の内容及び性質を考慮する」と定める。2016年改正で児福法に追加された3条の2が、要保護児童を良好な家庭的環境で養育することを自治体の責務として明記したことの意味は大きい。里親は一定期間をかけて委託児童との信頼関係を構築しながら養育することを求められており、仮に措置変更が根拠条文に違反してなされた場合、害されることになる里親の利益は大きく、また里親家庭から引き離される児童にとっての福祉の実現という観点からも重大な影響を及ぼす。したがって、里親には原告適格が認められるべきである。

　また、まだ3号措置の変更は行なわれていないが行なわれる蓋然性が高い場合には、行訴法3条7項に基づく差止訴訟の提起も考えられる。例えば児童を家庭復帰させるべきかどうかについて、親権者等との接点をより多く持つ児相と児童を養育している里親とで、見解が分かれることはあり得よう[38]。前述のとおり、違法な措置変更は委託児童と里親の信頼関係に基づく家庭養育に重大な影響を及ぼすので「重大な損害が生ずるおそれ」が認められ、里親家庭からの引き離しを未然に防ぐのに他に適当な方法は見当たらず、さらに処分内容の特定も容易であるから、訴訟要件については充足する可能性が高い。委託契約に係る確認訴訟は引き離しを未然に防ぐのに有効とは言い難いし、訴訟の対象も差止訴訟とは異なる。この場合には、訴訟提起に合わせて仮の差止めの申立ても行なうことになろう。仮の差止めが認めら

---

[38] 公権力による家族分離としての側面をもつ社会的養護において、支援のゴールは家族再統合であるが、必ずしも児童の家庭復帰だけが家族再統合の形ではない、とされる。大澤朋子「社会的養護における家族再統合とはなにか」社会福祉（日本女子大学）55号（2014年）45頁を参照。

れるためには同37条の5第2項により「償うことのできない損害を避けるための緊急の必要」が求められるが[39]、家庭復帰が拙速に行なわれた場合に児童の心身に及ぶ影響は、この要件を充たすに足りるであろう。

　しかし、前出・東京地判平3.2.12は児相の所長らに幅広い裁量を認め、「ガイドライン」も「委託継続が適切でないと判断される場合は、無理を重ねることで、子どもの最善の利益を損ねる可能性もあることから、委託解除による傷つきをおそれて委託や委託解除が過度に慎重になることのないよう」求めている。里親自身の養育に問題がある場合については「養育最低基準」への適合性が判断基準となるが、養育内容に格別の問題がなかったとしても養育不調を完全に避けられるものではない。また家庭復帰に係る判断も、機が熟しているか否かの判断は、親権者等との接触を任務とする児相がもつ専門性に依拠せざるを得ない。この点を踏まえると、児相職員が里親家庭への定期的な訪問と里親との協議・指導を怠っていたにも関わらず措置変更が行なわれた等の特別の事情がない限り、委託契約解除をめぐる確認訴訟または国賠訴訟にせよ、3号措置をめぐる取消訴訟または差止訴訟にせよ、裁判所が裁量権の逸脱を認定するケースは著しく限られざるを得ないだろう。

　なお、総務省の行政不服審査裁決・答申検索データベースには、福岡県において里親が委託児童の措置変更処分の取消しを求めた不服申立ての事案が掲載されている（福岡県裁決書29児第386号-2平29.10.19）。本件は、児童委託中に里父と里母の夫婦関係が悪化して養育方針の統一が取れなくなり、里母が養育の意思を失ったことを確認した児相の所長が措置変更を行なったことに対し、養育を継続したい里父が審査請求をしたものである。結論としては、児相の所長の判断に裁量権の逸脱・濫用は無いとして請求を棄却しているが、里父の不服申立適格についての議論は裁決書にも、裁決に先立つ福岡県行政不服審査会による答申書（福岡県行政不服審査会答申第22号平29.9.19）にも見られない[40]。もっとも、これらは3号措置の第三者である里親に不服申

39　仮の差止めが認められる実体的要件を整理したものとして、小早川光郎ほか編・前掲（注35）593-600頁［不破大輔］を参照。

40　不服申立適格と原告適格の範囲は同一と解するのが通説の立場である。宇賀克也『行政法概説Ⅱ行政救済法』44-45頁（有斐閣、第5版、2015年）。

立適格があることを当然の前提として措置変更の違法性に係る議論をしている、というわけではなさそうである。答申書が冒頭で「審査請求人（…又は「里父」という。）に対して…行った児童福祉法第 27 条第 1 項第 3 号に基づく児童の措置解除処分」と述べ、また委託解除を決定した児相の所長を一貫して「処分庁」と称している点からすると、措置変更を 3 号措置の変更と委託解除が一体となった行政処分とする認識のもと、里親自身を処分の名宛人と捉えているものと考えられる。

Ⅳ 里親の認定と登録をめぐる論点

　私人が一定の事業を行なうについて、行政機関が作成する名簿への登録を義務付けられることがある。里親も、3 号措置の結果として児童の委託を受けるためには、里親認定を受け里親名簿に登録されていることが必要である。本節では、里親になることを希望する者自身が行政決定の客体になるプロセスとして、里親認定と里親登録の法的性質について検討する。

1　認定・登録の申請の拒否

　「運営要綱」は「里親の登録又は認定等」という項目を立てており、必ずしも両者を截然と区別していないようにも読めるが、里親となり得る資格を児相設置自治体の長が確認する行為が里親登録であり、登録の前提となる要件が備わっているか否かの判定が里親認定ということになろう。里親認定にあたって児相設置自治体の長は、児福法施行令 29 条により児童福祉審議会の意見を聴かなければならない。里親として認定されるには、まず、児福法 6 条の 4 を受けて施行規則 1 条の 35 が定める里親の要件として、要保護児童の養育についての理解及び熱意並びに要保護児童に対する豊かな愛情を有していること（1 号）、経済的に困窮していないこと（2 号）、里親研修を修了したこと（3 号）を充足することが求められる。さらに、児福法 34 条の 20 第 1 項が定める欠格要件である、成年被後見人又は被保佐人（1 号）、禁錮以上の刑に処せられ、その執行を終わり、又は執行を受けることがなくなるまでの者（2 号）、児福法、児童ポルノ規制法その他国民の福祉に関する法律

より罰金刑に処せられ、その執行を終わり、又は執行を受けることがなくなるまでの者（3号）、児童虐待防止法2条に規定する児童虐待を行った者その他児童の福祉に関し著しく不適当な行為をした者（4号）のいずれにも該当してはならない。これらの要件には必ずしも内容が一義的に定まらないものも含まれるため、里親登録を拒否する決定が争訟になる事案も想定し得る。

前節で検討したように、里親委託を公法上の契約と考えるとするならば、里親登録は契約当事者となって要保護児童の養育を担い得ることの確認であり、児福法上この他に里親に特段の権能が付与されていないことを考えると、里親登録を行政処分と捉える必然性はないとの見解も成り立ち得る[41]。しかし家庭的養護の公共目的とそれによって実現される児童の福祉に鑑みて、私法上の準委任契約とは性質が大きく異なる部分があると考えるべきであるし、実務上も里親登録は申請に対する処分と理解され、行政手続法の規律に服している。したがって登録拒否の決定に対しては、不服申立あるいは抗告訴訟で争うことになり、訴訟では登録拒否処分の取消訴訟と登録の義務付け訴訟を提起することになろう。

里親制度の運用は自治体の自治事務であり、「運営要綱」は通達であるから、法令の定める里親認定基準の具体的な解釈と運用については、児相設置自治体によって差が生じることになる。例えば「東京都里親認定基準」は、法令や厚労省の通知では特に求められていない里親の年齢について「原則として25歳以上65歳未満であること」との制限を設けている[42]。この点で特に注目されるのは、2017年4月に報じられた、大阪市が2016年12月に男性カップルを里親に認定し児童を委託したケースである[43]。「運営要綱」は「知識、経験を有する等児童を適切に養育できると認められる者については、

---

[41] 公共契約の競争入札の参加資格の認定について、行政処分ではないとする裁判例がある。例えば、東京地判平成12年3月22日判例自治214号25頁は、競争入札参加資格の等級の決定は契約の相手方選考のためにする自治体内部での準備行為であり、申請者は契約の機会を与えられる権利を当然に有するものではないから、行政処分にはあたらないと判示している。公共契約には公正さが求められるという観点から本判決を批判するものとして、碓井光明『公共契約法精義』103頁（信山社、2005年）を参照。

[42] http://www.fukushihoken.metro.tokyo.jp/kodomo/satooya/seido/hotfamily/satooya/s_kijun.html, 2018年1月3日最終閲覧

[43] 朝日新聞夕刊東京本社版2017年4月6日13面、毎日新聞朝刊東京本社版2017年4月16日27面。

必ずしも配偶者がいなくても、里親として認定して差し支えない」と述べており、原則として配偶者がいる者を里親に認定する前提に立っている。しかし 69 の児相設置自治体のうち、民法上の配偶者には該当しない同性パートナーについて里親認定しない方針を明確にしているのは東京都だけで、兵庫県では既に女性カップルが里親認定されていたという。

　要保護児童が抱える事情の多様性を考えれば、一定の経済力と養育水準の確保を大前提としつつも、それぞれ能力の限界と利害を抱えて生活する市民である多様な里親たちが登録されていることが、児童の福祉の実現のために必要であろう[44]。政策的に里親数の拡大を図っていくとするならば、こうした自治体独自の解釈基準が児福法の目的と整合的であるか、厳しく問われることは避けられない[45]。

2　登録の消除

　他方、里親名簿から消除された場合に行政機関のどの行為を捉えて争うべきかは、やや慎重な検討を要する。「運営要綱」は「登録の消除」という項目を設けているが「認定の取消し」という項目を設けていない。児福法 34 条の 20 第 2 項は、児相設置自治体の長は里親が同 1 項の欠格要件に該当するに至ったときは名簿から抹消しなければならないと規定するが、同項各号が掲げる客観的な欠格事由に該当するようになった場合や本人の死亡や本人からの申し出があった場合に限って里親が名簿から消除されるのであれば、それで特に問題は生じないであろう。行政による名簿からの消除という行為

---

[44] 和泉広恵は、家庭的養護のメリットが語られる際に、里親家庭が「普通の家庭」であると強調されることへの危惧を表明する。「普通の家庭」とは、里親養育の困難さを支援に結び付けるために生み出されたフィクションであり、そうした「フィクションにとらわれることなく、委託される子どもにとって必要な里親役割を果たしていくことが求められる」。「『家族』のリスクと里親教育」『〈ハイブリッドな親子〉の社会学』136-137 頁（青弓社、2016 年）。和泉のいう「普通の家庭」とは、制度設計のためのゲージとなる「標準家庭」という趣旨であろう。

[45] この事案について塩崎恭久厚労相は「同性カップルでも男女のカップルでも、子供が安定した家庭でしっかり育つことが大事で、それが達成されれば我々としてはありがたい」と記者会見で発言した。毎日新聞夕刊東京本社版 2017 年 4 月 7 日 13 面。本件の報道より前の論稿であるが、同性カップルを里親として児童委託する場合に検討すべき社会的課題を整理するものとして、横堀昌子「非血縁の『家族』の養育とその支援をめぐって」総合文化研究所年報 24 号（2016 年）36〜38 頁。

が取消訴訟で争われた裁判例を見ていくと、税理士名簿や司法書士名簿については、客観的な欠格事由に該当する場合だけが消除の対象となっていることから、欠格事由に該当した時点で資格は当然に失われているのであり名簿からの消除は新たに権利や義務を変動させるものではない、として処分性を否定されている[46]。他方、住民票の消除が争われた事案では、選挙権の行使の制限という法的効果をもたらすという点で処分性が肯定されている[47]。里親名簿について言えば、登録された者だけが里親委託を受けることができるものの、委託が公法上の契約であるとすれば当然に契約を締結できる地位を得るわけではなく、その他には里親登録されることの特段の法的効果も存在しないため、登録消除に処分性を認めることは難しいように思われる。

しかし里親名簿については、施行規則36条の44第2項により、里親による養育が「養育最低基準」に満たない場合、児童を就学させない場合、児相設置自治体の長が児童福祉司にさせる里親への質問や検査に応じない場合には、名簿から消除することができると規定し、児相設置自治体の長に裁量判断を認めている。法34条の21は「養育里親名簿…の登録のための手続…は、厚生労働省令で定める」と規定するが、施行規則は36条の42で名簿登録の手続を簡略に定めているだけであり、また「運営要綱」も登録消除の際の手続について特に定めるところがなく、登録申請時にはある児童福祉審議会への意見聴取も登録消除については行なわれない[48]。里親が登録消除によって受ける事実上の影響の大きさや、登録消除が委託児童の措置変更と同時に行なわれることもある点などを考えると、消除の事由に該当するとの判断を認定取消しという行為として捉えて登録消除と分離し、認定取消しに処分性を認めることで司法救済の途を拓くことが必要ではないか。登録消除と措置変更が同時に行なわれようとしている場合であれば、生活環境の変化が児童の福祉に及ぼす影響の観点から、認定取消しの差止訴訟を提起することが

---

[46] 税理士法に基づく登録抹消につき、東京地判平成8年10月30日判時1589号43頁、司法書士法に基づく登録抹消につき東京高判平成11年3月31日判時1680号63頁を参照。

[47] 大阪地判平成19年3月28日判タ1278号80頁。

[48] 登録消除事由に該当するか否かの判断を慎重に行なうため、登録申請時と同様に児童福祉審議会の意見を聴取すべきと主張するものとして、久保健二『児童相談所における子ども虐待事案への法的対応』348頁(日本加除出版、2016年)を参照。

許容されるものと考えられる。

3 申請者の個人情報の取得と外部提供

里親委託を社会的養護の中核に据えるためには、要保護児童の多様性に対応し得るよう里親登録者数を増やすことが不可欠だが、それは同時に、里親登録希望者の多様化をも促すこととなる。児童の福祉の質を確保するためには、過去に里親による虐待事案も発生してきたことに鑑み、里親認定に際して前記の要件が充足されているかの判断を、充分な情報に基づき慎重に行なわなければならない[49]。刑事上の前科・前歴の確認はもちろんであるが、従前に家庭的養護に携わった経歴があるとすれば、その際の記録は欠格事由の一つである「児童の福祉に関し著しく不適当な行為をした者」への該当性を判断する重要な材料となるだろう。「運営要綱」において、申請書に記載する事項として「従前に里親であったことがある者はその旨及び他の都道府県において里親であった場合には当該都道府県名」が設けられているのは、その記録の照会に便宜を図る趣旨と思われる。

もっとも、児相設置自治体が保有する個々の里親に関する記録は、個人情報保護法制における「個人情報」に該当する。具体的な規定は各自治体の条例によって違いはあるものの、個人情報を本人の同意なく他の自治体に提供することはひとまず禁じられ、ただし提供を受ける者が法令の定める事務を遂行するのに必要な範囲で利用し、かつ利用することに「相当な理由がある」場合には提供が認められる。特に留意すべきは、里親に関する情報の多くは、家庭的養護の担い手であるがゆえに多くの私生活上の事実に関する内容を含むため、法的保護に値するものと評価されることであろう。公立学校

---

[49] 「運営要綱」は児相の所長に対し、申請書の提出があった場合には里親希望者の家庭に児童福祉司等を派遣し、その適否について充分な調査を行った上、その適否を明らかにする書類を申請書に添付して、児相設置自治体の長に送付するよう求めている。認定前の家庭訪問調査の重要性につき、米沢普子「里親の虐待を防ぐ——認定前の家庭調査と委託に焦点をあてて」里親と子ども7号（2012年）109頁。また大阪市ではかつて、里親希望者の同意を得た上で、必ず近隣や知人等に「聞き合わせ」（いわゆる裏づけ調査）を行なっていたという。大阪市社会福祉審議会児童福祉専門分科会児童虐待事例検証部会「里親による里子への傷害事例 検証結果報告書」8頁（2010年）。(http://www.city.osaka.lg.jp/kodomo/cmsfiles/contents/0000227/227353/satooya.pdf, 2018年1月3日最終閲覧)

教員の個人情報の外部提供の事案ではあるが、提供元が情報の使用方法の制限等「必要な範囲」を画さずに提供した場合には不法行為責任が生ずる、とする裁判例もある[50]。

利用目的については、児福法に基づく里親認定・登録の業務に用いる限り問題はないものと考えられるが、利用することに「相当な理由がある」か否かは、なお一応の確認を要する。「相当な理由」とは、少なくとも社会通念上、客観的に見て合理的な理由があることを求められる[51]。この点、里親による養育は家庭という外部から見えにくい空間で行なわれるものであり、また要保護児童を委託する里親を慎重に選定することが必要、といった特性を備えており、従前の家庭的養護の経歴を里親認定・登録さらに個々の委託先選定のために利用することには、児童の福祉の観点から「相当な理由がある」と言うべきである。例えば「運営要綱」は、児童を他の児相設置自治体に居住する里親に委託するケースを想定した項目を設けているが、そのなかで「里親委託の措置に影響を及ぼすと認める事実」を知った場合には、直ちに児童を委託した児相設置自治体の長にその旨を連絡するよう求めている。「影響を及ぼすと認める事実」には里親の個人情報も含まれ得るが、この通知の背景には、委託開始後についても児童の福祉の実現という「相当な理由」のために適時の情報提供が必要である、との認識があるものと考えられる。

なお多くの自治体条例は、個人情報保護法とは異なり、事務遂行のための外部提供についてあらかじめ個人情報保護審査会の意見を聴くことを要件としている[52]。通例では、個別案件の審査とは別に「類型化事項」を審査会で承認することで、一定の類型については外部提供を一括して認めている。なかでも資格要件の確認や対象者の選出のための提供は、提供先において情報の客観性・正確性を確保し、事務を適正に実施することができることを理由

---

50 東京高判平成19年2月14日判タ1264号185頁は、教育委員会の職員が公立中学校の教員に関して作成された文書を都議会議員らに提供した行為につき、東京都個人情報保護条例の求める使用範囲の制限を付さなかったこと等がプライバシー侵害にあたるとして、不法行為が成立すると判示した。

51 総務省行政管理局監修『行政機関等個人情報保護法の解説』40頁（ぎょうせい、増補版、2005年）。

52 例えば、岐阜県個人情報保護条例7条1項5号および同2項を参照。

として、類型化事項とされることが多い[53]。里親に関する情報も、この類型に該当し、案件ごとに審査会の承認を得ることなく照会元の自治体に提供し得るであろう。他方で、里親委託が児相と里親との長期にわたる相互の連絡と協力によって児童の福祉に結実することを考えれば、登録申請書に記載した自治体に個人情報の提供を求めること（当該自治体が個人情報を提供することになること）については、里親登録希望者に事前に通知すべきである。

V　里親への経済的支援をめぐる論点

里親はボランタリーな存在と捉えられがちであるが、児童福祉の充実のために経済的裏付けが必要なことは当然であり、養育に係る経費が児相設置自治体により支給される[54]。とりわけ今後の里親委託の拡大を企図するならば、経済的支援の充実は不可避の課題となる。

1　里親への給付金の概要

厚生事務次官通知「児童福祉法による児童入所施設措置費等国庫負担金について」（平成11年4月30日厚生省発児第86号、以下「措置費等について」と略す）は、児福法27条1項1号から3号に基づく措置に伴なう委託に要する費用を「措置費等」と称し、施設運営に要する「事務費」と、事務費以外で措置児童の養育に直接必要な諸経費である「事業費」に分けられるものと定義する。里親の場合は、施設ではないため事務費が計上されず、すべて事業費として支給されることになる。「養育最低基準」9条の2により、里親は措置費等を「その他の財産」と区別し、委託児童に係る金銭の収支の状況を明らかにする記録を整備しておかなければならない。そして委託児童の委託が解除された場合には、速やかに、委託児童に係る金銭を当該委託児童に取得させなければならない、とされる。

「措置費等について」は極めて詳細な費目と算式を定め、このうち事業費

53　例えば、岐阜県個人情報保護審査会答申第1号平成11年3月8日を参照。
54　公費により養育費の支給を受ける仕組みと、家庭的養護を「仕事」と割り切りたくない心理との間で、矛盾を抱える里親もいることを指摘するものとして、安藤藍『里親であることの葛藤と対処』171頁以下（ミネルヴァ書房、2017年）。

はさらに 22 費目に分類されている（以下、金額は 2016 年度のもの）。まず、日々の食費や被服費に充てられるべき「一般生活費」として、里親への委託児童 1 人につき、乳児であれば月 57,920 円・乳児以外であれば 49,680 円が保護単価に設定されているのに加え、日々の養護で具体的に生じる経費を想定した費目が設定されている。例えば、診察、治療、手術等に要する「医療費」、また委託児童を幼稚園に通学させるならば就園に要する入学金、保育料、制服等の実費を「幼稚園費」として、さらに委託児童が中学生で部活動をしている場合に必要となる道具代や遠征費等の実費を「教育費」の一部として支給対象とする、といった具合である。

里親については、これらとは別に、「里親手当」が事業費の費目の一つとして立てられており、本稿で主に扱っている養育里親に対しては、保護単価が月 72,000 円（ただし複数の児童を受託している場合、二人目からは 36,000 円ずつ加算）、また新規に受託する際には受託支度費として児童 1 人につき 43,820 円が支給される。

以上の費目を合算したものが、里親に支給される措置費（実質は事業費のみ）の金額となる。この金額の妥当性を検討するに際して具体的な指針を与える法令は存在しない。「養育最低基準」も、里親に対して一定の養育水準を保つための行為を義務付けるためのものであり、その経済的裏付けとなる児相設置自治体からの措置費等の水準については、何ら定めがない。現に里親として児童を養育した経験のある者に対するアンケートを見ると、金額について不満を述べる者が一定程度いる[55]。しかし、費目が委託児童の状況に応じて詳細に立てられていることや、そこで掲げられた具体的な金額からすると、今日の一般的な家計で児童養育に支出されている費用を著しく下回るものではなく[56]、児福法の目的あるいは憲法 25 条に掲げられた生存権保障

---

[55] 2012 年に行なわれた全国調査では、1209 部の回答のうち、里親手当は充分かとの問いに対して「やや」または「かなり」不足だと答えた者が 26.1％いた。深谷ほか編・前掲（注33）139 頁。なお、2012 年における里親家庭の年間所得の平均は、一般家庭の平均と比較して約 10％ほど高く、経済的に一定の余裕があることが推測される。厚労省雇用均等・児童家庭局「児童養護施設入所児童等調査結果」15 頁（2015 年）。(http://www.mhlw.go.jp/file/04-Houdouhappyou-11905000-Koyoukintoujidoukateikyoku-Kateifukushika/0000071184.pdf, 2018 年 1 月 3 日最終閲覧)

[56] 2009 年のやや古いデータだが、内閣府が行なった調査によると、世帯年収別にみた「小学生」

の理念に照らして違法性を問われる状況にはないだろう。

2 里親手当の性質

しかし、ここで改めて考えておきたいのが、里親手当の性質である。「運営要綱」では、その費用については「措置費等について」によることとしか定めておらず、独自の方針を示していない。前述のとおり、里親手当は措置費の一部である事業費の一費目として支給されるものであるが、具体的に何に対応して支給されるのかが明らかにされていない。手当という名称からすれば、里親が行なう業務に対する対価、謝礼といった性質のものと捉えることもできよう。他方「措置費等について」で事業費の一費目に位置付けられていることを重視するならば、委託が解除された場合に委託児童に取得させるため、他の財産と区別して管理すべきもの、すなわち、委託に係る経費に余剰がある限りにおいて将来の措置解除あるいは措置変更に備えて、里親が預かり管理しておくべき金員、と言うことになる。

この点、雇用均等・児童家庭局家庭福祉課が平成24年12月26日付で児相設置自治体に向けて発した事務連絡「児童福祉法の規定に基づき里親及びファミリーホーム事業者が支弁を受ける措置費等の課税上の取扱いについて」（以下「課税上の取扱いについて」と略す）では、社会福祉法2条にいう第二種社会福祉事業に該当するファミリーホームの運営事業者と里親とを区別し、里親は「社会福祉法上、社会福祉事業とは位置づけられておらず、事業として行っているとまでは言えない」から、里親への措置費等は税務上、雑所得として扱うものとされている。養育の必要経費が措置費等を上回れば雑所得の金額は生じないが、里子の日常生活に係る諸経費は事業費の各費目で賄われているはずであるから、里親手当部分の必要経費にどのような支出が該当するのか判然としない。「課税上の取扱いについて」は、研修会への参加費、里子に同伴するための旅費等、里親としての活動に要した費用を例に挙げるが、だとすれば里親手当はやはり対価、謝礼といった性質をもたない

第1子一人当たりの年間子育て費用額は、所得中位層と考えられる年収400万〜700万円の世帯で、110万円前後である。「インターネットによる子育て費用に関する調査報告書」16頁（2010年）。(http://www8.cao.go.jp/shoushi/shoushika/research/cyousa21/net_hiyo/pdf/gaiyou.pdf、2018年1月3日最終閲覧)

ものと理解されていることになろう。

　ところが里親手当は、将来の養子縁組を前提とした養子縁組里親や、民法上の扶養義務を負う親族による親族里親には支給されない。もし里親手当に対価、謝礼の性質があるのであれば、これらの里親区分について不支給になっていることも一応の説明がつくのだが、研修会への参加費、里子に同伴するための旅費等に用いることを想定して支給されているのだとすれば、これらはどの区分に属する里親にとっても、より良い家庭的養護を実現するために必要な支出と言えないだろうか。とりわけ親族里親については「経済的に困窮していないこと」との認定要件が適用されないことになっており、里親手当以外の事業費だけで養育環境を整えることが難しい家庭も想定される[57]。こうした矛盾を解消するためには、里親手当を児童の養育に直接必要となる事業費に位置付けるのではなく、対価、謝礼としての性質を持つものと捉え直し、研修会への参加費、里子に同伴するための旅費等は事業費の費目に組み入れるべきであろう。そうすれば、里親手当が所得税の課税対象になることも無理なく理解することができる。

　もっとも、児福法57条の5第1項が「租税その他の公課は、この法律により支給を受けた金品を標準として、これを課することができない。」と規定していることからすれば、里親手当以外の事業費として支給されている部分についても所得税の課税対象にすることがそもそも適切なのか、という疑問はなお論ずる余地があるように思われる[58]。周知のとおり、各種の福祉施設を運営する社会福祉法人は、収益事業を除いて法人税、事業税、住民税を免除され、福祉事業に用いる限りで固定資産税や不動産取得税も免除され

---

[57] 同じく親族であっても、民法上の扶養義務を負わないおじ・おば等が里親になる場合は養育里親（親族による養育里親）に位置付けられ、里親手当が支給される。こうした区分が設けられた主たる契機は、東日本大震災により遺児または孤児となる子どもが急増し、親族による養育が増加したことにあった。親族を、民法上の扶養義務を負う者による「親族里親」と「親族による養育里親」とに切り分けたことに伴って生じる、養育への公的支援の格差を指摘する論稿として、和泉広恵「分断される養育者たち」福祉社会学研究10号（2013年）171頁、遠藤隆幸「震災孤児の監護体制に関する法的課題：『親族』里親の位置付けと権限に着目して」東北学院大学法学政治学研究所紀要23号（2015年）37頁を参照。

[58] 「課税上の取扱いについて」が発せられる前の論稿ではあるが、児福法の規定により里親手当等は課税されないとの見解を示すものとして、酒井克彦「社会的養護制度における家庭的養護の推進と扶養控除（上）」税務弘報59巻10号（2011年）78頁。

る。福祉法人の設立認可の要件や手続と比較できるものではないが、里親にも登録および更新の要件と手続が定められ、児相設置自治体による監督を受け報告義務を負うなど、福祉の担い手として一定のスクリーニングは行なわれている。また家庭的養護の特性上、すべての支出について児童の養育に要した費用か否かを截然と切り分けるのは難しく、事務的負担が大きいと言わざるを得ない。他方、所得税法および地方税法は児相設置自治体の長から養育を委託された児童を控除対象となる扶養親族に含めており、現在も税制上の配慮が無いわけではない。

今後「新ビジョン」が示すように里親を職業化して普及拡大を目指すのであれば、里親手当を事業費とは異なる対価、謝礼として位置づけて所得税の課税対象とし、それ以外の事業費については非課税として課税関係を簡素化することが、より適合的だと考えられる。

Ⅵ　おわりに

従来ややもすると、里親が委託解除を避けるため児相職員の意向を忖度する傾向があり、養育上の問題を感じても相談しない（できない）という声が里親経験者から語られることがある[59]。本稿では、里親登録・認定から委託、委託解除のプロセスにおいて里親と行政主体との間にどのような法的紛争が生じ得るか、主に養育里親を念頭に置きつつ雑駁ながら整理しようと試みてきたが、里親が当事者となった争訟の件数の少なさにはいささか戸惑いを覚えた。家庭的養護の重要な担い手であるにも関わらず、里親委託に係る里親自身の権利は不明確なままである。児相と里親の緊密な連携と協力が委託児童の福祉にとって重要なのは言うまでもないが、「新ビジョン」が描く里親委託の急速な拡大を実現させるのであれば、里親登録者の数を増やすとともに多様化を進めていく必要があり、それに応じて児相との摩擦や軋轢も増していくことは避けられない。また、一般的な養育里親以外の区分の里親が抱える特殊なニーズと困難を踏まえて対応できる体制も、整えていかなければならない。行政機関と里親との摩擦を埋めがたい溝にしてしまうのではーーーーーーーーーーーーーーーーーーーーーーーーーーーーーーーーー
[59] 深谷ほか編・前掲（注33）39-42頁。

なく、家庭的養護の安定的な運用と発展に繋げるために何が求められるのか、さらに法的側面から検討していく必要がある。

※　本稿は科学研究費・基盤研究（C）「震災遺児・孤児の養育者・支援者ネットワークの協働に向けた法的体制の構築」（研究課題番号：15K11935、研究代表者：遠藤隆幸）の助成を受けた研究成果の一部である。

憲法の規範力と行政に関する一考察
―― 権力分立原理の現代的意義 ――

片 山 和 則

I　はじめに
II　権力分立論の整理
III　現代の統治機構にみる権力分立の特色
IV　行政国家の概要
V　権力分立制と行政のリーダーシップ
VI　おわりに

I　はじめに

　権力分立は、権力の暴走を防ぎながら健全な国家運営を行っていくためには必要不可欠と考えられている。現在、権力分立は多くの国に導入され、その原理に基づく制度が確立している。
　権力分立の概念はロックが提唱し、それを引き継いだモンテスキューが「抑制と均衡」の視点を盛り込むかたちで精緻化し、三権分立論へとつながっていく。統治機構において「抑制と均衡」が確保されるためには、立法権、行政権、司法権という三つの権力がバランスよく機能する必要がある。しかし現実的には、行政が主導権を握ってリーダーシップを発揮せざるを得ない場合もないとは言えない。例えば、外交、社会保障、インフラ整備などがこれに当たる。災害や経済危機など対応に急を要する場合も同様である。
　近年、世の中が複雑になり、社会システムも高度化・多様化し、北朝鮮問題など様々な脅威が増すにつれ行政の力が肥大化する傾向がみられる。行政の権力が他より優位になる状況は、「行政国家」などと呼ばれるが、三つの

権力のバランスを損なうとの考え方もできるため、本来の国家の在り方という視点から疑義を唱える者もいる。

その一方で、アメリカなど諸外国においては、大統領などの一国のトップリーダーが日本の首相より大きな権限を付与されているケースもある。しかし、それをもってただちに独裁政権のように行政権だけが突出するというわけではなく、迅速かつ機敏な「行政のリーダーシップ」を確保しつつ、権力の集中を二重三重に防止する仕組みが整備されている。いずれにしても、現代における国家運営には、「権力の抑制と均衡」という視点ももちろん非常に重要ではあるが、その反面、迅速かつ機敏な「行政のリーダーシップ」も等閑に付すべきでないと考えられる。

そこで、本稿では、権力の抑制と均衡の視点から、権力分立の意義と重要性を踏まえたうえで、現代における行政国家及び行政のリーダーシップのあり方について明らかにすることを目的とする。

本稿の骨子は以下のとおりである。まず、Ⅰ（第1章）では本研究の問題の所在とテーマ設定の理由、目的と方法を概観する。問題提起として、本稿で論ずる問題が何であるかを述べる。Ⅱ（第2章）では、権力分立の考え方を確認するために、ロックとモンテスキューの権力分立論を概観する。次いでⅢ（第3章）では、大統領制を採るアメリカと議員内閣制を採る日本を事例として、現代の統治機構における権力分立制を検討する。Ⅳ（第4章）では、行政国家の定義と行政国家現象が進む背景を考察し、Ⅴ（第5章）では、権力分立制と行政のリーダーシップの在り方を検討する。Ⅵ（第6章）では、結論としてⅠ（第1章）において提起した問題に対する考察結果を述べる。

Ⅱ　権力分立論の整理

権力分立とは、言葉の意味としては、権力を特定の機関に集中しないように分散させることであるが、一般的には「三権分立」を指すことが多い。神谷（1989）は、一般論的な権力分立は、「複雑・多岐にわたる国家の作用を、その性質に応じて立法・行政・司法の三つに区別し、それらを別個の機関の独立の権限として配分するとともに、互いに他を抑制・均衡せしめることに

より国家権力の集中を排する（中略）法思想または統治制度」[1]と定義されると述べている。

　権力分立は、ロックやモンテスキューなどの思想を淵源としていることが知られている。具体的には、ロックが二権分立論を提示し、その理論をモンテスキューが受け継ぎ、組織的、体系的に発展せしめ、三権分立論を確立させた[2]。両者の所説は、すでに広く周知されてはいるが、現代の権力分立の意義を考えるうえで、権力分立の源流とも言える両者の見解を確認しておく必要があると考える。そこで本章では、ロックおよびモンテスキューが提示した概念を概観する。

1　ロックの権力分立論

　ロックは、"Two Treaties of Government"[3]のなかで、国家の権力は、立法権（legislative power）、執行権（executive power）、連合権（federative power）に分かれると述べている。立法権は法の制定、執行権は法の執行をそれぞれ担当する権力である。また、連合権は、国外との和戦や締盟、交渉を行う権力である。ロックは、これら三つの権力について、概ね次のような見解を示している。

　立法権とは、「共同体とその成員を保護するために国家の力をいかに用いるべきかを指示できる権力」である。法はわずかな時間（a little time）で作ることが可能であり、常に仕事があるわけでもない。したがって、立法権は常設される必要はないとロックは考えていた。一方、法は絶えず執行され、その効力は永続的である。そのため、法の執行を司る執行権は常設されていなければならない。

　ロックは、主に次の二つの理由から、これらの権利は同一の者に委ねてはならないと考えていた。第一の理由は、不正の排除である。立法権すなわち

---

[1]　神谷和孝「権力分立制に関する一考察―その変容と日本国憲法における諸問題を中心として―」東海女子短期大学紀要15巻（1989年）21頁。

[2]　松下泰雄「権力試論（四）―モンテスキューの三権分立論―」同志社法学24巻3号（1972年）105頁。

[3]　Locke, J. (1823, 1689). Two Treatises of Government, in The Works of John Locke. A New Edition, Corrected. Vol. 10. London: Printed for Thomas Tegg; W. Sharpe and Son; G. Offor; G. and J. Robinson; J. Evans and Co.: Also R. Griffin and Co. Glasgow; and J. Gumming, Dublin.

法律を制定する権力をもつ者が、法律を執行する権力も同時に握ることは、権力欲にかられがちな人間の弱さ（human frailty）にとって、きわめて大きな誘惑（temptation）となる。そのため、執行権を有する者が立法を手掛ければ、自分たちの都合の良い法律に仕立てることが懸念される。第二の理由は、事務処理上の問題である。上述のとおり法律は短期間で制定されうるが、その効力は永続的であり、法律の執行は絶え間なく続けなくてはならない。であれば、監督すべき権力が常に必要になるわけだから、専属的に執行に従事する担当者を要することになる。

　ただし、ロックは、三つの権力のうち、立法権と執行権は同一の者に委ねてはならないとする一方で、執行権と連合権は分離することができないと主張している。連合権とは、いわゆる「外政」についての権力で、「戦争と講和の権力、締盟、その他、国家外のすべての人々及び共同社会との一切の交渉の権力」を含んでいる[4]。言い換えれば、立法権は「内政」、連合権は「外政」に対する権力ということになる。

　ロックは、立法権と執行権を分離すれば、「社会の力は別々の命令の下に置かれることになり、いつかは混乱と破滅が惹起されるおそれがある」と考えていた。しかし、この指摘を改めて見ると、「社会の力」「混乱と破滅」といったように極めて抽象的な表現が使われている。これについて峰（1996）は、ロックが確たる根拠に基づいてこのような表現を行ったものではないことを指摘した[5]うえで、「思うに、内政処理の執行権と対外問題処理の連合権が古来より国王の下に統括されていたというイギリスの歴史的事実が、両権の同一担当者への帰属という事態を自然なありかたであると考えさせたのであろう」[6]と述べている。この指摘に基づけば、ロックは三つの権力を提示しているが、執行権と連合権は国内と国外という違いはあるものの、法の執行という面では共通していることになる。

4　Locke, J., op.cit., XII, para. 144.
5　峰良雄　「権力分立について（1）」清和女子短期大学紀要25号（1996年）245頁。
　峰（1996）は、「立法権と執行権の分離にみられるような確固たる根拠（あるいは何らかの理論的根拠）があって、そこから引き出されたものではないように思われる（245頁）」と指摘している。
6　峰良雄（前掲5）245頁。

また、ロックは、各権利の優劣関係については、次のように述べている。
「組織された国家にあっては、ただ一つの最高権しかあり得ない。これが立法権である。それ以外の一切の権利はこれに服従し、また服従しなければならない」[7]。この表現から、ロックは、三つの権利のうち、立法権が最上位にあると考えていたことがわかる。だが一方で、立法権について次のように述べている。「立法権は最高権だが、即興かつ独断的な命令をもって指示する権力とは言えない。ただし、公布・制定された法律と公知の受命裁判官により、善悪を裁定し、臣民の権利を決定する義務はある」[8]。
　つまり、ロックは、立法権を「最高権（supreme authority）」と表現しているが、それは決して立法権の思うがままに法を操るという意味ではなく、あくまでも法律に則って、しかるべき権利を有する裁判官によって事の良し悪しが裁かれるべきと考えていたのである。
　以上のとおり、ロックは、国家の権力を、立法権、執行権、連合権に分けることを提示した。しかし、これらのうち、執行権と連合権は分離することができないと述べている。さらに、執行権と連合権はそれぞれ国内と国外という違いはあるが、いずれも法の執行を担う権力と考えられることから、ロックが提示した権力分立論は、「二権分立論」と位置付けられている。

2　モンテスキューの権力分立論

　モンテスキューは、ロックの二権分立論を継承し、さらに精緻化して三権分立論を提示した。モンテスキューは、『法の精神（De l'Esprit des lois）』[9]において、各国家には三つの権力があることを指摘し、いわゆる「三権分立」の理論を展開している。ここで述べられていることは、「当時の英国の著者

7　鵜飼信成『市民政府論』150頁（岩波文庫、1995年）。
8　the legislative or supreme authority cannot assume to itself a power to rule by extemporary arbitrary decrees, but is bound to dispense justice and decide the rights of the subject by promulgated standing laws, and known authorised judges. [Locke, J., op.cit., XI, para. 136.]。
9　『法の精神』の第11篇第6章のタイトルは「イギリスの国家構造について」とされている。しかし、この章には、具体的にイギリスの国家構造に関する記述は見られず、国家には三つの権力があることと、各権力に関する説明を行っている。この点について松下（1972）は、「それ故、モンテスキューはここでイギリス憲法の客観的・科学的な解明を企てているのか、それともイギリスの国家組織をその源泉として『自由の憲法』の理想型を述べているのかが問題とされてきた」と紹介している。[松下泰雄（前掲2）111頁]。

達とジョン・ロックから継承したことは明らかである」[10]。

モンテスキューが示した三つの権力とは、①立法権 (la puissance legislative)、②万民法に属することがらの執行権 (la puissance de de juger)、および③市民法に属することがらの執行権 (la puissance executrice)[11]である。そして、それぞれの権力は、次のように定義づけられている。

「第一の権力により、君主または執政官は、一時的または恒久的に法律を定め、またすでに定められた法律を修正または廃止する。第二の権力により、彼は講和、宣戦を行ない、大使を交換し、安全を保障し、侵略を予防する。第三の権力により、彼は罪を罰し、私人間の係争を裁く。われわれは最後のものを裁判権と呼び、他の一つをたんに国家の執行権と呼ぶであろう」[12]。第二の権力は、その内容からロックが提示した「執行権」と「連合権」を合わせた機能を持つ権力に当たると考えられる。また、第三の権力として、ロックが提示していなかった「裁判権」を提示したことが特徴的である。

これらの権力は、それぞれ分離されなければならないとモンテスキューは主張し、その理由を次のように説明している。

「同一の人間あるいは同一の役職者団体において立法権力と執行権力とが結合されるとき、自由は全く存在しない。なぜなら、同一の君主または同一の元老院が暴君的な法律を作り、暴君的にそれを執行する恐れがありうるからである。

裁判権力が、立法権力や執行権力と分離されていなければ、自由はやはり存在しない。もしこの権力が立法権力と結合されれば、公民の生命と自由に関する権力は恣意的となろう。なぜなら、裁判役が立法者となる。もしこの権力が執行権力と結合されれば、裁判役が圧政者の力をもちうる」[13]。確かに、裁判官が立法権をもつ議会や執行権をもつ行政機関とつながっていれば、公平な判断はできない。

ところで、上記のモンテスキューの主張には「自由」という言葉が度々出

10　松下泰雄（前掲2）106頁。
11　モンテスキュー（井上堯裕訳）『法の精神』126頁（中央公論新社、2016年）。
12　モンテスキュー　同上・129頁。
13　モンテスキュー（野田良之ほか訳）『法の精神』291-292頁（岩波書店、1995年）。

てくる。「自由」とは何だろうか。モンテスキューは、この問いに対して次のように述べている。

「政治的自由とは、望むことをなすことではけっしてない。国家、すなわち法の存在する社会においては、自由とは、望むべきことをなしえ、望むべきでないことをなすべく決して強制されないことにほかならない。自由は、法の許すすべてをなしうる権利である」[14]。この表現によれば、自由とは、自分が望むことであれば何でもできるということではなく、「法が許す」という大前提のもとに成立しうるものと言える。つまり、法で許されていないことをするのは自由とは言えない。

モンテスキューは、ロックがほとんど触れていなかった裁判権を明確に打ち出した。立法権と執行権を別の者に委ねることも「抑制と均衡」を担保するためには有効だが、特に裁判権を分離・独立した権力であると主張したことが、大きな特徴と言える。

Ⅲ 現代の統治機構にみる権力分立の特色

モンテスキュー等の権力分立論は、アメリカ合衆国憲法（1787年）およびフランス人権宣言（1789年）[15]によって実定化され、西欧型憲法秩序において、必須の構成要素となっていった[16]。また、日本においても、現在、権力分立の理念を導入した統治機構が構築されている。しかし、ロックやモンテスキューが提示した概念の根底に流れる思想は踏襲しているものの、その制度等に関して言えば、例えばアメリカは大統領制、日本やイギリスは議員内閣制というように国によって異なる。また時代とともに変化してもいる。

本章では、現在の権力分立の特色を確認するため、行政府と立法部が完全に独立していて行政府である大統領が議会に対して拒否権を行使できる大統領制を採るアメリカの統治機構、そして、行政府と立法部が完全に独立していない議院内閣制を採る日本における権力分立を概観する。

---

14 モンテスキュー（前掲11）127頁。
15 フランス人権宣言第16条「権利の保障、権力の分立が規定されないいかなる社会も憲法を持つものではない」は、憲法を持つ社会には、権利保障と権力分立が存在することを示している。
16 赤坂幸一「権力分立論」法学セミナー54巻11号（2009年）28頁。

1 アメリカの統治機構

アメリカは、統治機構として大統領制を採用している。その特徴を、渋谷・赤坂（2013）[17]は、次の四つにまとめている。

「①大統領は国家元首と最高行政機関とを兼ね備えた職である。他方、議会は主として立法権を担当する。②大統領と議会は有権者によってそれぞれ別々に選出される。閣僚も議員との兼職を禁止されている。③大統領は議会に責任を負わない。任期途中で議会から罷免[18]されることはなく、逆に大統領も議会解散権を持たない。④厳格な権力分立とともに、大統領が法案拒否権をもつこと、上院が大統領による高級公務員の任命に対して承認権をもつことなど、一定のチェック・システムも設けられている」。

上記①にあるとおり、アメリカの大統領は、国家元首と最高行政機関を兼ねた職であることから、アメリカの大統領制は、大統領に強力な権限が与えられているシステムと言える。例えば、エイブラハム・リンカーン第16代大統領が、南北戦争中、ある問題について閣僚全員に反対されたところ、「反対7、賛成1。よってこの件は可決された」と述べたというエピソードがある[19]。また、大統領は「大統領令（Executive order）」の発令が認められている。大統領令は、議会の承認や立法を経ずに、連邦政府や軍に直接行う命令で、法律と同等の効力をもつとされている。つまり、大統領は、実質的に立法権に近い権利を付与されていることになる。

その一方で、チェック・システムすなわち「抑制と均衡」が機能するシステムも設けられている。この点について清宮（1977）は、「立法、執行及び司法の三権は、アメリカでは、連邦憲法においても、各州憲法においても、かなり厳格な権力分立原理のもとに組織され、配分されている」[20]と指摘している。

ただし、「『権力の分立』と『抑制と均衡』の原理を同時に導入したアメリ

---

17 渋谷秀樹ほか『憲法2 統治（第5版）』15頁（有斐閣、2013年）。
18 大統領が弾劾裁判に至るような重大な罪を犯した場合等は除く。渋谷・赤坂（2013）は、これは「レア・ケース」としている（15頁）。弾劾裁判にかけられた大統領は、アンドリュー・ジョンソン（第17代）とビル・クリントン（第42代）の二人のみで、いずれも罷免には至らなかった。また任期途中で辞任した大統領は、リチャード・ニクソン（第37代）のみである。
19 渋谷秀樹ほか（前掲17）15頁。
20 清宮四郎『権力分立制の研究』99頁（有斐閣、1977年）。

カ合衆国憲法（以下、合衆国憲法）のもとで、はたして厳格な三権分立制の統治機構が確立されうるか」[21]と疑問を呈する見解もみられる。この点にも留意しながらアメリカの統治機構における三権分立制を概観する。

合衆国憲法の第1条から第3条は、次のように規定されている。

第1条：アメリカ合衆国憲法における立法権のすべてを、上院および下院で構成されるアメリカ合衆国連邦議会に付与する[22]。

第2条：行政権は、アメリカ合衆国の大統領に付与する[23]。

第3条：司法権は、一つの連邦最高裁判所および連邦議会が随時に制定し、設置する下級裁判所に付与する[24]。

これらの条文からわかるように、アメリカの統治機構においては、立法権、行政権（執行権）、司法権（裁判権）がそれぞれ別の機関に付与されている。また、大統領の権力が突出しないような配慮もなされている。例えば、大統領に付与されている執行権については、執行権に『法律を実施する権限（power to carry into effect the national laws）』という定式を与えようという提案がなされたが、結局、それが何らかの理由で見送られた。これについて、駒村（2000）は次のように述べている。

「少なくとも法律を執行する作用を一般的権限として大統領に独占させる原意は存在しないことと、さらに、法律執行組織の形成につき立法裁量を認める余地が生まれたこと、を意味する」[25]。さらに駒村（2000）によれば、「法律執行作用の全てを大統領が全面的かつ排他的に独占させるような原意は存在せず、むしろそれとは逆の原意および初期議会の制度が存在する」[26]。

アメリカの大統領は、絶大かつ排他的な権限を有しているイメージが強いが、当然ながら独裁者ではない。上述のとおり、アメリカの大統領には「大

---

21 阿部竹松「『三権分立制』の論拠—アメリカ連邦統治機構は『三権分立制』か」日本法政学会法政論叢35巻2号（1999年）94頁。

22 All legislative Powers herein granted shall be vested in a Congress of the United States, which shall consist of a Senate and House of Representatives.

23 The executive Power shall be vested in a President of the United States of America.

24 The judicial Power of the United States, shall be vested in one supreme Court, and in such inferior Courts as the Congress may from time to time ordain and establish.

25 駒村圭吾「アメリカにおける独立行政機関と権力分立—中央銀行の独立性の理論的基礎に向けて—」白鴎法學16号（2000年）43頁。

26 駒村圭吾　同上・44頁。

統領令」を発する権限が与えられている。例えば、2017年に就任したドナルド・トランプ大統領も、同 1 月にイスラム圏 7 カ国のいわゆる「テロ懸念国」からの入国を制限する大統領令に署名した。これに対し、ワシントン州は、この入国制限を「憲法違反」として差し止める命令を出した[27]。つまり、執行権を司法権が制御した格好となったわけである。

時代が前後するが、合衆国憲法の主要な起草者の一人であったマディソンは、多元的利害を調整する政府、均衡のとれた政府の創設に力点を置いた主張を示す諸論文を発表している[28]。憲法の起草に際してもマディソンは、専制政治の可能性を徹底的に排除するため、double security（二重のかんぬき）[29]を張り巡らした。かくして、立法権、行政権、司法権はすべて、複数の機関で共有されており、単独の機関が独占している権力はない。メーソンらは、アメリカの統治機構を説明する際、「権力の分立（separation of powers）」を用いるのは適切ではないと指摘したうえで「合衆国憲法は、政府の組織を分けてはいるが、その機能と権力は融合している（The Constitution separates organs of government; it fuses functions and powers.）[30]」と主張しているのは、そうした背景を受けたものと考えられる。

また、阿部（1999）は、合衆国憲法の起草の過程や、立法権・行政権・司法権の各機関への配分内容を具に検討している。そのうえで、アメリカの統治機構においてこれらの権利が各機関に専属的に配分されているのではなく、一つの権力が二つあるいは三つの機関に分散されていることを指摘している。そして、アメリカの統治機構は、「『三権分立制』ではなく『三権共有の三機関分立制』か『三権共立制』であると言うべきである」[31]と述べている。

---

[27]　日本経済新聞「米入国制限の大統領令、差し止め命令　ワシントン州連邦地裁　トランプ政権、対抗措置へ」2017年 2 月 4 日夕刊（電子版）。
[28]　有賀貞「アメリカ合衆国憲法体制の形成」法學研究12号（1982年）63頁。
[29]　Alpheus Tomas Mason and Donald Grier Stephenson Jr., American Constitutional Law, 16th edition, London, Routledge, 2011, p. 42
[30]　Ibid., p. 81
[31]　阿部竹松（前掲21）101頁。

2　日本の統治機構

アメリカの統治機構として大統領制が採用されているのに対し、日本は議院内閣制を導入し、議会組織は、衆議院と参議院から構成される二院制を採用している。これらの統治機構が制定されるまでの経緯は、主に次のとおりである。

GHQ（連合国最高司令官総司令部）が1946年2月に作成した日本国憲法の草案、いわゆるマッカーサー草案では、英国型（の議員内閣制）以上に議会優位の体制となっていた。しかし、1946年3月に行われたGHQと日本政府との折衝において、三権分立の趣旨に照らし疑問を呈した日本側の指摘が反映され、議会中心の発想に立つ英国型からアメリカ的な三権分立の要素を強めたものに変更された[32]。また、議会組織についても、マッカーサー草案では一院制が提示されたが、日本政府側が二院制を主張し、GHQとの交渉の結果、両院議員公選を条件に二院制とすることが容認された[33]。

田中（2010）は、上記の結果に対して「英国型議院内閣制ともアメリカ型議会制度ともつかない、両院が国民代表の公選制の議院内閣制が導入され、この点にも『複数の議会制像の交錯』が見られることとなった」[34]と指摘している。また、宮澤（1978）は、日本の統治機構について、「アメリカのように徹底した権力分立型をとるわけではなく、立法権と行政権との関係についていえば、むしろ、両者の分立よりは共働をめざす議院内閣制的体制を定めている」[35]と指摘している。

近藤（2001）は、議院内閣制について次のような特徴[36]を指摘している。まず、議院内閣制では、内閣総辞職や議会の解散により議会と内閣の紛争解決が可能であり、政治的な状況に対して弾力的な対応が可能となる。一方、大統領制では、議会と大統領が衝突しても紛争を解消する制度がないし、政治的な状況に対する弾力的に対応しづらい。これらの特徴は議院内閣制およ

32　杉原泰雄ほか『憲法と議会制度』132頁（法律文化社、2007年）。カッコ内は筆者。
33　田中嘉彦「二院制に関する比較制度論的考察（1）：ウェストミンスターモデルと第二院」一橋法学9巻3号（2010年）217-218頁。
34　田中嘉彦　同上・218頁。
35　宮澤俊義　芦部信喜補訂『全訂日本国憲法』493頁（日本評論社、1978年）。
36　近藤敦「議院内閣制と大統領制―混合形態としての半大統領制と首相公選制の検討も加えて」『立憲主義とデモクラシー』190-192頁（敬文堂、2001年）。

び大統領制における行政府の固定性の程度によるものである。

　議院内閣制においては、政治状況に弾力的に対応できるが、見方を変えれば、行政府が不安定であると捉えることもできる。日本の場合、内閣不信任決議がなされれば、内閣総辞職または衆議院解散が選択される。仮に後者が選択された場合も、総選挙後に新たに組閣されることになるため、やはり行政府の安定性は大統領制より議院内閣制のほうが低いと言えよう。

　また、議院内閣制の場合、行政権は大統領ではなく内閣に付与される。大統領制では特殊な事情がない限り、任期途中で罷免されることはないが、議院内閣制では国会すなわち議会の不信任決議により総辞職させられることがある。また日本では、首相は国会（議会）により選出される。アメリカの場合、大統領の選出は、形式上、間接選挙によるが、実質的には直接選挙に近いかたちとなっており、少なくとも日本よりは民意が反映されやすいと考えられる。

　次に、権力分立の点から日本の統治機構を検討する。日本の統治機構においても権力分立の仕組みが構築されており、現行制度では、立法権は国会（議会）に、行政権は内閣に、司法権は裁判所に付与されている。国会は、内閣総理大臣の指名および内閣不信任の決議案を出すことができる。一方、内閣は衆議院を解散させる権限を有し、裁判所は、国会が制定する法令に対する審査権を有している。このように互いに権力を抑制し、均衡が維持される仕組みとなっている。

　権力分立の趣旨は、前章で確認したとおり、権力を分離し、権力の集中を防ぎ、各権力の独立性を保つことである。それにより、いわゆる「抑制と均衡」が担保されるからである。確かに、各機関が有する権利を見る限り、わが国では一応、権力分立の仕組みが確立されていると言える。

　しかし、憲法41条において、「国会は国権の最高機関であって国の唯一の立法機関である」と定められている点には疑問が残る。「抑制と均衡」の原理を取り入れているにもかかわらず、国会を国権の「最高機関」と位置付ける根拠が明確ではなく、そもそも「最高機関」の意味すらあいまいだからである。事実、「統治機構のあり方に関する調査小委員会」の資料においても、「憲法は、『権力分立制』を採用し、国会とともに内閣及び裁判所にも、主要

な国会機関として国家権力の中の一定の権能を分担させているにもかかわらず、国会を国家権力あるいは国家機関の中の『最高機関』としていることの意味をどう解するかが問題となる」[37]との指摘がある。また、村西（2005）は、日本の権力分立制について「大統領制を採用するアメリカは、権力分立制を忠実に実践している。それに対して、議院内閣制を採る日本は、権力分立制を一定の範囲内で受容しているに過ぎない」[38]と述べている。このようにみると、日本における権力分立制は、アメリカに比べると緩やかなものになっていると捉えることもできよう。さらには、立法府が国権の最高機関かつ国の唯一の立法機関というのであれば、立法府の過半数以上が、ある政党によって占められている時、厳正に民主的な議論の場ではなくなる可能性がある。また、行政府を選出してくるのも国会で政権を握った政党であるから、立法府と行政府には同一の政策的な考えが流れていると思われる。その一例として、立法府と行政府との癒着の問題がある。現安倍政権もその例外ではないと考えられる。長期にわたる政権を握り、立法府である国会で過半数の政権政党を擁しこれによって、政策決定も行政府の意のままに動かすことが可能な状況にある。秋山（2011）はこれに関して「議員内閣制の利点は、政党を媒介として立法府と行政府とを有機的に結合し、両府の共働によって協力かつ円滑な国政を推進しようとするところに発揮される。その場合の必須の条件は媒介役の政党が適宜交代することである。」[39]つまり、政権が上手く交代することによって立法府と行政府がその力を効果的に発揮することが出来るのである。しかしながら、現代の立法府は政党が選挙に勝利してから長期にわたって、途中、選挙はあったものの政権与党として君臨している。この状況が進んでいけば、当然、立法府と行政府の癒着が生じることになる。この点に関して、秋山（2011）は「常に特定の政党が扇の要の役割を持つとすれば立法府と行政府が癒着し、政治腐敗がもたらされる恐れが生じて

---

[37] 衆議院憲法調査会事務局「『国会と内閣の関係（国民主権と政治の基本機構のあり方全般）』に関する基礎的資料（統治機構のあり方に関する調査小委員会平成15年7月10日の参考資料）」（2003年）48-49頁。
[38] 村西良太「権力分立論の現代的展開―機能的権力分立論の可能性―」九大法学90巻（2005年）221頁。
[39] 秋山和宏「立法府と行政府の癒着」『現代政治過程』219頁（三和書籍、2011年）。

くる。また、本来、政治的に中立であるべき行政機構（官僚制）が、もっぱら恒常的政権政党に密着し、これに奉仕するという弊害をひきおこすことにもにもなる。」[40] このような癒着の点を議院内閣制の問題点であると考える。

3　現代の権力分立

以上、第1節と第2節で、アメリカと日本の権力分立の特徴を検討した。

アメリカおよび日本の統治機構については、確かに、ロック、モンテスキューの理論をもとに構築されており、権力を分散させ、互いに抑止力が働くことが念頭に置かれている。ただし、アメリカは大統領制、日本は議院内閣制というように、それぞれ別の政治体制を敷いていることもあり、立法権、行政権、司法権を有する機関の力関係も微妙に異なっている。

特に両国で異なるのは、立法権と行政権の力関係である。アメリカの場合、行政権は大統領が単独で握ることになるが、重大な罪を犯すなどといった特殊な事情がない限り途中で罷免されることはないと考えてよい。そのため、行政府の安定性が高いという特徴がある。一方、日本は、国会の不信任決議などにより内閣総辞職か衆議院解散のいずれかが行われるため、大統領制に比べれば行政が不安定になりやすいと言える。

アメリカにおける権力の配分に関しては、合衆国憲法の起草者、特にマディソンの意向により、立法権、行政権、司法権がそれぞれ単独ではなく、複数の機関に分散して付与されることになった。そのため、大統領の権限が強くはなっているが、いわゆる独裁政治を回避する抑止力も機能する仕組みになっている。

以上のとおり、細部は異なるものの、アメリカ、日本ともに、権力分立の原理が定着している。これについて、レーヴェンシュタインは、「権力分立は立憲主義国家の標準的装備になった」[41] と指摘している。確かに、上述のとおり、立法権、行政権、司法権はそれぞれ別の機関に付与されているという点では、権力分立が定着していると言えるかもしれない。しかし、近年、

40　秋山和宏　同上・219頁。
41　カール・レーヴェンシュタイン（阿部照哉ほか訳）『現代憲法論（新訂）』49頁（有信堂高文社、1986年）。

それだけでは説明がつかない状況がみられるようになっている。

現代は、国家に求められる機能が多様化している。これについてレーヴェンシュタインは、「実際には、国家がさまざまな機能を充足させねばならないこと（分業の技術的問題）、および他方権力名宛人にとっても、これらの諸機能が異なった諸機関によって遂行されたほうが好都合であること、を意味するものにほかならない」[42]と述べている。そのうえで、慣用的に「権力の分立」と言われているものは、実際には、各機関に権力ではなく機能を分配している、すなわち「機能分立」であると主張している。峰（1996）は、レーヴェンシュタインの見解に一定の理解は示しながらも「諸機能の国家機関への配分は『機能』という名のもとでなされているのではなく、『権限』という法的カテゴリーの形式をとってなされている」[43]と述べている。確かに、少なくとも「抑制と均衡」という関係が成り立つには、政府の各機関に対して付与されるのは「機能」ではなく「権力」である必要がある。ただし、現代においては、政府機関の「機能」が重視される状況もみられる。これについては、次章で検討したい。

Ⅳ 行政国家の概要

これまで述べた通り、本来的に統治機構においては、立法権、行政権、司法権の三権を付与された各機関が互いに「抑制と均衡」を図りながらそれぞれの役割を果たしていると考えられている。しかし、レーヴェンシュタインが指摘するように、現代国家は多様な機能を求められており、統治機構においても「機能」が重視される傾向にある。近年、みられるようになった行政国家は、こうした時代の要請と関係しているようにもみえる。本章では、権力分立の視点も交えながら、行政国家の定義と登場した背景を整理しておく。

---

[42] カール・レーヴェンシュタイン 同上・50頁。
[43] 峰良雄（前掲5）238頁。

1 行政国家の定義

　行政国家とは、端的には、行政権を有する機関の力が強化された状況にある国家である。より詳しく言えば、「行政活動の役割が飛躍的に増大し、行政権が肥大化し、法の執行機関である行政府が国の基本政策の形成に事実上中心的な役割を営む」[44]国家である。

　行政国家の定義については、いまだ確定したものは存在せず、様々な見解がみられる。下條 (2001) は、「国家の基本的な政策の形成・決定に際して、行政権が大きく優位に立つ国家を、一般的に『行政国家』と呼んでいる」[45]と述べている。青木 (2007) は、「政府権限の行使において行政権を担う官僚機構が他の政府部門に優位する現象がみられた。二十世紀以降、このような状況に達した国家を『行政国家』と呼ぶ」[46]と述べている。これらの定義で共通しているのは、行政国家においては、行政権が、立法権、司法権より優位である、という点である。

　別の切り口も存在する。例えば宮崎 (2010) は「行政国家」を、二つの面から捉えることができると指摘している。第一は、三権分立において、行政が立法 (議会) や司法 (裁判所) よりも権力関係において相対的に優位にある事態を指すもので、第二は、「国家と社会の自同化」という事態である[47]。

　第一の定義は、基本的には上述の定義と共通しているが、別の側面から表現した定義もみられる。例えば手島 (1969) は、行政国家を「本来統治の出力過程の公式機関たる行政部が、立法部、執政部および司法部との対比において、統治の入力過程すなわち基本的政策の形成・決定にも中心的役割を営む国家」[48]と定義している。また、岡田 (2008) は、「執行の役割である行政権が法律の定立にまで積極的にかかわっていくということ」[49]と説明してい

---

[44] 衆議院憲法調査会事務局「『国会と内閣の関係（国民主権と政治の基本機構のあり方全般）』に関する基礎的資料（統治機構のあり方に関する調査小委員会　平成15年7月10日の参考資料）」(2003年) 3頁。

[45] 下條芳明「内閣制度の改革をめぐる諸問題」法政論叢38巻1号 (2001年) 160頁。

[46] 青木一益「第19章　行政国家と官僚制　2 行政国家」堀江湛編『政治学・行政学の基礎知識（第2版）』222頁 (一藝社、2007年)。

[47] 宮崎文彦「現代の行政裁量に対する民主的統制—フィリップ・ペティットの意義申し立てのデモクラシー論」高崎経済大学論集53巻2号 (2010年) 26頁。

[48] 手島孝『現代行政国家論』84頁 (勁草書房、1969年)。

[49] 岡田大助「首相公選論と行政国家」社会研論集11巻 (2008年) 189-190頁。

る。

　第二の定義である「国家と社会の自同化」について、宮崎（2010）は、「国家の社会問題への介入と同時に、社会からの国家に対する問題解決要求という事態」[50]と説明している。また、片岡（2009）は、「近代国家はやがて国家と社会を区別することができず、国家と社会とが自同化した状態に発展していく。その契機は、国家の社会への介入が進み、社会が国家化し、逆に国家は社会のアジェンダを取り上げることによって社会化していくという二つの傾向の収斂にある」[51]と述べている。これらの見解から、「自同化」とは、「相互浸透」あるいは「融合」を示していると考えられる。行政の役割も踏まえて「国家と社会の自同化」をみた場合、社会で何らかの問題が生じた場合に、その解決を国家に求めるという状況である。この場合、行政は国家と社会の媒介物として捉えられているが、いずれにしても、「自同化」が進むほど、「国家と社会の区別が曖昧となってくる」[52]と捉えられている。

　以上のとおり、行政国家とは、三つの権力のうち行政権が相対的に優位となり、行政が立法にも積極的にかかわる国家として捉えられている。また、「国家と社会の自同化」という側面から言えば、行政国家は、行政を媒介として国家と社会の区別が曖昧になり相互が融合した状況ということになる。

2　日本における行政国家現象

　行政国家化が進む現象は、「行政国家現象」と呼ばれている。渋谷・赤坂（2013）は、「行政国家現象」について「政策の総合性・継続性・合目的性を要請し、市民社会の実態に関する組織的な情報収集、長期的な財政計画、そして臨機応変の対応能力をもつ行政部の役割の増大現象をもたらし、結果的に三権における行政部の優位を導いた」[53]と述べている。

　今日、欧米諸国を中心に行政国家現象が広くみられる。日本も例外ではなく、行政国家現象が進んでいる。下條（2001）は、日本国憲法下における「行政国家」現象を示す特徴として、(1) 内閣提出法案の増大、(2) 委任立

50　宮崎文彦（前掲45）26頁。
51　片岡寛光『国民リーダー大隈重信』冨山房インターナショナル（2009年）134頁。
52　片岡寛光『行政国家』8頁（早稲田大学出版部、1976年）。
53　渋谷秀樹ほか（前掲17）238頁。

法方式の一般化、(3)「財政民主主義」の形骸化、(4) 通達行政の浸透、(5) 行政部による計画権限の独占[54]、の5つをあげている。以下、下條 (2001) の論述を参照し、他の学説や筆者の見解を交えながら説明する。

(1) 内閣提出法案の増大

周知のとおり、日本における立法には「議員発議」と「内閣提出」の二通りの方法がある。「議員発議」の根拠は憲法41条（国会は国権の最高機関であって国の唯一の立法機関である）で、「内閣提出」の根拠は憲法72条（内閣総理大臣は、内閣を代表して議案を国会に提出し、一般国務及び外交関係について国会に報告し、並びに行政各部を指揮監督する）[55] である。日本の国会で審議される重要法案の大部分は、内閣提出法案である。国会への提出件数、成立件数のいずれも議員提出法案より内閣提出法案のほうが圧倒的に多い。

表1は、日本の国会における内閣提出法案と議員立法の提出・成立件数である。提出件数については、内閣提出法案と議員立法の件数は、ほぼ拮抗しているが、成立件数及びその提出件数に占める割合は内閣提出法案のほうが圧倒的に高い。もちろん、内閣が提出した後、国会で議論され修正のうえ成立する法案も少なくない。しかし、このような内閣提出法案の高い成立率を効率的な権限移譲の証拠と見る向きもある[56]。

単に数が多いだけでなく、「内閣提出法案の作成作業は、原案の企画・調査・立案から、与野党議員、関係省庁、外部団体との調整に至るまで、当該官庁における行政官僚の主導により実施されている」[57]。

また、井口 (2007) は、法案作成能力に際して「情報量及び人的資源に乏しい少数の議員のレベルでは法案化しにくい」[58] ことを指摘している。その背景には、衆議院及び参議院の置かれている法制局や調査室を十分に活用し

---

54 下條芳明（前掲43）162-164頁。
55 内閣提出法案については、内閣府5条においても「内閣総理大臣は、内閣を代表して内閣提出の法律案、予算その他の議案を国会に提出し、一般国務及び外交関係について国会に報告する」と規定されている。
56 Ramseyer, M. and Rosenbluth, F. (1993), Japan's Political Marketplace. Cambridge: Harvard University Press.（加藤寛監訳）『日本政治の経済学―政権政党の合理的選択―』（弘文堂、1995年）。
57 下條芳明（前掲43）162頁。
58 井口秀作「『国民投票法』の制定と国民主権」法律時報79巻7号（2007年）1頁。

表 1　法律案の提出・成立件数（平成 25 年～平成 28 年）

区分／国会会期	内閣提出法律案		議員立法	
	提出	成立（割合）	提出	成立（割合）
第 192 回（臨時会）（平成 28.9.26～12.17）	19	18（94.7%）	126	13（10.3%）
第 191 回（臨時会）（平成 28.8.1～8.3）	0	0	0	0
第 190 回（常会）（平成 28.1.4～6.1）	56	50（89.2%）	72	18（25.0%）
第 189 回（常会）（平成 27.1.26～9.27）	75	66（88.0%）	72	12（16.7%）
第 188 回（特別会）（平成 26.12.24～12.26）	0	0	4	0
第 187 回（臨時会）（平成 26.9.29～11.21）	31	21（67.7%）	28	8（28.6%）
第 186 回（常会）（平成 26.1.24～6.22）	81	79（97.5%）	75	21（28.0%）
第 185 回（臨時会）（平成 25.10.15～12.8）	23	20（86.9%）	45	10（22.2%）
第 184 回（臨時会）（平成 25.8.2～8.7）	0	0	0	0
第 183 回（常会）（平成 25.1.28～6.26）	75	63（84.0%）	81	10（12.3%）
第 182 回（特別会）（平成 24.12.26～12.28）	0	0	2	0（0%）
第 181 回（臨時会）（平成 24.10.29～11.16）	10	5（50.0%）	6	1（16.7%）
第 180 回（常会）（平成 24.1.24～24.9.8）	83	55（66.2%）	77	31（40.2%）

出典：内閣法制局（http://www.clb.go.jp/contents/all.html）参照の上、筆者作成。
（継続審査に付されていた法律案の外数は除く）

ていないということがある。特に内閣提出法案については、各省庁は公聴会を開催したり、諮問機関の審議会で学識経験者の意見を聴いたり、関係省庁と調整をしたりして原案を立案し、内閣法制局の審査と閣議を経て内閣提出法案としてまとめ、国会に提出して審議を求めているのに対して、議員立法による法案は、一部の利害関係者の意見に偏り、体系的に整備さえていないことが多く法案として十分なものとはいえない。そのため、最後には政府関係者を呼んで勉強会を開いて意見を聴くことになるという問題もある。岡田 (2008) は、法治国家では「法律の留保」の原理が働くことを前置きしたうえで「しかし、それを厳密にしようと思うならば、本来的に法律制定の役割をもつ立法機関が予め将来起こるであろうことを予測して法律を制定しておかなければならない。しかし、それは現実的ではない」[59]と述べている。

---

[59] 岡田大助（前掲46）191 頁。

(2) 委任立法方式の一般化

委任立法とは、基本的な事項のみ法律で決定し、詳細は行政機関による命令に委ねる立法方式である。下條 (2001) は、「国政上の問題の具体的な処理については、議会の立法に頼るよりも、行政担当者の裁量に任せた方が適切かつ合理的である。このため、基本的な事項だけは法律で決定しておき、詳細については行政期間による命令に委ねるという委任立法の立法方式が一般化することになった」[60]と指摘している。

(3) 「財政民主主義」の形骸化

国家財政は、原則として国会の議決により運営される（憲法83条）[61]。予算を作成して国会に提出することは、憲法に定められた内閣の事務の一つ（憲法73条5号）である。また、提出された予算案は、国会の審議を受ける必要がある（憲法86条）。しかし、下條 (2001) は、内閣が作成した予算案について「国会に提出された予算案は、ほぼ無修正で可決されるのが通例となっている」[62]と指摘している。しかし、予算の決定に関しては選挙集票との関係で族議員の力が大きく働いている。

(4) 通達行政の浸透

権力分立制においては、法律に基づく行政が原則である。日本においても、「法律による行政」が認められているということになる。しかし、現実には「法律による行政」というより「通達による行政」の状況にあると言われている。現代行政では、行政の量が膨大となる一方、複雑かつ流動的な社会経済状況に対応して、行政の内容は高度に専門化しているため、法律で細部まで規定することは非常に困難である。そこで、法律で規定できない部分を通達で補足する傾向がみられる。さらに、「各行政機関の現場職員は、法律を棚上げにして、上級行政機関が発する通達に従って法律の解釈や運用方針を決定する傾向が一般的になっている」[63]。そのため、変更、改定などはほとんど通達という形をとって上から下に出されていく。通達とは、上級行政庁が法令の解釈や行政の運用方針などについて、下級行政庁に対してなす

60　下條芳明（前掲43）162頁。
61　国の財政を処理する権限は、国会の議決に基いて、これを行使しなければならない。
62　下條芳明（前掲43）163頁。
63　下條芳明（前掲43）163頁。

命令ないし指令である[64]。

(5) 行政部による計画権限の独占

　高度経済成長期以降、国土総合開発計画や地域開発計画をはじめとする計画が相次いで策定された。ただし、「こうした行政計画の内容は、行政部自身により計画され、計画の実施に必要な法律の立案・制定・改正に際しても、行政部が指導的な役割を担っている」[65]。こうした計画の実施に際しては法律の制定が必要になるが、この点においても、行政主導となっている。

3　行政国家現象が進む背景

　前節では、近年、わが国においてみられる行政国家現象について述べた。では、行政国家現象が進む背景には何があるのだろうか。

　遠藤 (1983) は、行政国家現象の原因は、「現代行政の要請に近代民主国家の基本原理である代議制が適切に対応できないことにある」[66]と指摘している。言い換えれば、立法を担う議会が十分に機能していないということになろう。

　議員内閣制は、元来、立法権を有する議会が国家の統治の中枢を担い、行政権を有する内閣をコントロール下に置くことで「国民―議会―内閣」という図式を作り、民主主義の実現を目指す統治システムと言える。つまり、議会による立法によって国家を民主的に支配し、行政府である内閣を法執行の機関にとどめることを理念としたシステムである。しかし大下 (2007) は、こうした議員内閣制の根底にある理念について、「かような理念は現代国家ではもはや通用しない」[67]と断じている。なぜなら、現代国家は、「経済や福祉など、近代国家とは比較にならないほど多様な任務を引き受ける」[68]ためである。確かに、現代社会においては、経済情勢や社会情勢等の変化に対し、迅速に対応することが求められている。もちろん、立法府である議会で

64　国家行政組織法　14条2項。
65　下條芳明（前掲43）163-164頁。
66　遠藤文夫「地方行政論の課題（二）」香川法学2巻2号（1983年）89頁。
67　大下良仁「我が国の統治機構のとらえかた―3つのアプローチからの考察」学生法政論集1号（2007年）44頁。
68　大下良仁　同上・44頁。

法を制定し、それを行政府が執行するという手順を踏むことが基本だが、急を要する場合は、そのような手順を踏むことで手遅れになるケースもないとは言えない。

　例えば、近年では、アメリカ同時多発テロ（2001年）以降、世界中で様々なテロが頻発している。また日本においては、2011年の東日本大震災、2016年の熊本地震など、未曾有の災害に複数回見舞われた。

　こうした一刻を争う状況下では、統一的かつ一貫した指針の下、迅速な行動が求められる。また、状況を打開するには、少しでも早く対策を講じることが求められるし、対策を遂行するためには多様な任務が発生する。通例、議院内閣制においては、上述のとおり議会で国政の基本方針が決定され、国債などの発行を通じて予算が決定し資金運用部にある資金が国債引き受けに利用される。それに基づいて行政府が執行する。しかし、議会とは、基本的に、多数の議員が参加し多様な意見を出し合ったうえで多数決をもって採決される機関である。非常に民主的で、公平な判断を下すには有効な機関ではあるが、迅速な行動は期待しづらい。ましてや現代の日本のように一党の勢力が強い場合には、野党が決議に参加を拒否し話し合いと反対投票数が自然と少なくなる。

　国によっては、緊急事態に対応するために平常時と異なる権力行使を行う、いわゆる国家緊急権についての規定が設けられている。しかし、日本国憲法には、国家緊急権に関する規定を置いていない[69]。また、緊急事態とまではいかなくとも、政府は常に時代の変化に迅速に対応しうる体制を敷いておく必要があるし、多様な業務も全うしなくてはならない。

　わが国においても、少子高齢化をはじめ、環境問題、待機児童、所得格差など解決すべき課題が山積しており、迅速な対応が急務となっている。大下(2007)は、「かような任務を遂行するのには選挙によって多様な意見・意思が存在する議会ではなく行政府のほうが適している」[70]と指摘している。

　また、上記にあげた問題をみても、国家の活動領域は、医療・年金・公的

---

[69]　矢部明宏ほか「Ⅰ　憲法上の国家緊急権」国立国会図書館調査及び立法考査局『主要国における緊急事態への対処：総合調査報告書』13頁（国立国会図書館、2003年）。

[70]　大下良仁（前掲64）44頁。

扶助といった社会保障制度の充実、住宅・道路といった公共事業の運営、エネルギー・交通・通信といった公企業の経営、教育・文化施設の整備、産業の保護・育成などきわめて広範に及んでいる[71]ことがわかる。

しかし、国家が担うべき仕事の量や幅が著しく拡大する一方で、前節でも述べたように、立法府である議会（議員）はこれらへの対応能力が高くない。こうしたことが相まって行政権の拡大・強化につながったと考えられる。

日本の場合、景気低迷期の 2001 年に発足した小泉内閣が強いリーダーシップを発揮して、これまでの小さい政府を目指した政策路線を更に強化した、公営企業の民営化など数多くの構造改革を断行した。「痛みを伴う」改革には批判もあったものの、「そのリーダーシップにより内閣機能の強化のための新制度が有効に活用されたとの評価も少なくない」[72]。また、2012 年に発足した第 2 次安倍内閣は、長期間続いたデフレを脱却することを目標に①財政出動、②金融政策、③成長戦略を核とする「アベノミクス」と呼ばれる経済政策を掲げ、量的緩和政策の継続、マイナス金利政策など異次元的緩和政策などの金融政策をはじめ数多くの政策を講じていった。これらの政策によって、長く続いたデフレから日本経済は息を吹き返した。さらに、第二次安倍内閣は TPP など海外からの貿易関税撤廃の要求に対して、TPP 参加の決定を実行し、さらに、これまで農業政策を行う際に全国の農協を支配し政治に圧力を加えていた農業協同組合全国中央会（全中）から、地域農協への指導・監察権を廃止した。そのうえで、全中を農協法上の組織から一般社団法人に移行することを中心とした農協改革を行った。

これら両内閣により、日本は「行政国家」化の要素が強くなったとも考えられるが、それにより上記に述べたように迅速に現状打開への突破口を切り拓くことができたことも事実である。

71　下條芳明（前掲43）163頁。
72　田中利幸「内閣機能強化の現状と今後の課題」立法と調査263号（2007年）4頁。
73　遠藤文夫（前掲63）89頁。

V 権力分立制と行政のリーダーシップ

　前章では、行政国家の定義と行政国家現象がみられるようになった背景について論じた。行政国家は、多様な機能や迅速な対応が求められるという現代国家が直面している課題に対処するための統治の在り方とも言えるが、必ずしもメリットばかりとは言えない。
　本章では、行政国家の課題を洗い出し、それを踏まえて権力分立制の視点から行政のリーダーシップの在り方を検討する。

1 行政国家現象の問題点

　Ⅳ（第4章）で、行政国家現象が進む背景には、経済や福祉などの環境変化が激しく、迅速かつ多様な対応が政府に求められている事情があることを説明した。立法権を有する議会は多くの人たちの意見を戦わせ、そのなかから進むべき方向性を見極めるという性質を有している。より良い方向を探るために議論を重ねることは重要だが、その分、迅速性や一貫性は減じられる。その意味では、立法より行政主導になるというのは理解できる。
　しかし一方で、行政国家現象に対する問題点も指摘されている。遠藤（1983）は、行政国家現象に対して、「①国民の受動化、②行政の特殊利益との結合、③中央集権、④官僚制の肥大」[73]といった主に4つの問題点をあげている。
　「①国民の受動化」とは、国民の受益意識が蔓延すること[74]を指す。国民の行政依存が増大し、自らを行政サービスの単なる享受者と位置づけ、その自主性や自発性が減じられている状況である。行政国家化が進めば自動的に国民が受動化するとまでは必ずしも言えないが、そうした指摘もみられる。国民の受動化が進めば、自ら率先して政治に参加するという意思が削がれ、政治に無関心な人が増えることになる。日本国憲法第1条[75]に謳われている

74　遠藤文夫（前掲63）89頁。
75　第一条　天皇は、日本国の象徴であり日本国民統合の象徴であつて、この地位は、主権の存する日本国民の総意に基く。
76　PHP総研「行政の利益化克服と創造的な行政のスタートに向けて」PHP政策研究レポート2

「国民主権」からは乖離した状況とも言える。

「②行政の特殊利益との結合」は、いわゆる「行政の利益化」が進むことを意味する。「行政の利益化」とは、国や地方自治体が国民に提供する日々の行政活動や財政活動を通じた利益配分を決定する源泉が行政の側にある、とする認識が深化・蔓延すること[76]である。つまり、国民の側からみると、「国民が享受する利益配分は行政が決定するものである」という認識が広がることである。そうなれば、行政がさまざまな利益集団との強い結びつきをもち、政策活動の目標設定や活動に歪みが生じることが懸念される。

行政国家においては、政策決定のプロセスが密室的になりやすく、情報も行政側に集中しやすくなる。そのため、政治家や業界による非公式な働きかけを通じて行政の利益誘導が拡大する、といった事態につながることも十分想定される。

すでに述べたとおり、日本国憲法第1条には「国民主権」が謳われている。その意味においては、行政を通じた利益配分を決定する源泉は国民の側にあると考えるのが自然である。しかし、行政国家にみられるように、行政が専門化・肥大化すれば、政策決定プロセスが不透明になり、国民と行政の距離が乖離する。そのため、国民は自らが政治に参加するという立場ではなく、管理される側に回り、政治への無関心が横行する。

こうした背景から、行政の「③中央集権」化や「④官僚制の肥大」が進むことになる。さらに飯尾（1995）は、日本では政官が融合関係をなしていることを指摘したうえで「政治家と官僚が独立に活動しておれば、その役割の違いも見分けやすいが、両者の活動と機能が相互に交錯しているところに日本の政官関係の一つの特徴がある」[77]と述べている。

また、密室的という点で言えば、日本の議院内閣制においては、内閣は与党で構成されるため、行政に与党の方針が強く反映される。鈴木（2013）は、そのように内閣と与党が密接な関係にあることに対して「そのことが、自民党による与党・内閣の政策決定の二元性や与党内のクローズドな場所での事前審査や承認の仕組みを生み出し、（中略）結果として国会での質疑を形式

---

(25)（1999年）1頁。
77　飯尾潤「政治的官僚と行政的政治家」年報政治学46号（1995年）136頁。

的、儀式的にしてしまった」[78]と指摘している。伝統的な統治方式においては、「議会が決定し、行政権が執行する」という図式であったが、これが当てはまらなくなり、「行政が立案し、議会が同意する」という図式が当てはまるようになった[79]。

　以上のとおり、現代国家が置かれている状況からみると、行政国家的になるのは、やむを得ない部分があるとはいえ、行政国家現象が過度に進むと、様々な歪みが生じることが懸念される。

2　行政のリーダーシップの在り方

　本稿でも繰り返し述べてきたように、現代国家においては、経済や福祉をはじめ、多種多様な課題を抱え、日々、対応していかなくてはならない。

　行政国家においては、行政権が相対的に優位となり、行政が立法にも積極的にかかわっていくことになり、モンテスキューが唱えた「抑制と均衡」は働きにくくなる。その意味では、行政が突出しやすくなる「行政国家現象」は、重大な問題を孕んでいるようにも見える。しかし、ロックやモンテスキューの時代は、国民の民意を国政に反映するといった視点は求められなかった。一方、現代では、立法府が民意を反映した法律を作り、時代に合わせて調整し、それを行政府が効率よく実施することが求められる。そのため、膨大な日常業務を行っている行政府が、立法府が定めた法律の下、業務分野ごとにリーダーシップをとることは、自然の流れとも言える。そのようにみると、立法府には、行政府の業務の進捗状況を日常的に点検し、各地域の特性等を勘案して法整備を行うことが求められると考える。以上のことから、立法と行政が民意に沿った政治を行うために協働することが求められよう。

　ただし、前節で述べたような、国民の受動化や行政の特殊利益との結合、中央集権等の副作用、官僚制の肥大が生じることは否めない。これらのことを勘案すれば、行政がリーダーシップをとることは一定程度、容認する一方で、行政の権力が過度に強くなり、「抑制と均衡」の関係が崩れるような事

---

[78] 鈴木崇弘「内閣提出法案をなくしてはどうか？」WEBRONZA　2013年　http://webronza.asahi.com/politics/articles/2013082200012.html（2017年2月10日閲覧）。
[79] 高橋和之『国民内閣制の理念と運用』17頁以下（有斐閣、1994年）参照。

態は最低限回避できる仕組みづくりが求められよう。

　例えば、Ⅳ（第4章）で述べた、「委任立法」に関して言えば、それ自体は容認するものの、限界を法制化するといったことが考えられる。日本国憲法では、73条6号[80]で憲法および法律を実施する政令の制定を内閣の権限としていることから、法律の委任を受けた「委任命令」の制定は許されると考えられている。同条同号では、「法律の委任がなければ罰則を設けることができない」というように、罰則については規定されているが、それ以外の規定はない。

　そのため、渋谷・赤坂（2013）は、「罰則についての委任を除いては、委任の限界のガイドラインとなる規定が憲法にないため、命令に何をどこまで委任しても立法権の放棄にならないかが不明である」[81]と指摘している。例えば、ドイツ連邦共和国基本法の80条1項やイタリア共和国憲法の76条では、委任立法の制度を認めたうえで、その限界も明示している[82]。この方法であれば、行政による委任立法が容認されるが、限界については立法の裁量が働くことになる。

　また、行政がリーダーシップをとるという意味で、アメリカの大統領が発する大統領令のような、いわゆる「首相令」を発する権限を日本の首相に持たせるといったことも考えられる。つまり、首相にある種の立法権を与えるのである。周知のとおり日本国憲法では、立法権は国会に与えられている。なぜなら主権者である国民が直接選ぶ代表者で構成されており、国民の意思を反映していると考えられているからである。その点からみれば、首相が議会で選出されるという現行制度においては、国民の意思を正確に反映しているとまでは言い難い。

　そこで、「首相令」の導入にあたっては、国民の直接投票で首相を選出する首相公選制を前提とすることが望まれる。なぜなら国民の意思を反映した首相にのみ、そうした強い権限が認められるべきだからである。

　ただし、民意を反映し、効率的な政治運営を実現するために行政府の権力

80　憲法73条6号「この憲法及び法律の規定を実施するために、政令を制定すること。但し、政令には、特にその法律の委任がある場合を除いては、罰則を設けることができない。」
81　渋谷秀樹ほか（前掲17）37頁。
82　下條芳明（前掲43）164頁。

を強めるといった議論はこれまでにも行われてきたが、最も民主的といわれたワイマール憲法の下で、ナチス独裁政権が出現したことも事実である。その主因は、非常事態権限（48条）の濫用にある[83]との指摘があるため、行政府の権限を強化する前提として、このような恣意的な権力の濫用の歯止めとなる制度作りが不可欠となろう。

なお、韓国の大統領制においては、その任期は5年1期限りと固定されており、他方、国会議員の任期は4年である。そのため、新任大統領は常に前大統領の時代に選出された議員（過去の民意）との調整を余儀なくされ、後半は再任が許されず、レームダック化しやすくポピュリズムに陥りやすいという難点がある。

同様に、首相公選制や国民投票も民意の反映という意味では有効だが、国民の支持を得るために政治家がポピュリズムに走りやすい点も懸念される。そのため、この場合にも、基本的には「抑制と均衡」の視点を等閑に付すべきではないと考える。したがって、首相への立候補者には一定数の国会議員の推薦を義務付けるなどの歯止めが必要だろう。また、首相が発する「首相令」に関しても、立法府が、その内容等に問題があると判断した場合は、無効にするための法律を制定できる仕組みや、違憲の疑いがある場合は、司法が差し止めすることができるような体制づくりが求められよう。

Ⅵ　おわりに

以上、本稿では、権力分立の意義と重要性を踏まえ、現代における行政国家及び行政のリーダーシップのあり方について検討した。その結果、以下のことが明らかになった。

権力分立論の淵源とされるロックとモンテスキューは、統治機構においては、立法権、執行権、連合権、裁判権というように権力を分離し、それぞれの権力を別の者（機関）に委ねるように主張した。そして、互いの権力は「抑制と均衡」の関係に置く必要があるという考え方を提示した。彼らが提

---

[83] 飯島滋明「ヒトラー・ナチス政権下における『非常事態権限』（ヴァイマール憲法48条）と『国民投票』」名古屋学院大学論集　社会科学篇53巻2号（2016年）48頁。

示した原理は、現在も、各国の統治機構になんらかの形で導入されている。ただし、大統領制を採るアメリカと議院内閣制を採る日本では、各権力、特に立法権と行政権の関係は微妙に異なる。アメリカの場合は、大統領に権力が集中しており、重大な罪を犯すなどの特殊な事情がない限り、罷免されることはない。一方、日本の場合は、任期途中でも国会（議会）の不信任決議により総辞職に追い込まれることがある。もちろん、いかなる理由があろうと、程度の差はあるにせよ、国家における権力の暴走を回避し、健全な運営を行うためにはなんらかの「均衡と抑制」の関係が不可欠であることは言うまでもない。

しかし、現代国家においては、国家に求められる機能が多様化しており、対応において迅速性や機敏性が求められるため、行政の主体性や行政権への比重の増大が求められている。権力分立という観点で言えば、行政権が立法権あるいは司法権より優位に位置づけられる状態である。このような国家は「行政国家」と呼ばれ、行政国家化が進むことを行政国家現象と言う。

実際、日本においても行政国家現象が進んでいると言われている。具体的な現象としては、内閣提出法案の増大、委任立法方式の一般化、「財政民主主義」の形骸化、通達行政の浸透、行政部による計画権限の独占などがみられる。こうした行政国家現象が進む背景には、国家に求められる機能の多様化や増大がある。また、迅速な対応が迫られる場合もあるため、立法府である議会を頼っていては行動が遅れるといったことも、行政主導になる理由の一つである。

確かに、現代国家の活動領域は、社会保障、公共事業、公企業の運営、教育・文化施設の整備など、非常に広く、それぞれに課題を抱えているため、行政主導になるのは、やむを得ない面もある。

しかし、行政国家現象には、多様な行政ニーズについて迅速かつ的確な対応ができるというメリットがある反面、国民の受動化や政府への無関心などの副作用があることも否定できない。さらに、行政国家では政策決定のプロセスが密室的になりやすく、情報も行政側に集中しやすくなるため、利益誘導型の行政に陥る危険性が高い。

そこで、行政がリーダーシップをとることは一定程度、容認する一方で、

行政の権力が過度に強くなり、「抑制と均衡」の関係が根底から崩れるような事態を回避しうるメカニズムを制度にビルトインしておく必要がある。例えば、「委任立法」については容認はするものの、その限界を法律によって規定することもその一つである。そうすれば、行政による委任立法が容認されると同時に、立法による一定の歯止めも働くようになると考えられる。

また、アメリカの大統領が発する大統領令のような、いわゆる「首相令」を発する権限を日本の首相に持たせるといったことも考えられる。これは、首相にある種の立法権を与える措置と言える。周知のとおり日本国憲法では、立法権は国会に与えられている。なぜなら主権者である国民が直接選ぶ代表者で構成されており、国民の意思を反映していると考えられているからである。そこで、「首相令」の導入にあたっては、首相公選制を前提とすることが望まれる。なぜなら、国民の意思を反映した首相にのみ、そうした強い権限が認められるべきだからである。

ただし、立法府が、「首相令」に問題があると判断した場合は、無効にするための法律を制定したり、違憲の疑いがある場合は、司法が差し止めすることができるような体制づくりが求められよう。

なお、権力分立の原理を統治機構に導入している国は、当然ながらアメリカや日本以外にも多数存在する。したがって、本来なら、それらの国々も比較研究すべきところであるが、本稿ではそこまで立ち入った検討を加えていない。今後、本研究を精緻化するには、日米に留まらず、分析の対象を広げる必要があると考えている。この点に関しては、今後の課題としたい。そして、そうした研究は極めて意義のある研究であるといえよう。

英国のEU離脱について

籾　山　錚　吾

I　緒言
II　英国の共同体加入問題
III　共同体と英国の司法権と立法権
IV　英国の移民政策

I　緒言

　すでに旧聞に属する事実ではあるが、英国とEUとの関係は、大陸諸国とEUの関係とはEECの時代から同じではなかった。ラインラント、アルザス・ロレーヌの活性炭地帯への主権の放棄と共同管理という平和の維持に関わる仏独両国の発想は、幾多の平和実現の哲学の内唯一生き残っていたカレルギーの構想に範を求めたものであった。

　英国は、チャーチルの1946年のチューリッヒ演説に見られるように、戦後の世界秩序を米国と手をたずさえて形成するよりグローバルな構想に力を注いでいたので、大陸の共同体運動には冷淡であり、興味を示さなかった。グロチウスの無主物先占法理は植民地経営のお墨付だったが、英国こそそれを最大限に、かつより長期に享受した。大戦後の植民地独立運動の高揚を米国の威信と英国の経験とで抑え込むといいう構想の説明にチャーチルは、熱心であった。

　他方、ヨーロッパ中央に進出したロシアの影響を最低限に押しとどめることこそが、アデナウアーとド・ゴールの関心事であった。チャーチルの大構

想は、特にインド連邦・パキスタンの独立（1947年8月）によって、画餅に帰した。大陸では、コミンフォルム結成（1947年9月）、西欧5カ国連合条約の締結（1948年3月）などのことが続き、大陸は緊張状態にあった。

そして、アメリカといえば、ソ連の現状への封じ込めと西ヨーロッパへの復興支援とを対ヨーロッパ政策の柱としていたのであり、仏独関係の仇敵関係から友好関係への変換は、その政策の重要な柱であった。アメリカにとっては、大陸の共同体運動は、歓迎すべきものだったであろう。フランスのモネとシューマンは、ヨーロッパ石炭・鉄鋼共同体の設立構想を公にした。

西ドイツのアデナウアー、イタリアのガスペリ、アメリカのアチソンは、この構想にいち早く賛成し、ベネルックス3国もまた賛意を表した。英国は、最初のボタンの掛け損ないもあったであろうが、この構想を、例えば、ヨーロッパ理事会、ガット、国際通貨基金、経済開発協力機構とどのように関連づけるのか不明であると考えたのであろうし、ヨーロッパ理事会による1950年11月のヨーロッパ人権憲章の制定とヨーロッパ人権裁判所の創設とが伝統的なコモン・ローによる裁判を窮地に陥れるという危機感を持ったのだと思うのである。

その上、英国はコモンウェルスの盟主である。英国の共同体入りが、コモンウェルスのメンバーにどのような影響を与えることになるのかもまた苦慮すべき問題だったのである。また、共同体は、防衛共同体でもあると考えられたため、西ドイツの再軍備をも視野に収めていた。英国は、この点について危機感を持ち、またこれにソ連がどの様に反応するかを見極めなければならないと考えた。

英国が最初の三共同体（石炭鉄鋼共同体、経済共同体、原子力共同体）のメンバーにならなかったのには、以上のような諸事情があったのである。しかしながら、大陸の共同体のファーストメンバー（フランス、ドイツ、イタリア、オランダ、デンマーク、ベルギー）は、英国がメンバーにならなかったことに失望したが、英国がその他の共同体のメンバーでないヨーロッパ6ケ国と結成した1960年1月のEFTA（ヨーロッパ自由通商領域）は、共同体のメンバーの怒りを呼び起こした。

英国と共同体の関係は、最初からちぐはぐな関係であったし、時には敵対

的な関係でもあった。別の見かたをすれば、英国は、戦後のヨーロッパの経済秩序の策定者たらんと欲したのである。特に、共同体の構想に将来の共通通貨がプランされていたことに関わって、国際通貨ポンドの地位を高め、かつ拡大しておくためには、EFTA は英国にとって重要な戦略的な試みであった。

　緒言として言っておくべきは、この度の英国の EU 離脱問題は、EU の内部と外部とに生起した諸問題と英国へのそれらのインパクトによって引き起こされたのであるが、もともと両者はそりの合わない関係にあったことを心得ておかねばならないということである。

Ⅱ　英国の共同体加入問題

　英国がヨーロッパ 3 共同体への加入申請をしたのは、1961 年と 1967 年のことだった。この加入申請は、EFTA が期待した拡大の余地がないと判ったことと、EFTA は英国の世界的な通商戦略には合致しないことが判ったことによる。この加入申請に、ヨーロッパ大陸の巨人が立ちはだかった。大統領というよりも、フランス陸軍の将軍として誇り高かったド・ゴールは、英国の加入申請に首を縦に振らなかった。

　ド・ゴール将軍（大統領と言われたくなかった）は、アメリカはヨーロッパに嘴を突っ込み過ぎており、英国はその手駒に過ぎないと考えていた。自分が大統領に就任した直ぐ後に、EFTA の結成があったのである。私が EFTA をヨーロッパ自由貿易連合とは翻訳しない理由は、「仏・西独」対「米・英」のヨーロッパ経済圏内の共同体非加盟国の陣取り合戦だったという事実を重視するからである。ド・ゴールの問題意識は、英国の加入申請を承認すれば、共同体内での合意の達成が困難になるというものであった。

　英国はヨーロッパでの陣取りには成功したものの、いつかは共同体への加入を欲していた国々の経済力は脆弱であった。英国は、EFTA から通商的諸利益を得ることはできなかったし、育成の責任を放棄して逃げ出すわけにもいかなかった。英国は、EFTA の盟主として振る舞わざるを得なかったが、共同体への加入へと舵を切ったのである。ド・ゴールは、1962 年に実

施したレフェレンダム（国民投票）により、大統領への権力集中を実現しており、彼のノンは、絶対的であった。

　英国の行為は、ド・ゴールの英国を除外したヨーロッパの定義からも判っていたことだが、許しがたいものであった。ド・ゴールは、フランスと西ドイツの結束を推進（1963年仏独協力条約）し、共同体の強化を目指したが、筋金入りの大統領大権主義者（共同体の超国家性の構想には賛成しなかった）であり、フランスの政治力と西ドイツの経済力とで共同体を牽引するという考えであった。ポンピドーは、ド・ゴールの考え方を引き継いだ。西ドイツのアデナウアー、エアハルトの経済・財政政策は、共同体の経済的実体を形成しつつあった。この重要な時期に、共同体が単なる文書から実体となりつつあったときに、波乱要因の英国には共同体に接近してほしくなかった。

　ド・ゴールの米英に対する嫌悪感は、米英が、自分を差し置いて、戦後のヨーロッパを設計しようとし、また設計したことに起因していた。ド・ゴールは、フランスはNATOには協力しないとまで言った。勿論だが、米英はド・ゴールを詳細に分析し、その動静を把握していた。英国の加入申請が拒否されることは、英国には想定できていたことであった。したがって、二度にわたって加入申請が拒否されても、驚くべきことではなかった。ド・ゴールは、1969年に大統領の職から退き、1970年に波乱の人生の幕を下ろしたが、ヨーロッパの中心はフランスであり、ソ連やアメリカのヨーロッパ政策を受け入れなかった。

　ド・ゴールが健在なうちは、英国の共同体加入は不可能であることを英国自身が理解していた。英国にとっては、加入申請をしたという事実を積み上げておくことが重要なことであった。そして、英国は、三度目の共同体加入申請を提出して、1972年2月に加入を認められることとなった。ド・ゴールの後継者ポンピドーは、英国との協力関係もまた不可欠だと考えた。ゴーリストのポンピドーの現実主義は、共同体における麻薬の蔓延に対する戦いは英国を除外しては不可能だというにあった。

　ポンピドーの現実主義は、共同体のファースト・シックスと英国の協力へと導いた。この6プラス1をポンピドーグループと言ったが、このグループへの参加国は次第に増加して、現在では、1945年に創設されたヨーロッパ

評議会と一部相覆う形にまでなっている。重要なことは、ポンピドーは、英国が渡ってくることが出来る橋を架けたということである。ポンピドーグループ入りすることにより、英国は、共同体への加入を支持されたのである。ポンピドーグループは、共同体の超国家性なる法的性格に対する異論を有する仏英を中心とするグループであったが、その他の五カ国も共同体の超国家性なる法的性格の意義を当初はそれほど深く考えていたわけではなかった。ポンピドーは、フランスが中心でなければならない点ではド・ゴールと同じであったが、いずれは共同体が超国家性を強化することとなるだろうとの予見の下に、国家主権の保存場所としてヨーロッパ評議会と相覆うことになったグループを創作したのであった。だから、ポンピドーが案出したグループに英国が賛成しなかったら、英国の三度目の共同体加入申請は拒絶されたはずなのである。

かくして、英国は共同体のメンバーとなることが出来た。英国の加入は、巨大金融市場のシティーを共同体に連結するという意味において、英国にとっても、また共同体にとっても有益なことであったであろう。この英国加入問題の共同体にとっての教訓は、その超国家性の将来の実現をフランスのゴーリストと英国の個別主権主義の克服という課題であることを認識せしめたという点に求めることができよう。実は、この点は、あまり指摘されることがない共同体とヨーロッパ理事会との協調的相反関係として特色づけられることができるのである。

ヨーロッパ評議会は、1949年に創設された組織である。英国は、ヨーロッパ理事会の最初からのメンバーである。1948年にヨーロッパ統合主義者たちが組織したヨーロッパ会議が組織されたが、これは、共同体、そして現在のEUとは関係のない組織で英国のベビン外相らの尽力により組織された。会議は、主として人権、教育、文化、環境の保護、医療倫理、麻薬の取り締まりなどの分野に活動を傾注すべきだとの結論に達したが、これを実際に行う組織が、ヨーロッパ評議会なのであった。ヨーロッパ評議会は、事実上ヨーロッパ最大の組織となっている。トルコと西ドイツは、1950年にメンバーとなったが、それは、チャーチルの強い意向に沿うものであった。

かくして、英国は大戦後のヨーロッパの秩序の形成に大きく貢献したが、

またそれ故にこそ共同体構想には積極的に関与しなかった。しかし、英国はヨーロッパの新秩序に共同体構想を予定しなかったにも関わらず、それを受け入れかつメンバーになったのは、共同体内部においてもまた英国の影響力を発揮したかったからである。やや複雑な話を最初に記すわけは、英国は転んでもただは起きぬ国だということを言っておきたいからである。

Ⅲ 共同体と英国の司法権と立法権

　英国人の内、英国が共同体に加入したことにより、最も深刻な怒りを感じたのは、裁判官などの法律家であった。EEC, EC, EU と名称変更してきた共同体であるが、民主主義の基礎をなす法治主義は、大陸型の法治主義である。理事会の規則と委員会の指令を、原則としてそのままメンバー諸国の国内法として運用しなければならないのである。ところが、英国は、大陸型の法治主義の国ではなかった。恐らく、筆者の知る限り、英国の法律家たちがこんなことが許されるのかと立腹した最初は、英国のコモンロー・システムが、共同体のメンバーとなって以降 EEC 法（EC 法、EU 法）化せざるを得ないことに気が付いたからである。共同体の理事会及び委員会の規則や指令の英国法へのインパクトは、理事会や委員会が英国のコモンロー・システムを考慮しなかったことにより、強烈なものとなった。

　消費者契約における不公正な条項に関する指令［93/13/EEC（Council Directive of 5 April 1993）OJ 21 April 1993 L 95/29］は、その好例であった。それは、一目で、ドイツの1976年の普通契約条款法を引き写したものだということが判るものであった。英国は、EEC のメンバーである以上、その法的義務を履行し国内立法の措置を講じたのであるが、ドイツ法の法技術用語、つまり信義誠実を英国に移植せざるを得なくなってしまったのである。

　ドイツ法をモデルとした指令に英国の法律家がドイツ語からの英訳「in good faith」に不快感を示したことには、十分な根拠があったと言うべきである。ドイツ法の「Treu und Glauben」の発想は、この概念を抽象的に措定し、これに反する行為者の意思や行態を探索し、その有効・無効、違法・合法の法的判断に到達すべしというものであった。ドイツの裁判所は、これ

に関する判例を積み上げてきた。それは、意思表示を無効とするブラックリストとそれを一定の条件の下で無効とするグレイリストの形成であったと言って差し支えないであろう。

だが、英国においては、ドイツ法とは異なるアプローチが見られる。その1966年不公正契約条件法（Unfair Contract Terms Act）は、不法となる条件のブラックリストを提示はしたが、契約条件の合理性の有無のテストを重視するものである。フランスの1978年の物品とサーヴィスの消費に関する保護と情報のための法律（Loi sur la protection et L'information des consommateurs des produit et des services）は、行政的なアプローチの下に、権限ある大臣への委員会による勧告という手段を採用しているのである。

共同体（この時にはEEC）の消費者保護法の策定に関しては、これ以外の共同体法の形成の場合も例外ではないが、業界団体、市民団体等の活発なロビイングが行われ、各国政府の関係大臣や各国政府が共同体に送り込んだ官僚たちの競い合いがなされたのだった。

そして、言うまでもないことだが、共同体外の会合においても情報収集が熱心に繰り広げられたのである。英国法的な手法もフランス法的な手法も、ドイツ法的手法の前に敗れたのであった。そして、ドイツ法的な共同体法の実現は、ドイツ法と同様の法律を有していたオランダやルクセンブルクを安堵させたのだった。

英国法は、大陸法系に帰属しないので、特に民事法に関わる事柄に関しては、共同体法として採用されるチャンスには恵まれないのである。だから、英国の裁判官などの法律家達が、コモン・ローは破滅させられてしまうのではないかと懸念したのには、大いに理由のあることだったのである。そして、理事会規則ならば、英国はそれをそのまま適用すべき立場にあり、指令ならばそれを英国内法化のための立法手続に委ねられることとなるが、事実上、それを修正する立法権限は英国には存在しないのである。このことは、共同体法の側からすれば、至極当たり前のことであって、共同体法は英国にコピーが打ち出されるがごとくに適用されなければならないのである。

共同体法からすれば当たり前の理屈であるにせよ、英国人は、ドイツ法的共同体法を英国が受容することに抵抗感を示したのであった。このような反

応は、共同体法ではないが、ヨーロッパ評議会の下に纏め上げられたヨーロッパ人権憲章に関しても起こりうることであった。英国は、現代においても、現代の英国に相応しい成文憲法を持っていない。とは言え、英国人の頭の中には憲法は確かに存在している。仮に、人権憲章とは異なるような権力の行使がなされたとすれば、コート・オブ・アピールとハウス・オブ・ローヅの両裁判所が訴えを審理することとなる。その適例を、我々は、Derbyshire County Council v. Times News-Papers Ltd. 1993 AC 534 に見ることが出来る。

この事件のあらましは、次のようなことであった。新聞社のタイムズ社は、その社員の退職に備えるために退職年金基金に加入していた。これに関して、ダービーシャー群議会は退職年金の支給を先延ばしした。問題となったのは、地方の政府は退職年金の支給を延期することが出来るかどうかであった。そうするかどうかは、基金の状況に応じて決定されるとされてきた。人権憲章が発効しているにも関わらず、英国方式がなお許されるのか。この点が問われたのである。両裁判所の結論は、退職年金の支給の先延ばしは出来ないというものだった。至極当然だと思うかもしれないが、決してそうではなかった。この結論は、人権憲章の効果だったからである。人権憲章が年金を基本的人権のカタログに入れ得たことにより、発生した個人の年金受給権と両立できないそれまでは年金基金の状況を重視した英国の行政実務が初めて否定されることとなったのである。

この例は、英国人にとっては、三重の驚きであった。その第一は、英国の裁判所が人権憲章を根拠として英国の行政実務を葬り去ったことであった。その第二は、英国は、ヨーロッパ評議会の重要なメンバーであったが、人権憲章の下では司法権がどのように変化するのかという重要な問題にほとんど関与していなかったことであった。その第三は、英国は共同体及び共同体法の超国家性なる性格に積極的な支持をしてこなかったが、共同体法ならざるヨーロッパ人権憲章の法的効果として条約優位という意味での超国家性を体験することになったということである。

英国の法曹界は、このような経験をするたびごとに、我々は膨大な量のコモン・ローの積み重ねを有しているのに、大陸とは異なる柔構造の法システ

ムを有しているのに、なぜこういう結果になるのか、なぜそれを受け入れなければならないのかという不満を吐露してきたのだった。英国人達、特に法律家達は、英国の誇るべき文化でもあるコモン・ローがエクイティを含めてヨーロッパの限界領域でのみ存続することが許されるような状況に追い込まれているのではないかという疑心暗鬼に陥ったのである。言うまでもなく、共同体の形成，深化及び拡張は、政治的プロセスであり、政治的プロセスの目標は共同体全体の結束である。共同体法は、そのプロセスを具体的に示すものであり、結束実現のための手段である。これを承認するためには、思考の跳躍が必要となる。

　思考の跳躍という意味からすれば、観念的な目標を設定し、その実現のための具体的活動と手段の如何とを考えるドイツ人の思考は、常に先例の有無との兼ね合いにおいて具体性を思考し、獲得する経験主義の英国人の思考と比較すれば、跳躍するのに適した思考であると言ってよい。この思考方法の相違は、かねてより法的推論の二大潮流として記されてきたところでもある。理念型として提示された共同体が、EEC，EC，EUという具合に具体性を盛り込んだ姿へと発展し、変貌してきたのであるが、どちらの思考方法がこれに適したものであったかは言わずもがななのである。敢えて言えば、川を渡るのにジャンプして渡るのと、石橋をたたいて渡るのとの相違だと言ってよいであろう。共同体にとって、ドーバー海峡は、文化的には深い海溝となっているのである。

　ここで言いたいことは、入らない、入りたい、入ったら後悔という英国のエリート層の反応の変遷が不可避だったということである。コモン・ローは、英国人の誇りであり、しばしば万華鏡にたとえられてきた美麗な法文化である。比喩的に言えば、その万華鏡の筒を共同体法または大陸法に取り換えた瞬間から、柔らかい純英国の映像が硬い大陸的な映像に変わってしまった。共同体法と大陸法は、英国の伝統的かつ文化的な法秩序を破壊するものだという警戒感があっという間に拡大したのである。このことを、われわれは、上掲の例から感じ取らねばならない。英国の裁判所が間違った判断をしたわけではない。それは、正しい判断であった。その正しさが、深刻さを浮き彫りにしたのだった。

Ⅳ 英国の移民政策

1 観察の対象

　英国は、ユダヤ人達がナチスの迫害から逃れるために入国させて欲しいとどんなに頼んでも入国させなかった。既に二〇世紀初頭から、英国の植民地における対英抵抗運動は、活発化していた。戦中及び戦後の既に発生し、または発生することとなる移民の流入に神経を尖らせていたからであった。大植民地大国を築いていた英国にとって、流入移民の問題は頭痛の種であった。1996年現在までの英国の移民に対する法的規律に関しては、「連合王国における移民問題の断面」と題する拙文において述べたとおりである（日弁連「自由と正義」1969 Vol.47）。それまでの英国の移民法の変遷については、それを参照されたい。

　英国は、ヨーロッパ経済地域 EEA の旗振り役であった。英国にとっては、EEA 諸国とスイスの国民に対する EEA 域内における自由な移動の確保は、重要な課題であった。また英国及びその他諸国のように EEA と EU の二重のメンバーとなっている国々の移民に関する法規は、EEA 法及び EU 法との間に矛盾を来たしてはならないのである。EEA のメンバーの内、アイスランド、リヒテンシュタイン、ノルウェイの3か国だけが EU のメンバーではない。その他の28か国は、EEA のメンバーでもあり、EU のメンバーでもある。なお、スイスは、EEA のメンバーではないが、スイス国民とその家族は EEA 諸国の国民とその家族と同等に移動の自由と居住の自由を有している。

　2000年までの EC および EU の移動の自由及び居住の自由に関しては、既に述べたことがあるので（「ヨーロッパの統合と労働の法理論Ⅰ－Ⅵ」朝日法学論集16号、18号、19号、21号、23号、25号に搭載した拙稿の該当部分を参照されたい。また、ドイツ法に特化したものとして「ドイツ出入国管理法の動態」朝日法学論集25号の拙稿を参照されたい）、本稿においては2004年の改正指令（Free Movement of Persons Directive, 2004/38/EC）を参考にしつつ2016年の EEA 移民規則（The Immigration (EEA) Regulations 2016）の英国的な規律について見ることとした

い。

2 諸島の人々

　言うまでもないことだが、英国は、EU法によりEEA法を実務運用すべく義務付けられ、またEU法に反しないようにEEA法を解釈するように義務付けられている。内務省も裁判所も、EU法を遵守すべき立場にある。しかし、英国は、植民地を有していた関係上、移動の自由に関しては、より複雑な法的規律を有することになる。例えば、ジブラルタル国民は、「ブリティッシュ市民」か「ブリティッシュ海外領市民」かのいずれか一方であるとされる。英国の国民とはされていないのである。「ブリティッシュ海外領市民」は、ジブラルタル島と密接な関係を有する者であって、その旅券に、「当旅券を所持する者は、EUの目的のため、英国民とみなす」旨記されている者である。そして、ジブラルタル島は、EEAに属するとされている。従って、ジブラルタル島民は、英国以外のEEA諸国における自由な移動の権利を有し、EEA諸国民もジブラルタル島内における自由な移動の権利を行使することが出来るのである。

　「ブリティッシュ市民」は、英国内における自由な移動の権利を行使することが出来ないが、「ブリティッシュ市民」とその「EEA国民でない家族」はEU法による自由な移動の権利を行使できる場合もある。EEA国の国民であって、また同時に「ブリティッシュ市民」でもある者は、2016年EEA移民規則により、EEA国民たる扱いを受けることが出来ない。

　キプロス及びマルタは、2004年にEEAに加わったが、同年にEUにも加わった。キプロスは、年配者ならば「マカリオス大主教」の名とともにその記憶に刻み込んだ島で、英国からの独立後にトルコが島の半分を事実上領有するにいたった紛争の島である。島は、いわゆる緑の線によって分断されたまま現在に至っている。キプロス共和国とマルタは、EU加盟国だから、権限ある官署が発給した旅券その他の旅行書類を有する者は、誰であれ、EU域内における自由な移動の権利を有する。また、キプロスとマルタの国民のEEA加盟国でない国の出身者たる家族には、EEA法により、在留カードが発給され、家族認可されることとなっている。

未だ英国が承認していない北キプロストルコ共和国は、EU のメンバーでもない。北キプロストルコ共和国により発給された旅券その他の旅行書類を保持する者は、その身分証明のためにそれら書類の提出を求められるが、EU 域内における自由な移動の権利を認められてはいないのである。トルコ人とクルド人のドイツ国内での衝突事件は、出稼ぎのトルコ人と庇護難民のクルド人の衝突であるが、クルド独立運動・クルド共和国建国運動が高まりを見せているので、その激化が心配されているのである。キプロス人とトルコ人の英国における衝突も排除できない問題として意識されている。トルコの EU 加入は、もはや非現実的なイッシューとなっており、近々のうちに「ノー」と言うべきだという意見が EU 首脳らの主流となっている。「ノー」となった時の緊張が最も強く現れる所が、キプロスであろう。

アイリッシュ海のマン島と英仏海峡のチャネル諸島の市民は、「ブリティッシュ市民」である。これら島嶼の全ての市民が、EU から自由な移動の権利を与えられているわけではない。その所持するパスポートに「当旅券の所持者は、雇用または事業所に関する EC の諸規定の利益を付与されていない」と記されている者は、自由な移動の権利を有しない。旅券にかく記されている者は、EEA 諸国において自由な移動の権利を行使することが出来ない。EEA 諸国の国民のマン島およびチャネル諸島における学習または労働は、自由な移動の権利の行使とはされない。

ブリティッシュ市民は、英国との関係が有りながらも英国人ではないという人々であって、単独に EEA に加入したり、EU に加入したりはしていないから、英国にとって外国人なのである。ただ近しい関係にあるのも事実なので、出入国管理の点で、その他の外国人とは別個の扱いをうけることがあるのである。これら諸島の市民は、英国に 5 年間居住したか、またはその両親または祖父母が、英国で出生したか、英国で養子縁組をしたか、英国で帰化したか、あるいは住民登録したかのいずれかに当たるときには、EEA 国民とみなされて、自由な移動の権利を行使することが出来ることになっている。

3 EU 拡大と英国の政策

2004年、2007年、2013年は、EU のヨーロッパ統合運動にとっては、いずれも画期的な年であった。しかし、英国は、庭先のマン島やチャネル諸島の市民に対してすら緩い出入国管理をしてこなかった国である。日本人に分かりやすく言えば、小笠原諸島や伊豆諸島の住民は日本人ではなく外国人だという扱いをするような感じなのである。国境管理について本来的に厳しい態度であった英国にとって、相次ぐ EU 拡大は、何を意味したのであろうか。それを理解するためには、英国の EEC 加盟が英国の労働者に対して持つ意味から出発する必要があろう。

英国は、1973年に EEC 加盟に成功した。この加盟を実現したのは、保守党のヒース政権だったが、労働党のウィルソンは、この加盟の是非を国民投票で決すると訴え、1974年の総選挙に勝利した。国民投票は、1975年に実施された。EEC 残留が支持された。この時期の労働党政権下の英国経済は、ヒース時代の不況を引き継いでいた。国有産業の炭鉱の長期ストとそれに伴う電力危機と夜間の長期停電により、経済は、深刻な事態（イギリス病と言われていた）となっていた。公定歩合は、1976年に最高で15％にまで上昇したが、家計と企業は資金不足であったため、資金は銀行へと目立つ程度には還流することはなかった。

EEC 加盟は、英国の国有企業であった炭鉱を大陸の石炭・鉄鋼共同体の管轄に服させることであり、国有形態の維持に困難を予兆させた。そして、労働党と労働組合の猛烈な抵抗は、英国経済をどん底にまで落とし込んだのであった。1970年代から1980年代にかけての英国は、経済の立て直しと植民地の独立支援による植民地経営コストの削減ならびに EEC 構成国の国民の英国への自由な移動の権利の行使のための法的整備を同時に行うことになるのであった。

サッチャー首相の登場は、1979年のことであった。労働党は、新聞スト、鉄鋼ストでサッチャー政権を揺さぶり、1980年には党大会にて再び EEC 脱退を決議したのである。サッチャー首相は、労働党と労働組合の揺さぶりを退けつつ、上記の課題に取り組むこととなった（サッチャー政権の詳細については、A. Gamble, The Free Economy And Strong State, Macmillan 1988 を参照された

い)。サッチャー政権は、国営企業や公営施設の徹底的な民営化と常態的かつ長期の争議行為に起因する社会の停滞の抑止とを二大政策とした。

スタグフレーションの病から英国経済を救出する断固たる決意が、サッチャー政権の特色であった。労働党は、保守党の経済政策とそれへの国民の支持を見て、EEC からの脱退のための国民投票の実施という年来の主張を放棄した。通商に関する労働党の保護主義を自由主義に大転換させるというサッチャー政権の問題関心は、GATT と EMU とにどう向き合うべきかであった。GATT にしろ EMU にしろ、個々の主権国家が個別合意しあって全体に解決をもたらすのが最も良いというのが、サッチャーの信念であった。企業にオープンなヨーロッパは、雇用のコストを上昇させてはならず、競争制限的なものであってもならない。サッチャーのこの考え方は、EEC に対して主権国家としての英国がその他の諸国との不断の交渉を厭わないと言うものであった（この点については、M.Thatcher, The Babel Express: Relations with the European Community, 1987-1990: in R. Tiersky ed. Euro-skepticism, pp. 73-111.)。

ニュー・レイバーと言われた T. ブレア政権は、党内の EU 脱退派には与さず、マーストリヒト条約を承認し、かつ主権国家として個々の問題を個々に処理していくという立場を堅持したから、サッチャーイズムを継承したと言ってよかった。左派は、民営化された国営企業の再国営化が失業対策の切り札であると主張し、英国が独仏主導の大陸に飲み込まれる前に、EU から脱退すべきだとしていた。ブレアは、自分たちが直面している資本主義はもはや労働党が前提していた資本主義ではなく、資金がグローバルに回転する未経験の資本主義であると認識していた。

マーストリヒトの合意に基づき、英国は EMU の鍵であった ERM の枠組みの中においてポンドを一定額に収束させるべき義務を負うこととなったが、それが高すぎるという批判にさらされた。投資家のソロスはここを突いて、ポンドを売り浴びせた。イングランド銀行も、財務省も白旗をあげてしまった。これが、英国がユーロを導入できなかった原因となった（B. Conolly, The Rotten Heart of Europe, London 1995, pp. 154, 172-3, 179-80.)。1992 年のこの大事件は、EU 法におけるオプトアウトの考え方を生み出す原動力にもなったのである。

英国は、EU の根幹たる人の自由な移動についてオプトアウトして欲しいと言ったことはなかった。しかし、EU の東欧拡大は、域内の自由な移動を欲す者の増加をもたらすこととなった。ウクライナの EU 加盟が実現すれば、荒廃した国土から脱出する者が多数でるだろうと言われている。同じ条約の下にあると言っても、2004 年に EU に加わったチェコ共和国、スロヴァキア、ハンガリー、ポーランド、エストニア、ラトヴィア、リトアニア、スロヴェニアと 2007 年に加わったブルガリア、ルーマニア、2013 年に加わったクロアチアの諸国は、EEA 加入国でもあった点で、それ以前に EEC, EU のメンバーとなっていた国々とは異なる。

　誰しも考えることであろうが、EU の規律と EEA の規律とが同じでない場合に、優先的に適用されるのはどちらなのか。余りにもデリケートな問題であるため、双方が主張しあうことなく経過してきたのである。その上、EEA は英国主導で組織されたため、英国に移動し、そこで働き、居住することに関する法的規律は、主権国家英国の法的規律であって、EEA 共通の法的規律ではない。そのうえ、英国の法的規律と言っても、実質的にはイングランドによる法的規律に他ならない。英国の正式名称は、連合王国であって、英国は国の連合体である。決定するのはいつだってイングランドだという不満は、スコットランドのパブでは毎晩聞かされることである。

4　具体的な問題

　EEA の国民は、EEA 構成国により発せられた有効な身分証明カードか、もしくは EEA 構成国によって発せられた有効な旅券のいずれか一方を所持するときに、3 か月までの期間、英国に居住することができる（Art.13 (1) Reg. 2016）。その延長の手続、5 年の滞在期間を承認されるための要件、期間の計算の方法、永住許可の要件、派生的居住権などの諸規定が、長々とそれに続いている（Art. 13,14,15,16 Reg. 2016）。しかし、ここでは、その中身に立ち入る余裕はない。英国の EU 脱退のためのレフェレンダムの結果の直後から、Facebook 上に 40 回にわたって、主としてわが国の企業などへの影響と政府が検討すべきポイントについて、私見を公表している。したがって、すでに述べたことをここで再論する心算はない。

具体的な問題としてここで取り上げる問題は、労働者の問題である。英国 EEA 法は、EEA 国民の英国への出入国管理について規律している。EEA 諸国の国民の英国滞在に関する一般的規律の他に、特別に扱われるカテゴリがある (Art. 6 (1) (a) - (e) Reg. 2016)。すなわち、資格者 (Qualified person) と言われている人々、すなわち求職者、労働者、自営業者、自足者、学生たる資格を有する者である。EEA 諸国の国民であって、これら資格者に当たる者達は、その資格を有する限りは、英国に居住することが出来ることになっている。

問題は、求職者と労働者である。求職者は、しばしば労働者とみなされることがある (Art. 6 (2) Reg. 2016 を見よ)。そして、労働者の概念は、EU 法の労働者概念 (Art. 45 Lisbon) と同じだとされている。したがって、EEA 諸国の国民であって、同時に EU 諸国の国民である者は、自由な移動の権利を有する。EEC, EC, EU へ共同体が変態するに従い、EEA 諸国もまた EU 諸国へとその姿を変えてきたのである。こ変化により、英国の外国人に対する出入国管理は、主としてインド亜大陸出身者に対するものであったものが、EEA 諸国の国民および EU 諸国の国民に対するものが上乗せされるものへと変化したのである。

大陸の経済の中心地たるドイツに対する東欧諸国の複雑な感情は、そう簡単には解消され得るものではない。東欧諸国の国民は、侵略国ドイツではなく、ドイツと闘った英国に対する親近感を今でも有している。東欧の EEA 諸国および EU 諸国の国民が EU 市民として域内を求職者または労働者として移動し、滞在し、定住するのを意図して選択する国は、ドイツではなく、主として英国を選択するのには、相応の理由があるのである。世代交代が進んでいても、感情の伝達は不可避なのであろう。英国政府が予測した、EU の東欧拡大を契機とする外国人の英国への移動人数は、年間で 1 万数千人の予測であったという。ところが、2004 年 5 月から約 1 年半の期間に、東欧から英国へ移動した労働者数は、約 33 万人であったという。特にポーランドからの移動者数は、約 20 万 5 千人で、他を圧倒していたのである (Accession Monitoring Report May 2004, December 2005)。

2008 年頃には急激な移民労働者の増加による英国人労働者の忍耐は、既

に、かなり高い程度にまで達していた。そして、突然の金融危機は、国際ハブ金融市場シティーを打ちのめすと同時に、英国人労働者の忍耐を極限にまで高めたのだった。政治家や経済の専門家達は、英国人と外国人とを合わせた突然の人口の増加が、何をもたらすのかについて、ロンドンモデル（筆者の造語である）浸りきっていたとしか思えない。ロンドンモデルとは、大都会で移民吸収力のあるロンドンにおいて様々な文化や伝統が混ざり合ってロンドンの活力となったという経験に主として依拠する、問題の深刻さを考慮しないことを言う。ベルリンやパリでも同様な意識が行われていたのである。ロンドンがすでに飽和状態に達しているので、移民は人手不足の農村や都会ではない地域の工場へと流入していく。年間 30 万人を超える移民の労働市場への参入は、単線的に移民の排斥運動や EU 離脱へと進むわけではない。若者のほとんどは EU 世代で、人の自由な移動を当たり前だと考えている世代である。これに対して、高齢者の世代は、労働党の反 EEC、反 EC の主張を良く知っているし、サッチャーの主権国家と EC メンバーを両立させようとする手綱さばきをよく知っている世代である。この隙間に独立党のファラージが割って入って、反 EU のアジ宣伝に邁進したのである。その効果は、ファラージの指摘した数字がいい加減な数字（EU 拠出と EU 補助金のアンバランスによる英国の損失）であったにも関わらず、反移民感情と相まって国論を二分させるのに十分だったのである。

　キャメロン首相は、スコットランドと北アイルランドの親 EU 派のイングランドからの独立志向を表面化させず、世代間で二分された意見の相違を押さえこむ方法をレフェレンダムに見出したのであろう。2016 年 6 月 23 日の結果は、EU 離脱が 51.9％、EU 残留が 48.1％であった。キャメロンにもファラージにも、予想外の結果であったであろう。レフェレンダムの結果に法的拘束力があるとの定めはないから、この結果を政治的にどのように処理するべきかという問題を政治家たちの議論にゆだね、その際、事態をいかなる出口へと誘導すべきかを主要テーマとするべきであったであろう。ところが、キャメロンは首相の座から降りてしまったのである。我々外国人の観察者は、キャメロンの移民 10 万人削減計画の実現可能性がキャメロンを追い詰めたと考える。そして、ファラージは、その反 EU 活動のために自発的に

欧州議会の議員の職を辞したのである。

　現在のメイ首相は、EUに留まるべきだとしていた。首相は、内務大臣であったから、移民問題をめぐっての世論の沸騰と分裂に詳しい知識を有しているはずで、首相の地位の昇る資格を有していたといえよう。レフェレンダムの結果は、尊重されるべきだから、EU離脱が実際に可能かどうかは、差し当たっては不明であるにせよ、誰にその交渉を担わせるべきか。離脱担当相に抜擢されたのは、EU離脱派のデービスである。EU側の主席交渉官は、バルニエである。この二人が、大交渉団を率いることとなる。昨年6月23日のレフェレンダムの実施以降、ようやく今年6月19日に一回目の「英EU離脱交渉」交渉が行われた。これまでに（2017年11月1日現在）、「英EU離脱交渉」は、月一回のペースで行われており、恐らく、交渉期限の2019年3月まで続くであろう。

　主権を取り戻したい。「カレイドスコープのように美しいコモン・ロー」（J. Beatson, Has The Common Law A Future?, Ibid., p43）を主体とする司法手続の回復とECJ（ヨーロッパ司法裁判所）からの最終判断権の取り戻しは、英国司法界からの要求である。そのためか、「EU法廃止法」の議会審議を急ごうとしている。この法案は、（EC法を含めて）EU法を廃止し英国の国内法に置き換えるという重要法案である。多分、英国における史上最大級の立法作業である。2017年3月29日の首相のEU離脱通知は、2019年3月末日から一挙に英国からEU法が退き、英国法がその穴を英国法によって塞ぐことを前提としている。そして、それは、立法権の回復という意味をも有している。C.H.Beck社が刊行しているヨーロッパ経済法令集を見るだけで、約70年以上も掛けて策定されてきたEU法を英国法に変えてしまう壮大な作業は、すでにかなり進行していると聞く。近いうちに、大廃止法案（Great Repeal Bill）が公表されると言われている。

　交渉事は、双方の主張が大きく異なるだけに、今後も難航するであろう。英国とEUとで関税同盟を締結するとの案は、英国の範囲を明確にしなければ成り立たないだろう。EUは、英国及び北アイルランドという神経を使った表現をしてきたが、イングランドとアイルランドの長期の紛争を考慮して、線引きをするのかしないのか、するとすれば現在の線とするのかどう

か。そうだとすれば、北アイルランドは EU に残留するか、しないのかを決めなければならない。英国の領海線についても、同様な問題が生ずる。これを明確にしておかないと、英国が一方的に EU の漁業者にタラを獲るなと言い出しかねない。英国と EU 諸国との間の漁業協定の締結は、離脱にとって不可欠となる。その内容として捕獲魚類の量的規制や英国籍の漁船の漁場から EU 漁港への直送の可否、魚類に対する関税と漁船に対する入港税など事前に合意しておかなければならないであろう。

　離脱交渉がまとまったとして、英国または EU に滞在し居住している外国人の権利が不当に侵害されてはならない。英国に滞在居住する夫婦で夫がドイツ人で妻がインド人である場合、あるいは EU に滞在居住する夫婦で夫が北アイルランド人で妻がイングランド人である場合など、様々に想定して人権侵害を引き起こさせないようにするためには何をどのように手立てしておかねばならないかについて、英国と EU の双方が移民問題の一環として多岐にわたる諸問題が存在することを認識しなければならない。この種のデリケートな問題の処理を誤れば、双方とも、欧州人権裁判所の管轄に服することになる。

　いま思い出すのは、チャーチルの発言である。「英国は欧州と共にあるが、欧州ではない」。今回のメイ首相発トゥスク欧州理事会議長宛の離脱通告文は、「われわれは、EU から去ります。しかし、欧州から去るわけではありません。われわれは、パートナーであり続け、友人たちと連帯し続けることを望んでいます」と書いてある。これから別れる夫婦が、連帯の挨拶をかわし、これからもパートナーだと言っているのと同じで、歯切れがきわめてよろしくないのではないか、と思う人もいるであろう。しかし、そう思う人は、英国の老獪さを知らないのである。英国は、EU からは出るといってはいても、EEA から出るとは一言もいっていない。英国は、現在は EU のメンバーともなっている EEA 諸国のリーダーだということに変わりはないのである。EU 側から見れば、EEA は EEC に対抗するために英国が組織したものであるので、メイの言葉に神経を逆なでされたようなものであろう。

　ヨーロッパのマスコミは、英国は離脱によってどれだけの金額の清算金を EU に支払わなければならないかを問題にしている。英国側が支払う用意が

あるといっている金額、EU側が支払えといっている金額との間には大差がある。双方の交渉者は、取り組むべき課題に関しては、算出項目の決定と各項目の数量的評価の方法、算出額の個別かつ全体的な適否について合意または妥協する必要がある。表面上はこういえても、EUにとっては、第二の英国を出さないことも、この金額にかかわる交渉の見えない部分として重視すべきものであろう。英国がEEC、EC、EUから得た利益の全部を返せとまではいえないとすれば、計算の起算時をどこにすべきかの問題もまた、重要な論点となる。現在の交渉は、ここに指摘した煩瑣な部分にまでは立ち入ってはいないようである。

　以上、英国のEU離脱に関して、その観察者たるわれわれ外国人が知っておかねばならない基本的な事柄について記した。この英国のEU離脱に関しては、レフェレンダムの結果が明らかになった直後に、英国に進出している日本企業か抱え込むこととなる諸問題と日本政府がEUおよび英国と交渉すべき論点などについて、既にFacebook上に私見を公表している。当論文は、それとは重複しない論点を取り上げている。一部の論者は、英国の離脱によりEUは解体すると述べている。しかし、EUはそれほどに脆弱なものではないということを指摘しておきたい。

スイスにおける不動産賃借権の仮登記
―― 日本における不動産賃借権に基づく
登記請求権の否定との関係で ――

梶 谷 康 久

| I はじめに
| II スイスにおける不動産賃借権の登記
| III 日本における不動産賃借権の登記（民法605条）
| IV まとめに代えて
| V おわりに

I はじめに

日本民法605条は、賃借権を登記することにより爾後の物権取得者に対抗できると規定している。債権法改正では、二重賃貸借においても対抗関係として処理されている現状を踏まえ、文言に「その他の第三者」を追加した[1]。さらに、対抗要件を備えた賃借権について、その目的物が譲渡された場合の帰趨[2]、対抗力のある賃借権に基づく妨害排除請求[3]なども関連論点として規定される。もっとも、605条の基本的な枠組みを変えるものではない。すなわち、本件において問題とする「不動産賃借権の登記請求権」については、従前の考え方が維持されると考えられる。すなわち、賃借人は賃貸人と登記をする旨の特約をしなければ、賃借権に基づく登記請求権を主張することができない[4]。

---
1 潮見佳男『民法（債権関係）改正法案の概要』265頁（金融財政事情研究会、2015年）、山野目章夫『新しい債権法を読みとく』216頁（商事法務、2017年）参照。
2 前掲潮見注（1）266頁以下、前掲山野目注（1）216頁以下参照。
3 前掲潮見注（1）269頁、前掲山野目注（1）215頁以下参照。

一方で、スイス債権法（OR）[5]は賃借権を仮登記できると規定している[6]。もっとも、この規定には限界があったため、1990年の改正によって、引渡しを受ければ—日本法の考え方を用いれば—対抗要件を具備するという規定が置かれた。現在も仮登記ができる旨の規定は残されているため、賃借権保護の枠組みは日本法と近似している。そこで、債権にもかかわらず登記を可能とする日本法・スイス法の価値判断を追うことで、一定の示唆が得られるのではないかと考えた。しかしながら、本稿を執筆するに当たり、資料を十分に収集することができなかった。また、時間的な問題により十分な検討を行うことができなかった。したがって、本稿がどれほどの寄与をもたらすかは疑問を禁じえないところである。問題提起を行うものとしてご承知いただければ幸いである。

最後に、本稿の構成について一言しておく。まずⅡにおいてスイスの賃貸借法制と賃借権の仮登記について概観している。必要な限りで、関連する論点もここで触れる。続いて、Ⅲにおいてすでに紹介する論文はあるものの[7]、確認として日本の賃借権の登記請求権にまつわる変遷を概括的に追う。そして、Ⅳで本稿をまとめた上で、今後の課題についてⅤの「おわりに」の部分で指摘している。

Ⅱ スイスにおける不動産賃借権の登記

1 スイスの賃貸借法制概説

スイスの賃貸借法制[8]を紹介する論文は少ない[9]。そこで、賃貸借法制に

---

4 この点は、Ⅲ2を参照。
5 本稿では、Obligationenrechtを債権法と訳す。半田吉信「スイス債務法総則編の改正（1・2（完））」駿河台法学28巻1号（2014年）13頁以下、同28巻2号（2015年）1頁以下、*Hugo Oser, Wilhelm Schönenberger* 共編（佐藤荘一郎訳）『スイス債務法』（司法省調査部、1939年）などのように債務法と訳す向きもあるが、日本法で対応する法令名は債権法であるから、本稿では債権法と訳している。
6 この点は、Ⅱ2を参照。
7 畑中久彌「賃借権に基づく登記請求権の否定は地震売買の原因だったか」立命館法学363・364号（2015年）578頁も参照。賃借権の登記請求権に関して、その変遷を詳らかにするものである。本稿も、日本法の検討にあたっては、このご論稿によるところが大きい。
8 スイスの賃貸借は、ドイツと同様に使用賃貸借Mieteと用益賃貸借Pachtに分けられる。本

ついてさしあたり概観しておく。

(1) スイスの住居賃貸借の現状

スイスでは、2011年現在で住居の59パーセントが賃貸されている[10]。特に若い世帯の家庭において新たに子どもが増えた場合や、住居の取り壊しや建て替えのために引っ越しを余儀なくされた場合に、適切な―すなわち、家賃が適切な―住居を探すことが困難となっており、その意味で賃貸住居が足りない状況になっている[11]。日本では、持ち家率が6割強とされているから[12]、賃貸住居に居住する割合は4割弱である。すなわち、スイスのほうが日本に比べ、より住居の賃貸借の重要性は高いのであり、その保護を検討する必要性も高い。そこで、スイスの賃借権の保護についても概観したい。

(2) スイス賃貸借法の歴史

1990年にスイスでは、これまでの1881年に制定された古い賃貸借法を改正した。また、憲法109条[13]の新たな制定も行われた。これにより、賃貸人の濫用的な振る舞いが防止され、賃料に対する異議や、解約告知からの保護が拡大した。具体的には、憲法109条の使命は、濫用的な賃料を防止する規定を定め、濫用的な解約告知を取り消す規定を整備し、賃貸借関係について有期の延長に関する規定を置くことなどにある[14]。調停所 Schlichtungsbehörde

---

稿は、このうちの使用賃貸借を主たる検討対象としている。ゆえに、本稿において使用賃貸借を「賃貸借」（その権利である使用賃借権は「賃借権」）と表記する。また、使用賃貸人・使用賃借人もそれぞれ賃貸人・賃借人と訳する。用益賃貸借（用益賃借権）について指摘する際には、そのまま「用益賃貸借」の語により表記する。

9 川島一郎「スイスおよび西ドイツの借家法」法曹時報11巻8号（1959年）14頁以下が広くスイスの賃貸借法制を紹介している。もっとも、古い論文ゆえ改正法に言及するものではない。

10 Vgl. *Patrick Strub*, Mietrecht, 8. aktualisierte Auflage, 2014, S. 14.

11 Vgl. *Strub*, a. a. O. (Anm. 10), S. 15.

12 総務省統計局「日本の住宅・土地―平成25年住宅・土地統計調査の解説―」22頁（2016年2月29日）を参照。

13 BV 109条（賃貸不動産 Mietwesen）
①連邦は、賃貸不動産における濫用に対する規定、すなわち濫用的な賃料に対する規定ならびに濫用的解約告知を取り消すことに関する規定および賃貸借関係の期限の定めのある更新に関する規定を公布する。
②連邦は、住居の賃貸借契約について全般を拘束する宣明 Allgemeinverbindlicherklärung に関する規定を公布することができる。正当な少数の利益および地域差に適する顧慮をし、かつ、法の下の平等 Rechtsgleichheit を害しない場合にのみ、全般を拘束する宣明が認められる。

14 Vgl. *Jörg Schmid/Hubert Stöckli/Frédéric Krauskopf*, OR BT/Schweizerisches Obligationenrecht Besonderer Teil, 2016, Nr. 871.［以下、「*Schmid*」と引用。］

も整備され、こちらの利用も認められている[15]。調停所の役割は、「無償の」協議場を提供することと、住居用賃貸借、事業用賃貸借（用益賃貸借の場合を含む）の場合の第一審として機能することである。調停所は、賃借人と賃貸人それぞれの利益団体の代表者と独立の議長からなる[16]。調停所において、当事者が意見を述べ、補充的に調停所からも質問がなされる。そして、最終的には和解をすることが目標となる[17]。このように、賃借権の保護強化をはかり、また、紛争の早期解決手段を提供している。

(3) 賃貸借法制

ア．概観

賃貸借法においては、「対価の発生」が典型的なものである[18]。これは、253条[19]から明らかとなる。賃貸借は「利用のための移転 Gebrauchsüberlassung」を目的とすることから、売買契約とは区別される[20]。また、用益賃貸借は果実または収益の利用（利得）についての移転を目的とするものであり、純粋に物の利用に特化した賃貸借とは性質が異なる[21]。さらに、賃借人が賃料を支払わなければならないことから、使用貸借 Gebrauchsleihe とも異なる。使用貸借は無償性を内容としているからである[22]。賃貸借は、定められた期間の経過後にその目的物を返還することを内容とする。したがって、消費貸借とも区別される。消費貸借は、定められた期間内で金銭その他代替可能な物の処分が認められるからである[23]。賃貸借契約においては、動産、不動産ともに目的物とすることができる[24]。濫用的な賃料からの保護を定める規定および解約告知からの保護についての規定は、住居または事業用賃貸借にの

---

15 Vgl. *Strub*, a. a. O. (Anm. 10), S. 15 f.
16 Vgl. *Strub*, a. a. O. (Anm. 10), S. 16.
17 Vgl. *Strub*, a. a. O. (Anm. 10), S. 17.
18 Vgl. *Schmid*, a. a. O. (Anm. 14), Nr. 881.
19 本文に示される債権法の条文のうち、翻訳を要すると判断した条文については、本稿の末尾に翻訳した条文を掲載した。適宜参照願いたい。また、以後債権法の条文を表記する際には、法令名は省略する。
20 Vgl. *Schmid*, a. a. O. (Anm. 14), Nr. 883.
21 Vgl. *Schmid*, a. a. O. (Anm. 14), Nr. 885. なお、275条を参照。
22 Vgl. *Schmid*, a. a. O. (Anm. 14), Nr. 886. なお、305条を参照。
23 Vgl. *Schmid*, a. a. O. (Anm. 14), Nr. 887. なお、312条を参照。
24 Vgl. *Schmid*, a. a. O. (Anm. 14), Nr. 893.

み適用可能である[25]。また、賃貸人は通常は目的物の所有者である[26]。しかし、制限物権の設定を受けている者や、転貸借関係もありうる。

イ．賃貸借契約の締結

スイスの賃貸借契約も、日本と同様に諾成契約である[27]。契約当事者は単独でも、複数人でも認められる（共同賃貸、共同賃借）[28]。賃貸借の一方当事者が複数人で構成される場合には内部関係が問題となり、また契約の相手方に対する外部関係も問題となる[29]。

内部関係については、その関係に対して適応される法律によって処理される。共同相続人の関係、夫婦関係、組合関係などが考えられ、それぞれの法規を参照することになる[30]。

外部関係については、連帯責任となるのかどうか、そして内部関係に変動が生じた場合に、外部関係にも影響を及ぼすかが問題となる。これはそれぞれの事例において解決が異なる[31]。

契約の締結に際して、原則的には書式は定められていない[32]。しかし、通常は契約書が交わされる。賃貸人は定型の契約書を用いることが多い[33]。また、とりわけ契約の終了の際には、多くの書式が定められている。例えば、賃貸借契約期間中に目的物に瑕疵がある場合に、賃借人によって賃料が供託される前に猶予期間を定める場合には、書面によることが求められている[34]。

賃貸借契約の内容は、原則としては当事者の合意によって定められる。もっとも、強行法規に反することはできない（19条）。

---

25 Vgl. *Schmid*, a. a. O. (Anm. 14), Nr. 894. もっとも、高級住宅や大規模な住宅については例外がある。
26 Vgl. *Schmid*, a. a. O. (Anm. 14), Nr. 896.
27 Vgl. *Schmid*, a. a. O. (Anm. 14), Nr. 897. なお、1条を参照。
28 Vgl. *Schmid*, a. a. O. (Anm. 14), Nr. 900.
29 Vgl. *Schmid*, a. a. O. (Anm. 14), Nr. 902.
30 Vgl. *Schmid*, a. a. O. (Anm. 14), Nr. 903.
31 Vgl. *Schmid*, a. a. O. (Anm. 14), Nr. 904.
32 Vgl. *Schmid*, a. a. O. (Anm. 14), Nr. 906.
33 Vgl. *Strub*, a. a. O. (Anm. 10), S. 31.
34 Vgl. *Schmid*, a. a. O. (Anm. 14), Nr. 909. なお、259g条参照。これ以外の事例については、*Schmid*, a. a. O. (Anm. 14), Nr. 910 ff. を参照。

ウ．賃貸人の義務

256条1項は、賃貸人の義務を規定する。この賃貸人の主たる債務は、契約終了時まで引き続き履行しなければならない（継続的債務）[35]。

賃貸人の義務は一部が任意法規とされるが、それ以外は「片面的強行法規 relativ zwingend」である[36]。片面的強行法規とされるのは、住居用または事業用賃貸借契約の場合の使用賃貸人の主たる義務である[37]。それ以外の賃貸借契約の場合には当事者が個別に義務について合意することができるが、普通取引約款 vorformulierte Allgemeine Geschäftsbedingungen に反する取り決めはできない[38]。例えば、自動車の賃貸借の場合の免責約款については、それを当事者が取り決めた場合に、普通取引約款による規制がされていなければ、有効となる[39]。もっとも、免責約款を当事者が定めたとしても、賃貸人が故意に瑕疵の存在を秘匿していた場合には責任を負わなければならない[40]。

賃貸人が義務を履行しないか、瑕疵ある履行をした場合には、個別に定められた一定の請求権が賃借人に生じる[41]。

また、賃貸人には様々な付随義務が生じる。まず、情報開示義務が生じる[42]。また、目的物に対して生じる負担や公課を負担する義務も存する[43]。賃借人が担保（敷金）を提供している場合には、適切にその担保を取り扱う必要もある[44]。さらに、法定の拒否事由がない場合には、転貸借関係に同意する義務を有する[45]。

エ．不履行または瑕疵ある履行の場合の効果

スイス債権法では、賃貸人の遅滞責任や瑕疵担保責任を区別せずに、すべ

---

[35] Vgl. *Schmid*, a. a. O. (Anm. 14), Nr. 925.
[36] Vgl. *Schmid*, a. a. O. (Anm. 14), Nr. 926.
[37] Vgl. *Schmid*, a. a. O. (Anm. 14), Nr. 927. なお、256条2項b号も参照。
[38] Vgl. *Schmid*, a. a. O. (Anm. 14), Nr. 928. なお、256条2項a号も参照。
[39] Vgl. *Schmid*, a. a. O. (Anm. 14), Nr. 928.
[40] Vgl. *Schmid*, a. a. O. (Anm. 14), Nr. 929. なお、199条も参照。
[41] Vgl. *Schmid*, a. a. O. (Anm. 14), Nr. 930. なお、258条も参照
[42] Vgl. *Schmid*, a. a. O. (Anm. 14), Nr. 932. なお、256a条も参照。
[43] Vgl. *Schmid*, a. a. O. (Anm. 14), Nr. 933. なお、256b条も参照。
[44] Vgl. *Schmid*, a. a. O. (Anm. 14), Nr. 934. なお、257e条も参照。
[45] Vgl. *Schmid*, a. a. O. (Anm. 14), Nr. 935. なお、262条も参照。

て不履行の事例として一括して規定されている。ただし、不履行の原因が引渡しの前から存在していたのか、それとも引渡後に生じたのか、という場面で区別されている[46]。

① 目的物の引渡しの際の瑕疵ある履行（258条）

目的物の引渡しの時点で瑕疵があり、主たる債務が履行されていない場合である。このときには、本質的な契約違反があると言える。次の二つの場合がこれに当てはまる[47]。

a. 賃借人が定められた期日に目的物を引き渡しておらず、履行遅滞に陥っている場合（102条2項）。これには、二重賃貸借も含まれる[48]。

b. 目的物が引き渡されたが、用法に従った利用ができないか、著しく〔利用が〕減じられる瑕疵が存在する場合。これには、賃借人の生命を脅かす重大な瑕疵や、目的物の利用、少なくとも主たる部分の利用が一定期間完全にできなくなる場合も含まれる[49]。

瑕疵がある場合には、258条の効果が生じる。すなわち、賃借人は二つの手段を取ることができる。

ⅰ. 107条から109条の措置を取ること。

ⅱ. 瑕疵ある目的物を受領した上で、本来の履行を求めること。

ⅰ. の場合には、259a条から259i条の請求権を行使することしかできなくなる。

瑕疵が軽微であり、目的物を用法に従って利用することはできる場合には、賃借人は契約を解除することはできない。もっとも、259a条から259i

---

[46] Vgl. *Schmid*, a. a. O.（Anm. 14), Nr. 936.

[47] Vgl. *Schmid*, a. a. O.（Anm. 14), Nr. 937. なお以下の事例は、Nr. 938、Nr. 939を参照している。

[48] Vgl. *Schmid*, a. a. O.（Anm. 14), Nr. 938a.

[49] Urteil des Bger. vom 22. März 2006, Nr. 4C. 384/2005,［E. 2.1］「賃借目的物に契約上保証された性質、または、契約上の利用目的から判明する性質を欠いている場合には、瑕疵ある状態である。したがって、瑕疵が存在するかどうかは、契約で合意されたことと賃借目的物の実際の状態とを比較して見極められなければならない（*Higi, Zürcher* Kommentar, N 27 ff. zu Art. 258 OR; *Tercier*, Les contrats spéciaux, 3. Aufl. 2003, S. 271 f.; vgl. auch Urteil 4C. 527/1996 E. 3a vom 29. Mai 1997, in SJ 1997, S. 661）。賃貸人が、不動産を256条1項の趣意としての義務に反して予定された利用〔方法〕を達しうる状態で引き渡さない場合、あるいは、その状態に維持しない場合には、目的物の使用を開始したAntritt後には、賃貸人に特に瑕疵の除去を求め、また、賃料を相応に減額することを請求することができる。」

条の請求をすることはできる[50]。

② 目的物引渡後の瑕疵（259条以下）

259条以下には、目的物が引き渡された後の瑕疵について規定されている。また、この瑕疵によって契約に基づき定められた用法が達成できない場合も含まれる[51]（259a条1項）[52]。

なお、この要件には、目的物が騒音や公害に見舞われている場合も含まれる[53]。その発生源が賃貸人なのか、第三者なのかは問わない。

目的物引渡後の瑕疵について賃貸人に責任を追及するためには、次の要件を満たさなければならない[54]。

a. 賃借人自らが責任を負うべき瑕疵でないこと（259a条1項）。
b. 賃借人自らが費用を負担しなければならない、いわゆる「小さな維持 kleiner Unterhalt」に当たらないこと（259条、259a条）。
c. 瑕疵担保についての請求権を賃借人が放棄していないこと。

瑕疵担保責任を追及する場合に、賃貸人に帰責事由は不要である。もっとも、個別の請求権には帰責事由がかかってくる（例えば、259e条参照）[55]。

③ 瑕疵担保に関する賃貸人の責任の内容

ⅰ．まず生じる責任は、瑕疵の除去である。賃借人は、相当の期限内に瑕疵を除去するよう、賃貸人に求めることができる（259a条1項a号、259b条）。賃貸人が期限内に瑕疵を除去しない場合には、特別の解約告知（259b条a号）、賃貸人の費用で瑕疵を除去することの請求（同条b号）をすることができる。除去については、除去費用が過大となる場合には、請求できない[56]。

ⅱ．次に、賃料の減額を求めることもできる。定められた用法で利用することが侵害されていたり、完全な利用ができなかったりする場合には、瑕疵を認識した時点から瑕疵を除去するまで、賃料の減額を賃借人は求めることが

50　Vgl. *Schmid*, a. a. O. (Anm. 14), Nr. 944.
51　Vgl. *Schmid*, a. a. O. (Anm. 14), Nr. 948. 瑕疵がある場合の主たる例として挙げられている。
52　Vgl. *Schmid*, a. a. O. (Anm. 14), Nr. 947.
53　BGer. vom 23. April 2003, Nr. 4C. 39/2003, [E. 4]「……賃借目的物そのものに基づく瑕疵だけでなく、環境や第三者の態様に基づく瑕疵も、賃借目的物の瑕疵となりうる……。」
54　Vgl. *Schmid*, a. a. O. (Anm. 14), Nr. 951 ff.
55　Vgl. *Schmid*, a. a. O. (Anm. 14), Nr. 955 f.
56　Vgl. *Schmid*, a. a. O. (Anm. 14), Nr. 964 f.

できる（259a条1項b号、259d条）[57]。この意思表示は形成権と考えられている[58]。

iii. また、損害賠償請求も可能である。賃貸人に帰責事由がある場合には、損害賠償を求めることができる（259a条1項c号、259e条）。瑕疵と損害が認められると、賃貸人の帰責性が推定される（259e条、97条1項）[59]。

iv. さらに、第三者が賃借人の権利と相容れない、目的物に関する請求権を行使する場合には、賃借人の訴えに応じて法的紛争を引き受ける義務を負う（259a条1項d号、259f条）[60]。

v. 不動産の賃借人は、瑕疵の除去を求めている場合には、賃料を供託することができる[61]。これにより、履行遅滞の責めを負う危険を回避することができる[62]。

オ．賃借人の義務

賃借人の主たる義務は、賃料支払義務である（253条、257条）[63]。賃料は定められた期日に支払われなければならない[64]。支払いを遅滞した場合には、賃貸人の取ることのできる措置が定められている（257d条）。また、当事者は担保（敷金）の合意が可能である（257e条）[65]。さらに、賃借人は目的物を注意して利用する義務があり、また、不動産賃貸借の場合には同じ住居の住人や近隣住民に対する配慮義務がある（257f条1項、2項）[66]。これらの義務に違反する場合には、賃借人は損害賠償義務が生じたり（97条）、特別の解約告知がされたりする（257f条3項、4項）[67]。

---

[57] Vgl. *Schmid,* a. a. O. (Anm. 14), Nr. 966.
[58] Vgl. *Schmid,* a. a. O. (Anm. 14), Nr. 967.
[59] Vgl. *Schmid,* a. a. O. (Anm. 14), Nr. 969.
[60] Vgl. *Schmid,* a. a. O. (Anm. 14), Nr. 971.
[61] Vgl. *Schmid,* a. a. O. (Anm. 14), Nr. 972.
[62] Vgl. *Schmid,* a. a. O. (Anm. 14), Nr. 973.
[63] Vgl. *Schmid,* a. a. O. (Anm. 14), Nr. 979; *Strub,* a. a. O. (Anm. 10), S. 86 ff.
[64] Vgl. *Schmid,* a. a. O. (Anm. 14), Nr. 982.
[65] Vgl. *Schmid,* a. a. O. (Anm. 14), Nr. 985. 敷金は、最大で家賃の3ヶ月分である。敷金は、賃借人がその住居から引っ越す際の賃貸人による損害賠償請求を担保するためのものである。賃貸人は、支払いの滞った賃料について、敷金で充当する義務は負わない。支払遅滞の賃料を敷金で充当する場合には、賃借人に書面による同意を求めるか、確定した支払命令・判決に基づかなければ、行うことができない。これについては、*Strub,* a. a. O. (Anm. 10), S. 87を参照。
[66] Vgl. *Schmid,* a. a. O. (Anm. 14), Nr. 986.

① 賃借人の賃料支払いの遅滞：257d 条は、目的物を受領した後[68]の賃借人の責任を定めている。この場合に、賃借人が支払いを遅滞した場合には、賃貸人は様々な請求をすることができる[69]。

賃貸人は、書面によって追完履行のための期限を設定しなければならない。具体的な期限については、257d 条を参照されたい。また、賃借人に配偶者や登録されたパートナーがいる場合には、追完履行のための期限の設定や解約告知の通知については、その配偶者や登録されたパートナーにも別に通知しなければならない（266n 条）[70]。

② 257d 条によれば、賃借人が追完履行の期限内に賃料を支払わないときに、賃貸人は即座に解約告知（特別の解約告知）ができるとされる。目的物が、住居用・事業用の場合には、30 日以上の期間をおいてから、解約告知できる。住居用賃貸借・事業用賃貸借については、書面において行う必要がある。この書面は、官庁により定められた書式である必要がある（266l 条を参照）。家族で住居に住んでいる場合には、266n 条による手続きを必要とする[71]。

③ 解約告知がされると、賃借人は目的物を返還しなければならない（267条1項）。賃借人が返還義務を果たさない場合には、裁判所による立ち退きを求められる[72]。

④ 賃料の支払いについて遅滞した賃借人は、損害賠償義務を負う[73]。

67　Vgl. *Schmid*, a. a. O. (Anm. 14), Nr. 986.
68　「賃借人が目的物を受領した後」というのが、257d 条が規定する要件である。しかし、この点について判例は異なる表現をしている。「**257d 条**を適用するためには、賃貸人が賃借人に目的物を利用できるようにさせてさえいれば、それでよい」（BGE 127 III 548, E.3、ゴシックは原文による。また、傍点は筆者による。なお、判決文はイタリア語のため、公式にドイツ語へ翻訳された判旨部分を引用した）。すなわち、この見解では賃貸人の引渡しがあればよく、賃借人が受領していることまでは要求しない。Vgl. *Schmid*, a. a. O. (Anm. 14), Nr. 996 und Anm. 109 in S. 161.
69　Vgl. *Schmid*, a. a. O. (Anm. 14), Nr. 996.
70　「住居用賃貸借契約または事業用賃貸借契約の解約告知は、書面で行われなければならず（266l 条1項）、また、賃貸人の側で 266l 条2項にしたがった形式で行われなければならない。賃貸人が家族用の住居を解約告知する場合には、解約告知は賃貸人と賃借人の配偶者に個別に送付されなければならない（266n 条）。個別の送付が行われていない場合、または、形式の定めに則していない場合には、解約告知は無効である（266o 条）。」BGE 118 II 42 [43 f.].
71　Vgl. *Schmid*, a. a. O. (Anm. 14), Nr. 1001.
72　Vgl. *Schmid*, a. a. O. (Anm. 14), Nr. 1004.
73　損害賠償の範囲については争われており、判例によれば積極的利益の賠償が認められる。この

⑤ 用法遵守義務：賃借人は、用法（住居における規則 Hausordnung）を守らなければならない[74]。

カ．賃貸借契約の終了

255条によれば、賃貸借契約は期限まで継続する契約であり、継続的契約である。したがって、賃貸人の目的物を使用させる義務、賃借人の賃料支払義務は、賃貸借関係が解消されるまで継続して履行されなければならない[75]。

賃貸借契約が継続的債務であることから、賃借人が期限の経過前に目的物を返還しても、賃料支払義務を免れるものではない（264条1項）。すなわち、賃料の支払いは利用の対価ではなく、利用できる状態に対する対価である[76]。したがって、契約または法律により終了する時点までの賃料の支払義務が生じる（264条2項）。もっとも、264条において賃貸人が控除しなければならない事項がある。これらの義務から免れるには、新たな賃借人を立てなければならない。この場合の賃借人は、従前の条件で賃貸借契約を引き受けられる者でなければならない[77]。

賃貸借契約の終了事由には、ⅰ.通常の終了事由とⅱ.特別の終了事由が存する。以下に、概観する。

ⅰ．通常の終了事由

賃貸借契約に期限が付されている場合には、その期限の到来によって解約告知をすることなく、期限の経過によって終了する（266条1項、255条2項参照）[78]。また、黙示に賃貸借契約の継続が行われるときには、期限の定めのない賃貸借契約とみなされる（266条2項）[79]。

点については、Schmid, a. a. O.（Anm. 14）, Nr. 1005 f. を参照。また、この点について BGE 127 III 548 が判例とされるが、原文がフランス語のため、筆者の能力の問題から、引用は差し控える。

74 Vgl. Strub, a. a. O.（Anm. 10）, S. 32.
75 Vgl. Schmid, a. a. O.（Anm. 14）, Nr. 1007.
76 Vgl. Schmid, a. a. O.（Anm. 14）, Nr. 1008. 判例（BGE 119 II 36）については、原文がフランス語のため、筆者の能力の問題から、引用は差し控える。
77 Vgl. Schmid, a. a. O.（Anm. 14）, Nr. 1008 ff.
78 Vgl. Schmid, a. a. O.（Anm. 14）, Nr. 1013.
79 Vgl. Schmid, a. a. O.（Anm. 14）, Nr. 1014.

期限が付されていない場合には、当事者が異なる合意をしていなければ、法定期間と法定期日を遵守して解約告知をすることができる（266a条1項参照）。なお、スイスでは「賃貸借契約は、通常は期限を定めることなく締結される」[80]ようである。解約告知は、賃貸人または賃借人が賃貸借契約の解消を表示することによって行われる一方的意思表示（形成権）であり、将来効しかない。通常の解約告知については、正当事由 ein wichtiger Grund は不要である[81]。

解約告知期日とは、賃貸借契約が有効に解消される時点を意味する[82]。スイス債権法の規定には、近傍の慣習である期日をもって解約告知ができるという内容が見られる（266b条から266d条を参照）[83]。解約告知期間とは、解約告知を有効に行うために、解約告知の意思表示の到達と解約告知期日の間に存しなければならない期間のことである[84]。当事者が解約告知期日または解約告知期間を守っていない場合には、解約告知は次の期日に有効となる（266a条2項）[85]。

住居用賃貸借または事業用賃貸借の解約告知については、特別の書式が存在する。賃貸人または賃借人は、この書面によって解約告知をしなければならない（266l条1項）。特に、賃貸人は州によって認められた申請用紙を用いなければならない（266l条2項）。

賃借人の解約告知は、解約告知期間開始前までに賃貸人に表示されている必要がある。解約告知期間は通常は契約で定められるが、定められていない場合には、住居または家屋の場合には最低3か月、家具付きの部屋の場合には2週間、事業用賃貸借の場合には6か月とされている。

賃貸人が通常の解約告知をしようとする場合には、書面によって何らかの留保をすることは認められない。賃借人から解約告知の理由の開示が求められた場合には、それに応じる義務を負う。賃貸人は、この開示した理由に拘

---

[80] *Strub*, a. a. O.（Anm. 10）, S. 32.
[81] Vgl. *Schmid*, a. a. O.（Anm. 14）, Nr. 1017.
[82] Vgl. *Schmid*, a. a. O.（Anm. 14）, Nr. 1019.
[83] Vgl. *Schmid*, a. a. O.（Anm. 14）, Nr. 1019.
[84] Vgl. *Schmid*, a. a. O.（Anm. 14）, Nr. 1021.
[85] Vgl. *Schmid*, a. a. O.（Anm. 14）, Nr. 1022.

束される。賃貸人も、法定の解約告知期間、解約告知期日（住居は最低3か月、家具付きの部屋の場合には2週間）を遵守しなければならない。形式を守っていない解約告知は無効か、次の解約告知期日にならなければ有効とならない。また、賃借目的物の一部のみを解約告知することも無効である。共同賃借人の一部のみに解約告知した場合も同様に無効である。「この二つの場合について、法律は賃貸人に『すべてかなしか Alles oder nichts』を強制し、あるいは、賃借人との裁判外での協議を強制している」[86]。

ⅱ．特別の終了事由

特別の解約告知とは、特別の理由が存在する場合に、定められた契約期間や法定の解約告知期間または解約告知期日に従う必要がない解約告知である[87]。特別の事由とは、契約の履行が耐えられない事由のことである（266g条1項）。「重大な事由は、当該状況が—契約締結時に認識されず、予見することができず—客観的に判断した場合に通常の〔契約関係の〕解消可能性〔が生じる〕まで履行することが当然に耐えがたい場合にのみ、存在する。さらに、この状況が解約告知をする当事者によるものであってはならない」[88]。

特別の解約告知によって、一方の当事者は法定の期間をもって任意の時点で賃貸借契約を解約することができる（266g条1項）。賃借人が破産した場合には、賃貸人は即時の解約告知ができる（266h条）。賃借目的物に重大な瑕疵がある場合にも、解約告知を即時に行うことができる。ただし、賃貸人がその瑕疵を相当の期間が経過しても除去しないか、除去しえない場合に限る。瑕疵は隠れたものであり、賃借人が許容できないものである必要がある。重大な瑕疵が賃貸人の責めによるものでないことを証明できなければ、解約告知によって生じた費用についても損害賠償をしなければならない[89]。

賃貸借契約が終了すると、賃借人は目的物の返還義務を負う。反対に、債

---

[86] *Strub*, a. a. O.（Anm. 10), S. 192. 詳しくは、Ⅱ1（3）エを参照。
[87] Vgl. *Schmid*, a. a. O.（Anm. 14), Nr. 1035.
[88] *Schmid*, a. a. O.（Anm. 14), Nr. 1036.〔傍点は、原文のイタリック体を示す。亀甲括弧は筆者が付したものである。〕
[89] Vgl. *Strub*, a. a. O.（Anm. 10), S. 148.

権者は債権法上の返還請求権を有する（267条1項）[90]。賃借人は、返還に際しては、契約にしたがった利用によって生じる状態（通常損耗は認められるが、それ以上の損傷は認められない）での返還が求められる（267条1項）。賃借人は通常損耗について賠償する必要はない。通常損耗は利用に内在するものと考えられており、賃貸人は賃料によって通常損耗分の補填を受けているとされる[91]。通常損耗を越える価値の減少については、賃借人は賠償義務を負う。

目的物が返還される時に、賃貸人は目的物の状態を調査し、賃借人が作出した瑕疵について即座に通知しなければならない。この義務を果たさない場合には、請求権を失う（267a条1項・2項）。通常行われる調査では発見できない瑕疵については、発見後遅滞なく通知をすれば、この瑕疵についての請求権を行使することができる（267a条2項・3項）[92]。また、賃借人が賃貸借契約の終了時に、損害を補填することを目的としない補償をする旨を取り決めても、無効となる（267条2項）[93]。

キ．不動産の場合の返還義務

不動産の場合にも、当然に賃借人は返還義務を負う。しかし、何らかの理由によって賃借人が退去しない場合がありうる。賃借人が、正当な理由がないのに退去しない場合には、返還義務の遅滞による損害賠償義務を負う（103条）。しかしながら、これでは実際に賃貸人が目的物の占有を獲得できるわけではない。一方で、賃貸人は当然ながら自力救済は禁じられている。したがって、裁判所において退去命令をもらい、強制執行手続きによって救済をはかることになる（ZPO Art. 343 Abs. 1、なお、ZPO Art. 236 Abs. 3, Art. 337 Abs. 1 も参照）[94]。

ク．賃借人の保護

賃借人の保護については、賃貸借関係全般に適用される規定は散在している。以下に、羅列する[95]。

---

[90] Vgl. *Schmid*, a. a. O. (Anm. 14), Nr. 1050. なお、賃貸人が所有者であれば、物権的請求権による返還請求も可能である。これについては、民法（ZGB）641条を参照。
[91] Vgl. *Schmid*, a. a. O. (Anm. 14), Nr. 1051.
[92] Vgl. *Schmid*, a. a. O. (Anm. 14), Nr. 1052.
[93] Vgl. *Schmid*, a. a. O. (Anm. 14), Nr. 1053.
[94] Vgl. *Schmid*, a. a. O. (Anm. 14), Nr. 1056 ff.
[95] Vgl. *Schmid*, a. a. O. (Anm. 14), Nr. 1068 ff. ここでは、Nr. 1069 以下の箇条書きについて、そ

① 賃借人に対する賃貸人の情報開示義務（256a 条、257b 条 2 項）
② 普通取引約款についての免責条項の無効（256 条 2 項 a 号）
③ 賃借人の履行遅滞における解約告知の通知 Kündigungsandrohung に対する追完履行期間の設定の要式性（257d 条）
④ 通則としての瑕疵担保責任（258 条以下）
⑤ 賃借目的物に対する自身の出捐に対する賃借人の補償請求権（260a 条 3 項）
⑥ 「売買は賃貸借を破る」の原則の（むろん制限的ではあるが）打破（261 条）
⑦ 原則的な転貸借の可能性、確かに賃貸人の同意を要するが、一定の事由が存する場合にのみ拒否することが認められる（262 条 1 項・2 項）
⑧ 264 条に応じた賃借目的物の期限経過前の返還についての権利
⑨ 計算禁止 Verrechnungsverbot の無効（265 条）
⑩ 賃借人の死亡における相続人の解約告知権（266i 条）
⑪ 動産についての特別の解約告知可能性（266k 条）
⑫ 生じうる損害の填補とは異なる目的で合意された、賃借目的物の返還の際の給付に関する合意の無効（267 条 2 項）
⑬ 賃借目的物の返還に際する瑕疵に対する賃貸人の検査義務および通知義務（267a 条）

次に目的物が住居用または、事業用の場合には特別の保護規定が置かれている。

① 明らかな連結取引 Koppelungsgeschäft の無効（254 条）
② 目的物を用法にかなう状態で引渡し、その状態に維持する賃貸人の義務についての免責条項の無効（256 条 2 項 b 号）
③ 賃借人の賃料支払遅滞の場合の最低期間（257d 条 1 項・2 項）
④ 敷金の管理（257e 条）
⑤ 解約告知の際の要式性（266l 条）
⑥ 仮登記可能性（261b 条 1 項、ZGB959 条）
⑦ 刑法上の保護（StGB 325 条）
⑧ 濫用的な賃料の制限：269 条は、不相応に高い賃料は濫用的なものであ

のまま引用する。

ると規定している。一方で、269a条は、例外として濫用とはならない場面を列挙している。また、両条は強行規定とされている[96]。「濫用」の判断基準は、判例[97]によれば絶対的基準と相対的基準が存する[98]。

取り消されると、まず、賃貸借継続中の賃料にかかわる（270a条）。また、賃貸人の賃料の引き上げや契約の一方的な変更にも影響する（270b条）[99]。取消しについては、取消しの通知を受けてから30日以内に、調停所で取消しを求める必要がある（270b条）。すでに発生している賃料についても、賃料の計算根拠に変動があったり、目的物からより高い収益を得られたりする場合には、270a条にしたがって減額を求めることができる[100]。

賃貸人は、30日以内に態度決定することが求められる。請求を拒否したり、一部にだけ応じたりする場合には、賃借人は調停所に30日以内に請求をすることができる（270a条2項）。

また、約定賃料 Anfangsmietzins の取消しは、pacta sund servanda（合意は守られねばならない）であるから、一定の場合にのみ認められる。まず、急迫に乗じて、あるいは市場の変化によって強制的に契約させられたとされる場合である（270条1項a号）。次に、賃貸人が以前の賃貸借契約の内容よりも高い賃料を設定した場合である（270条1項b号）。これらの場合には、目的物の受領後30日以内に調停所に取消しを求める必要がある（270条1項）[101]。

⑨ 解約告知の取消し：271条により、賃借人も賃貸人も調停所で解約告知の取消しをすることができる。このためには、信義則違反が求められている。この取消権は、賃借人のための片面的強行規定である（273c条)[102]。

解約告知は、相手方の請求によらなければならないが（271条2項）、解約告知の有効要件ではないとされる。すなわち、請求ではなくとも、それを徴表する行為があれば請求と考えられる[103]。

96　Vgl. *Schmid*, a. a. O. (Anm. 14), Nr. 1095 f.
97　BGE 120 II 302 [304]「しかしながら、許容される賃料は市場または費用に合致するだけでなく、絶対的にまたは相対的にも究明されなければならない。」
98　これについては、*Schmid*, a. a. O. (Anm. 14), Nr. 1098 f. を参照。
99　Vgl. *Schmid*, a. a. O. (Anm. 14), Nr. 1101 ff.
100　Vgl. *Schmid*, a. a. O. (Anm. 14), Nr. 1108.
101　Vgl. *Schmid*, a. a. O. (Anm. 14), Nr. 1111 ff.
102　Vgl. *Schmid*, a. a. O. (Anm. 14), Nr. 1123.

賃貸人側の濫用的取消事由については、271a条によって例示されている。もっとも、これは例示であるから、信義に悖る事項であれば濫用的な取消しとされる[104]。例えば、賃貸人と賃借人との利益の間に重大な不均衡があれば、解約告知は権利濫用とみなされる[105]。ただし、賃貸人が、これまでの賃借人が支払ってきた賃料よりも多くの賃料を支払える賃借人と新たな賃貸借契約を締結する行為は、信義誠実の原則に反するものではない[106]。

　また、271a条3項は取消しが認められない事由をあげている。なお、b号の支払遅滞については、裁判所は一定の場合には解約告知の取消しを認めている。すなわち、賃借人が請求された額の支払いの義務があるという確証を得る前に、賃借人に対して、期限の到来した賃料または付随費用の不払いを理由に解約告知を迫った所有者は、信義誠実に反しているとされている[107]。

⑩　賃貸借関係の延長：賃貸借関係の延長が認められるための要件は、賃貸借関係が終了することにより賃借人または賃借人の家族に不相当に過大な不利益を与えることである（272条1項）。延長により、賃借人に新たな住居を探すために必要な時間が与えられる[108]。もっとも、何をもって「不利益」と言えるかについては、特に定められていない。「一般的な実務によれば、

---

[103] Vgl. *Schmid*, a. a. O. (Anm. 14), Nr. 1125.
[104] BGE 135 III 112 [119]「住居用賃貸借または事業用賃貸借の場合には、信義誠実の原則に反するときには、解約告知を取り消すことができる（271条1項）。一般的に、解約告知が客観的な、重大な、そして保護の価値のある利益がないにもかかわらずなされた場合には、信義に悖るものとみなされる（Urteile 4C.61/2005 vom 27. Mai 2005 E. 4.1, in: SJ 2006 I S.35; 4C. 267/2002 vom 18. November 2002 E. 2.2, in: SJ 2003 I S. 263; vgl. auch BGE 120 II 105 E. 3a S. 108）。すなわち、示された根拠が明らかに単なる口実らしいものにすぎない場合には、解約告知は信義誠実に反するものである（Urteil 4C.116/2005 vom 20. Juni 2005 E. 2, in: SJ 2005 I S. 586）。連邦裁判所の判決によれば、解約告知が禁じられた、または、保護の価値のない理由によって行われたことは、解約告知を受領した者が立証しなければならない。しかしながら、解約告知を求める者は誠実に真実の究明に寄与しなければならない。解約告知の理由を述べ、解約告知の理由を判断するために必要なあらゆる証拠資料を提出しなければならない（BGE 120 II 105 E. 3c S. 111; Urteil 4C. 61/2005 vom 27. Mai 2008 E. 4.3.1, in: SJ 2006 I S. 36）」。
[105] BGE 138 III 59 [62]「一般的に、解約告知が客観的な、重大な、そして保護の価値のある利益がなく、そして純粋なシカーネにより行われ、または、重大な不均衡が存する当事者間の利益に関連する場合には、解約告知は信義に悖るものとみなされる。」
[106] Vgl. BGE 120 II 105 [Regeste] und *Schmid*, a. a. O. (Anm. 14), Nr. 1127.
[107] Vgl. BGE 120 II 31 [Regeste]．
[108] Vgl. *Schmid*, a. a. O. (Anm. 14), Nr. 1131.

この〔不利益 Härte の〕概念は、その状況によってなお残された期間で代替物もしくは代替案を模索することを賃借人が妨げられ、もしくは、それが困難であり、または、明らかに失敗するという限りで、賃借人にとって不利に作用するという、具体的な個々の事例のあらゆる状況を意味する」[109]。裁判所は、賃貸人・賃借人の様々な利益を比較衡量して決定している（272条2項も参照）[110]。また、延長が認められない事由が272a条に列挙されており、ここには日本でいうところの立退料も定められている（272a条1項d号）。

延長の期間については、272b条が最大期間の定めをしている。なお、裁判所は延長の期間については明確な期限を決定しなければならず、不確定期限を定めることはできない[111]。

ケ．その他の問題

① 賃借目的物を修繕 Erneuerung、変更した場合

賃貸人が目的物について、瑕疵の除去や損害を軽減するために必要な作業をする場合には、賃借人はその作業を受忍する義務を負う（257h条1項）。この場合には、賃借人は賃料の減額や損害賠償を求めることができる（260条2項）。作業が認められるための要件については、260条1項に定められている。

また、賃借人が目的物の修繕、変更をする場合には、賃貸人の書面による許可を要する（260a条1項）。書面で原状回復を取り決めていた場合には、賃貸人は原状回復を求めることができ、賃借人は修繕による有益費の償還請求権が生じる（260a条2項、3項を参照）。

② 転貸借関係

転貸借は、原賃貸人の同意を得てすることができる（262条1項）。同意を拒絶できる場合については、262条2項が定めている。

転借人は、賃貸人に直接責任を負うわけではなく、転貸人との間で契約が存するにすぎない。ただし、賃貸人が許可した用法以外の使い方を転借人はできず、このことについて転貸人が責任を負う（262条3項、履行補助者の責任

---

[109] *Schmid*, a. a. O. (Anm. 14), Nr. 1132.
[110] Vgl. *Schmid*, a. a. O. (Anm. 14), Nr. 1132.
[111] Vgl. *Schmid*, a. a. O. (Anm. 14), Nr. 1137; BGE 135 III 121 [Regeste].

について101条)。賃貸人が転借人に直接、請求することもできる (262条3項2文)。

転貸借関係は、原賃貸借関係とは完全には分離できないことから、転貸人が原賃貸人から認められた権利よりも多くの権利を転借人に与えることはできない。原賃貸借関係が終了すれば、転借人は原賃貸人に目的物を返還しなければならない[112]。

③ 第三者への賃借権の譲渡

事業用賃貸借の場合には賃借権の移転についての規定があるが (263条)、それ以外の賃貸借については通常の契約移転の法理にしたがう。移転には第三者の同意が必要である。ここに、263条2項の規定はかからないから、目的物を契約期間前に返還できるに過ぎない (264条)[113]。

概観すると、スイス賃貸借法は上述のとおりである。日本のとりわけ借地借家法と大差のない規定ではないだろうか。もちろん異なる面も含まれるものの、基本的なイメージは日本法の賃貸借法と一致すると考えて良いだろう。それでは、以下では特に「売買は賃貸借を破るか」ということと関わりのある規定を見ていきたい。

2 仮登記による不動産賃借権の保護

261条は、不動産賃借権の仮登記について定めている。これらの規定の趣旨や、詳細について Basler Kommentar[114] の記述を元にしながら、考察していきたい。まず、261条が定められることにより、いわゆる「売買は賃貸借を破る」の原則の例外が定められている。すなわち、賃貸借の目的物に物権を有するに至った者に対して、賃貸人の地位が引き継がれる。この規定は「社会法的な性格」(Art. 261 Rn. 1) を有する強行規定である。

本条が適用されるための要件は、賃貸目的物の所有者が交代することであ

---

[112] Vgl. *Schmid*, a. a. O. (Anm. 14), Nr. 1188a.
[113] Vgl. *Schmid*, a. a. O. (Anm. 14), Nr. 1193.
[114] *Roger Weber*, Art. 261-Art.261b, Basler Kommentar Obligationenrecht I/Art. 1-529 OR, 4. Aufl., 2015. 以下、本コンメンタールより参照した部分・引用した部分については、本文中に括弧書きで対応条文と欄外番号を示す。

る。したがって、贈与や交換なども含まれ、強制執行などによる交代もまた含まれる。もっとも、相続のような包括承継には適用されない（Art. 261 Rn. 2）。また、本条は賃貸借が実際に開始されてはじめて作用する。すなわち、具体的には、目的物が移転してはじめて適用される（Art. 261 Rn. 2）。

本条により、「所有者の交代の時点で」、賃貸借関係が移転する（Art. 261 Rn. 3）。これは法定の移転であり、あらゆる権利・義務が新所有者へ移転することになる[115]。もっとも、契約の移転は賃貸借契約だけにかかわるもので、「例えば、賃借人によって設置された家具を賃借人から買い取るという賃貸人の義務など」は、契約当事者間のその他の法律関係であるから、契約の移転とは無関係である（Art. 261 Rn. 4）。

改正前の債権法には、旧賃貸人が取得者と連帯して責任を負う旨の規定があったが、削除されている。261条3項の場合にのみ、賃貸人は損害賠償責任を負うことになる（Art. 261 Rn. 5）[116]。

2項は、新所有者に広範な法定解約告知権を認めるものである[117]。居住用賃貸借と事業用賃貸借の場合には、自己使用が要件となっている。解約告知を有効とするには、所有者の実際の交代が必要とされている（Art. 261 Rn. 6）。自己使用という重要な要件は、賃貸人自身あるいは賃貸人に近い者が目的物を「直接の、真摯なかつ実際の理由」（Art. 261 Rn. 7）によって必要としていることである。経済上の理由でも構わないが、上記の要件が時間的にも、実際上も sachlich なければならない。なお、新所有者が複数おり、共有する場合には、共有者のうちの一人に重要な必要性が認められれば良いとされている（Art. 261 Rn. 7）。

261条による法定の契約の移転によって、賃貸借の目的物が譲渡されたことを理由とする解約告知が、賃借人の請求によって取り消されることになる[118]。したがって、契約を解約するためには、「合理的 vernünftig であり、

---

[115] Vgl. auch *Walter Fellmann*, Der Übergabe des Mietverhältnisses nach Art. 261 OR -ein gesetzlicher Parteienwechsel mit Lücken und Tücken, AJP 5/94, S. 541.
[116] Vgl. auch *Fellmann*, a. a. O. (Anm. 115), S.542.
[117] Vgl. auch *Fellmann*, a. a. O. (Anm. 115), S.541.
[118] 賃借人を解約告知から保護するための規定として、271条を参照。賃借人は譲渡による賃貸借関係の解約告知をされた場合には、271条を理由に取消しを求めることができる。Vgl. auch *Fellmann*, a. a. O. (Anm. 115) S. 545.

正当であり、誠実で loyal ある契約当事者の観点に基づいて、保護の価値があると見うる」（Art. 261 Rn. 11）理由がなければならない。

　元の賃貸人に対して更新を決定した場合には、新所有者に対しても効力が及ぶ。更新手続きが賃貸人の交代の最中に行われたときには、賃貸人の側で取得者の利益と賃借人の不利益 Härte を衡量しなければならない。取得の時点で更新手続きが完了している場合には、原則として取得者は従わざるをえないが、261 条 2 項による特別の解約告知が認められるときには、行使することができる（Art. 261 Rn. 13）。

　居住や事業を目的とする長期の賃貸借の場合の問題点として、賃料を引き上げられるかということや、特別の解約告知が挙げられる。これについて、269d 条 2 項 c 号や 271a 条 1 項 b 号などにより、賃貸人が収益を調整する方法での解約告知が禁じられている。そこで、新所有者は、法定の次の解約告知期日の時点で、無条件に賃料を引き上げる方法を有している。これは、269d 条による（Art. 261 Rn. 19）。

　また、261 条の規定は、261a 条により、賃貸人が制限物権を設定したときにも適用される（Art. 261a Rn. 1）。賃借目的物の一部分に制限物権が設定された場合には、元の賃貸人と制限物権の設定を受けた者が共同賃貸人関係になるとされている。また、制限物権を有する賃貸人がその物権を失った場合にも、本条が類推適用されると考えられている（Art. 261a Rn. 2）。さらに、賃貸人が目的物を譲渡したが、賃貸人の地位を留保したとき（例として、賃貸人が用益権を留保する場合が挙げられている、Art. 261a Rn. 3）にも、本条が適用される。

　次に、賃借権の仮登記についての説明である。賃借権が仮登記されると、賃借人の契約上の権利が物的債権 Realobligation[119] になる（Art. 261b Rn. 1）。「したがって、賃貸借契約は当然に、そして無制限に目的物の所有権に追従

---

[119] *Jörg Schmid/Bettina Hürlimann-Kaup,* Sachenrecht, 4. Aufl., 2012, S. 6 によると、債権が物的な要素を有することを、Realobligation（obligation dite rèelle、obligation propter rem）と呼ぶ。その中心的な内容は債権債務関係であるが（債務者が給付をする）、その給付は債務者の物的な権限によって定められる、と説明する。最も問題となるのは、不動産工事抵当権 Bauhandwerkerpfandrecht の設定の際の仮登記である。これについては、本稿とは関わりが薄いため、割愛する。

する」(Art. 261b Rn. 1、傍点は原文のゴシック体を示す)。

仮登記には、書面による法律原因の証明が必要である[120]。口頭で合意した場合には、決定によって登記されうる[121]。仮登記の効力が認められる期間が定められなければならないため、最低契約期間の定めのある期限の定めのない賃貸借契約のときには、この期間のみの仮登記が認められる[122]。転貸借の場合には、所有者の同意がある場合にのみ仮登記をすることができる (Art. 261b Rn. 2)。

本稿との関係で、261条に関連する部分について概括的に総覧した。賃借目的物が譲渡された場合には、賃貸借関係が新たな新所有者に移転するという構成はドイツ民法と同様の考え方である[123]。ドイツ民法では「Kauf」の表現を取りながらも売買には限らないと説明されるが[124]、スイス債権法で

---

[120] GBV 77条（仮登記：通則）
①仮登記のための法律原因の証明は、仮登記される権利の行使の条件、その期間に制限がある場合にはその制限についてを内容としなければならない。
②前項の規定は、強制執行機関の申請に関する処分制限の仮登記の場合には適用しない。
③官庁による命令に基づく（ZGB 960条1項1号、961条1号）仮登記の法律原因の証明は、仮の強制執行可能な決定 vollstreckbaren vorläufigen Entscheid においてなされる。

[121] ZGB 665条（Ⅲ．登記請求権）
①取得原因により、取得者は所有者に対して個別の登記請求権を有し、所有者が拒否した場合には、所有権に関する裁判所の決定 Zusprechung を求める権利を有する。
②無主物先占、相続、土地収用、強制執行または裁判所の判決による場合には、取得者は登記を自ら行うことができる。
③法律により財産共同制が生じ、または、解消することによる土地所有権の変更は、夫婦の一方の申請により登記簿に登記される。

[122] これに関しては、BGE 81 I 75 の判例がある。その判決の要約（Regeste）によれば、「黙示の再継続期間の定めのある用益賃貸借契約または賃貸借契約は、登記簿には最初に合意された期日までの期間のみを仮登記することができる。この期日を超えた仮登記がなされたままの場合には、このための新たな申請を要する」とある。この点は、冒頭の記述（Ⅱ 1(3)カを参照）のように、期間の定めが置かれないことが常態であるのであれば、仮登記をすることができないことになる。賃借権の仮登記制度の限界が、ここに垣間見える。

[123] 近年、藤井俊二教授により、ドイツの借家法 Mietrecht に関して、優れた概説書が出された。「売買は賃貸借を破らない」とするドイツ民法566条の規定の解説について、藤井俊二『ドイツ借家法概説』291頁以下（信山社、2015年）を参照。また、566条に関する歴史的な考察をするものとして、例えば大窪誠「賃貸不動産の譲渡と賃貸借の帰趨―BGB 起草前のドイツにおける法制度を中心として―」総合政策5巻2号（2004年）155頁以下、同「BGB における『売買は賃貸借を破らず』の原則の採用―BGB 第571条（1896年）の起草過程を中心として―」東北学院法学64号（2006年）35頁以下、拙稿「ドイツにおける使用賃貸借の発展（1・2完）」早稲田大学大学院法研論集149巻（2014年）101頁以下、150巻（2014年）107頁以下を参照。

は「Veräusserung」（譲渡）という表現に変えられていることは、スイス債権法が近代の最も優れた法であるとされる一つの証左であろう[125]。そして、スイス債権法は一歩を進めて賃貸借関係を仮登記できるという規定を置くに至った。では、そもそもこの仮登記ができる規定は、実務においてどのように運用されているのだろうか。

3 実務における仮登記の運用

通常、所有者（賃貸人）は賃借人に、賃貸借契約の仮登記に関する代理人として授権をする[126]。賃貸人が仮登記に同意したが、書面による証明書の作成を拒否したり、登記所への申請に協力することを拒否したりしたときには、賃借人はスイス民法665条[127]による登記をすることになる。裁判所による仮登記命令を賃借人が望まないときには、賃貸借関係を継続する利益をもはや有していないことになるから、遅滞の規定（102条以下）によって賃貸借契約から離脱することができる[128]。契約上の合意があれば、仮登記請求権を違約罰によってさらに強化する可能性も存在する[129]。

以上の記述より、日本法への示唆として重要なのは、賃貸借を仮登記するには、「当事者が仮登記について合意している」場合にのみ、仮登記が認められることである。これは、261b条を見ても明らかである。当事者が仮登記について取り決めていたのにもかかわらず、賃貸人が協力しないならば当然に契約違反ということになる。これは、日本の賃借権の登記でも同じである。

しかしながら、興味の引くところは、261条以下の「売買は賃貸借を破る」の原則の社会立法的[130]修正である。以下では、この規定について少し

---

124 前掲藤井注（124）291頁参照。
125 北川善太郎『日本法学の歴史と理論』126頁（日本評論社、1968年）を参照。トルコで法典を編纂する際に、スイス法が評価されたことが書かれている。
126 Vgl. *Armin Zucker/ Christian Eichenberger*, Die Vormerkung des Mietverhältnisses im Grundbuch, AJP 2010, S. 836.
127 脚注121を参照。
128 Vgl. *Zucker/Eichenberger*, a. a. O. (Anm. 126), S. 843.
129 Vgl. *Zucker/Eichenberger*, a. a. O. (Anm. 126), S. 843.
130 Vgl. *Weber*, a. a. O. (Anm. 114), Art. 261 Rn. 1.

く詳細に検討してみたい。

4 社会立法と理論的位置づけ

スイスにおいても、本来であれば物権は債権に優先する[131]。そこで、立法者は居住用賃貸借や事業用賃貸借における賃借権の特殊性[132]に鑑みて、「売買は賃貸借を破らない」原則を採用して、この問題を緩和しようとした。もっとも、表面上はドイツ法と近似するものの、内容においては異なる点がある[133]。

① スイス法では動産についても不動産についても261条の適用を受ける[134]。しかし、ドイツ法では家屋や土地にしか適用されない。

② スイス法では、特別の解約告知を取得者に認めるが、ドイツ法にはそのような規定はない。

③ スイス法では、ドイツ法が要件とする所有権移転前に賃借人が目的物の占有を得ていることを要件としていない[135]。

④ スイス法では、新たな所有者が賃貸借契約で認められた期間よりも前に解約告知をしたときに限って、旧賃貸人が責任を負うが、ドイツ法では取得者が賃貸借契約に基づく義務を果たさない場合には、旧賃貸人は責任を負う。

⑤ スイス法の規定は通説によれば強行法規であるが、ドイツ法では当事者が566条をどこまで排除できるかは争われている。

適用範囲についてはスイス法の方が広いが、賃貸人の責任の範囲で考えるとドイツ法の方が加重されているといえる。なぜなら、スイス法の方が取得者の解約告知の行使を認めるからである[136]。

---

[131] Vgl. *Weber*, a. a. O. (Anm. 114), Art. 261 Rn. 1, Bettina *Hürlimann-Kaup*, Grundfragen des Zusammenwirkens von Miete und Sachenrecht, 2008, Nr. 75.［以下、「*Hürlimann-Kaup*」と引用。］

[132] 原則にしたがって、賃貸人が賃借人に損害賠償を求めることができるにすぎないとすれば、借りていた住居で展開した関係や、安寧な状態は戻せないため、不十分であるとする。Vgl. *Hürlimann-Kaup*, a. a. O. (Anm. 131), Nr. 483.

[133] 以下の記述は、*Hürlimann-Kaup*, a. a. O. (Anm. 131), Nr. 506からNr. 512による。

[134] Vgl. auch *Fellmann*, a. a. O. (Anm. 115), S. 541.

[135] もっとも、コンメンタールでは賃貸借契約の開始を要件としている (*Weber*, a. a. O. (Anm. 114), Art. 261 Rn. 2)。

次に、賃貸借の体系上の位置づけについての見解を見てみたい。賃貸借は、261条により処分制限[137]という効果が与えられることにより、債権が物権に優先することになる。「この解決は、債権が物権として異なる次元に置かれることになるため、体系に反している」[138]。物権を有する者が債務を負っているときには、261条が示すように債権が貫徹することもあるとする以上は、物権と債権との違いを261条が減じていると言える[139]。

　コンメンタールにも賃借権が物的債権Realobligationであると指摘がされていた（Art. 261b Rn. 1）。Realobligationについては、BGE 105 Ia 23［25］において言及されている。「Realobligationは、ある物と結びつくことによって確かに物権となるわけではないが（筆者注―ここでMEIER-HAYOZ, Sachenrecht/ Systematischer Teil, N. 154を参照している）、一種の物権と一致するか、もしくは、すくなくとも物権に近似した効力を有するものである（筆者注―ここでLIVER, Einleitung, N. 148を参照している）」。すなわち、Realobligationenは、「確かに債権法に規定されているが、物権法によって物的債権的な性質が生じる」[140]ものである。日本やドイツにおいて、このことはとりわけ仮登記との関係で問題とされている[141]。スイス民法においても、仮登記の規定が置かれている[142]。この規定により、対人権たる債権にもかかわらず対世的な効力が与

---

[136] この点について、*Hürlimann-Kaup*, a. a. O.（Anm. 131), Nr. 513は、「ドイツの立法者は『売買は賃貸借を破らず』の原則について、スイス法よりもその緩和を少なくしている。とりわけ、ドイツの立法者は取得者の特別の解約告知を認めていない」として、より強い賃借人の保護をドイツ法が図っているとする。

[137] 処分制限とは、賃借人が賃貸借契約に基づいて目的物を利用する限りで、所有者の処分権限が制限され、賃貸借関係が取得者に移転することをいう。Vgl. *Hürlimann-Kaup*, a. a. O.（Anm. 131), Nr. 730.

[138] *Hürlimann-Kaup*, a. a. O.（Anm. 131), Nr. 732.

[139] Vgl. *Hürlimann-Kaup*, a. a. O.（Anm. 131), Nr. 732.

[140] *Hürlimann-Kaup*, a. a. O.（Anm. 131), Nr. 33.

[141] 大場浩之『不動産公示制度論』449頁以下（成文堂、2010年）参照（初出は、大場浩之「ドイツにおける仮登記（Vormerkung）についての考察（1-6・完）―不動産物権変動論との関係を中心に―」早稲田法学81巻4号（2006年）249頁、82巻1号（2006年）55頁、82巻2号（2007年）71頁、82巻4号（2007年）1頁、83巻1号（2007年）73頁、83巻2号（2008年）1頁）。

[142] ZGB 959条（2、仮登記、a. 債権）
　①債権persönliche Rechteは、先買権、買戻権Rückkauf、売買に関する権利Kaufsrecht、用益賃貸借または賃貸借など、法律によって仮登記について明示されている場合には、登記簿に仮登記をすることができる。

えられることになる。これをスイスでは Realobligationen と呼んでいるのである。明文規定があり、また、コンメンタールでも賃借権が Realobligationen であるとされているが、学説では賃借権は Realobligationen ではないという主張もなされている[143]。まず、賃貸人が物権を有していない場合には、261条が適用されないことを理由としてあげる。賃貸人が例えば転貸人に過ぎない場合には、261条は適用されないのである[144]。また、261条が適用されるためには賃借人が引渡しを受けている必要がある[145]。引渡しがなされる前には、賃借人は損害賠償ができるだけである。

次に、Realobligationen は物権的な原則が妥当するから、賃貸借においてその原則がどのように妥当しているか。まず、賃貸借契約の場合には、賃借人が有する権利を取得者に主張でき、また、賃貸人も261条3項に定められた限りで責任を負う。すなわち、物権の原則の一つである附従性 Akzessorietät が認められる[146]。

物権は公示されるべきものである。Realobligationen は必ずしも完全な対世効を有するものではないが、今後所有者になりうる可能性のある者との関係でやはり公示される必要がある。賃貸借の場合には、この公示方法を欠いている。明認方法とも言える賃借人の占有により、一応の公示がなされるとはいえるものの、「土地について定められる登記法上の公示はまさに存在していない」[147]。また、Realobligationen と制限物権の関係は、通常であれば先に登記をした者の権利が保護されるはずである。しかし、261a条により、所有者の交代と同視できるような制限物権を賃貸人が設定した場合には（例えば、用益権）、その制限物権を有する者との間に賃貸借関係が移転するから[148]、賃貸借関係が制限物権に優先するわけではなく、併存することにな

---

　②債権は、仮登記によって爾後に取得されたあらゆる権利に対して効力を有する。
143　*Thomas Pietruszak／Jörg Zachariae*, Der Schutz des Mieters von Wohn-und Geschäftsräumen in der Zwangsverwertung, 2000, S. 44 f.
144　Vgl. *Pietruszak／Zachariae*, a. a. O.（Anm. 143）, S. 43 f.
145　この見解は、*Hürlimann-Kaup*, a. a. O.（Anm. 131）の記述と対峙する。ドイツ法の解釈が妥当と考える見解は引渡しを要件とすると考えるようである。Basler Kommentar における *Weber*, a. a. O.（Anm. 114、Art. 261 Rn. 2）の記述も引渡しを求めており、条文に忠実にしたがうかどうかは議論があるものと思われる。
146　Vgl. *Pietruszak／Zachariae*, a. a. O.（Anm. 143）, S. 44.
147　*Pietruszak／Zachariae*, a. a. O.（Anm. 143）, S. 44.

る[149]。

　そして、賃貸人（譲渡人）と譲受人との間で全く同一の義務を有するわけではない点も問題である。譲受人が目的不動産について自己使用の必要性があれば、賃借人に対して解約告知をすることができる（261a条2項a号）。この点で、賃貸借関係は制限を受けているのである[150]。

　「以上をまとめると、Realobligationの法形態が理論上の理由に基づいて賃貸借契約には適合しないことが明確に把握される festhalten。賃貸借契約は債権法261条1項の枠組みにおいて、少なくとも法定の次の解約告知期日までの間は主観的物権的 subjektiv-dinglich 結合が行われることによって、制限的に物権化している。したがって、賃借権は Realobligation とは制限的にのみ同視しうるものである」[151]。

　ここで指摘されるべきは、やはり賃借権が債権であるということであろう。まず、スイス法においては賃借権の本登記ができるわけではない。本登記ができるとすると、それは物権法秩序に乗りうるかもしれないが、そうではない旨が指摘されている[152]。とはいえ、要件を満たすことで対世効を持つともいえる。側面の捉え方によって、これを Realobligation と呼ぶかは議論が分かれているところではある。コンメンタールでも Realobligation 化しているとするのであれば、フューリマン・カオプ教授が指摘するような制限的な Realobligation 化という考えは正しくないのではないか。すなわち、フューリマン・カオプ教授の検討はまさしく「物権かどうか」を問題としているのである。しかし、Realobligation 化は債権が本来の債権の枠を越えて保護される現象を指すのではないか。そうすると、賃借権が強化されることは

148　Vgl. *Weber*, a. a. O. (Anm. 114), Art. 261a Rn. 1.
149　Vgl. *Pietruszak/Zachariae*, a. a. O. (Anm. 143), S. 44.
150　Vgl. *Pietruszak/Zachariae*, a. a. O. (Anm. 143), S. 44. また、コンメンタールの記述では、契約の移転範囲は賃貸借の本質的部分だけである。すなわち、旧賃貸人と賃借人との間でなされたその他の事項は移転しない（II 2を参照）。この点も、賃貸借関係の制限の一つと言えるだろう。
151　Vgl. *Pietruszak/Zachariae*, a. a. O. (Anm. 143), S. 44 f. もっとも、仮登記がなされた場合には、Realobligationen であるとする。仮登記により、取得者は元の賃貸人と同様の義務を負うことになるからである。
152　前掲注147摘示の、「土地について定められる登記法上の公示はまさに存在していない」というのは、このことを示している。仮登記しかできず、また新法では占有によって対抗力を認めるのだとすれば、これは物権法秩序における公示をしているとはいえないだろう。

違いないのだから、これは Realobligation 化しているといってよいのではないか。しかし、いずれにしても賃借権が元の債権の枠組みを超えて強化されることがあり、これが社会的にも要請されていると考えていいだろう。

5　261条の史的変遷[153]

Realobligationen であるのかどうかは、261条の史的な変遷も考慮に入れて検討する必要がある。もともと、261条の前身である旧259条では、「売買は賃貸借を破る」とされていた[154]。用益賃貸借は売買に破られないとされていたのとは対照的である。第1項によれば、取得者が賃貸借契約を承継したときにのみ、取得者は拘束されるとされていた[155]。もっとも、不動産の賃貸借の場合には、契約が解除されない限りで、法定の期日までは賃借人が利用できるものとしていた。取得者は、解約告知をしないときには、法律によって賃貸借関係に入る eintreten ものとみなされた[156]。このときにも、元の賃貸人は、賃借人から免責されない限りは、連帯して責任を負った[157]。取得者が賃貸借契約を引き継ぐときには、賃借人は旧259条1項により、賃貸借関係の継続を取得者に求めることができる。これは、債権譲渡と債務引受によって行われると考えられていた[158]。旧260条により仮登記をした場合には、賃借人は各新所有者に対して賃貸借契約にしたがった土地の利用をすることが認められる。仮登記によって、所有者は賃借人の地位に入ることになり、賃貸借関係は将来に向かって土地の取得者と賃借人の間でのみ存続

---

[153] II 1 (2) を参照。Vgl. auch *Fellmann*, a. a. O. (Anm. 115), S. 541 f.
[154] Vgl. auch *Fellmann*, a. a. O. (Anm. 115), S. 540.
[155] Vgl. auch *Fellmann*, a. a. O. (Anm. 115), S. 540.
[156] この点は、ドイツ民法の566条の考え方に近い。しかし、解約告知が可能である点では、賃借人の保護は薄いと言わざるをえない。
[157] 以上の記述は、*Hürlimann-Kaup*, a. a. O. (Anm. 131), Rn. 78 f. による。
[158] Vgl. *Fellmann*, a. a. O. (Anm. 115), S. 540; BGE 60 II 341 [347]「これは、取得者へのかつての賃貸人の権利の移転に関して適用される債権譲渡の原則（167条）……により、賃借人に譲渡について何ら知らされていない場合に、賃借人が賃料を有効にかつての賃貸人に支払いうることからすでに明らかである。そして同様に、賃貸人の義務に関して土地の取得者が賃貸借契約に入る場合に妥当する債務引受法の規定によって……、被告のところへの原告の請求についての要件は、被告が賃貸借契約に入っているというその表明である」。本判決が、賃貸借関係の債権譲渡と債務引受を前提としていることから、賃貸借関係による権利・義務が引き継がれるのも同原則によるからだと推察される。

する[159]。

　このように、かつての賃貸借法が原則として「売買は賃貸借を破る」としており、不動産の賃貸借に関して特別な手当てをしているにすぎなかった。すなわち、賃貸借関係が仮登記されたとすれば、仮登記によって認められる効力が与えられるという、比較的理路整然とした解釈が可能であった。しかしながら、1990年の賃貸借法の改正により、現行の条文（「譲渡は賃貸借を破らない」）が導入され、ここでは取得者が賃貸借関係を引き継ぐことが原則とされた。そうなると、そもそも仮登記をする前から賃借人は—日本の図式で言えば—自らの賃借権を第三者（取得者）に対抗できることになった。Realobligationenの理論は、とりわけ債権の仮登記で問題となる議論であり、これまでの、「賃貸借は債権ゆえに物権の移転によって効力を維持できないけれども、仮登記によって物的な効力が与えられる」という図式の中で検討されてきたといえよう。しかし、「賃貸借関係は物権の移転に付随するが、仮登記もできる」という図式では、賃貸借はすでに特別扱いをされているのであって、「賃貸借関係は仮登記されることがむしろめずらしく、実務上は事業用賃貸借の場合にのみ登記簿に仮登記される……」[160]ようになっているのである。したがって、もし仮登記がされた場合に、そもそも仮登記の効力によって賃貸借関係が移転するのかどうかが問題とされた。結果的には、賃貸人が交代するのは仮登記によるものではなく、「賃借権の物的債権的な性質は、まさに物権から生じるのではない。仮登記された賃貸借との関係での『Realobligation』という概念の使用は、したがって誤謬である」[161]と考えられるようになったのである。

　以上のように、もはや仮登記の意義は薄れていると言える。しかしながら、なぜ仮登記に関する規定が1990年の改正においても残されるに至った

---

[159] 以上の記述は、*Roland Pfäffli*, Zur Vormerkung von Mietverträgen und Vorkaufsrechten (mit Berücksichtigung des neuen Mietrechtes), Der Bernische Notar 51 (2), S. 44による。資料の収集に困難を極める中、当論文を採録する本雑誌の購入を打診したところ、同氏より無償で本論文を頂戴することができた。心より御礼を申し上げる。Herzlichen Dank für Freundlichkeit von Prof. Dr. Roland Pfäffli, mir diesen Aufsatz zu schenken.

[160] *Hürlimann-Kaup*, a. a. O. (Anm. 131), Rn. 821.

[161] *Hürlimann-Kaup*, a. a. O. (Anm. 131), Rn. 35. なお、この指摘が間違いではないかという点について、上述Ⅱ4を参照。

のか。それは、仮登記をすれば取得者の特別の解約告知を防ぐことができるからである[162]。また、仮登記とともに違約金を合意しておけば、住居の強制執行の際にも保護されることになる。このように、仮登記の意義はあると言える。しかし、前者については賃貸人と賃借人との間で契約をする際に、目的物を譲渡した場合の違約罰の取り決めをしておけばよく、また、後者についてもあらゆる場面で強制執行の際に保護されるというわけでもない[163]。そこで、仮登記の制度は261条ですでに目的が尽くされている以上は、廃止すべきであるという意見が出されている[164]。

6　小括

ここまで、スイスの賃貸借法について、目的物が譲渡されてしまった場合にどのような対処がなされるのかを簡単に眺めた。1990年の改正により、スイス法においても「譲渡は賃貸借を破らず」の原則が採用された。これにより、原則としてはドイツ法における賃貸借法制と同じ状況になった。しかし、スイス法においては不動産と動産の区別をしておらず、あらゆる賃貸借契約に対して同原則が及ぶ。例外や特別の解約告知の容認によって、結論的に妥当な範囲での賃借人の保護を図っているという点で、ドイツ法が賃貸借契約のうちの借家権に限っているが、その中では最大限の賃借人保護を図っているのとは対照的である。

しかしながら、従前から認められてきた仮登記の可能性については、改正法においても残されることになった。そもそも、目的物が譲渡された場合には取得者に賃貸借関係が引き継がれるという規定があるのであるから、改めて仮登記をする必要は乏しいだろう。仮登記の意義が全くないとはいえないものの、それらは個別に解決が可能であり、わざわざ仮登記という手段に頼らずとも、賃借人が保護されるような手立ては考えられる。スイスにおいても、現在ではほとんど仮登記が用いられていないのであり、「仮登記ができる」という状況は空洞化しているのである。

---

[162] Vgl. *Hürlimann-Kaup*, a. a. O. (Anm. 131), Rn. 771; *Fellmann*, a. a. O. (Anm. 115), S. 547.

[163] Vgl. *Hürlimann-Kaup*, a. a. O. (Anm. 131), Rn. 1013.

[164] Vgl. *Hürlimann-Kaup*, a. a. O. (Anm. 131), Rn. 1013. この点について、下記IVにおいて敷衍する。

このような状況は、日本法でも同様と言えよう。それでは、次に日本の不動産賃借権の登記に関するこれまでの変遷を眺め、対比してみたい。

Ⅲ　日本における不動産賃借権の登記（民法 605 条）

1　賃借権の登記

賃借権の登記は、賃料が必要的記載事項とされている（不動産登記法 81 条 1 号）。また、任意的記載事項として、存続期間または賃料の支払時期の定め（2 号）、賃借権の譲渡または転貸を許す旨の定め（3 号）、敷金（4 号）などがある。また、仮登記をすることも可能である[165]。

しかし、登記法上も認められている不動産賃借権の登記をする際には、大きな問題があることはすでに周知のとおりである。すなわち、賃貸人が任意に登記に協力しない事態が生じた場合に、賃借人に登記請求権が認められるのかということである。

2　大判大正 10 年 7 月 11 日民録 27 輯 1378 頁

【事実】訴外 A と被上告人 Y は、大正 7 年 4 月 17 日に土地賃貸借契約を締結した。そして、大正 9 年 2 月 12 日に今市区裁判所の仮登記処分命令によって賃借権の仮登記が行われた。上告人 X[166] は、賃貸人が明示または黙示に賃借権の登記を認めた場合でなければ物権のように当然に登記請求権が生じるものではなく、X は契約書において登記をすることを認めていないにもかかわらず、裁判所が仮登記の原因の主張や疎明がないのに仮処分を命じたのは当時の不動産登記法 32 条の要件を満たしていないため無効であるか

---

[165] 大判昭和 12 年 10 月 27 日新聞 4100 号 18 頁「本件抵当付債務ニ於ケル債務者カ弁済期ニ其ノ弁済ヲ為ササルトキハ債権者ハ本件抵当物件ニ付賃借権ヲ取得スヘキ約旨ニシテ右賃借権設定請求権保全ノ仮登記ヲ為シ債務者ノ弁済期ヲ経過スルモ其ノ弁済ヲ為ササリシモノナルヲ以テ債権者タル被上告人ハ弁済期以後既ニ賃借権ヲ取得シ居ルモノニ外ナラス従テ右仮登記ハ其賃借権ニ付競落ニ因ル抵当不動産ノ所有権取得者ニ対シテモ亦対抗力ナシト謂フヲ得サルモノナルヲ以テ……之ト同趣旨ニ基キ被上告人ノ請求ヲ容認シタル原判（刑事）旨ハ正当ニシテ論旨理由ナシ」

[166] 判決理由からは、A・X・Y の関係をまったくうかがい知ることができない。中川善之助「判批」法学協会雑誌 40 巻 3 号（1922 年）149 頁の記載によれば、A は X に土地を売ったものと推測されるという。もっとも、本批評においても当事者関係が分からないことが示されている。

ら、仮登記も無効であると主張した。原審は、1審が仮登記は本登記をするために必要な条件が整わないときにも可能なものであるから、仮処分命令が当然に無効に帰するものではなく、よって仮登記も当然に無効となるものではないと判断したことについて、相当であると判断した。

【上告代理人の主張】この事件を判断するには、「(一) 事実上何カ登記能力アル権利ナルカ (二) 登記能力アル権利ハ如何ナル条件ヲ具備スルコトニヨリテ登記ヲ請求シ得ルカ」を審理する必要がある。

　登記をする場合の実体法上の登記原因は二つに分けられる。「(一) 権利ノ性質上当然登記原因タルニ適スルモノ (二) 権利ノ性質上当然登記原因タルニ適セサルモノ」である。前者は、まずは物権が挙げられる。物権は対世的権利であるから本来は登記不要であるが、取引の安全の観点から登記が必要とされているのであるから、登記原因に当然になるとする。後者は、特別の規定によって登記が認められている場合であり、不動産の賃借権や買戻権がこれに当たる。「此ノ場合ニ於テハ登記セラル可キ実体法上ノ権利即チ賃借権ノ如キハ之レ自身債権ニシテ他人ノ不動産ヲ使用シ収益スルコトヲ請求シ之ヲ容認セシムルノ権利ニシテ権利自体トシテ賃貸人ト賃借人トノ間ニ限リ効力ヲ有シ当然第三者タルモノ即チ其不動産ノ新所有者ニ対シテ其効力ヲ主張シ得ルモノニアラス従テ賃貸人賃借人ニ於テモ如此権利ヲ設定スルモ勿論之ヲ以テ当然第三者ニ対シテ効力ヲ有セシムルノ意思アリテ然セルモノニアラサレハ如此賃借権ヲ以テ第三者ニ効力アラシメントセハ元ヨリ一定ノ公示方法ニヨリテ第三者ニ其存在セル所以ヲ知悉セシムルニアラサレハ第三者ハ不測ノ損害ヲ蒙ルコトアルヲ免ル可カラス故ニ吾民法ニ於テハ賃借権ニ付テモ此権利ヲ設定セル当事者ニ於テ第三者ニ対シテモ賃借権ノ効力ヲ有セシメンコトヲ特約スルニ於テハ其権利カ債権タルニ拘ハラス其特約ヲ有効トシテカカル権利ノ存在ヲ登記セシメ以テ以上ノ賃借人保護ノ目的ヲ達セシメタルナリ従テ賃借人ハ其賃借権ヲ登記セントセハ勿論賃借契約ヲナス外ニ其登記ヲ為スコトノ権利ヲ特別ノ契約ニヨリテ之ヲ取得セサル可カラス」。そして、スイス法においては、登記をするには当事者の特約が必要であることを明文で示しているが、日本の民法にはそのような明文はない。しかし、もし賃貸借契約によって登記請求権が認められるとするならば、そもそも建物保

護法を制定する必要がない。わざわざ建物保護法を定めている趣旨を斟酌すれば、土地の賃借人には登記請求権がないことは明白である、とも主張している。

　物権や登記の承諾のある賃借権については、賃貸人に対して登記に協力するよう求めることができる。また、賃借権に登記の承諾があることを疎明して仮登記の仮処分を受けることができる。賃借権の登記も共同申請が必要であるから、登記義務者が協力を拒むならば裁判所から協力をせよという旨の判決を得ることができる。また、登記申請に関する形式的条件が認められなければならない。この形式的条件が具備されないときには、仮登記をすることができる。もっとも、仮処分を求める場合には、登記権利者が登記原因を明らかにしなければならない。この疎明があってはじめて、裁判所は仮処分の命令を発することができる。このような疎明がない仮処分命令は本来無効である。そして、そのような無効な仮処分による仮登記もまた無効である。原審はこの点について誤った判断をしたものであり、登記原因たる賃借権の賃貸人による承諾がないにもかかわらず行われた仮登記の仮処分命令も、それに基づく仮登記も無効である。

【大審院の判断】「仍テ按スルニ不動産ノ賃貸借ニ付キテ登記ヲ為スコトハ民法第六百五条ノ認許スル所ナレトモ賃借人ハ登記ニ関スル特約ヲ為ササシテ唯賃貸借契約ノミニ依リ当然登記請求権ヲ有スルヤ否ヤニ至リテハ直接ニ之ヲ規定シタル法文ナシ然レトモ不動産ノ賃貸借ト雖モ其性質ニ於テハ当事者間ニ債権関係ヲ発生スルニ止マリ唯其登記ヲ為シタル場合ニ於テ爾後其不動産ニ付キ物権ヲ取得シタルモノニ対シテモ契約上ノ効力ヲ生スルニ過キサレハ賃貸借ノ登記ナルモノハ法律カ契約本来ノ効力ニ付キ一種ノ変態的拡張ヲ認ムルノ要件ナリト謂フヘク其要件ヲ履践スルト否トハ賃貸借本来ノ効力範囲ニ属セスシテ当事者カ任意ニ処分シ得ヘキ事項ナレハ賃借人ハ賃貸借ノ登記ヲ為スコトノ特約存セサル場合ニ於テハ特別ノ規定ナキ限リ賃貸人ニ対シテ賃貸借ノ本登記請求権ハ勿論其仮登記ヲ為ス権利ヲモ有セサルモノト解スルヲ相当トス」。本件において、原審は特約がないにもかかわらず仮登記をすることができるから、仮登記は有効であると判示したのは失当であるが、賃貸人と賃借人との間には賃貸借の登記をする約束があったことを第1審が

認定しているから、本件仮登記は有効である。また、「……仮登記仮処分命令ノ申請手続ニ於テ仮登記原因ヲ疎明セサリシコトハ未タ以テ其仮登記ヲ抹消スル事由ト為スヲ得ス故ニ本論旨ハ結局理由ナシ」として、仮登記原因を疎明しないことの一事を以て、仮登記抹消の理由とはならないとも判示した。

　この判決は極めて有名である。この判決は、その後大きな反論が出されることもなく通説・判例となっていった[167]。星野英一教授は、「ところで、賃借人に登記請求権を拒む理論は、物権と債権を峻別する立場に由来するようである。しかし、仮にこれを認めるとしても、そこからこの結論が論理必然的に導き出されるものではない。賃借権も、登記によって第三者に対抗でき（民法605条）、この点で物権と同じことになったのだから、賃借人に登記請求権があると解することも、完全に可能で、理論的に何の障害もない。現に、登記をもって賃借権の対抗要件と定める立法のもとでも、このような区別が常になされているわけではないのである。ことは、結局は政策判断に属する。起草者の意図が右のような区別にはなかったと解することも、大いに考慮に値する。政策的には、これを認めるのが妥当であり、登記請求権なしとする解釈は、賃貸人の横暴と、賃借人の不当な圧迫をもたらすもので、あまりにもおかしいというべきである。従って、賃借人には登記請求権があり、これに基づき、仮処分による仮登記（不登33条）もなしうると解したい」[168]としている。もっとも、後述のように[169]賃借人に登記請求権がないことは排他性の観点で一応の説明が可能である。政策的にこれを認めるべきかもしれないが、理論的な帰結としては一貫しているといえるのではないだろうか。

167　幾代通、広中俊雄編『新版注釈民法（15）』186頁〔幾代通〕（有斐閣、1989年）参照。もっとも、建物保護法の制定が本判決を受けてのものであるという説明は事実と異なる。建物保護法が制定されたのは明治期である。上告代理人の主張にも、建物保護法の制定趣旨は、賃借権には登記請求権がないからだ、という言明がある。建物保護法がなければこのような指摘はできないのであって、本判決は建物保護法がすでに存していたからこそ、出されたものとも言えるだろう。これについて、前掲畑中注（7）578頁も参照。なお、通説・判例化したことについては、星野英一『法律学全集（26）借地・借家法』381頁（有斐閣、1969年）も参照。
168　前掲星野注（167）381頁。
169　Ⅳを参照。

とはいえ、賃借権の登記請求権がどのように検討されてきたのかについては一瞥する必要があろう。以下では、学説の状況について、上記の大審院判決の前後の展開を眺めておきたい。

3　学説の状況[170]

本判決に対する批評として、中川善之助教授のものがある。「賃借権が当然登記能力[171]を有する権利でない事に就ては勿論異論はない。併し此判決が示して居る所は寧ろ其点ではなくて、既に実体上完全に登記能力を具備した権利の仮登記仮処分命令が其登記原因の疎明なくして為された場合の効力に関する事である。而して大審院は之を有効とした」[172]と評価している。本評論では、賃借権に登記能力がないということに対して異論がないとしつつも、それを裏付ける文献が提示されていない。これは、星野教授が指摘するように、この判決の結論が当時の学界の当然の考え方だったとも窺われる。中川教授の評釈の主眼は賃借権の登記請求権の問題ではなく、仮登記原因の疎明がなくとも、仮登記処分命令が有効であることに置かれている。こちらの点は、本稿とは若干の距離のある問題のため、これ以上は立ち入らない。

それでは、賃借権の登記請求権については、どのような考え方がなされていたのだろうか。例えば、立石謙輔「不動産賃貸借ノ登記強要」明治学報121号（1908年）36頁以下[173]は、賃借人が登記を賃貸人に強制できるかという問いに答えたものである。まず、一般的な議論として次のような紹介をする。すなわち、物権は177条によって対抗要件主義が採られているから、「物権ニ関スル法律行為ノ結果ハ当然ニ登記ヲ伴フモノ」[174]だから、特約がなくとも登記が強要できる。賃貸借関係は177条が適用されるものではないから、賃貸人との特約がなければ登記を求めることはできないのである、ということである。しかし、立石学士はこの考え方に同調しない。すなわち、

---

[170] 学説の状況については、前掲畑中注（7）586頁以下に詳しい。本稿では、確認の意味で諸文献をいくつか紹介する。

[171] 入手した資料では、「登」の文字が消失している。前後関係から、「登記能力」で間違いないと思われる。

[172] 前掲中川注（166）150頁。なお、旧漢字は新漢字に改めた。傍点は筆者による。

[173] なお、旧漢字は新漢字に改めた。以下の引用においても同様である。

[174] 立石謙輔「不動産賃貸借ノ登記強要」明治学報121号（1908年）36頁。

「然レトモ解答者（筆者注——立石学士のこと）ノ考フル所ニ因レハ賃借人ハ賃貸人ニ対シ其登記ヲ強要シ得ルモノト信ス」[175]。なぜならば、物権でなければ登記ができないというのは、根拠がないからである。605条から616条までの規定は、賃貸借契約の当然の効果を定めたものである。確かに、605条は登記ができるとは書いていない。しかし、「其文意ハ『不動産ノ賃貸借ハ登記法ノ定ムル所ニ従ヒ其登記ヲ為スコトヲ得之ヲ登記シタルトキハ云々』」[176]である。したがって、賃貸借契約を締結すれば当事者は特約がなくとも登記に関する権利・義務を負うのである。これは、不動産登記法が賃貸借の登記を物権と同一に扱っており、特に登記する旨の契約の存在を要件としていないことからも明白である、と説明するのである[177]。

清瀬一郎博士の『債権各論前編』（厳松堂書店、第3版、1919年）では、まず、民法605条は、「其沿革ヨリ見ルモ之賃借権ニ物権的効力ヲ与ヘタル規定ニ外ナラス」[178]と説明している。すなわち、この規定によって、「……不動産ノ新取得者ヲ賃貸人トシテ従前ノ賃貸借ト同一ノ内容ノ賃貸借ノ存続ヲ主張シ得ルト云フ意味ニ外ナラス」[179]。そして、これに続けて注として、賃借権の登記請求権について言及している。

> 不動産ニ付キ賃貸借ヲ為シタル者ハ其賃貸借ノ効力トシテ当然登記ヲ求メ得ルノ権利アリヤ。曰ク此登記ノ義務ハ不動産賃貸借契約ノ当然ノ効果ニアラス。之ヲ求メ得ルニハ其賃貸借ニ付キ斯ル登記ヲ為スヘキ旨ノ特別ナル意思表示アルコトヲ要ス然レトモ既ニ民法カ登記ヲ前提トシテ不動産賃貸借ノ規定ヲ有ス以上ハ不動産ニ付キ賃貸借ヲ契約スル当事者ハ暗黙ニ之ニ登記ヲ為スノ合意ヲ為シタルモノト推定セラルルコトヲ得ヘシ（……）[180]。

---

[175] 前掲立石注（174）37頁。
[176] 前掲立石注（174）37頁。
[177] なお、同旨として法律評論1巻（民法）（1912年）569頁以下がある。これは、後掲注（180）の法曹会決議に対して反対を投ずるものである。
[178] 清瀬一郎『債権各論前編』159頁（厳松堂書店、第3版、1919年）。傍点は原文による。なお、旧漢字を新漢字に改めた。
[179] 前掲清瀬注（178）160頁。傍点は原文による。
[180] 前掲清瀬注（178）160頁。傍点は原文による。なお、旧漢字を新漢字に改めた。このような結論は、法曹会決議にも見られる。法曹記事22巻12号1254頁・1255頁を参照。曰く、登記義務は賃貸借契約自体から生じるものではなく、別個の意思表示が必要であるが、「既ニ民法カ登

この説明によれば、不動産賃借権の登記には、特別の意思表示が必要だと考えていることになる。もっとも、この特別の意思表示を不動産賃貸借契約中に読みこむところに特色がある。この見解を取るならば、不動産賃貸借契約を結ぶ際に当事者が「登記しない旨」を約束しなければ、登記請求権が生じるということになる。

　これらの考え方に対し、合意がなければ登記はできないと主張する見解も登場する。水口吉蔵「不動産賃貸借ノ登記請求権ニ付キ」法律評論3巻（1915年）295頁以下では、民法605条は登記の効力は規定するが、登記を行いうる基礎としての規律は設けておらず、それは合意があった場合にのみ賃借人の登記請求を認める趣旨だという[181]。賃貸借における賃貸人の義務は、目的物を使用収益させることであり、賃借人に物的権利を取得させるものではない。古より売買は賃貸借を破ると考えられていたのだから、登記によって物権的性質（筆者注——物権取得者に対抗できること）を備えるのは例外である。物権は、物権契約によって物権を完全とするために当然に登記義務を負う。しかし、債権である賃貸借は使用収益させる義務があるに過ぎず、賃借権を物権化させる義務はない。これを認めれば、「賃貸借契約ハ物権ノ設定移転ノ契約ト選フ所ナキニ至リ賃借人ノ意思ヲ以テ債権ヲ物ノ第三取得者ニ対抗スルコトヲ得ルニ至リ賃貸人ノ予期セサル効果ヲ発生スルニ至ル何トナレハ賃借権ハ登記ニ依リ物上負担ト同一ノ効果ヲ不動産上ニ発生セシムルヲ以テ之カ為メニ時ニ其不動産ノ売却価格ニ於テ減少ヲ免ルヘキニアラサレハナリ」[182]。このような効果を賃貸人は期待していない。したがって、賃貸人が登記意思を有するときのみ、登記を認めるべきであるとする。賃借人保護の為に登記請求権を認めるという主張は、物権債権の区別を没却するから認められない。スイス法においても、登記請求権の発生は合意によるとされているから（筆者注——旧260条）、このような規定を置かない日本の民法がスイス法よりも賃借人を保護しようと考えているとは考えられず、法の欠缺である

記ヲ前提トシテ特別ノ効力ヲ付与スル以上ハ当事者カ別段ノ意思表示ヲ為ササルニ於テハ常ニ登記ヲ為スノ意思ヲ暗黙ニ表示シタルモノト認ムルヲ正当トスヘシ」（同1255頁、旧漢字を新漢字に改めた）という。

[181] 水口吉蔵「不動産賃貸借ノ登記請求権ニ付キ」法律評論3巻（1915年）296頁・297頁参照。
[182] 前掲水口注（181）298頁・299頁。なお、旧漢字を新漢字に改めた。

と主張する[183]。

　この主張は、これまでの賃貸借契約に登記の合意を暗黙に読み込む手法に疑義を差し挟もうとしたものと思われる。確かに、登記によって賃貸人はその後の土地の収益権、処分権を制限されることもあるだろう。そして、賃貸人はそれを望んでいるわけがないから、賃貸借契約の締結によって暗黙の登記の合意があると見ることはできないと考えるのは理解しうる。しかし、そもそも賃貸借契約を締結するとそれだけで所有者は収益権を行使しているのであり、賃貸借契約の締結で利益を受ける以上は、不利益も存するだろう事は覚悟できるはずである。この見解は、あまりにも賃貸人保護を謳いすぎているように思われる。そして、賃借人がこれによって困ることに対しては水口博士も理解を示してはいるが[184]、その原因は法の欠缺だからやむを得ない。物権債権が峻別されているのだから、やむを得ない、このように論断する。物権債権の枠組みによって登記請求権を捉えるという考え方が、この頃から意識されるようになったことは注意されるべきだろう。

　鳩山秀夫『日本債権法各論下巻』（岩波書店、増訂版、1924年）は、賃借権は賃借人が目的物を使用収益させるよう求める権利であり、これをもって賃借権を債権としているが、賃借権の内容はこれにつきるものではないという。すなわち、「賃借人ハ物ノ使用収益ヲ為シ得ベキ法律上ノ地位ニ在リ。……賃貸人ガ目的物ヲ引渡シ其他使用収益ヲ為サシムルニ適当ナル地位ヲ成立セシメタルトキハ使用貸借ニ於ケルト同ジク之ヲ生ズルコト明ナリ。而シテ此法律上ノ地位ハ使用貸借ニ付テ既ニ述ベタルガ如ク、他人ノ物ヲ使用収益シ得ベキ一種ノ権利ナリト云ハザルベカラズ」[185]。使用収益させる請求権が賃借権の内容のすべてではなく、賃借人が他人の物を使用する権利も含めて賃借権であるという。ただし、このことのゆえに賃借権を物権と解するのは正当でないとする[186]。使用収益権は、賃借権の従たる権能に過ぎない。また、

---

[183] 前掲水口注（181）299頁・300頁参照。
[184] 前掲水口注（181）299頁参照。
[185] 鳩山秀夫『日本債権法各論下巻』462頁（岩波書店、増訂版、1924年）。傍点は筆者による。[以下、「鳩山［債権法各論］」と引用。]
[186] 賃借権物権説については、安田幹太『賃借権の本質』（八幡大学社会文化研究所、1973年）、岡村玄治「賃借権の本質」法律のひろば9巻10号（1956年）17頁以下、篠塚昭次「物権的賃借権について」私法19号（1958年）81頁以下、岡川健二「George A. Löning, Die Grundstücksmiete

賃借権を物権とするか債権とするかは、「成法ニ根拠シテ之ヲ決定スルコトヲ要ス」[187]ものであり、日本民法はこれを債権としているのである。そして、登記請求権については、「而シテ登記義務ノ有無ニ付テ法典ニハ何等ノ規定ナキモ賃借権ハ地上権、永小作権ノ如ク当然対外的効力ヲ有スルモノニアラザルガ故ニ、特約ナクバ賃貸人ハ登記義務ヲ負ハザルモノト解スルヲ正当トス」[188]としている。対外的効力があるときには、これを公示して第三者に不測の損害をもたらさないようにするのが公示（登記）制度の根幹であることは間違いない[189]。とはいえ、対外的効力がなければ登記ができない、という理由は必ずしも説得的ではないのではないか。「私見によれば、自己名義の登記を取得すること、あるいはそれを保有することは、不動産についての物支配の現実形態の一面であること、あたかも占有におけると同様である、と理解される。ゆえに、いわゆる登記請求権なるものは、その社会的意義において、あたかも、物の引渡請求権と対応・平行するものとして、これを把握することができるし、またそうすることにより自然で無理の少ない法律構成に到達し得るのではないか、と思われる」[190]。この文脈は売買における登記請求権を念頭に置いているから、必ずしも賃借権のそれにただちに持ち込むことはできない。しかし、「不動産についての物支配の現実形態」としては、賃借権に基づくものを排除する理由はない。現今では、賃借権を登記することが一般化していないから、その点は現実感覚とは異なる。しかし、仮に賃借権の登記が一般化していたとすれば、賃借権に基づく請求権の中に登記請求権を認めることは、「社会的意義において、あたかも、物の使用収益請求権と対応・平行」したのではないか。

次に、末弘厳太郎『債権各論』（有斐閣、第4版、1919年）においては、「然レドモ賃貸人ハ不動産物権設定者ノ如ク法律上当然ニ登記義務ヲ負担スルモ

---

als dingliches Recht, 1930」法政研究2巻2号（1932年）1頁以下、戦前の学説・裁判例を整理したものとして、木村和成「戦前の『賃借権に基づく妨害排除』裁判例の再検討」立命館法学285巻（2003年）214頁以下を参照。
[187] 前掲鳩山［債権法各論］注（185）462頁。
[188] 前掲鳩山［債権法各論］注（185）466頁。なお、旧漢字を新漢字に改めた。
[189] 例えば、近江幸治『民法講義Ⅱ 物権法』138頁（成文堂、第3版、2006年）参照。
[190] 幾代通『登記請求権—実体法と手続法の交錯をめぐって—』1頁以下（有斐閣、オンデマンド版、2004年）。

ノニアラズシテ之ガ発生ヲ目的トスル特約アルニ因リテ初メテ発生ス。蓋シ賃貸借ハ単純ナル債権契約ニシテ其効果ハ単ニ当事者間ニノミ止マルヲ通例トスルガ故ニ当事者別段ノ意思ヲ表示セルニアラズンバ登記ニ依リテ排他的効果ヲ発生セシムルノ意思アルモノト解スルヲ得ザレバナリ」[191]と説明している。確かに、賃貸借契約を締結する際に「排他的効果を発生させる意思」があるかといえば、疑問である。しかし、このことは所有権の移転においても同様ではないか。一般的には、不動産を売買する際に登記をするのは、それによって所有権を取得するためだと考えられていると思われる[192]。賃借権を登記しなければならないという法制度になっていたとしたら、おそらくはその登記をするのは「賃借権を取得するため」であろう。とはいえ、これは穿った見方とも言える。結果的に「自分のものである」なり、「自分が借りているのである」なりと主張するのは、他の人の干渉を排除するためであろう。そうすると、物権であれば物の「使用」（もっとも、すべての物権に当てはまるわけではないが）が問題となるために排他的効果を発生させたいが、債権であればそうではなく、賃貸人に使用を認めさせればそれでよいとも言える。

　また、鳩山秀夫博士が主に建物保護法の制定の可否を論じた「時観　借地権保護問題」法学協会雑誌27巻4号（1909年）51頁以下においては、建物保護法によっても民法の根幹である物権債権峻別論を破壊することはないとしつつ、「権利ノ上ニ眠レル者ハ之ヲ救済スルノ必要ナカルベシ、醒覚シテ尚権利ヲ保存スルノ道ナシトイハバ罪ヲ法律ニ帰セザルヲ得ザルナリ、建物ノ登記ハ借地人一方ノ意思表示ニヨリテ之ヲ為スコトヲ得ルガ故ニ此点ニ於テ現行法ノ不便ヲ匡正スルニ足ルベシ、或ハ借地人一方ノ意思表示ニヨリ権利其モノヽ登記ヲナスコトヲ得バ頗ル便法タルベシト雖モ契約ノ登記ヲ其当事者ノ一方ノミノ申請ニヨラシムルハ到底行ハレ難キ論ナリ」[193]と述べる。そして、土地の地上権や賃借権が所有者と借地人の間に成立しているのなら

---

[191]　末弘厳太郎『債権各論』536頁（有斐閣、第4版、1919年）。なお、旧漢字を新漢字に改めた。
[192]　末川弘『物権法』62頁以下（日本評論社、1956年）、紹介するものとして、大村敦志『新基本民法2　物権編　財産の帰属と変動の法』33頁以下（有斐閣、2015年）。
[193]　鳩山秀夫「時観　借地権保護問題」法学協会雑誌27巻4号（1909年）57頁。［以下、「鳩山［時観］」と引用。］なお、旧漢字を新漢字に改めた。

ば、「殊ニ土地所有者ハ登記義務ヲ有スルモノナルガ故ニ、借地人ノ権利ヲ保存スルハ土地所有者ガ有スル当然ノ義務ナリト謂ハザルベカラズ」[194]として、借地借家法によって借地人の新たな権利保護手段を提供しても、土地所有者は何らの不利益を受けるものではないと主張している。ここでは、土地所有者は登記義務を有するのだと書かれている。登記義務があるのだから、借地人は権利を保存するのは当然であるという主張は、先に見た『日本債権法各論下巻』とは異なるものである。もっとも、『日本債権法各論下巻』が後に出版されたものであるから、同氏の考えは賃借権には登記請求権はないというものに変わったのだろうと言える。

4 小括

ここまでの流れを小括してみると、結局は賃借権に基づく賃借人の登記請求権なるものは、時代とともに否定されるに至ったということになる。605条、物権・債権の対外的効力をどのように捉えるかによって変わるわけだが、債権に排他性がない[195]ということから、登記請求権も導かれないと考えるようになっていったと考えられる[196]。このことは、「排他性」とは何かを考える上で重要な示唆を与えるものだと思われる。自身の権利に排他性がある場合には、第三者が同一の権利を有することになると困る。したがって、公示をしておくことで第三者の不測の事態を回避する。これは理に適った方法である。もし権利に排他性がないならば、同一の権利は成立しうる。債務者はA債務、B債務（両者は同一の債務とする）どちらかの債務（例えば、A債務）を実行すれば、どちらかの債務（B債務）は実行できない結果、債務不履行になり損害賠償をすることになる。これも、債権の性質として理解で

---

[194] 前掲鳩山［時観］注（193）57頁。なお、旧漢字を新漢字に改めた。
[195] 末弘厳太郎「債権ノ排他性ニ就て（二・完）」法学志林17巻12号15頁以下参照。同氏は「第三者ノ債権侵害ハ不法行為トナルカ（一、二・完）」法曹記事24巻3号（1914年）、5号（1914年）において債権の不可侵性は認めるが、排他性を認めることに対しては否定している。
[196] これにつき、前掲畑中注（7）596頁以下は、次のように賃借権の登記請求権の経緯から二つの理解が導かれるとする。すなわち、一つには、「登記請求権否定論は、少なくとも地震売買・建物保護法制定当時においては、未だ確立した法理にはなっていなかった」（597頁）ことである。そして、二つ目としては、明治40年頃から登記請求権の肯定論が生じるのは、「地震売買や建物保護法の制定を受け、それ以前の登記請求権否定論を克服するためだった」（597頁）ことである。もっとも、論者は、第二点についての可能性は低いと考えている。

きる。

　排他性を出発点として考えてみる。物権はもともと排他性を有する。賃借権は債権だから、もともとは排他性がない。物権の公示は、排他性の不測の競合を防ぎ、仮に競合すれば登記によって解決する（対抗要件主義）。すなわち、登記の究極の目的は、物権の持つ排他性によって他者を排除する能力を完璧ならしめること（対抗できるようにすること）にある。物権はもともと排他性があるのであり、物権取得者は対世的な請求が認められる。しかし、その取得者と相反する主張をしようとする者が現れれば、それは登記による解決をするというのが、日本民法の考え方である。したがって、登記のない物権は物権として不完全であるから、登記請求権も当然あることになる。

　確かに、本来の賃借権に排他性はない。排他性を持たせるためには、不動産賃貸借に限って、605条による保護がある[197]。登記をすれば、爾後の物権取得者に対抗できる。つまり、新たな所有者に賃借権の維持を請求できる。これをもって、排他性があることになろう。登記がないから、排他性はなく、新所有者に対抗できないという原則（売買は賃貸借を破るの原則）は、「登記をすること」の一事を以て克服されるということには異論がない。しかし、物権対物権のときには、自身の権利を守るのに登記が必要だったわけだが、物権対債権では物権が優先する。つまり、この土俵では対抗要件は問題とならない。では、賃借人が自身の権利を持つにはどうするか。これは登記をするしかない。すなわち、賃借人は自身の権利を保護するには、605条による登記をするしかないのである。

　以上をまとめれば、結局は端的に、物権には登記能力があるが、債権には登記能力がないのだ、ということになる。そのメルクマールは「排他性」ということになる。もともと債権には排他性がなく、賃借権は登記によって排他性が特別に獲得されるということである。物権は、もともと排他性が内包されているから、登記が必要とされるのは、その排他性を第三者に主張するためである。すなわち、ここには物権債権峻別論がやはり働いているのであろう。典型的な物権と典型的な債権を対置するとき、物権において登記を要求するのは自らの権利主張を確実にするためである。債権は、もともと第三

---

[197] ここでは、さしあたり特別法の規定は除外したい。民法の原則論で整理をしたいからである。

者に対して主張しうるものではないのだから、登記は必要とされない。したがって、登記請求権は観念できない。しかし、賃借権が物を使用できる権利でもあるとするならば、その権利が侵害されることはありうる。そこで、605条が登記を「すれば」、排他性を認めようとしたのである。確かに、必ずしも立法者が登記請求権を否定していたとは読めない[198]。しかしながら、典型的な債権の性質が議論を通じて深められた結果として、登記請求権なるものは認められないと考えられるようになったのである。これ自体は、理解できる帰結ではある。しかし、排他性の有無と登記請求権を本当に一緒にして考えても良いのだろうか。この点は、さらに検討すべき対象なのではないだろうか。星野教授の指摘も改めて検証されるべきであろう。これは今後の課題としたい。

Ⅳ　まとめに代えて

以上を踏まえると、賃借権に登記請求権が認められないこととなる。スイス債権法で眺めたように、これはスイス債権法では「当事者の合意」によって生じるとなっているから、スイス債権法でも議論の根底にある思考は同様であろう。そこで、スイス債権法から示唆されることはどのようなこととなろうか。

日本法では法文上不明確である登記請求権は、スイス法においては明文を持って「合意がなければ認められない」とされている。日本法自体は変化していないが、戦時中に制定された満州国民法では、特別法の規定も斟酌して、登記請求権を明文化していた[199]。これをどのように位置づけるかは明

---

[198] この点につき、前掲畑中注（7）584頁参照。ここでは、肯定されていたと評価することが難しいと指摘されている。しかし、否定すると言い切ってもいないことも、読み取られるべきだろう。前掲畑中注（7）586頁も参照。

[199] 満州国民法第589条　①不動産ノ賃借人ハ賃貸人ニ対シ其ノ賃貸借ノ登録ヲ為スニ付協力スベキコトヲ請求スルコトヲ得　②不動産ノ賃貸借ハ之ヲ登録シタルトキハ爾後其ノ不動産ニ付物権ヲ取得シタル者ニ対シテモ其ノ効力ヲ生ズ

　もっとも、590条、591条により、現在の借地借家法と同様の要件で、対抗力を認めている。しかし、賃借権の登記請求権の問題を考慮して、満州民法の制定時には解決を図ったのであろうと考えられる。柚木馨『満州民法読本』170頁以下（満州有斐閣、1942年）、長谷鎮広『満州帝国主要法令解説』159頁以下（清水書店、1940年）、司法省調査部『満州帝国民法典』司法資料

確にはしえないが、登記請求権が賃借人には認められないことを前提として、立法によって補填したと考えられよう。もともと賃借権には登記請求権があり、それを確認したとも考えられるが、これについて断定しうる資料は見いだせなかった。日本法の議論を前提とすれば、前者が妥当であろう。

このように、日本法を土台とした満州国民法や、日本法制定後に定められたスイス法では、登記請求権が問題となることを意識して、規定を置いたのだと思われる。そして、満州国民法も現在のスイス債権法も、対抗要件としての引渡し（満州国民法では借地上の建物の登録〔登記〕も合わせて）を規定しているのであり、この規定によってほとんどの対抗問題は解決されるであろう。それはスイスの賃借権の仮登記の意義の希薄化、日本における605条の不活用が物語っている。そうなれば、もはや賃借権の登記（仮登記）については廃止してもよいとも言える[200]。しかしながら、これは満州国民法でもスイス債権法でもとられず、登記可能性は、その理由は検証不足で断定できないが、残されているのである。とすれば、登記請求権を義務化・法定化するか（満州国民法）、合意によるか（スイス法）はともかくとして、発生の根拠を明文化することは必要だったのではないか。

債権法改正で、賃借権との関係で大きなものとして、対抗力のある賃借権に基づく妨害排除請求[201]を明文化することになったことが挙げられる。これは、これまでの判例法理を明文化するものであり、「見通しの良い民法」とするのであれば適切な措置である。しかし、そのコンセプトの中で賃借権の登記可能性の規定が残されたわけであるから、かつて問題とされた登記請求権の発生根拠も明文化すべきであったといえよう。むしろ登記可能性についての規定を残したにもかかわらず、その問題点であった登記請求権について全く補填しないというのは、妨害排除請求権を明文化したことと対比して、アンバランスではないだろうか。すでに空洞化（死文化）しているので規定しないということであれば、それは満州国民法やスイス債権法でも同様だったのであり、それにもかかわらず明確な規定を置いたことを想起しなけ

233号（1937年）51頁以下参照。
[200] Vgl. *Hürlimann-Kaup*, a. a. O. (Anm. 131), Rn. 1013.
[201] 前掲潮見注（1）269頁、前掲山野目注（1）215頁以下参照。

ればならない。規定が残される以上は、——すでにこの点は議論が尽くされていると言える状況なのであるから——言及が必要だったと言えるだろう。もっとも、規定を廃することも考えられるわけであり、いずれにしても議論がもう少々なされるべきだったのではないかと思われる。

V おわりに

　本稿の検討課題であった民法605条をめぐる議論について、まとめとして債権法改正に触れた。しかしなぜ605条そのものはあまり触れられなかったかについては議論が見いだせない以上は、一応は改正や廃止について考えられるべきと主張はできるものの、あまり効果的な主張とは言えない。

　ここまでの議論を踏まえると、やはり債権とは何か、物権とは何かということについて更なる検討をする必要があると思われる。登記請求権の発生根拠についてすでに多くの議論があるのであり、その点は政策的な面も存するであろうから、筆者の問題意識には含まれない。物権債権峻別論は、類型論による個別的な検討にとって変わられた[202]と思わずにはいられない今日で、やはりこの賃借権の登記請求権では物権債権峻別論の一端が見出されるのではないかということを指摘した。しかしながら、本稿ではその点を示唆するにとどまり、これに関する十分な研究が行えたわけではない。また、この点について、賃借権の仮登記の規定を有するスイスの議論をさらに調査することも意義があるであろう。すなわち、「債権の登記」とは物権・債権の狭間にある議論なのであり、これはスイスにおいても同様に考えられるはずである。仮登記の規定を廃止すべきとする議論も、根底には物権債権峻別論の思考があるのではないか。この点についても、さらなる検討が必要である。

　今後は、本稿で得られた「物権債権峻別論の一端」を敷衍し、法学方法論との関連で不動産賃借権がどのように位置づけられるかを検証する必要があるだろう。本稿の意義は、以上のような課題があるのではないかということ

---

[202] 北川善太郎『民法の理論と体系』（一粒社、1987年）、伊藤剛『ラーレンツの類型論』（信山社出版、2002年）などを参照。これらの著書の問題意識にある法学の方法論を中心として、更なる考究をしなければならない。

を再確認させるところにあったと考えている。とはいえ、このような議論をするには、時間的な制約ももちろんのこと、筆者の技量不足ゆえに早急に結論を出せるものではない。また、実際にも本稿では示唆するに留まってしまった。さらに、本稿が主として扱うスイスの賃貸借法制についても、さらなる研究が必要であることはいうまでもなく、引き続き検討を重ねていきたい。筆者の力量不足を深く反省しつつ、本稿では今後の課題として摘示するに留めたい。

　本研究は、一般社団法人司法協会平成 29 年度研究助成による成果の一部である。

【スイス債権法条文訳〔抄〕】[203]

1条〔A. 契約の締結、I. 意思表示の合致 Übereinstimmende Willensäusserung、1. 通則〕
①契約を締結するためには、当事者双方の一致した意思表示を要する。
②意思表示は、明示または黙示になすことができる。

19条〔E. 契約の内容、I. 内容の決定〕
①契約の内容は、法律の制限内で任意に定めることができる。
②法律の規定に反する合意は、変更の認められない規定であると法律が定めていない場合、もしくは、法律の規定に反する合意自体に公序、良俗または人格権に反する内容を含まない場合にのみ、認められる。

97条（A. 不履行 Ausbleiben der Erfüllung、I. 債務者の賠償義務、1. 総則）
①債務の履行が行われない場合、または、本旨に従って gehörig 履行されない場合には、債務者において自身に何らの帰責事由も存しないことを証明できないときには、履行されないことにより生じた損害を賠償しなければならない。
②省略

103条（II. 効果、1. 偶然の事故 Zufall に対する責任）
①債務者が遅滞状態にある場合には、遅れた履行を理由とする損害賠償義務を負わなければならず、また、偶然の事故に対しても責任を負う。
②債務者は、遅滞が債務者側の帰責事由に基づいて生じたものではないこと、または、偶然の事故 Zufall が時宜に適った履行をした場合にも給付の目的物に対して債権者の不利となるような結果を生じさせたであろうことを証明することにより、前項の義務から免れることができる。

107条（4. 解除と損害賠償、a. 期限の設定）
①債務者が双務契約において遅滞に陥った場合には、債権者は追完履行のための相当の期限を定めるか、または、管轄官庁に定めることを求める権利を有する。
②前項の期限が経過しても履行されない場合には、遅滞による損害賠償とならんでなお履行を求めることを訴え出ることができる；ただし、遅滞なく履行を求めると表明した場合であっても、追完履行を求めず、不履行により生じた損害の賠償を求めるか、または、契約を解除することができる。

108条（b. 期限の設定を要しない場合）
次の各号の場合においては、追完履行のための期限の設定を要しない。
1. 債務者の態様から、期限の設定が意味を持たないであろうと認められるとき。
2. 債務者の遅滞により、債権者にとって履行が意味をなさなくなるとき。
3. 契約上、定められた期限、または、定められた期間内に履行されなければならないことが、当事者意思から明らかなとき。

109条（c. 解除の効果）
①契約を解除した者は、合意した反対給付を拒むことができ、また、給付したものについては返還を請求することができる。
②債務者が自らに何らの帰責事由がないことを証明できない場合には、債権者は前項の効果に加えて、契約の消滅により生じた損害の賠償を請求することができる。

199条（2. 条件からの離脱 Wegbedingung）
売主が買主に瑕疵の担保について悪意で秘匿した場合には、担保義務の免責または制限に関する取り決めは無効とする。

253条（A. 定義 Begriff と適用領域、I. 定義 Begriff）

---
[203] 訳出にあたり、文脈上必要と思われる用語については亀甲括弧により補足している。亀甲括弧で括られたものは、原文には存しないものである。また、セミコロンは、原文に実際に用いられている場合と、原文では一文で記載されているが、訳出に当たって一文で行うと煩雑になるために筆者において挿入した場合と、二つの場合が存する。

賃貸借契約により、賃貸人は賃借人に目的物を使用させる義務を負い、また、賃借人は賃貸人にこれに対する賃料を支払う義務を負う。

254条（B．連結取引 Koppelungsgeschäfte）
住居用賃貸借または事業用賃貸借と関連する連結取引 Koppelungsgeschäft は、賃貸借契約の締結または延長に関連し、賃貸目的物の利用と直接の関連のない義務を賃貸人または第三者に負う場合には、無効とする。

255条（C．賃貸借関係の期間）
①賃貸借関係は、期限を付すことも期限を付さないこともできる。
②賃貸借関係は、解約告知なく合意した期間の経過によって終了するものとされた場合には、期限を付されたものとする。
③前項に定められた賃貸借関係以外 die übrigen Mietverhältnisse については、期限の付されていないものとみなす。

256条（D．賃貸人の義務、Ⅰ．通則）
①賃貸人は、合意された時点で目的物を定められた用法に適した状態で引渡し、その状態に維持する義務を負う。
②賃借人の不利となる異なる合意は、その合意に次の各号の内容が含まれる場合には、無効とする。
a．普通取引約款 vorformulierte Allgemeine Geschäftsbedingungen
b．住居用賃貸借・事業用賃貸借

256a条（Ⅱ．情報開示義務）
①以前の賃貸借関係の終了の際に返還に関する記録 Rückgabeprotokoll が作成された場合には、賃貸人は新たな賃借人に対してその求めに応じて目的物の引渡しの際に〔その記録を〕閲覧に供しなければならない。
②前項の規定は、以前の賃貸借関係の賃料額を賃借人に通知するよう賃貸人が求めた場合にも準用する。

256b条（Ⅲ．公課と負担）
賃貸人は目的物に対して生じる負担や公課を負担する。

257条（E．賃借人の義務、Ⅰ．賃料と付随費用の支払い、1．賃料）
賃料とは、賃貸人が賃借人に目的物の引渡しに対して負う対価である。

257a条（2．付随費用、a．通則）
①付随費用とは、目的物の利用に関連する賃貸人または第三者の給付に対する対価である。
②賃借人は、特別に賃貸人と付随費用について取り決めた場合においてのみ、付随費用を支払わなければならない。

257b条（b．住居用賃貸借・事業用賃貸借）
①住居用賃貸借または事業用賃貸借の場合において、付随費用とは、暖房費、温水費その他これに類する経費などの利用に関連する給付に対する、または、目的物の利用により生じる公課に対する賃貸人の実際の費用である。
②賃貸人は、請求に応じて賃借人に対して証拠を閲覧させなければならない。

257c条（3．弁済期）
賃借人は、賃料と場合によっては付随費用について、月末に支払わなければならず、異なる時点での取り決めがなく、近傍の慣習である場合には、遅くとも賃貸借期間の終結時に支払わなければならない。

257d条（4．賃借人の支払遅滞）
①賃借人が目的物を受領した後に弁済期となった賃料または付随費用の支払いを遅滞したときには、賃貸人は書面により支払期限を設定し、期限が徒過した場合には賃貸借関係を解約告知すると通知する androhen ことができる。この期限は、10日以上、住居用賃貸借または事業用賃貸借の場合には30日以上でなければならない。
②賃借人が定められた期限までに支払わない場合には、賃貸人は即時に解約告知をすることができ、住居用賃貸借または事業用賃貸借の場合には月末の時点で30日以上の期間が経過している場合に解約告知をすることができる。

257e条（Ⅱ．賃借人による担保）
①住居用または事業用の賃借人が金銭または有

価証券によって担保を提供したときには、賃貸人は賃借人の名で銀行の貯蓄口座 Sparkonto または保管金庫 Depot において保管しなければならない。
②住居用賃貸借の賃貸人は、月額賃料の3倍を超えて担保を求めることはできない。
③銀行は、当事者の同意または確定した支払命令もしくは裁判上の判決によらなければ、担保を払い出すことができない。賃貸人が賃貸借関係終了後1年以内に賃借人に対して法的な請求権を有しない場合には、賃借人は銀行に担保の払い戻しを請求することができる。
④州はこれに関する補充的な規定を定めることができる。

257f 条（Ⅲ．注意と配慮）
①賃借人は、目的物を注意して使用しなければならない。
②不動産の賃借人は、同じ住居の住人および近隣住民に配慮しなければならない。
③賃貸人が書面により通知したにもかかわらず、賃借人が注意義務または配慮義務を引き続き果たさない場合には、賃貸人または同じ住居の住人は賃貸借関係を継続する義務を負わず、賃貸人は即時に解約告知をすることができ、住居用賃貸借または事業用賃貸借の場合には月末の時点で30日以上の期間が経過している場合に解約告知をすることができる。
④住居用賃貸借または事業用賃貸借の場合でも、賃借人が目的物に対して故意に重大な損害を加えるときには、即時に解約告知をすることができる。

257h 条（Ⅴ．受忍義務）
①賃借人は、瑕疵の除去のためまたは損害の除去もしくは回避のために必要な場合には、目的物に対する作業を受忍しなければならない。
②③省略

258 条（F．目的物の引渡しに際しての契約の不履行または瑕疵ある履行）
①賃貸人が目的物を定められた時点で引き渡さないか、または、定められた用法で用いることができず、または、著しく〔利用が〕減じられる瑕疵が目的物に存する場合には、賃借人は契約の不履行に関する107条から109条までの規定に従って行為することができる。
②賃借人が、瑕疵があるにもかかわらず目的物を受領し、かつ、契約の本来の履行を求める場合には、賃貸借契約期間中に生じた瑕疵の部分についての賃料の支払いの猶予のみを求めることができる（259a条から259i条まで）。
③賃借人は、目的物に引渡しの時点で次の各号に掲げる瑕疵が存した場合にも、259a条から259i条までの請求をすることができる。
a．定められた用法では用いることができないが、利用ができない、または、著しい〔利用の〕減少は存しないこと。
b．賃借人が賃貸借契約期間中に自らの費用で除去しなければならないこと（259条）。

259 条（G．賃貸借期間中の瑕疵、Ⅰ．軽微な修補または改良についての賃借人の義務）
賃借人は、通常の維持のために必要な軽微な修補 Reinigung または改良によって取り除くことのできる瑕疵については、近傍の慣習にしたがって自らの費用で除去しなければならない。

259a 条（Ⅱ．賃借人の権利、Ⅰ．総則）
①目的物について、賃借人が責めを負うべきでなく、もしくは、自らの費用で除去すべきでない瑕疵が生じた場合、または、賃借人が目的物を契約に定められた用法で利用できない場合には、賃貸人に対して次の各号の請求をすることができる。
a．瑕疵を除去すること。
b．賃料を相応額に減額すること。
c．損害賠償を請求すること。
d．第三者との法的紛争について引き受けること。
②不動産の賃借人は、前項の請求に加えて、賃料を供託することができる。

259b 条（2．瑕疵の除去、a．原則）
賃貸人が瑕疵を認識しており、その瑕疵を相当の期間内に除去しない場合には、賃借人は次の各号に掲げる行為をすることができる。
a．瑕疵により不動産を予定された使用〔方法〕により利用することができない ausschliessen 場合、もしくは、著しく侵害される場合、また

は、瑕疵により動産を予定された使用〔方法〕により完全には利用できないvermindern場合に、特別の解約告知をすること。
b. 瑕疵により、予定された使用〔方法〕では完全には利用できないが、著しく侵害されているわけではない場合に、賃貸人の費用で瑕疵を除去させること。

259c条（b. 例外）
　賃貸人は、賃貸人が瑕疵ある目的物について相当の期間内に完全な賠償をした場合には、瑕疵収去請求権を行使することができない。

259d条（3. 賃料の減額）
　目的物を予定された使用〔方法〕により利用することが侵害され、または、完全には利用することができない場合には、賃借人は賃貸人に対し、瑕疵を認識した時点から、瑕疵が除去されるまで賃料を相応額に減額することを請求することができる。

259e条（4. 損害賠償）
　賃借人が瑕疵により損害を受けた場合には、賃貸人は自身に帰責事由がないことを証明しない場合には、賃借人に対しこれについての損害の賠償をしなければならない。

259f条（5. 法的紛争の引受け）
　第三者が、賃借人の権利と両立しえない目的物に関する請求権を主張した場合には、賃貸人は賃借人の通知に応じて法的紛争を引き受けなければならない。

259g条（6. 賃料の供託、a. 原則）
①不動産の賃借人が賃貸人に対して瑕疵の除去を求めたときは、除去のための相当の期間を書面によって通知しなければならず、また、将来生じる賃料について、定められた期間が途過した場合に、州によって指定された場所に供託することを通知するandrohenことができる。賃借人は、供託したことを書面によって賃貸人に通知しなければならない。
②供託により、賃料は支払われたものとみなす。

259h条（b. 供託された賃料の返還）
①賃借人が賃貸人に対する自身の請求権について、最初に供託された賃料の弁済期から30日以内に調停所Schlicchtungsbehördeにおいて主張しない場合には、供託された賃料は賃貸人に帰属する。
②賃貸人は、賃借人から供託を通知された場合には、正当でなく供託された賃料であっても、調停所にその賃料の返還を求めることができる。

259i条（c. 手続き）
　手続きは民事訴訟法（ZPO）による。

260条（H. 修繕Erneuerungと変更、I. 賃貸人による場合）
①賃貸人は、賃借人にとって期待することができ、また、賃貸借関係が解約告知されていない場合にのみ、目的物を修繕し、変更することができる。
②賃貸人は、作業をするにあたっては、賃借人の利益を顧慮しなければならない；賃料減額（259d条）、損害賠償（259e条）が必要な場合の請求権は留保される。

260a条（II. 賃借人による場合）
①賃借人は、賃貸人が書面で許可した場合にのみ、目的物を修繕し、変更することができる。
②賃貸人が許可した場合には、書面で合意したときのみ、原状回復を求めることができる。
③目的物が、賃貸借関係の終了の際に、賃貸人の許可した修繕または変更によって著しい付加価値を得ている場合には、賃借人はこれについて相応の補償を求めることができる；さらに書面によって合意された補償請求権は留保される。

261条（J. 所有者の交代、I. 目的物の譲渡）
①賃貸人が賃貸借契約の締結後に〔賃借〕目的物を譲渡し、もしくは、強制執行手続きまたは破産手続きによって〔賃借〕目的物を失った場合には、賃貸借関係はその目的物の所有権とともに取得者へ移転する。
②ただし、新所有者は次の各号の場合には、各号に掲げる行為をすることができる。

a. 居住用賃貸借、事業用賃貸借の場合で、新所有者が自ら〔目的物を〕使用することについて重大な事由がある場合に、法定期間をもって次の法定期日で賃貸借関係を解約告知すること。新所有者の近親の血族または姻族についても準用する。
b. 前項以外の賃貸借の場合で、契約を〔所有者の交代〕より以前に解除することができないときに、法定期間をもって次の法定期日で賃貸借関係を解約告知すること。
③旧賃貸人との契約で認められた期限の到来前に、新所有者が解約告知をした場合には、賃貸人は賃借人に対してこのことによって生じたあらゆる損害について責めを負う。
④本条は、土地収用の場合には適用しない。

261a条（Ⅱ. 制限物権の設定）
　目的物の譲渡に関する規定は、賃貸人が第三者に制限物権を設定し einräumen、かつ、制限物権の設定が所有者の交代と同視しうるときには、当該規定の趣旨にしたがって類推適用される。

261b条（Ⅲ. 登記簿への仮登記）
①土地の賃貸借の場合には、〔賃貸借〕関係を登記簿に仮登記することについて取り決めることができる。
②仮登記をすることにより、当該土地を従前の賃貸借契約と同様に利用することを、すべての新所有者は認めなければならない。

262条（K. 転貸借）
①賃借人は目的物を、賃貸人の同意によって一部または全部転貸することができる。
②賃貸人は次の各号に掲げる場合にのみ、同意を拒絶することができる。
a. 賃借人が、賃貸人に転貸借の条件を通知することを拒絶するとき。
b. 転貸借の条件が原賃貸借契約の条件に比して濫用的であるとき。
c. 転貸により、賃貸人が重大な不利益を被るとき。
③賃借人は賃貸人に対して、転借人が賃借人自身に認められた用法とは異なる方法で利用しないことについて、責任を負う。賃貸人は転借人に異なる用法での利用について直接に停止を求めることができる。

263条（L. 第三者への賃借権の譲渡）
①事業用賃貸借の賃借人は、賃貸人の書面による同意によって賃貸借関係を第三者へ譲渡することができる。
②賃貸人は、正当事由に基づく場合にのみ、同意を拒絶することができる。
③賃貸人が同意したときには、第三者は賃借人に代わって賃貸借関係を承継する。
④賃借人は、賃貸人に対する義務を免除される。ただし、契約または法律により賃貸借関係の終了または終了できるまで、2年以内の期間で第三者と連帯して賃借人は責任を負わなければならない。

264条（M. 目的物の期限経過前の vorzeitig 返還）
①解約告知期間または解約告知期日に従わない賃借人の目的物の返還は、賃貸人にとって許容できる新たな賃借人を立てなければ、賃貸人に対する賃借人の義務を免れさせない。
②前項の場合を除いては、賃借人は賃貸借関係が契約または法律により終了し、または終了させることができる時点までの賃料を支払わなければならない。
③賃貸人は、次の各号について計算に含めなければならない。
a. 免れた支出
b. 目的物を他で利用して得たもの、または、故意に得ることを拒絶しているもの

265条（N. 計算 Verrechnung）
　賃貸人および賃借人は、賃貸借関係に基づく債権または債務を計算する権利を予め放棄することはできない。

266条（O. 賃貸借関係の終了、Ⅰ. 合意された期間の経過）
①当事者が一定の期間を明示または黙示に合意した場合には、賃貸借関係は解約告知なくこの期間の経過をもって終了する。
②当事者が賃貸借関係を黙示に継続した場合には、期限の定めのない賃貸借関係とみなす。

266a条（Ⅱ．解約告知期間と解約告知期日、1．通則）
①当事者は、より長期の期間またはその他の期日を合意していない場合には、期限の定めのない賃貸借関係を法定期間と法定期日を遵守して解約告知することができる。
②当事者が期間または期日を遵守しない場合には、解約告知は次に解約告知の可能な期日に行われるものとみなす。

266b条（2．不動産と一時使用目的の建造物Fahrnisbauten）
賃貸借の目的物が不動産または一時使用目的の建造物Fahrnisbauten の場合には、3か月の期間をもって、近傍の慣習である期日で解約告知をすることができ、近傍の慣行が存しない場合には、6か月の賃貸借期間の終了をもって解約告知をすることができる。

266c条（3．住居）
賃貸借契約の目的物が住居である場合には、3か月の期間をもって、近傍の慣習である期日で解約告知をすることができ、近傍の慣行が存しない場合には、3か月の賃貸借期間の終了をもって解約告知をすることができる。

266d条（4．事業用賃貸借）
目的物が事業用賃貸借に供される場合には、6か月の期間をもって、近傍の慣習である期日で解約告知をすることができ、近傍の慣行が存しない場合には、3か月の賃貸借期間の終了をもって解約告知をすることができる。

266g条（Ⅲ．特別の解約告知、1．重大な事由）
①重大な事由により契約の履行が許容できない場合には、当事者は賃貸借関係を法定の期間をもって、任意の時点で解約告知をすることができる。
②裁判官は、あらゆる事情を顧慮して、期間満了前の解約告知の財産法上の効果を定めることができる。

266h条（2．賃借人の破産）
①賃借人が目的物の受領後に破産した場合には、賃貸人は以降の賃料に対する担保を求めることができる。この場合において、賃貸人は賃借人および破産管財人に対して書面で適切な期間を設定しなければならない。
②前項後段の期間内に賃貸人が担保を得られない場合には、即時に解約告知をすることができる。

266i条（3．賃借人の死亡）
賃借人が死亡した場合には、賃借人の相続人は法定期間をもって次の法定期日で解約告知をすることができる。

266l条（Ⅳ．住居用賃貸借・事業用賃貸借の場合の解約告知の申請書類、1．通則）
①住居用賃貸借または事業用賃貸借の場合の賃貸人または賃借人は、書面によって解約告知をしなければならない。
②賃貸人は、賃借人が解約告知を取り消そうとするか、または、賃貸借関係の延長を求めようとする場合に、州によって許可され、また、例えば賃借人が行うべきことが示された申請用紙によって解約告知をしなければならない。

266n条（b．賃貸人による解約告知）
賃貸人による解約告知または解約告知の通知Kündigungsandrohung（257d条）付きの支払期限の設定は、賃貸人、賃借人の配偶者、登録されたパートナーに個別に送付されなければならない。

267条（P．目的物の返還、Ⅰ．通則）
①賃借人は、契約に定められた用法によって生じる状態において、目的物を返還しなければならない。
②賃借人が、生じる可能性のある損害の補填とは異なる補償の支払いを賃貸借契約の終了時に行う旨を予め義務づける合意は、無効とする。

267a条（Ⅱ．目的物の調査と賃借人に対する通知）
①賃貸人は、目的物の返還に際して目的物の状態を調査し、賃借人に起因する瑕疵について遅滞なく通知しなければならない。
②賃貸人が前項の義務を怠った場合には、賃貸

人は請求権を失う；ただし、通常行われる調査をしたにもかかわらず、発見されなかった瑕疵についてはこの限りでない。
③前二項の瑕疵が後に発見された場合には、賃貸人は賃借人に遅滞なく通知しなければならない。

269条（A．濫用的賃料、I．原則）
　賃借目的物によって不相応に高い収益を得る場合、または、明らかに不相応に高い売買価格に基づいている場合には、賃料は濫用的とされる。

269a条（II．例外）
　特に次の各号の場合においては、原則として賃料は濫用的とはされない。
a．近傍あるいは周辺地区で取り決められている賃料の枠内に留まるとき。
b．経費上昇、または、賃貸人が追加の給付をしたことに起因するとき。
c．新しい建物の場合で、費用を補填する全利回りの枠内に留まるとき。
d．当初は市場で一般的な資金調達費用の振り替えによって維持され、賃借人に予め通知された支払計画で確定された賃料減額の調整にすぎないとき。
e．危険を負担する資本の上昇を調整するにすぎないとき。
f．賃貸人組合、賃借人組合その他類似の利益を維持する団体が、その概括的契約Rahmenvertragにおいて委ねた範囲を超えないとき。

269d条（D．賃貸人による賃料の増額その他の一方的な契約の変更）
①賃貸人は、いつでも解約告知が可能な次の期日に賃料を増額することができる。賃貸人は賃借人に対して、少なくとも解約告知期間の始まる10日前までに、州が認める形式で賃料の増額を通知するとともに、その理由を示さなければならない。
②賃料の増額は、賃貸人が次の各号に示す行為によってなされた場合には、無効とする。
a．賃料の増額を定められた形式で通知しなかったとき。

b．賃料の増額について理由を示さなかったとき。
c．通知の際に解約告知をすることを迫り、または、解約告知をすることを示したりしたとき。
③前二項の規定は、賃貸人がその他なんらかの方法で賃貸借契約を一方的に賃借人の負担になる方法で変更すること、すなわち賃貸人のこれまでの負担を減じたり、または、新たに付随的な費用を課することを意図したりした場合にも適用する。

270条（E．賃料の取消し、I．減額要求、1．約定賃料 Anfangsmietzins）
①賃借人は、次の各号の場合には、目的物の受領後30日以内に調停所に約定賃料 Anfangsmietzinsを269条および269a条における濫用的なものとして取り消し、減額を請求することができる。
a．賃借人個人もしくは家族の緊急事態、または、住居用もしくは事業用の空間に対する周辺地区の市場関係を理由として、契約締結が強制的になされたと見うる場合。
b．賃貸人が約定賃料 Anfangsmietzinsを同一の目的物に対する以前の賃料に比して著しく高く設定した場合。
②住居が不足している場合においては、州はその地域またはその地域の一部に対して、新たな賃貸借契約の締結に際して269d条による書面の利用を義務として課す erklärenことができる。

270a条（2．賃貸借契約期間中）
①賃借人は、賃貸人が計算の根拠の本質的な変更、特に費用の低下を理由として、269条および269a条による賃借目的物からのより高い収益を得たという推定に根拠を持つに至った場合には、賃料を濫用的なものとして取り消し、解約告知が可能な次の期日で減額することを請求することができる。
②賃借人は、減額の請求を書面により賃貸人にしなければならない；賃貸人は30日以内に態度を決定しなければならない。賃貸人が請求に応じないか、一部のみに応じる場合、または、期限までに回答しない場合には、賃借人は30

日以内に調停所に申し立てることができる。
③前項の規定は、賃借人が賃料増額の取消しと同時に減額請求をする場合には、適用しない。

270b条（Ⅱ．賃料増額の取消しその他の一方的な契約変更）
①賃借人は、賃料の増額が通知されてから30日以内に、調停所に269条および269a条における濫用的なものとして賃料増額の取消しを求めることができる。
②前項の規定は、賃貸人がこれまでの給付を低減したり、または、新たな付随費用を追加したりするなどの方法で、賃貸借契約を賃借人に不利となるよう一方的に変更する場合にも適用する。

271条（A．解約告知の取消可能性、Ⅰ．通則）
①解約告知は、信義誠実の原則に反する場合には、取り消すことができる。
②解約告知は、請求に基づかなければならない。

271a条（Ⅱ．賃貸人による解約告知）
①賃貸人による解約告知は、次の各号の理由で行われる場合には、特に取り消すことができる。
a. 賃借人が信義誠実の原則に従って、賃貸借関係に基づく請求権を行使したこと。
b. 賃貸人が賃借人に不利となる一方的な契約変更を求めたこと、または、賃料の適正化 Mietzinsanpassung を求めたこと。
c. 賃借人にとって賃借された住居の取得のきっかけとなるにすぎないこと。
d. 賃貸借関係に関連した調停手続きまたは裁判手続き中であること；ただし、賃借人が手続きを濫用的に開始した場合にはこの限りでない。
e. 賃貸人が次の各事項に該当する、賃貸借関係に関連する調停手続きまたは裁判手続きの終結後3年を経過する前であること。
　1．重大な部分について敗訴している場合。
　2．賃貸人の請求または訴訟を取り消した場合、または、著しく制限された場合。
　3．裁判官の上訴を放棄した場合。
　4．賃借人と和解した場合、または、その他何らかの方法で合意した場合。
f. 賃貸人に重大な不利益を生じない賃借人の家族関係の変化が生じたこと。
②第1項e号の規定は、賃借人が賃貸人と調停手続きまたは裁判手続き外で賃貸借関係に基づく請求について合意したことを文書によって証明した場合にも、適用する。
③第1項d号およびe号の規定は、解約告知が次の各号の理由によるものであるときには、適用しない。
a. 賃貸人自身、賃貸人の親族または姻族が重大な自己使用の必要性を有すること。
b. 賃借人の支払遅滞（257d条）
c. 賃借人の注意義務および配慮義務の重大な違反（257f条3項および4項）
d. 目的物の譲渡（261条）
e. 重大な事由（266g条）
f. 賃借人の破産（266h条）

272条（B．賃貸借関係の延長、Ⅰ．賃借人の請求権）
①賃貸借の終了が賃借人または賃借人の家族に対して、結果的に賃貸人の利益によっては正当化することのできない不利益 Härte を与える場合には、賃借人は期限の定めのある賃貸借関係または期限の定めのない賃貸借関係の延長を求めることができる。
②利益を考量するにあたっては、管轄官庁は次の各号について特に顧慮しなければならない。
a. 契約締結の状況および契約の内容
b. 賃貸借関係の期間
c. 当事者の個人的関係、家族関係もしくは経済的関係および態様
d. 賃貸人自身、親族および姻族の万一の自己使用の必要性および必要性の重大性
e. 住居空間または事業用空間に対する周辺地域の市場との関係
③賃借人が2回目の延長を求める場合には、管轄官庁は、不利益の防止のために賃借人に期待しうるあらゆることについて〔賃借人が〕行ったかどうかについても顧慮する。

272a条（Ⅱ．延長が認められない場合）
①延長は、次の各号の理由による解約告知の場合には認められない。

a. 賃借人の支払遅滞（257d条）
b. 賃借人の注意義務および配慮義務の重大な違反（257f条3項および4項）
c. 賃借人の破産（266h条）
d. 目前の建て替えまたは撤去計画を顧慮して、明示的に建築開始までまたは必要な許可を得るまでの定められた期間中のみで締結された賃貸借契約
②延長は、賃貸人が賃借人に住居空間または事業用空間と同価値の補償を提供した場合には、通常認められない。

272b条（Ⅲ．延長の期間）
①賃貸借関係は、住居用賃貸借にあっては4年以内、事業用賃貸借にあっては6年以内で延長することができる。最大期間の枠組みにおいて、1回または2回の延長が認められる。
②当事者が賃貸借関係の延長を合意したときには、最大期間に拘束されず、また、賃借人は2回目の延長を放棄することができる。

273条（C．期間と手続き）
①解約告知の取消しを求める当事者は、解約告知の受領後30日以内に調停所に請求しなければならない。
②賃借人が賃貸借関係の延長を求める場合には、次の各号の期間内に、調停所に請求しなければならない。
a. 期限の定めのない賃貸借関係の場合には、解約告知の受領後30日以内。
b. 期限の定めのある賃貸借関係の場合には、契約期間の終了する60日以前。
③2回目の延長を求める場合には、賃借人は調停所に1回目の延長期間の60日以前に請求しなければならない。
④調停所の手続きは、民事訴訟法による。
⑤管轄官庁が、当該解約告知の取消しに関する賃貸人の請求を認めなかった場合には、賃貸借関係が延長されうるかどうかを、職権で審査する。

273c条（F．強行規定）
①賃借人は、第三款により認められた権利については、明白に定められている場合に限り、放棄することができる。

②前項と異なる取り決めは、無効とする。

275条（A．定義 Begriff および適用範囲、I. 概念 Begriff）
　用益賃貸借契約によって、用益賃貸人は用益賃借人に果実もしくは収益の利用と収取 Bezug のために使用可能な物もしくは権利を移転する義務を負い、用益賃借人はこれに対して用益賃料を支払う義務を負う。

305条（A．定義 Begriff）
　使用貸借契約により、使用貸主は使用借主に無償での利用を目的として目的物を移転する義務を負い、使用借主はその物を定められた gemacht 利用をした後に使用貸主に返還する義務を負う。

312条（A．定義 Begriff）
　消費貸借契約により、消費貸主は金銭の全額または代替可能な物の所有権を移転する義務を負い、消費借主はこれに対して同種の物を同量かつ同等に返還する義務を負う。

タイ王国憲法における反汚職リーガリズムの挑戦
――「良い統治（グッド・ガバナンス）」論からの問い掛け――

下　條　芳　明

Ⅰ　はじめに
Ⅱ　「新アジア立憲主義」の潮流
Ⅲ　「良い統治」の概念をめぐる議論
Ⅳ　タイ憲法改革の憲法政治史的背景
Ⅴ　1997 年憲法の成立と制憲の趣旨
Ⅵ　1997 年憲法の崩壊
Ⅶ　2007 年憲法の成立と制憲の趣旨
Ⅷ　1997 年憲法および 2007 年憲法の制度上の特色
Ⅸ　憲法裁判所における政治汚職および選挙違反に関する主要な判例
Ⅹ　終わりに

Ⅰ　はじめに

　1989 年 12 月、当時の米国のブッシュ大統領とソ連のゴルバチョフ書記長がマルタ島で冷戦終結を宣言してから、すでに四半世紀を経過した。この間、東・東南アジア諸国の多くは冷戦終結とほぼ軌を一にして、従来の「開発国家」体制の段階を脱却し、その立憲主義の在り方も大きく変貌を遂げようとしている。

　それでは、「ポスト開発国家」の時代に入った今、現代アジア立憲主義の特徴とはいったい何であろうか。この問題関心に応えるために、本稿では、今世紀転換期に成立した二つのタイ憲法、すなわち 1997 年および 2007 年のタイ王国憲法を素材として、とくに、近年、開発法学だけでなく、国際政治、地方政治あるいは企業・大学など法人経営の分野でも頻に提唱されてい

る「良い統治（Good Governance）」の観点から、この二つの憲法に創設された政治汚職・選挙違反防止取締機構および関連する憲法裁判所の主要な判例（1998年～2008年）に関する憲法政治史的および制度論的な考察を通じて、現代タイ憲法における「反汚職リーガリズム」の構造と特色を解明したい。

II 「新アジア立憲主義」の潮流

　東・東南アジア諸国の多くは、時期的には若干の誤差はあるが、1980年代後半から1990年代にかけて、従来の権威主義的な開発国家体制は終焉を迎えて、「民主化」だけでなく「良い統治」と「法の支配」を基本原則とする「憲法改革の季節」を迎える。その代表的な事例として、①マルコス体制崩壊後、1987年に民主的憲法が制定されたフィリピン、②1998年のスハルト大統領の失脚以降、民主化改革が実施されたインドネシア、③戒厳令体制の終焉後の1986年から憲法改革を実施した台湾、そして、本稿の主題である、④1990年代における国民的な民主化あるいは政治改革運動の集大成として1997年憲法および2007年憲法が成立したタイを挙げることができよう。

　東西冷戦の終結は、アジア諸国の立憲主義の在り方に大きく変容を迫るものであった。この点、A・ハーディング（Andrew Harding）は、この冷戦終結期におけるアジア諸国に見られる顕著な憲法変動の現象を捉えて、「新アジア立憲主義（New Asian Constitutionalism）」という概念を提示する[1]。ハーディングによれば、近代市民革命に始まる西洋立憲主義の思想と制度は、19世紀以来、アジアなど非西洋世界に広く普及してきたが、それは「立憲主義の

---

[1] Andrew Harding, 'New Asian Constitutionalism: Myth or Reality?', in International Islamic University Malaysia Law Journal, Vol. 14 No. 2, pp. 154ff (2006).「新アジア立憲主義」に関する憲法学的位置づけとタイ憲法におけるその制度化に関しては、下條芳明「『新アジア立憲主義』の構造問題—1997年および2007年のタイ憲法を素材にして—」アジア法学会編『アジア法研究2013』第7号25頁以下参照（平成26年2月）。

　なお、「新立憲主義（New Constitutionalism）」の意義に関して、1970年代から80年代にかけて、発展途上国が西洋立憲主義の受容に際して、これを各国の政治的・社会的・文化的な特殊性に適合する形で、憲法工学的に立憲化する点に求める見解は、小林昭三『西洋近代憲法論再考』16-19頁（成文堂、平成19年）。

波」として、次のような四つの歴史的段階を経て展開してきたという。

「第一の波」は、18世紀後半のアメリカ各邦（州）憲法、アメリカ合衆国憲法およびフランス革命期のフランス諸憲法に由来するもので、そこでは、J. ロックやルソーが提唱した、自然権思想に基づく「人間の権利」および社会契約説に基づく人民の同意と統制による民主的政府の考え方が重視される[2]。この潮流はラテン・アメリカ諸国の憲法に直接影響を及ぼすことはあったが、アジア地域にはラッフルズ（Sir Thomas Stanford Raffles, 1781-1826）など啓蒙主義的な思想家の事例は別にして、とくに大きな影響を与えることはなかったという。

「第二の波」は、欧州における1848年革命を契機として、19世紀中葉から20世紀前半の憲法のうちに具体化されたもので、とくに欧米の憲法では、政府の権力行使を監視する「フォーラムとしての議会」と普通選挙権の拡大の二点を主な特徴とする[3]。この波のアジアへの影響としては、日本の明治憲法の制定（1889）、タイの立憲君主制憲法の制定（1932）、インドの統治法の制定（1935）、フィリピン憲法の制定（1935）などが挙げられる。

次に、「第三の波」は、第二次世界大戦後の1940年代中葉から1960年代に生じた。この時代の特色は、ドイツ、イタリア、日本など第二次世界大戦の敗戦国における占領、独立の回復、復興にあり、また、インドネシア、インド、ビルマ、マレーシア、シンガポールといったアジア新興国における植民地支配の終焉と独立の達成にある。インドネシア、マレーシア、フィリピン、タイなど東南アジア諸国では、1950年代に自由主義的な憲法の下で議会主義的統治が短期間ながら実施されたこともあったが、1960年代から70年代には、これらの諸国ではいずれも権威主義的な開発独裁体制への揺れ戻しが起こることになる[4]。

最後に、1980年代中葉から1990年代にかけて、アジアのみならずソ連邦崩壊後の中央アジア、南アフリカなど広範な地域に生じたのが「第四の波」である。この時期における民主化・国際化の急激な進展や頻発する地域紛争

2　Andrew Harding, op. cit., p. 159.
3　Andrew Harding, op. cit., pp. 159-160.
4　Andrew Harding, op. cit., pp. 161-162.

の解決を大きく決定づけていたのは、東西冷戦の終結に他ならない。また、フィリピン、タイ、韓国、台湾、インドネシア、マレーシア、中国といったアジア諸国では、従前の世代には見られない「人民の力 (people power)」という新しい要因が出現し、国民一般の政治的運動として権威主義体制への抵抗あるいは民主化改革の要求が強く主張された。こうした画期的な政治的状況の変化を背景として、「第四の波」では、「民主化（民主主義）」のみならず、とくに「良い統治」と「法の支配」という立憲主義の原則を指導理念とする憲法改革を大きく推進したのであった[5]。ハーディングは、現代アジアにおけるこうした新しい立憲主義の動向を捉えて「新アジア立憲主義」と呼んだのである。

III 「良い統治」の概念をめぐる議論

それでは、「新アジア立憲主義」の指導理念である、とくに「良い統治（グッド・ガバナンス）」の概念とは、いったい何を意味するのであろうか。「ガバナンス」の語源を尋ねれば、古代ギリシア語の kubernân を翻訳したラテン語の gubernare に由来し、「船を操舵する、航行する」を意味した[6]。20世紀の国際社会において、「良い統治」という言葉が登場したのは、1980年代の初め頃、世界銀行によって、開発途上国のダム建設・道路建設などの開発プロジェクトに対して資金提供を行う際、その判断基準として使用されたことによる。1990年代以降になると、とくに開発法学の分野で開発途上国の統治に関して、「良い統治」をめぐって様々な議論が展開されたが、今日では、国家レベルでの統治に限らず、国際政治、地方政治あるいは企業・大学など法人経営の分野でも「良い統治」の意義が広く承認されている[7]。

たとえば、世界銀行による2002年の報告書によれば、「良い統治」とは「予測可能な、開かれかつ啓蒙的な政策形成、専門的倫理に満ちた官僚、そ

5　Andrew Harding, op. cit., p. 162.
6　宇野重規「政治思想史におけるガバナンス」東京大学社会科学研究所／大沢真理・佐藤岩夫編『ガバナンスを問い直す［Ｉ］越境する理論のゆくえ』22頁（東京大学出版会、平成28年）。
7　宇野重規・前掲論文35-36頁。松尾弘『良い統治と法の支配―開発法学の挑戦―』10-13頁（日本評論社、平成21年）。

の行動につき説明責任を有する政府執行手段、公務に参画する強力な市民社会および法の支配にもとづく一切の行為である」と定義する[8]。その内容は、市場取引を維持するための所有権制度の創設・維持および執行、市場での競争を促進するための規制、健全な市場活動環境の創設など市場経済に関するものから、政治腐敗の防止、貧困の削減、分権化と地方自治、報道の自由など、きわめて多岐に及んでいる。

また、国際政治学者である木村宏恒教授は、長年、世界銀行に勤務したポメランツ (Phyllis R. Pomerantz) がまとめたガバナンス支援論をもとに、これまでよく議論されてきた「ガバナンス」について次の五項目に整理している。すなわち、①法の支配、透明性と説明責任の法制化、反汚職、②制度能力、制度構造、効率性、リーダーシップ、③地方分権、参加、市民社会と市民社会資本強化、④民主化、公正な選挙、市民的自由と人権、メディアの自由、そして、⑤「良い統治」としての、公共政策立案と執行の安定性・確実性、透明性と説明責任の向上、持続的な組織改革・改善、政府への信頼である[9]。

さらに、国際法学者の横田洋三教授によれば、「良い統治」は、内容上、「効果 (effectiveness)」「効率 (efficiency)」「公平さ (fairness)」「透明性 (transparency)」という四つの要素から成るとする[10]。そして、「グッド・ガバナンスが何かということを考えるときに、その逆の現象、つまりバット・ガバナンス、悪い統治というのは何かということを考えてみると、むしろグッド・ガバメントの意味が分かりやすくなる」と述べて、「悪い統治 (Bad Governance)」の兆候を、次のような四つの側面に分けて、それぞれの具体例を挙げている。すなわち、①政治面における、汚職、極端な人権侵害、非民主的な政治、独裁制、②経済面における、経済成長の停滞、極端な貧困、極端なインフレ、③社会面における、極端な貧富の差、男女差別、人口爆発、幼児死亡率の上昇、平均寿命の低下、都市の住環境の悪化、そして、④文化面における、識

8　安田信之『開発法学─アジア・ポスト開発国家の法システム─』64頁（注）8（名古屋大学出版会、平成17年）。

9　木村宏恒「ガバナンスの開発政治学的分析─「統治」と「共治」の関係を見据えて─」国際開発学会編『国際開発研究』第23巻第1号（平成26年）7-8頁。

10　横田洋三「良い統治と国際開発」高橋一生編『21世紀への国際開発のパラダイムシフト』（財団法人国際開発高等教育機構（FASID）、平成11年）84-86頁。

字率・就学率の低下、文化財の破壊、希少動植物の減少・絶滅である[11]。

このように「良い統治」の意味に関しては論者によって千差万別であり、必ずしも確定しているわけではない。ここでは本稿のテーマとの関連において、どの論者においても、「良い統治」とは、「法の支配」や政治汚職の根絶（反汚職）を内包する概念であることを確認しておきたい[12]。

Ⅳ　タイ憲法改革の憲法政治史的背景

この世紀転換期におけるタイの憲法改革について考察するに先立ち、まず、その理解の前提となる憲法政治史的な背景を概観しておく。

タイでは、プラチャティーポック王（ラーマ7世／在位1925-1935）の治世下である1932年6月、「立憲革命」と呼ばれる人民党によるクーデタの実施を契機として、最初の立憲君主制憲法（暫定憲法）である「シャム国暫定統治憲章」（全39条）が国王の署名を得て公布された。さらに同年12月、最初の「恒久憲法」である「シャム王国憲法」（全68条）が制定され、ここにタイは、絶対君主制から立憲君主制への道を歩み出すことになる[13]。

ところが、その後のタイ憲法政治史は、政党政治の脆弱性と軍部の強力な政治的影響力を背景にして、軍政から民政へ、民政から軍政へ、と目まぐるしい変転の経緯を辿ってきた。第二次世界大戦後、1946年王国憲法が翌年のクーデタの成功により廃止されて以降、クーデタによる政権転覆→軍事政権による「恒久憲法」の廃止と「暫定憲法」の制定→軍事政権下での「恒久憲法」の制定→民主的な選挙と議会政治の復活→政治危機の到来、そして、クーデタへの回帰、という政治体制の周期的循環が、今日まで少なくとも八度にわたり繰り返されてきた[14]。このため、1932年6月の「暫定統治憲章」

11　横田洋三・前掲論文、86-87頁。

12　「良い統治」の実践と政治腐敗の削減効果の関係については、大内穂「グッド・ガバナンスへ向けての反腐敗政策」黒岩郁雄編『開発途上国におけるガバナンスの諸課題―理論と実際―』10頁以下（アジア経済研究所、平成16年）。

13　タイ立憲君主制の歴史的展開と特質に関しては、下條芳明「『タイ式立憲君主制』の形成と特質―憲法政治史的およびアジア風土論的考察―」憲法学会編『憲法研究』第42号159頁以下（平成22年6月）。

14　村嶋英治「タイにおける政治体制の周期的転換―議会制民主主義と軍部の政治介入―」荻原宣

から、2014年5月の軍部クーデタの結果、2017年4月に国王の裁可を経て成立した新憲法（恒久憲法）に至るまで、11編の「恒久憲法」と9編の「暫定憲法」とを併せた憲法の総数は実に20編に及ぶ。

先にも触れたように、東西冷戦構造が定着した1960年代以降、東・東南アジア諸国の多くは「開発独裁」と称される権威主義的体制を出現させている[15]。この点、タイの開発独裁体制は、サリット・タナラート将軍が1957年9月および1958年10月の二度にわたるクーデタの成功により自ら首相として政権を担当した時から開始される。サリットによる統治の基本方針とは、タイの国情にふさわしい民主主義、すなわち「タイ式民主主義」の構築にあったが、一方、経済開発の推進と教育の拡充により、民主主義の成功に必要な社会的・経済的基盤を形成することであった[16]。

サリットによる開発独裁体制は、彼の死後、タノーム＝プラパート体制として継承され、行政権の優位を特徴とする1959年統治憲章および1972年統治憲章という二つの「開発独裁型の憲法」（いずれも暫定憲法）の下で、長期的に見れば、政治の安定化と経済発展を促進する役割を果たした。しかし、1970年代に入ると、「開発」がもたらす歪みに不満を抱く都市部の学生が政治勢力として台頭し、民主的な憲法の早期制定などを求めて、時のタノーム軍事政権（1963年12月～1973年10月）と激しく対立するに至る。

とりわけ「ジェットコースター・ポリティクス」とも称される1970年代のタイ憲法政治では、三度のクーデタ（1971年11月、1976年10月、1977年10月）が成功し、三つの「暫定憲法」（1972年12月、1976年10月、1977年11月）と二つの「恒久憲法」（1974年10月、1978年12月）が制定されている。しかし、1980年代になると、プレーム・ティンスーラノン首相による長期政権

之・村嶋英治編『ASEAN諸国の政治体制』138頁以下参照（アジア経済研究所、昭和62年）。タイ諸憲法における「恒久憲法（あるいは、正規憲法）」と「暫定憲法（あるいは、臨時憲法）」の二類型に関しては、下條芳明「『タイ式立憲主義』における人権保障」土居靖美編著『東南アジア諸国憲法における人権保障』161-162頁（嵯峨野書院、平成12年）。

15 末廣昭「アジア開発独裁論」中兼和津次編『近代化と構造変動［講座現代アジア2］』209頁以下（東京大学出版会、平成6年）。金子由芳『アジア法の可能性』28頁以下（大学教育出版、平成10年）。大野拓司「開発独裁体制」上智大学アジア文化研究所編『入門東南アジア研究』［新版］219頁以下（めこん、平成11年）など。

16 前掲拙稿（註13）174-175頁。

下（第1次〜第3次プレーム内閣／1980年3月〜1988年8月）、70年代に見られた軍部支配と政党支配が交互に入れ替わる「悪循環」を脱却し、比較的に安定した「王政」「民政」「軍政」の三権均衡体制が確立された[17]。ここでは開発独裁期までは軍部に抑圧されていたプーミポン国王（ラーマ9世／在位1946-2016）は、1973年の10月事件における調停の成功を転機として、以降、政治危機に際してはしばしば主体的な政治判断を下すようになる。たとえば1981年4月と1985年9月に、いずれもプレーム政権に対する軍の国家社会主義者によるクーデタが企てられたが、ともに国王の支持と承認が得られず水泡に帰している[18]。

ところが、1990年代に入ると、軍部と市民勢力との激しい武力的衝突にまで至った1992年の「5月の惨劇事件」[19]を重要な転換点として、それまで強力な政治的地位を保持していた軍部の影響力は大きく後退する。一方、首都バンコクを中心とした都市中間層の成長にともない、市民、知識人、学生、民間NGOの代表は、軍部の関与を排除した民主的な政権交代とともに、政治汚職の根絶、行政の効率化・公正化など政治改革を要求して、憲法改革の必要を強く主張するようになる。こうして世紀転換期のタイは、他の東・東南アジア諸国と軌を一にして、まさに「憲法改革の季節」を迎えるのである。

V 1997年憲法の成立と制憲の趣旨

1992年の「5月の惨劇事件」が国王の調停により収拾された後、同年9月13日、下院総選挙が実施され、この結果、第一党となった民主党党首チュワン・リークパイが首相に任命され、五党による連立内閣が成立した。チュワン首相は、同年10月21日の施政方針演説において、歴代首相と同様に「民族、宗教、国王、国王を元首とする民主主義政体を擁護し、堅持する」旨を述べたうえで、憲法の民主化、政党の役割拡大と政党法の改正、選挙制

17　前掲拙稿（註13）177-178頁。
18　前掲拙稿（註13）178頁。
19　加藤和英『タイ現代政治史―国王を元首とする民主主義―』293-297頁（弘文堂、平成7年）。

度改革、行政の効率化・公正化、政治汚職の防止、経済発展に対応した行政改革、会計検査の強化、民主主義教育の充実、報道の自由、公正な裁判、地方分権といった憲法改革の基本方針を表明した[20]。

こうして政府内でも憲法改革への機運が高まるなか、1994年6月9日、下院議長マールットの提案により「民主主義発展委員会」が設置された。同委員会はマヒドン医科大学の副学長であったプラウェート・ワシーを委員長とし、法学者など58名の有識者委員で構成され、①新憲法草案の作成、②選挙法および政党法の改正、③短期および長期の国政上の改革プログラムの提言、という三点を主要な任務とした[21]。

「民主主義発展委員会」は、翌1995年4月28日、憲法の全面改正を提言した最終報告書を下院議長に提出した。それによれば、新憲法作成の最重要課題である政治改革を実現するには、「直接の利害関係者から構成される現在の国会では困難である」として、憲法作成作業への政党政治家の関与を排除するととともに、憲法改正の発議権を内閣あるいは国会両院議員にのみ認めていた1991年王国憲法第211条の憲法改正手続きを改正して、国民的な基盤による「憲法起草会議」の設置により、全面的な憲法改正を実施することを提案した[22]。

この提案から三か月後、1995年7月2日の総選挙の結果、第一党となったタイ国民党のバンハーン・シンラパアーチャーを首班とする連立内閣が成立する。同政権では、同年8月8日、先の「民主主義発展委員会」の提言を継承する形で「政治改革委員会」を設置し、1991年王国憲法の憲法改正手続きの改正を積極的に支持することによって、憲法の全面改正作業に着手した[23]。

1996年11月17日に実施された下院総選挙の結果、新希望党のチャワリット・ヨンチャイユットが後継首相に任命された。チャワリット首相は12月11日の施政方針演説において、ここでも「国王を元首とする民主主義」

---

[20] 加藤和英・前掲書307頁。
[21] 玉田芳史『民主化の虚像と実像―タイ現代政治変動のメカニズム―』153-154頁(京都大学学術出版会、平成15年)。
[22] 玉田芳史・前掲書162頁。
[23] 玉田芳史・前掲書164頁。

の擁護を確認したうえで、一定期間内に1991年王国憲法の全面改正を実現するために早急な法整備を約束した。すでに同年10月22日には、1991年王国憲法の憲法改正手続き（第211条）の改正が実施されていた。これにより、12月26日、国会によって、各県代表76名（各県1名）と法律家・政治学者・官僚など有識者代表23名との合計99名で構成される「憲法起草会議（CDA）」が選出された[24]。同会議が設定した憲法改正の目的とは、①国民の権利・自由の保護の強化、②国民の国政参加の拡大、③国家権力行使の監視、④効率的で安定した統治機構の確立、といった諸点であった[25]。この構想の要点は、後の新憲法前文にほぼそのまま採り入れられることになる。

翌1997年1月7日、「憲法起草会議」は第一回会合を開催し、8か月間にわたる審議と検討が行われた結果、8月15日、新憲法草案は同会議の第三読会を通過し、可決された。これを受けて国会は9月4日から同改正草案を審議した結果、9月27日、上下両院合同会議で採決に付され、圧倒的多数でこれを承認した（賛成574、反対16、棄権17）。かくして1997年10月11日、国王の裁可を経て、この国16番目の憲法となる「1997（仏暦2540）年タイ王国憲法」（全336条）は公布された。

1997年憲法はしばしば「人民の憲法（People's Charter）」と称されるように、今日までのタイの諸憲法のうち唯一軍部の関与を経ないで、国民の手によって直接作成された憲法であり、内容面でも、まさに1990年代の国民的な民主化運動の所産というにふさわしかった。しかし、一方、この憲法は、市民、知識人、学者など有識者層における政党政治あるいは政党政治家の腐敗・堕落に対する根深い不信感・警戒感を色濃く反映していたため、その成立過程では政党勢力の直接的介入を回避して作成された憲法でもあった。この意味で1997年憲法の成立過程の重要な特徴とは、全国民的な基盤を背景としながら、「脱軍部（postmilitary）」というだけではなく、「脱政党（postpolitical）」という点にもあったことは注意しなければならない[26]。

24 　西村智奈美「タイの民主化と法―憲法改正の争点にみる民主化の現状―」作本直行編『アジア諸国の民主化と法』187頁（アジア経済研究所、平成10年）。
25 　玉田芳史・前掲書172頁。
26 　Tom Ginsburg, Constitutional afterlife: The Continuing impact of Thailand's Postpolitical constitution, in International Journal of Constitutional Law, 7, pp. 83ff. (2009)

先に見た「憲法起草会議（CDA）」の構想に示されているように、1997年憲法は制度設計上、タイ憲法政治における積年の二つの病弊の克服という要請に同時に応えようとしたものであった。すなわち、第一の病弊とは、小党分立による政局の不安定であるのに対して、第二の病弊とは、タイにおける議会制民主主義の発展を大きく阻害してきた根深い政治汚職・政治腐敗である。

　このため1997年憲法は、第一の病弊を解消するために、中選挙区制から小選挙区制への移行（第102条）、上院の全面的な民選制（第121条1項）、内閣総理大臣および国務大臣の不信任要件の引き上げ（第185条1項、第186条1項）、建設的不信任制（第185条1項）、下院選挙における比例選挙区での5％阻止条項（第100条1項）、内閣総理大臣および国務大臣の下院議員との兼職禁止（第204条1項）と補充議員制度（第119条）、下院議員の政党規律への絶対的従属（政党からの離脱および除名は当該下院議員の議席剥奪）（第118条1項(8)）といった新しい制度を導入することにより、「民意」を基礎として効率的で安定したウェストミンスター型の内閣統治制の構築を目指している[27]。一方、第二の病弊を根絶するために、憲法裁判所、行政裁判所のほか、選挙委員会・国家汚職防止取締委員会（NCCC）・最高裁判所政治職者刑事訴訟部・国会オンブズマン・人権委員会などの独立監視機関（Watchdog Bodies）を設置して、政治家や官僚の汚職行為を防止しようとしたのである[28]。

　こうした政治汚職防止機構の中核となるのは、いうまでもなく、「憲法の番人」である憲法裁判所である。憲法裁判所は政治汚職の裁定と処罰の機能を担うが、これを補完する形で、選挙委員会は公正な選挙の実施の管理・監督、不正選挙の調査、再選挙の命令などの権限を有し（第144-145条）、また、国家汚職防止取締委員会は、政治家の不正蓄財や職務上の不正行為を取り締まり、憲法裁判所への提訴権を保持する（第291条以下）[29]。1997年憲法の制

---

[27] Andrew Harding, May there be Virtue: 'New Asian Constitutionalism' in Thailand, in The Australian Journal of Asian Law 3, p. 241, (2001). ウェストミンスターモデルに関しては、アレンド・レイプハルト（河野勝・真淵勝監修、粕谷祐子訳）『民主主義対民主主義―多数決型とコンセンサス型の36ヶ国比較研究―』7頁以下（勁草書房、平成17年）。大山礼子『比較議会政治論―ウェストミンスターモデル対欧州大陸型モデル―』21頁以下（岩波書店、平成15年）。

[28] Andrew Harding, *supra note* (27), pp. 247-248.

度設計では、この汚職防止取締機構が円滑に機能する前提として、憲法裁判所を要として、選挙委員会、国家汚職防止取締委員会という三機関が「それぞれの独自の機能を十分に発揮し、その上でこれらの機関が連携して機能することが求められる」ことを留意しておきたい[30]。

Ⅵ　1997年憲法の崩壊

　先に述べたように、1997年憲法は、その統治機構上の制度設計において、積年のタイ憲法政治における二つの病弊の克服という要請に応えようとするものであった。すなわち、一方では、小党分立による政局の不安定を解消するために、ウェストミンスター型の強力な内閣統治制が採用され、他方では、タイにおける民主主義の発展を大きく阻害してきた政治汚職・政治腐敗を根絶するために、憲法裁判所を要として、選挙委員会、国家汚職防止取締委員会、国会オンブズマンなど強力な独立監視機関を創設することによって、不正な公権力の取得と行使を禁止しようとしたのであった。ところが、新憲法下で21世紀を迎えると、1990年代の民主化運動の所産であり、「人民の憲法」とも称された1997年憲法は、新しく導入した小選挙区制、上院の全面的な公選制などの政治的効果により、確かに「民主的」には圧倒的な国民の支持を得てはいるが、政治倫理的には"汚職に塗れた"タックシン政権を生み出す制度的基盤となった。

　とりわけ2005年2月6日の総選挙で与党であるタイ愛国党（Thai Rak Thai Party: TRT）が圧勝し、第二次タックシン政権（2005年3月～2006年9月）が発足した頃から、タイの政局は一気に混迷の度合いを深めることになる。この総選挙においてタックシン・チンナワット率いるタイ愛国党は、単独で下院の総議席500中377議席を獲得するという、タイ憲政史上類例のない圧倒的勝利を収める。これに勢いを得たタックシン首相は、下院での絶対多数の支

---

[29]　1997年憲法の選挙委員会および国家汚職防止取締委員会の組織・権限等に関しては、大友有「タイにおける汚職と不正—1997年憲法のとりくみ—」作本直行・今泉慎也編『アジアの民主化過程と法—フィリピン・タイ・インドネシアの比較—』137頁以下（アジア経済研究所、平成15年）。安田信之『東南アジア法』239-240頁（日本評論社、平成12年）。

[30]　大友有・前掲論文158頁。

持を背景に首相統治制的傾向をさらに強めて、第一次タックシン政権(2001年2月〜2005年3月)以来の医療・教育・農村・中小企業対策など「ポピュリスト的事業」の総仕上げに取り組もうとした[31]。

一方、バンコクなど都市部の中間層、知識人層、エリート層は、タックシン政権の大衆迎合的な政策や農村部での高い支持率に危機感を募らせるようになり、2005年後半には、タックシン首相の退陣を求める動向は次第に顕在化する。これに拍車を掛けたのが、2006年1月に発覚した、タックシン首相の一族が同族企業「シン・コーポレーション」の株式をシンガポールの政府系投資会社テマセクに巨額で売却し、733億バーツ(約2250億円)という巨額な株売却益を得たといわれる「シン・コーポレーション株式事件」である[32]。この取引は政府による通信事業の外資規制緩和措置の直後であり、マスメディアを通じて一族企業の脱税疑惑が広く国民に露見すると、タックシン首相の退陣を要求して「民主主義のための人民連合(Peoples' Alliance for Democracy: PAD)」が結成されるなど、反タックシン運動は急速に拡大する[33]。

こうした事態に危機感を抱いたタックシン首相は、2月24日、総辞職ではなく下院を解散する道を選択し、前年2月に引き続き総選挙の実施に踏み切る。これに対して、民主党、タイ国民党、大衆党の野党三党がとった対抗手段が、総選挙には候補者を一切立てないという選挙ボイコット戦術であった。このため、実際の選挙では、小選挙区でも、比例区でも、与党タイ愛国党のみが立候補者を立てるという異常な事態となった[34]。4月2日には予定通り総選挙は実施され、対抗馬不在のタイ愛国党は500議席中349議席を獲得し、一応の勝利を収める。

ところが、ここで事態を一変する事件が起こる。4月25日、プーミポン国王が、就任宣誓に訪れた最高裁判所および行政裁判所の裁判官を前にし

---

[31] タックシン政権の政策上の特色と評価に関しては、末廣昭「経済社会政策と予算制度改革―タックシン首相の『タイ王国の現代化計画』―」玉田芳史・船津鶴代編『タイ政治・行政の変革 1991-2006年』237頁以下(アジア経済研究所、平成20年)。

[32] 青木まき・重富真一「2006年のタイ―タックシン体制崩壊―」『アジア動向年報2007』275頁、285-286頁(アジア経済研究所、平成19年)。

[33] 末廣昭『タイ 中進国の模索』182-183頁(岩波書店、平成21年)。

[34] 末廣昭・前掲書(註33)185頁。

て、「今回の総選挙は非民主的であり、裁判所が適切に判断すべきである」[35]と述べて、裁判官に対して混迷した政治状況の打開を促す発言を行ったのである。この国王の発言に促されて、憲法裁判所は急遽、5月8日、4月2日の総選挙自体を違憲無効とする判決を下した。このため、総選挙は同年10月15日に改めて実施されることになった。

こうした政局の混乱が続く中、2006年9月19日深夜、タックシン首相がニューヨークでの国連総会出席のため国内不在となった隙を狙って、ソンティ・ブンヤラットグリン陸軍総司令官に率いられた「国王陛下を元首に戴く民主主義体制改革評議会（CDR）」がクーデタを決行する。同評議会は、クーデタの大義名分として、「暫定政府（―2月の国会解散後のタックシン政権を指す）による国家経営が社会を分裂させ、広範な不正をもたらし、独立機関への政治介入により憲法の精神を踏み躙り、政治運営の障害を招来し、国民が奉戴する国王陛下の威厳をしばしば冒した」[36]と表明した。同日、ソンティ議長らは国王に拝謁してクーデタの裁可を得ると同時に、翌日未明、全国に戒厳令が施行され、1997年憲法の廃棄により、国会、内閣、憲法裁判所は廃止となった。

Ⅶ 2007年憲法の成立と制憲の趣旨

ソンティ陸軍総司令官率いる軍事政権の下で、10月1日、この国17番目憲法であり、暫定憲法でもある「2006（仏暦2549）年タイ王国憲法［暫定版］」（全文39条）が公布された[37]。この暫定憲法に基づき、同日、「国王陛下を元首に戴く民主主義体制改革評議会」はソンティを議長とする「国家安全保障評議会（CNS）」に改称・改組された。

この暫定憲法によれば、「国家安全保障評議会」は国内の治安維持を主要な任務とし（第34条1項）、同評議会議長は暫定政権下で国会の機能を担う「国家立法議会」の議員および議長、副議長の任命（第7条）、内閣総理大臣

35 末廣昭・前掲書（註33）186頁。
36 末廣昭・前掲書（註33）187頁。
37 2006年暫定憲法のテキストは、小野健一訳／赤木攻監修「仏暦2549年タイ王国憲法［暫定版］」日本タイ協会編『現代タイ動向2006-2008』321頁以下（めこん、平成20年）。

の任免（第14条1-3項）について実質的な決定権を保持する。これに拠り、10月9日、「国家安全保障評議会」の指名に基づき、元国軍最高司令官で枢密顧問官であるスラユット・チュラーノンを首班とする暫定政権が発足する。

　こうして成立したスラユット政権の下で、暫定憲法の第19条から第25条に定める手続に従い、新しい「恒久憲法」の制定のため、憲法起草委員の選出が開始される。暫定憲法前文は、「全過程における国民からの幅広い協力により、新憲法の起草作業を促進する」旨を表明していたが、この趣旨に基づき、12月14日、官界、財界、社会団体、学界など、国民各界から推薦された代表者から成る「国民会議」の議員1982名が国王によって任命された（第20条）。「国民会議」は、12月18日、互選により憲法起草会議議員の候補者200名を選出し（第22条）、翌2007年1月2日、この候補者名簿に基づき「国家安全保障評議会」が選定し、国王により任命される100名の議員から成る「憲法起草会議（CDA）」が発足した（第19条1項、第23条1項）。次いで、「憲法起草会議」の選出した25名および「国家安全保障評議会」の助言による10名の計35名で構成される「憲法起草委員会（CDC）」が設置された（第25条）[38]。同委員会では、1月25日の初会合を皮切りにして、憲法草案の起草作業が開始される。

　新憲法制定の重要課題とは、タックシン政権において顕著となった、政治的な腐敗・不正、公権力の独占と濫用、倫理感の欠如した政治運営、公権力行使に対する監視の不備、国民の権利・自由の保護の不徹底といった問題を解決することであり、また、こうした諸問題を生み出す制度的基盤となった1997年憲法に改革を施すことにあった。この趣旨を受けて、「憲法起草委員会」では、憲法改革の基本方針として、①国民の権利・自由の保護の拡大、②権力集中の是正と権力濫用の排除、③政治透明性の確保と政治倫理の重視、④権力監視機関の独立性の確保と機能の強化、という四つの要点が重視された[39]。なお、同委員会の審議過程では、広く国民を啓蒙し合意を得るた

---

[38] 遠藤聡「2007年タイ王国憲法の制定過程とその成立」『外国の立法』第235号211頁（国立国会図書館調査及び立法考査局、平成20年3月）。

[39] 柿崎一郎「新憲法草案の確定と今後の展望」日本タイ協会編『現代タイ動向2006-2008』112-113頁（めこん、平成20年）。

めに、各地で公聴会を開催したり、社会団体からの要望を参考にしたりするなど、国民各界から意見聴取が積極的に行われた[40]。

「憲法起草委員会」は、同年4月19日、第一次憲法草案を発表し、これに各界の意見をもとに修正が加えられ、7月6日、「憲法起草会議」は「憲法起草委員会」が提出した新憲法草案を一部修正のうえ全会一致で可決した。同改正草案は、8月19日、この国最初の試みである憲法改正の賛否を問う国民投票に付されて、即日開票の結果、賛成が56.7％、反対が41.4％により承認された（全国投票率57.6％）[41]。8月24日、国王の裁可を得て、この国18番目の憲法となる「2007（仏暦2550）年王国憲法」（全309条）が公布される。

これまでに明らかなように、2007年憲法は、2006年9月のクーデタを契機として成立した軍事政権の強い影響下で制定された憲法ではあるが、「憲法起草会議」は広く国民各界の代表者から構成されており、その審議過程においても全国各地での公聴会の開催により国民各界・各層の意見を聴取するなど「国民からの幅広い協力」（暫定憲法前文）を得ることを起草作業の基本方針としていた。また、内容面でも、後に詳しく見るように、1997年憲法が提示した新しい立憲主義の精神とその制度設計の趣旨・目的は、ほぼそのまま継承され維持されていたといえる。ただし、2007年憲法は、「裁判官の憲法（Judges' Charter）」との異名に示されるように、1997年憲法がこれまでに類例を見ないような政治汚職の温床となったタックシン政権の出現を許したという切実な反省に基づき、選挙制度や議院内閣制の構造に修正を加えて、内閣統治制の構造の緩和を図る一方、政治汚職の根絶の観点から、憲法裁判所や選挙委員会など独立監視機関の権限をさらに強化した点は注意を要するだろう。

40　柿崎一郎・前掲論文112頁。
41　相沢伸広・大泉啓一郎「2007年のタイ―クーデタ政権の黄昏―」『アジア動向年報2008』273頁（アジア経済研究所、平成20年）。

Ⅷ 1997年憲法および2007年憲法の制度上の特色

1 ウェストミンスター型内閣統治制の確立

先に見たように、1997年憲法では、その主要な制憲目的はタイ憲法政治の積年の病弊のであった小党分立による政局の不安定を克服するために、ウェストミンスター型の強力な内閣統治制を確立することであった。この制憲の趣旨を実現するために、1997年憲法は、①下院選挙区における中選挙区制から小選挙区制への移行（第102条）、②上院の全面的な民選制（第121条1項）、③内閣総理大臣および国務大臣の不信任要件の引き上げ（第185条1項前段、186条1項）、④建設的不信任制（第185条1項後段）、⑤下院比例選挙区での5％阻止条項（第100条1項）、⑥内閣総理大臣および国務大臣の下院議員または上院議員との兼職禁止（第204条1項）と補充議員制度（第119条）、⑦下院議員の政党規律への絶対的従属（下院議員の政党からの離脱および除名を理由とする議員資格喪失）（第118条1項(8)）といった規定を随所に定めていた。

ところが、皮肉なことに、このように国会の権力を下院の多数派を代表する政党に完全に付与する仕組みを構築したことが、タイ愛国党によるタックシン政権という「強い首相」「強大な政府」を生み出す制度的基盤となってしまった[42]。2007年憲法では、こうしたウェストミンスターモデルの失敗の経験に基づき、次に見るように、上下両院の選挙制度および両院の構成、内閣総理大臣および国務大臣の不信任案の提出要件、内閣総理大臣の任期などの面で、1997年憲法の内閣統治制の構造に大幅な改革が施された。

このうち選挙制度改革の焦点は、1997年憲法が採用していた下院の小選挙区制と上院の全面的な民選制を見直すことにあった。下院の選挙制度について見ると、1997年憲法では、従来の中選挙区制を改め、県自治体を単位とする小選挙区から400名、全国1区とする比例代表区から100名を選出する小選挙区比例代表並立制（定数500名）を採用していた（第98条1項）。これに対して、2007年憲法は、小選挙区制の部分をかつての中選挙区制に戻し、

---

[42] 稲正樹・孝忠延夫・國分典子編『アジアの憲法入門』86頁［稲正樹執筆］（日本評論社、平成22年）。

定数400名の中選挙区制（各選挙区定数3名以内）と、全国8区制（各区定数10名）とする定数80名の比例区制から構成される（第93条1項、第96条）。

一方、上院の選挙制度については、1997年憲法では、従来のタイ王国憲法における民選制の下院と任命制の上院という構成を改め、上院も全面的な民選制を採用した。この結果、上院は各県1区の中選挙区制から選出された定数200名の議員から構成されていた（第122条）。これに対して、2007年憲法では、定数を150名に削減したうえで（第111条1項）、任命制を復活させて民選制と併用する。このうち民選議員（76名）は各県から1名が選出される（第112条1項）が、任命議員（74名）は、上院議員選出委員会が、学術部門、国家部門、民間部門、職能部門など各界の推薦に基づき選出する（第114条1項）。上院議員選出委員会は、憲法裁判所長官、選挙委員会委員長、国家オンブズマン委員長、国家汚職防止取締委員会委員長、国家会計検査委員会委員長、最高裁判所裁判官（1名）、最高行政裁判所裁判官（1名）の7名の委員から構成される（第113条1項）。

2007年憲法では、下院議員の被選挙資格について、出生によるタイ国籍保有者であり、立候補の年齢資格は投票日に満25歳以上とされ、一定期間（90日以上）にわたり継続して同一政党の政党員であることを義務づけている（第101条1項 (1)―(3)）。下院議員の任期は、解散がない限り4年とする（第104条）。一方、上院議員の被選挙資格は、出生によるタイ国籍保有者であり、立候補の年齢資格は投票日または推薦日に満40歳以上とされ、また、立候補時または推薦時に政党員でないこと、または政党内で何らかの地位に就いていないことを義務づける（第115条1項 (1) (2) (6)）。上院議員の任期は6年であり、一期を越えて継続して就任することはできない（第117条2項）。これらの下院議員および上院議員の被選挙資格および任期に関する規定は、基本的には1997年憲法のそれと同様である。しかし、1997年憲法に下院議員および上院議員の被選挙人の資格として導入されていた、学士またはそれに相当する教育という学歴要件の規定（第107条1項 (3)、第125条1項 (3)）は、2007年憲法では撤廃されている。

また、2007年憲法では、1997年憲法に比べて、次の諸点において、議院内閣制の原則との関連で内閣統治制の緩和が図られている。第一に、内閣総

理大臣および国務大臣の不信任案の提出要件に関して、1997年憲法は、内閣総理大臣の場合には下院議員総数の5分の2以上の連署、また、国務大臣の場合には下院議員総数の5分の1以上の連署が必要であると定めていた（第185条1項前段、第186条1項）。これに対して2007憲法では、これを、内閣総理大臣の不信任の場合には下院議員総数の5分の1以上の連署に、また、国務大臣の不信任の場合には下院議員総数の6分の1以上の連署に引き下げている（第158条1項前段、第159条1項）。第二に、2007年憲法は、1997年憲法には規定が欠如していた内閣総理大臣の任期に関して、最高8年を限度とする旨を定めた（第171条4項）。第三には、1997年憲法は内閣総理大臣および国務大臣の下院議員または上院議員との兼職禁止をしていたが（第204条1項）、2007年憲法ではこの兼職禁止規定は撤廃されている。

このほか2007年憲法には、1997年憲法に規定されていた下院比例選挙区における5％阻止条項は見当たらないが、建設的不信任制（第158条1項）、補充議員制度（第109条1項(2)）、下院議員の政党からの離脱あるいは除名を理由とする議員資格の喪失（第106条1項(7)）といった制度はそのまま継承されている。こうして見るなら、1997年憲法に比べて、2007年憲法の内閣統治制はいくらか緩和されたといえるだろうが、安定政権の確立という1997年憲法の制憲の趣旨は依然として維持されている、と見なければならない。

2 憲法裁判所の創設

タイの憲法史を振り返るなら、「憲法裁判」という概念自体は決して新しいものではない。1946年以降、七つのタイ王国憲法（恒久憲法）には違憲審査権を保持する「憲法裁判委員会（Judicial Committee of Constitution）」が設置されていた[43]。しかし、クーデタによる憲法の廃止が繰り返されてきたこともあり、1946年から1991年まで、憲法裁判委員会における訴訟件数はわずか13件で、このうち違憲判断を行ったのは5件ときわめて少なく、その活

---

43 今泉慎也「タイの憲法裁判制度の展開と現状」作本直行・今泉慎也編『アジアの民主化過程と法―フィリピン・タイ・インドネシアの比較―』206頁以下（アジア経済研究所、平成15年）。ここにいう七つの「恒久憲法」とは、1946年、1949年、1952年、1968年、1974年、1978年、1991年12月のタイ王国憲法を指す。

動実態は決して活発なものとはいえなかった[44]。1997年憲法は、こうした歴史的な経緯を踏まえて、従来の「憲法裁判委員会」の機構と権限を大幅に整備・拡充する形で、タイ憲政史上初めて憲法裁判所の制度を導入した。

(1) 1997年憲法の憲法裁判所

1997年憲法は、第8章「裁判所」第2節「憲法裁判所」を設けて、第268条に「憲法裁判所の判決は絶対的なものとし、国会、内閣、裁判所および他の国家機関を拘束する」としたうえで、憲法裁判所にきわめて強大かつ多様な権限を与えている[45]。1997年憲法が諸処に定める憲法裁判所の権限は、次の15に整理できる（角括弧内は提訴権者／斜体字は2007年憲法の対応条項／※印は憲法裁判委員会の権限を継承したもの）。

① 「国王を元首とする民主主義政体の転覆」または「憲法に定める立憲的な手続きに拠らない国家統治権の奪取」のための行為を行った国民個人あるいは政党に対する違憲審査と政党の解散命令［当該行為を知った国民個人の要請に基づく最高検察庁］（第63条／*第68条*）

② 政党の決議または規則が憲法あるいは「国王を元首とする民主主義政体」に違反しないかの違憲審査［当該党員である下院議員、政党員または政党役員］（第47条3-4項／*第65条3-4項*）

③ 国会議員の資格審査［各院の議員総数の10分の1以上の下院議員もしくは上院議員の連署に基づく各院の議長］（第96条／*第91条*）※

④ 所属下院議員に対する党員除名を内容とする政党決議の違憲確認［当該下院議員］（第118条1項(8)／*第106条1項(7)*）

⑤ 国会が承認した法律案の抽象的違憲審査［両院議員総数の10分の1以上の下院議員、上院議員もしくは両院議員の意見書に基づく下院議長、上院議長もしくは国会議長ならびに内閣総理大臣］（第262条／*第154条*）※

⑥ 国会が承認した憲法関連法（上院および下院の選挙法、選挙委員会に関する憲法関連法、政党に関する憲法関連法、国民投票に関する憲法関連法、憲法裁判所に

---

44 今泉慎也・前掲論文（註43）215頁。
45 Andrew Harding, The Constitutional Court of Thailand, 1998-2006 A turbulent innovation, in New Courts in Asia, pp. 124-125（Andrew Harding and Penelope (Pip) Nicholson, ed., 2010）.

関する憲法関連法など）に関する法案の抽象的違憲審査［20名以上の下院議員、上院議員もしくは両院議員または内閣総理大臣の要求に基く下院議長、上院議長もしくは国会議長］（第262条／第139条、第141条）

⑦保留法案と新規提出法案との同一性の審査［下院議長または上院議長］（第177条2項／第149条2項）

⑧財政法案の審議における予算執行に国会議員を関与させる動議の違憲審査［各院の議員総数の10分の1以上の下院議員または上院議員］（第180条6-7項／第168条6-7項）

⑨資格要件の喪失または欠格事由を理由とする大臣の地位の終了の審査［各院の議員総数の10分の1以上の下院議員もしくは上院議員の連署に基づく各院の議長または選挙委員会］（第216条2項／第182条3項）※

⑩緊急勅令の制定が憲法218条1-2項に定める要件（国の安全保障、公共の安全、国家経済の安定または公共災害の防止）に適合するかの抽象的審査［各院の議員総数の5分の1以上の下院議員または上院議員の連署に基づく各院の議長］（第219条／第185条）※

⑪裁判所が審理している事件につき適用されるべき法律の具体的違憲審査［当該裁判所または訴訟当事者］（第264条／第211条）※

⑫憲法上の諸機関の権限職務に関する審査［国会議長または当該国家機関］（第266条／第214条）

⑬選挙委員会委員の資格審査［両院議員総数の10分の1以上の下院議員、上院議員または両院議員の連署による国会議長］（第142条／第233条）

⑭合憲性の疑いのあるいずれかの法律の違憲審査［国家オンブズマン］（第198条／第245条1項 (1)）

⑮政治職者の財産目録の故意の未提出、虚偽申告、隠蔽など資産公開違反に対する審査［国家汚職防止取締委員会］（第295条2項）

以上に見たように、1997年憲法の憲法裁判所には、通常裁判所あるいは訴訟当事者が付託する具体的違憲審査権（第264条）、法律案、憲法関連法法案および緊急勅令の抽象的審査権（第262条、第219条）、行政機関間の紛争の調停権（第266条）といった本来的権限だけでなく、「国王を元首とする民主

主義政体の転覆」あるいは「憲法に定める立憲的な手続きに拠らない国家統治権の奪取」のための行為を行った政党の解党処分（第63条）、所属下院議員に対する党員除名を内容とする政党決議の審査権（第118条1項 (8)）、財政法案の審議で提出された動議が国会議員の利害と関わるか否かの審査権（第180条 6-7項）、選挙委員会委員の資格審査権（第142条）、総理大臣、国務大臣、国会議員、裁判官など公的地位に就く者を対象とした資産公開義務違反に関する審査権（第295条2項）など、多くの副次的権限が与えられている。

　1997年憲法の憲法裁判所の構成面で顕著な特色としてとくに注目したいのは、憲法裁判所の独立性と中立性を確保するために、きわめて複雑な憲法裁判所裁判官選出システムを構築した点である。憲法裁判所の構成は、上院の助言に基づき国王が任命する1名の憲法裁判所長官と14名の憲法裁判所裁判官から成る（第255条1項）。15名の憲法裁判所長官および裁判官の内訳は、選出母体の違いにより次の四つに分かれる（第255条1項 (1)-(4)）。

①最高裁判所裁判官総会の秘密投票により選出された最高裁判所裁判官5名
②最高行政裁判所裁判官総会の秘密投票により選出された最高行政裁判所裁判官2名
③憲法裁判所裁判官選考委員会で選出された法学系の有識者裁判官5名
④憲法裁判所裁判官選考委員会で選出された政治学系の有識者裁判官3名

　このうち③と④の法学系および政治学系の有識者裁判官の候補者を選出する憲法裁判所裁判官選考委員会は、次のように選出母体を異にする13名の委員から構成される。(a) 最高裁判所長官、(b) 全国の国立高等機関の法学部長またはそれと同等の資格をもつ者の間で互選された有識者委員4名、(c) 全国の国立高等機関の政治学部長またはそれと同等の資格をもつ者の間で互選された有識者委員4名、(d) 下院に議席を有する政党からの代表者各1名が互選する下院議員委員4名（第257条1項 (1)）。同委員会は、法学系、政治学系それぞれ定数の倍の候補者（つまり、法学系10名、政治学系6名）を委員総数4分3以上の多数決により選出して、選出された者の同意を得た上で上院に推薦する（第257条1項 (1)）。

憲法裁判所長官は憲法裁判所裁判官間で互選により選出され、その結果は上院議長に通知される（第255条2項）。憲法裁判所の長官および裁判官の任期はともに9年とし、一期のみとする（第259条1項）。

(2) 2007年憲法の憲法裁判所

次に、2007年憲法の憲法裁判所には、どのような改革が施されたのかを見てみよう。2007年憲法では、1997年憲法の憲法裁判所がタックシン政権の政治汚職・政治腐敗に対して厳格な判決を下せなかったという反省に基づき、「良い統治」あるいは「法の支配」の原則の徹底という趣旨から、1997年憲法の憲法裁判所の権限をほぼそのまま継承しただけではなく、さらにこれを強化している。2007年憲法に新しく加えられた憲法裁判所の権限としては、次の四つがある（角括弧内は提訴権者。1997年憲法から継承された権限については、本節（1）参照）。

①国家主権、国家経済、国の安全保障、貿易、予算などを拘束する条約案の違憲審査［両院議員総数の10分の1以上の下院議員、上院議員もしくは両院議員の意見書に基づく下院議長、上院議長もしくは国会議長］（第190条6項）

②国民の違憲審査請求権としての憲法訴願権［国民個人］（第212条1項）

③選挙違反を理由とする政党の解散命令ならびに当該政党の党首および役員の選挙権剥奪［当該行為を知った国民個人］（第237条2項）

④人権関連法案の違憲審査［国民の請願に基づく国家人権委員会］（第257条1項（2））

なお、1997年憲法では、憲法裁判所の権限であった政治職者の財産目録の故意の未提出、虚偽申告、隠蔽など資産公開違反に対する審査権（第295条2項）は、2007年憲法では、同じく政治汚職防止取締委員会を提訴権者としながらも、最高裁判所政治職者刑事訴訟部の権限に移行している（第263条）。

憲法裁判所の構成面では、政治的な中立性の確保の観点からかなり重要な修正が施された。先に見たように、1997年憲法は憲法裁判所裁判官の定数を15名としていたが、2007年憲法は、上院の助言に基づき国王が任命する9名の裁判官（内長官1名）へと減員されている（第204条1項）。この9名の

憲法裁判所裁判官の内訳は、ここでも選出母体の違いにより、次の四つに分かれる（第204条1項）。
　①最高裁判所裁判官総会の秘密投票により選出された最高裁判所裁判官3名（1997年憲法では5名）
　②最高行政裁判所裁判官総会の秘密投票により選出された最高行政裁判所裁判官2名（同2名）
　③憲法裁判所裁判官選考委員会の公開投票により選出された法学系の有識者裁判官2名（同5名）
　④憲法裁判所裁判官選考委員会の公開投票により選出された、政治学、行政学もしくはその他の社会科学系の有識者裁判官2名（同3名）
　このように有識者裁判官の定数が8名から4名に減員されたのにともない、有識者裁判官の候補者を選出する憲法裁判所裁判官選考委員会の構成は、最高裁判所長官、最高行政裁判所長官、下院議長、下院の野党指導者および憲法に基づく独立監視機関の長が互選した1名の計5名へと簡略化された（第206条1項(1)）。これにより、同委員会は、裁判官、下院議員（政党政治家）および独立監視機関の代表から構成されることになり、従来の有識者委員の枠は削除されることになった。憲法裁判所裁判官選考委員会は、有識者裁判官を選出する事由が生じた日から30日以内に有識者裁判官の候補者リストを委員総数の3分の2以上の賛成を得て、選出された者の同意を得たうえで上院議長に提出する（第206条1項(1)）。
　なお、憲法裁判所長官は憲法裁判所裁判官の間で互選により選出され、その結果は上院議長に通知される（第204条3項）。憲法裁判所の長官および裁判官の任期はともに9年とし、一期のみとする（第208条1項）。これらの点は1997年憲法と何ら変わらない。

3　政治汚職概念の類型化

　先に述べたように、1990年代の政治改革運動の所産であった1997年憲法において強力な政治汚職防止取締機構が設けられたのは、1970年代以降のタイ民主化の進展にともない蔓延し、一向に減ることがない政治汚職を根絶して、議会制民主主義への国民の信頼を回復するためであった。こうした趣

旨に基づき、1997年憲法は、「政治汚職」の概念に関して、①資産公開報告書の未提出または虚偽・隠蔽報告（第295条1項）、②不正な資産増大（第294条2項、第300条1項、第303条1項）、③公益相反行為（第110条、第128条、第208-209条）、④地位利用による公的業務あるいは人事への介入（第111条、第128条）の四類型化し、政治職者および官僚・公務員のよるこれらの行為を明確に禁止した。2007年憲法では、同じく、この「政治汚職」概念の四類型に基づき、第12章「国家権力行使の監視」の各節において、政界と官界、政界と財界との癒着による不正行為を防止し、取り締まるための機構と手続きを詳細かつ厳格に定める[46]。そこで、次には、上に述べた政治汚職概念の四類型に従い、2007年憲法における政治汚職防止取締機構の構造を明らかにしておこう。

2007年憲法では、第12章第1節「資産検査」によれば、内閣総理大臣、国務大臣、下院議員および上院議員、地方議会議員および地方行政者など政治職者は、それぞれの就任時、退任時および退任の1年後に、自己、配偶者および未成年の子女の財産・負債リストを国家汚職防止取締委員会に期限内に提出する義務を負う（第259条1項）。国家汚職防止取締委員会は、提出された財産・負債リストの正当性および信憑性を調査するために、国家汚職防止取締委員会会議を速やかに招集する（第261条2項）。不正な財産の増大が判明したとき、国家汚職防止取締委員会委員長は、最高裁判所政治職者刑事訴訟部に送致するために、検察総長に検査報告書およびすべての関連書類を送付する（第262条2項）。また、政治職者が故意に財産・負債リストを提出しないとき、または、虚偽あるいは事実を隠蔽した財産・負債リストを提出したときにも、同様な措置がとられる（第263条1項）。

また、第12章第2節「公益相反行為」によれば、次のように政治職者による公益相反行為を禁じている。下院議員および上院議員はあらゆる政府機関、国の機関または国営企業において地位もしくは職務に就いてはならず、これらの業務または事業に介入または干渉してはならず、経済独占的な契約締結の当事者となったり、共同経営の出資者および会社の株主になったりすることにより事業権を得たりすることがあってはならない（第265条1項(1)

---

[46] Andrew Harding, *supra note* (27), pp. 247-249. 大友有・前掲論文142頁以下。

- (2))。また、政府あるいは国家機関または国営企業から通常の業務以上の特別な金銭または何らかの利益を取得してはならない（第265条1項(3)）。さらに、国会議員の地位利用の禁止に関しては、下院議員および上院議員は、その地位を利用して、自己または他者あるいは政党の利益のために、政府あるいは国家機関または国営企業、地方自治体などの業務または人事に干渉または介入してはならない（第266条）。

　第265条および第266条が定める禁止行為は、内閣総理大臣および国務大臣にも適用される（第267条前段、第268条前段）。これに加えて、内閣総理大臣および国務大臣は、法律の運用上必要とされる場合は別として、共同経営会社、株式会社または団体など収益の配当もしくは営利の追求のために事業を営む組織において役職に就いてはならず、また、そのいずれの被雇用者となってもならず（第267条後段）、株式会社の出資者または株式保有者となってはならない（第269条1項）。さらに、2007年憲法では、第269条1項が定める禁止事項の対象は政治家本人のみならず、その配偶者、未成年の子女にも及ぶとする新規定を導入している（第269条3項）。

　これとは別に、「公益相反行為」に関しては、人権の章において「報道の自由」に関する新規定を設けて、「政治職者は、自己の名義であるか、他の者に代わり事業主または株主となったかを問わず、……新聞、ラジオ・テレビ放送または通信事業の事業者またはその株式の保有者となることはできない」として、国会議員や国務大臣など政治職者によるマスメディアおよび通信事業への経営関与や株式保有を禁止している（第3章「タイ国民の権利および自由」第7節「言論・報道の自由」第48条）。同規定の政治的意図とは、タックシン政権時代に行われた政治家による直接あるいは間接のマスメディア統制の再発を防止することにあると指摘されている[47]。

　次に、第12章第3節「罷免」は、内閣総理大臣、国務大臣、下院議員および上院議員、最高裁判所長官、憲法裁判所長官、最高行政裁判所長官あるいは最高検察庁長官の地位にある者に、不正な財産増大、職務上の不正行為、憲法あるいは法律に反する職務権限行使または著しく倫理基準に反する行為があった場合、上院はその者を罷免できる旨を定める（第270条—第274

47　稲正樹・孝忠延夫・國分典子編・前掲書123頁［島田弦執筆］。

条)。この禁止規定は、憲法裁判所裁判官、選挙委員会委員、国家オンブズマン、国家会計検査委員、汚職防止取締に関する憲法関連法に基づく裁判官、検察官、国家官僚にも適用される（第270条1項）。また、第4節「政治職者の刑事手続」は、内閣総理大臣、国務大臣、下院議員および上院議員など政治職者に、不正な財産増大、刑法上の公務違反行為あるいは職務上の不正の嫌疑が生じた場合、最高裁判所政治職者刑事訴訟部はこれを審判する権限を有するとして、その刑事訴訟手続きを詳しく定める（第275条—第278条）。

2007憲法は、さらに、第13章「政治職者および国家公務員の倫理」（第279条—第280条）を創設して、政治職者および国家公務員に対して倫理規則の順守を義務づけている。

4　選挙委員会の監視・取締機能

2007年憲法は、1990年代の政治改革への要請の所産であった1997年憲法の精神を受け継ぎ、下院議員および上院議員、内閣総理大臣および国務大臣、政治職公務員、裁判官、さらには政党による不正な国家権力の取得および行使を監督・統制するために、1997年憲法では「国会」の章などに定めていた一連の憲法上の独立機関を第11章に一括して規定する。すなわち、第11章「憲法に基づく機関」では、第1節「憲法上の独立機関」において、選挙委員会（第229条—第241条）、国家オンブズマン（第242条—第245条）、国家汚職防止取締委員会（第246条—第251条）、国家会計検査委員会（第252条—第254条）を置き、第2節「その他の憲法上の機関」では、検察（第255条）、国家人権委員会（第256条—第257条）、国家経済社会諮問会議（第258条）を設置する。次には、2007年憲法が定めるこれらの独立機関のうち、選挙の管理・監視および取締のために重要な役割を担うことが期待されている選挙委員会の機能と構造を明らかにしておく[48]。

2007年憲法では、1997年憲法（第136条1項）と同様に、選挙委員会は、政治的に中立かつ誠実公正な者のなかから、上院の助言に基づき国王が任命する委員長1名と委員4名から構成される（第229条1項）。選挙委員会の委

---

[48] Andrew Harding, *supra note* (27), pp. 246-247. 大友有・前掲論文137頁以下。

員長および委員の選出は、次のような複雑な手続に従い行われる。1997年憲法では、憲法裁判所長官を委員長として、最高行政裁判所長官、すべての国立高等教育機関の講師が互選する4名、下院議員に党員がいる各政党の代表1名が互選する4名の10名から成る選挙委員選考委員会を設置していた（第138条(1)）。これに対して、2007年憲法の選挙委員選考委員会は、最高裁判所長官、憲法裁判所長官、最高行政裁判所長官、下院議長、下院の野党指導者1名、最高裁判所裁判官総会によって選出された者1名（非裁判官）、最高行政裁判所裁判官総会によって選出された者1名（非裁判官）の7名から構成される（第231条(1)）。

同選挙委員選考委員会は、委員総数の3分の2以上の表決をもって、選挙委員として相応しい資格（第230条、第207条）を有する者3名を指名し、指名を受けた者の同意を得たうえで上院議長に推薦する（第231条(1)）。これとは別に、最高裁判所裁判官総会は選挙委員として相応しい資格（第230条、第207条）を有する者2名を指名し、指名を受けた者の同意を得たうえで上院議長に推薦する（第231条(2)）。これらの推薦を受けて上院議長は上院を招集し、これらの推薦を受けた者を承認する決議を秘密投票により行う（同条(4)）。選挙委員として上院の承認を得た者は、会議を開催し、互選で選挙委員長1名を選出する。その結果は上院議長に通知され、上院議長は任命のためにその旨を国王に奏上する（同条1項(6)）。

2007年憲法によれば、1997年憲法（第144条1項）と同様に、選挙委員会の活動の目的は、下院議員および上院議員の選挙・選出、地方議会議員および地方行政者の選挙ならびに国民投票を監督し、これらの選挙と選出を公正かつ公平に実施することにある（第235条1項）。選挙委員長は、下院議員選挙および上院議員選挙あるいは選出に関する憲法関連法、政党に関する憲法関連法、選挙委員会に関する憲法関連法、国民投票に関する憲法関連法ならびに地方議会議員および地方行政者の選挙に関する法の執行者であり、政党登録官である（同条2項）。

選挙委員会は、選挙の管理および監視の面で、次のような職務権限を有する。

①憲法235条2項に定める法律の施行に必要な諸規則を公示または制定す

る。
②政党、立候補者、有権者の選挙運動および活動を誠実かつ公正なものにするために規則を定め、選挙運動における平等と機会均等を確保するために国家的な選挙支援原則を定める。
③国益の維持ならびに選挙の誠実、公正、平等および機会均等を配慮して、憲法181条が定める選挙管理内閣の職務執行に関して、内閣および国務大臣の禁止事項を定める。
④政党への献金、国からの助成金、選挙における政党および立候補者への資金支出ならびに公開による政党の会計検査、投票のための金銭授受に対する監視に関する規則を定める。
⑤政府機関、国家機関、国営企業もしくは地方行政機関の公務員または被雇用者に対して、憲法235条2項に定める法律の施行に必要な措置を命じる。
⑥憲法235条2項に定める法律に関連する問題や争点について、事実関係を調査・解明し、裁定する。
⑦選挙または国民投票が誠実かつ公正に行われなかったと確信する証拠がある場合、特定の投票所または全ての投票所において選挙または国民投票の再度実施を命じる。
⑧選挙、選出および国民投票の結果を公示する。
⑨「国王を元首とする民主主義政体」に関して広く国民を啓蒙するため、政府機関、国家機関、国営企業もしくは地方行政機関における奨励、支援および連絡調整を行うとともに民間団体を支援し、国民の政治参加を促進する（以上、第236条1項 (1)-(9)）。

　なお、これらの選挙委員会の権限・職務のうち、①、⑤、⑥、⑦、⑧は、すでに1997年憲法に見受けられるものである（1997年憲法第145条1項参照）。
　以上に見たように、2007年憲法は、選挙委員会は選挙の管理、監視および啓蒙の面できわめて広範な職務権限を定めるが、これに加えて、第237条には、選挙違反取締の強化の観点から、次のような新規定が盛り込まれている。すなわち、下院議員選挙および上院議員選挙あるいは選出に関する憲法関連法もしくは選挙委員会の規則または告示に違反し、あるいは別の者が違

反するように支援し、誠実かつ公正な選挙に反した立候補者に対して、その選挙権を剥奪する（第237条1項）。憲法237条1項が定める選挙違反行為に関して、政党の党首もしくは役員がその行為を知っていながら放置し、あるいは知っていながら公正かつ公平な選挙のために阻止または解決しようとしなかったと確信すべき証拠が判明したときは、当該政党は憲法68条が禁じる「憲法に定める立憲的な手続き拠らないで国家統治権の奪取」のための行為をなしたものだとみなされ、憲法裁判所が当該政党の解散を命じた場合、解散命令日から5年間にわたって当該政党の党首および役員の選挙権は剥奪される（同条2項）。

　なお、2007年憲法は、1997年憲法（第148条）の場合と同じく、選挙委員の公正な職務執行を期して、その不逮捕特権を認めている。すなわち、下院議員選挙、上院議員選挙あるいは選出および国民投票の実施期間中は、選挙委員会の許可を受けた場合あるいは現行犯の場合を除き、選挙委員の逮捕、拘禁あるいは喚問は禁じられている（第241条1項）。選挙委員が現行犯で逮捕された場合あるいは選挙委員が逮捕または拘留された場合には、選挙委員長にその旨を速やかに報告しなければならない。これを受けて選挙委員長は、逮捕された当該選挙委員の釈放を命じることができる（同条2項）。

5　「良い統治」の理念と「法の支配」の原則の明文化

　冒頭に述べたように、「新アジア立憲主義」の特徴は、「良い統治」の理念と「法の支配」の原則の意義が強調されていることにあった。この点、2007年憲法は、この二つの概念を次のように明文化している。

　先に見たように、1980年代以降、「良い統治」をめぐりさまざまな議論が展開されてきたが、20世紀末のタイでは、「良い統治」の理念は当時のタイの深刻な経済状況を背景にして積極的に受容されている。すなわち、1997年8月にタイを震源地として発生したアジア経済（通貨）危機の結果、タイにおける国家経済の破綻と社会的貧困を招来し、人びとから希望、気概、健全な判断力を奪い去ってしまうことが大きく危惧されたが、この危機克服の方策として提唱されたのが、「良い統治（タンマ・ラット）」の理念であった[49]。

---

[49]　Thirayuth Boonmi, Good Governance: A Strategy to Restore Thailand, in Reforming Thai

この実績を踏まえて、2007年憲法では「良い統治」の理念を次のように明文化している。第5章「国家政策の指導原則」では、国家経済政策の指針として、「(国は)事業運営と相携えて、正義、道徳および『良い統治』の原則の達成に努めなければならない」(第5章第7節「経済に関する国家政策の指導原則」第84条1項(2))とする。また地方自治の領域では、地方自治体において人事管理上の道徳および倫理を保護するために、地方公務員の「良い統治」を確保する機関を設置しなければならない旨を定める(第14章「地方行政」第288条2項)。

　「良い統治」との関連で、いかにも仏教国であるタイらしい憲法制度上の試みとして注目されるのは、「足るを知る経済(セタギット・ポーピアン)」の哲学の実践を掲げていることがある。もともと「足るを知る経済」の哲学とは、プーミポン前国王が、1997年12月4日、恒例である国王誕生日前日の講話において、これもこの年に始まるアジア経済(通貨)危機に苦しむ国民に立ち直りの方途を示すために提案した経済哲学である[50]。このとき国王は、「(経済の)虎になることが重要なのではない。大切なのはちょうど生活できるだけのほどほどの経済なのだ」と述べて、国民が贅沢をやめて「ほどほどの生活」で満足することにより自立して、自然のなかで互いに協力して生活することの重要性を説いたのであった。その根底には、人間の欲望に対して否定的な仏教的な価値観だけでなく、反資本主義的であり、また反西洋的である点で、近年のグローバリズムの潮流に抗する思想を窺うことができるであろう[51]。

　この国王の講話の趣旨を受けて、2007年憲法は「足るを知る経済」の哲学を明文上強調している。すなわち、「国家政策の指導原則」の章において、「国家統治は、『足るを知る経済』の哲学の実践を促進し、国家全体の利益に重要な配慮をしつつ、持続可能な方法により、社会的・経済的な発展および国家安全保障の促進を目的として実施される」(第5章第3節「国家統治に関す

　　Politics, Nordic Institute of Asian Studies, pp. 29-31 (Duncan McCargo ed., 2002).
[50]　下條芳明「一九九七年および二〇〇七年のタイ王国憲法の成立と展開―ポスト開発国家におけるアジア立憲主義に関する考察―」憲法学会編『憲法研究』第44号145頁(平成24年6月)。
[51]　赤木攻「『王政』と正当性―タイ政治の核心―」東アジア地域研究会/赤木攻・安井三吉編『東アジア政治のダイナミズム［講座東アジア近現代史5］』128頁(青木書店、平成14年)。

る国家政策の指導原則」第78条1項）とし、また、「国は、『足るを知る経済』の哲学の遂行を促進し、支援しなければならない」（同第7節「経済に関する国家政策の指導原則」第83条）と定めている。

　一方、「法の支配」の原則に関してみると、通例、暫定憲法を含むほとんどのタイ憲法は、国民主権を宣言する一方、国家元首としての国王が国民に属する主権の代行者として、国会、内閣および裁判所を通じて主権を行使する旨を定めてきた（各憲法第3条）。この点、2007年憲法でも、従来の憲法と同様に、第3条第1項で、「主権はタイ国民に属する。国家元首である国王は、本憲法の規定に従って、国会、内閣および裁判所を通じてかかる主権を行使する」と定める。そして、この条項に加えて、同条第2項では、「国会、内閣、裁判所、さらには憲法に基づく機関および国の機関は『法の支配』の原則に従わなければならない」として「法の支配」の原則を明文化している。1997年および2007年憲法では、「憲法の番人」である憲法裁判所の設置により、最高法規としての憲法の地位が確立されたが、とくに2007年憲法では、「法の支配」の原則の導入により、憲法生活における「法の支配」の原則に基づく統治の徹底を図っているのである。

Ⅸ　憲法裁判所における政治汚職および選挙違反に関する主要な判例

1　1997年憲法下の事例

　1997年憲法成立から1か月後の11月25日、民主党党首チュワン・リークパイを首班とする第二次連立内閣（1997年11月～2001年2月）が成立する。新憲法に創設された憲法裁判所は、このチュワン内閣の下、翌1998年4月から実質的な活動を開始する。かつての憲法裁判委員会の時代とは打って変わり、憲法裁判所の開設によりその訴訟は急増する。今泉慎也氏の調査によれば、1998年4月から1997年憲法がクーデタで廃止される2006年9月まで、憲法裁判所が扱った訴訟件数は、具体的審査が118件、抽象的審査が26件、資格的審査などその他の副次的権限にかかわるものが228件であり、副次的権限にかかわるもののうち政党法関係が84件、とくに政党の解散を

めぐる訴訟は78件に及んだという[52]。

このように1997年憲法下における憲法裁判所の事案は多岐にわたるが、次には、「新アジア立憲主義」の指導理念である「良い統治」あるいは「法の支配」の観点から、政治汚職および選挙違反に関する三件の代表的事例を紹介しておきたい。

(1) サナン内相資産虚偽報告事件（2000年8月10日判決）

先に述べたように、1997年憲法の制憲の趣旨はタイ憲法政治の積年の病弊である政治汚職・政治腐敗の根絶により、国民の議会制民主主義への信頼を回復することにあった。このために1997年憲法では、①資産公開報告書の未提出または虚偽あるいは隠蔽申告（第295条1項）、②不正な資産増大（第294条2項、第300条1項、第303条1項）、③公益相反行為（第110条、第128条、第208-209条）、④公的地位利用による公的業務あるいは人事への介入（第111条、第128条）、という政治汚職の四類型を設定し、政治家・官僚・公務員等によるこれらの行為を厳しく禁止している。この事件および次に見る「タックシン首相資産隠蔽疑惑事件」で適用された憲法295条は、政治職者が憲法に定める資産申告の際、国家汚職防止取締委員会が故意に資産報告を怠ったり、あるいは故意に虚偽の申告をしたりしたと判断した場合、国家汚職防止取締委員会は憲法裁判所に送致し、憲法裁判所が有罪と判断した場合は、当該政治職者の5年間の政治職への就任禁止を定める[53]。

---

[52] 石村修「タイ王国憲法における憲法裁判所による民主化」『専修法学論集』第114号242頁より再引（平成24年3月）。

[53] 1997年憲法295条は、政治職者の資産公開違反に関して次のように定める。「1. 政治職者が故意に憲法が定める財産・負債目録および付属書類を提出しなかったり、または故意に虚偽の、または通知すべき事実を隠蔽した財産・負債目録および付属書類を提出したりした場合は、当該政治職者が目録不提出の場合には第292条に基づく提出期限に、また虚偽の目録を提出した場合に審査により当該行為が発覚した日に退任しなければならない。その者は退任日以後5年間いかなる政治職に就くことも禁止する。2. 前項に掲げる場合、国家汚職防止取締委員会は判決を求めてこれら書類を憲法裁判所に送致し、憲法裁判所が右違法行為を認める判決を下したときは、第97条の規定を準用する。」ここでいう「政治職者」とは、(a) 内閣総理大臣、(b) 国務大臣、(c) 下院議員、(d) 上院議員、(e) 政治職公務員、(f) 地方公共団体の首長および地方議会議員等を指す。これらの政治職者は、（ⅰ）就任時は就任日から30日以内に、（ⅱ）退任時には退任日から30日以内に、および（ⅲ）退任日から1年を経過した日から30日以内に、自己、配偶者および未成年の子女の財産・負債目録を国家汚職防止取締委員会に提出し、その審査を受けなければならない（憲法292条1-2項）。

国家汚職防止取締委員会は、2000年4月7日、当時、チュワン内閣の副首相兼内相であり、政権党である民主党の幹事長でもあったサナン・カチョンプラサットが、1997年の下院議員の就任時、チュアン内閣内相就任時、副首相就任時という三つの時期の資産申告に記載された金銭債務に関して虚偽があるとし、故意による資産虚偽申告と判断して、政治職者の資産公開違反を定めた憲法295条に違反するとして憲法裁判所に提訴した。サナン内相は、憲法裁判所の判決を待たずして内相職を辞任したが、その後、2000年8月10日、憲法裁判所は国家汚職防止取締委員会の訴えを認めて、有罪判決を下した。この結果、サナン内相は5年間の政治職就任禁止の処分を受けることになった[54]。

(2)　タックシン首相資産隠蔽疑惑事件（2001年8月3日判決）

　「サナン内相資産虚偽報告事件」に対する有罪判決は、政治改革の担い手としての憲法裁判所および国家汚職防止取締委員会にとって「幸先の良い船出」を意味するものだった。実際、憲法裁判所は、その創設から2000年末までの3年間に、17の事案において国家汚職防止取締委員会の決定を承認している[55]。雲行きが怪しくなるのは、2001年1月の下院総選挙でタックシン・チンナワット率いるタイ愛国党が500議席中248議席を獲得し、第1次タックシン内閣（2001年2月～2005年3月）を単独政権として形成した頃からである。

　この点、重要な政治的転換点となったのが、2001年8月の「タックシン首相資産隠蔽疑惑事件」に対する憲法裁判所判決であろう。国家汚職防止取締委員会は、2000年12月26日、このとき野党であるタイ愛国党党首であったタックシンが、チャワリット内閣（1996年11月～1997年11月）の時代の1997年7月に副首相に就任した際、23億7000万バーツ（約68億9670万円）の資産を故意に申告せず、同年12月4日の副首相辞任時の資産申告では15億2000万バーツを、また、辞任1年後に提出した資産申告においても6469億バーツを故意に隠蔽し、虚偽の申告を行ったとして、憲法295条違反で憲

54　下條芳明「タイ憲法裁判所の成立と展開（1998-2008）―『新アジア立憲主義』の視点から―」比較憲法学会編『比較憲法学研究』第28号165-166頁（平成28年10月）。
55　Tom Ginsburg, *supra note* (26), pp. 95-96.

法裁判所に訴えた。それによれば、タックシンが自らの資産隠蔽手段として利用したのは、個人的に雇用した運転手、使用人、警備員、会社同僚等である。タックシンと彼の夫人ポチャマンは、彼らの名義を利用し、タックシンの一族会社である「シン・コーポレーション」の株式を大量に譲渡・売買し、多額の配当を得て、ポチャマン夫人の銀行口座に振り込んでいたにもかかわらず、故意に虚偽の資産申告を行い、資産隠蔽を図ったというのである[56]。

これに対して、憲法裁判所は、2001年8月3日、本件は憲法295条が適用される案件であるが、憲法295条にいう「故意」とは、被告人自身が当該資産について認知していたか否かの問題であり、タックシンは配偶者であるポチャマン夫人が他人名義の株を保有していたことまで認知していたとする十分な証拠はない。タックシンが資産を隠蔽したことは認定したが、その故意性は明白でないとして、8対7の僅差であるが、当時すでに首相に就任していたタックシンに対して無罪判決を下した[57]。

かくして、タックシン首相は政治汚職の疑惑を完全に払拭できないまま、総選挙における疑いない勝利者として政権の座に止まることになった。しかし、その後の政治的展開を見れば、このときの憲法裁判所の判断こそが、タイ憲法史上最も民主的な憲法と言われ、また「人民の憲法」とも称された1997年憲法の「死」に至る長い物語の序幕となるのである[58]。

(3) 下院総選挙無効事件（2006年5月8日判決）

先に見た2001年8月3日の憲法裁判所による無罪判決によって勢いを得たタックシン首相は、その後、他党の合併・編入によって権力基盤を強化し、さらに、2005年2月6日の下院総選挙では、与党タイ愛国党は総議席500中377議席を獲得するという圧倒的な勝利を収め、盤石な支持基盤の下で第二次タックシン内閣（2005年3月〜2006年9月）が成立する。一方、バンコクなど都市部の中間層、知識人層、エリート層は、タックシン政権の大衆迎合的な政策に危機感を募らせるようになり、2005年後半になると、タッ

---

56 大友有・前掲論文153-154頁。
57 下條芳明・前掲論文（註54）167頁。
58 Tom Ginsburg, *supra note* (26), p. 96.

クシンの退陣を求める要求は次第に顕在化する。

　事態を一変させたのは、翌 2006 年 1 月、首相一族が一族企業の全株式をシンガポールの政府系投資会社テマセクに売却し、巨額の株売却益を得たといわれる「シン・コーポレーション株式事件」である。マスコミを通じてこの事件が国民に広く露見すると、反タックシンの旗印の下に「民主主義のための人民連合 (PAD)」が結成されるなど、タックシン首相の退陣を要求する運動は急速に拡大する[59]。

　こうした危機的な事態に直面したタックシン首相は、2 月 24 日、下院を解散する道を選択し、前年 2 月に引き続き総選挙の実施に踏み切る。ところが、これに対して、主要野党三党である民主党、タイ国民党、大衆党がとった対抗手段が、総選挙には候補者を一切立てないという選挙ボイコット戦術であった。このため小選挙区（定員 400 名）では、400 の選挙区のうち 123 の選挙区では与党タイ愛国党候補のみが立候補し、他の選挙区では無名、あるいはにわか作りの泡沫政党が「対立」候補を出しただけであったし、比例区（定員 100 名）では主要政党ではタイ愛国党のみが候補者を立てるという異常な事態となった[60]。1997 年憲法によれば、下院の解散権は国王が保持し、国王は勅書において解散の日から 60 日以内に下院総選挙の期日を設定しなければならない（第 116 条 1-2 項）。これにより、4 月 2 日に予定通りに総選挙が実施され、対抗馬がいないタイ愛国党は 500 議席中 349 議席を獲得し、一応の勝利を収める。

　この総選挙における比例区の投票結果を見ると、与党タイ愛国党は 1642 万票を獲得したが、野党のボイコット戦術が功を奏して、批判票である白票も 905 万票と、投票者総数の 35% に達した[61]。また、1997 年憲法に基づく選挙法（公職選挙に関する憲法関連法）によれば、小選挙区で一人しか立候補者がいない場合には、当該選挙区の有権者の 20% 以上の得票を当選の要件としていた。ところが、4 月 2 日の総選挙では、38 の小選挙区では立候補者の得票は有権者の 20% に満たなかった。このため、4 月 23 日に残りの議席を

59　本稿第VI章「1997 年憲法の崩壊」参照。
60　青木まき・重富真一・前掲書 276 頁。
61　末廣昭・前掲書（註 33）185-186 頁。

めぐって二回目の再選挙が実施されるが、このときも14の選挙区が20%未満の結果となり、三回目の再選挙が4月29日に実施される予定となった[62]。

ところが、ここにおいて、4月2日の総選挙の正当性に疑問を投げ掛けたのが、国王であった。プーミポン国王は、4月25日、就任宣誓に訪れた最高裁判所および行政裁判所の裁判官を前にして、「今回の選挙は非民主的であり、裁判所が適切に判断すべきである」と述べて、民主主義の観点から立候補者が一人の選挙区や野党不在のまま特定の政党が議席を独占する状況を問題視するだけでなく、最高裁判所、行政裁判所および憲法裁判所の裁判官に対して4月2日の総選挙以来続いてきた危機的状況の打開を促す発言を行った[63]。

この国王の発言は"鶴の一声"となった。国会オンブズマンの提訴を受けた憲法裁判所は、5月8日、8対6の評決により、4月2日の総選挙は憲法違反に当たり、選挙自体を無効とする判決を下した。違憲の根拠としては、①下院の解散から投票日までの期間が37日間と短く、政権党であるタイ愛国党に有利になるように期間が設定されたこと、②投票用紙記入台の設置の仕方が不適切で投票の秘密が守られなかったこと、などの事由が挙げられた[64]。

しかし、こうした国王の発言に促された憲法裁判所などの慌ただしい対応も、結局、事態収拾の決め手とはならなかった。タイの政局は、もはや打つ手のないデッド・ロック状態に陥ったのである。その後も混乱が続くなか、2006年9月6日深夜、ソンティ・ブンヤラットグリン陸軍総司令官に率いられた「国王陛下を元首に戴く民主主義体制改革評議会（CDR）」によるクーデタが決行され、タイ憲政史上最も民主的な憲法といわれた1997年憲法は九年余の短い生涯を終えることになる。

2　2006年暫定憲法および2007年憲法下の事例

2006年9月のクーデタによって一度は廃止の憂き目を見た憲法裁判所で

62　石村修・前掲論文244頁。
63　下條芳明・前掲論文（註54）168頁。
64　下條芳明・前掲論文（註54）168-169頁。

あったが、同年10月1日に成立した暫定憲法下における憲法裁判委員会の段階を経て、2007年8月に成立した新王国憲法に再び導入されると、タックシン派政権との関連で、まるで生まれ変わったかのように「積極主義」の姿勢を示すようになる。次に、暫定憲法期から2007年憲法発足期までの二年間において、タイの政局に決定的な影響を与えた、憲法裁判所における政治汚職あるいは選挙違反に関する三件の代表的な事例を紹介しておきたい。

(1)　タイ愛国党（TRT）解党命令事件（2007年5月30日判決）

本件は、2006年10月の暫定憲法の下において、1997年憲法の憲法裁判所に係属する案件を引き継いだ憲法裁判委員会が扱った重要な事件である。もともとはクーデタ前の2006年7月に、国家汚職防止取締委員会と選挙委員会の認定に基づき、最高検察庁によって提訴されていたものである。

先にも述べたように、1997年憲法に基づく選挙法（公職選挙に関する憲法関連法）によれば、小選挙区制をとる下院の選挙区選挙に立候補者が一人しかいない場合、有権者の20％以上の得票を当選の要件とし、この法定得票率以下の選挙区は再選挙を実施しなければならないと規定していた。この事件では、最高検察庁は、タイ愛国党の幹部は2006年4月の総選挙において野党三党がボイコット運動を展開したため、他の二党と共謀して、法定得票率割れを回避するために他の小政党を買収し、対立候補の擁立を働きかけたと主張した。これに対して、タイ愛国党の側は勝利が当然に見込まれている選挙であったから、そのような行為を行うメリットはないと反論した[65]。

先に見たように、1997年憲法63条によれば、国民個人または政党が「国王を元首とする民主主義政体の転覆」または「憲法に定める立憲的な手続に拠らない国家統治権の奪取」のための行為を行った場合、当該行為を知った国民個人の要請に基づく最高検察庁の申し立てにより、憲法裁判所はかかる行為の停止と当該政党の解散を命じることができる[66]。ところが、クーデタ

65　今泉慎也「司法化するタイ政治―憲法裁判所の政党解散判決―」アジア法学会編『アジア法研究2011』第5号142頁（平成23年12月）。

66　1997年憲法は憲法裁判所による政党解散処分について、次のように定める。「1. 何人も、憲法に基づく国王を元首とする民主主義政体の転覆、または憲法に定める立憲的な手続に拠らない国家統治権の奪取のために、憲法に基づく権利および自由を行使してはならない。2. いずれかの個人または政党が前項に掲げる行為を行ったことを知りたる者は、これを最高検察庁に告発し、憲法裁判所に当該行為の停止命令を要請する権利を有する。ただし、右の要請を受けた憲法

により 1997 年憲法はすでに廃止されていたために、この事件ではその第 63 条を適用することはできない。

このため憲法裁判委員会は、2007 年 5 月 30 日、政党解散の理由として憲法と同じ文言で政府の「転覆」と「憲法に定める立憲的な手続に拠らない国家統治権の奪取」のための行為を定めていた 1998 年の政党法（政党に関する憲法関連法）を根拠にして、選挙違反は「憲法に定める立憲的な手続に拠らない国家統治権の奪取」に当たるとして、タイ愛国党に解散を命令し、党幹部 111 名に 5 年間の選挙権停止を命じた。ただし、同じく同法違反に問われていた民主党には無罪判決が下った[67]。

(2) サマック首相失職事件 (2008 年 9 月 9 日判決)

「タイ愛国党 (TRT) 解党命令事件」の判決の結果、タイ愛国党に所属していたタックシン派議員は「人民の力党 (People Power Party：PPP)」に結集した。2007 年 8 月 19 日に公布された新憲法に基づき、同年 12 月 3 日に下院総選挙が実施された。その結果、人民の力党が第一党の座を確保し、同党党首サマック・スンタラウェートを首班とする連立政権が成立する。これに対して、反タックシン派の「民主主義のための人民連合 (PAD)」は、サマック政権に対して首相府の占拠など大規模な抗議運動を起こし、タックシン派への訴訟が相次ぐことになる。一方、2007 年憲法の下で、2008 年 5 月に憲法裁判所裁判官の総入れ替えがあり、反タックシン派で固めたといわれる、9 名の新裁判官が上院の助言に基づき国王により任命された[68]。

本件では、食通で知られるサマック首相のテレビ料理番組へのレギュラー出演が、憲法 267 条が公益相反行為として禁止している「雇用」に当たるか否かが争われた。2007 年憲法 267 条によれば、内閣総理大臣および国務大臣は、「収益の配当もしくは営利の追及のために事業の営む共同経営会社、株式会社もしくは団体などの組織において、いかなる役職に就任してはならず、またはいずれかの被雇用者になることはできない」と定めて、政治職者

裁判所の判決は、当該行為をなしたる者の刑事訴追には影響しない。3. 憲法裁判所が前項の行為の停止を政党に強制する判決を下した場合、憲法裁判所はその政党の解散を命ずる。」（第 63 条）

[67] 下條芳明・前掲論文（註 54）176 頁。
[68] 石村修・前掲論文 246 頁。

の公益相反行為を禁止している[69]。

　本件を提訴したのは上院議員29名であり、憲法裁判所の公判はPADが首相府を占拠した時に始まった。サマック首相は、「交通費として5000バーツ（15,000円相当）をもらっただけである」と抗弁した。しかし、憲法裁判所は、2008年9月9日、政治腐敗の防止を目的とする憲法の趣旨から「雇用」を広く解釈して、サマック首相のテレビ出演は民法および労働法上の雇用契約に当たらないが、公益相反行為としての「雇用」に相当するとして、9名の裁判官の全員一致で有罪とし、首相の失職を宣告した[70]。

(3)　人民の力党（PPP）解党命令事件（2008年12月2日判決）

　憲法裁判所の判決によって失職したサマック首相に代わり、9月25日、政権を担当したのが、元司法次官でタックシン元首相の義弟でもある、人民の力党のソムチャイ・ウォンサワットである。しかし、反タックシン派の抗議運動は、ソムチャイ首相の所信表明演説を阻止するために国会を包囲するなど激しさを増した。11月26日、PADは突然、スワナブーン国際空港とドンムアン空港を占拠したために、30万以上の外国人が足止めになり、農産物や電子製品・部品の輸出に支障が生じるなど、タイ経済は大きな打撃を被った。

　この騒然とした状況のなかで、12月2日、人民の力党（PPP）など与党三党に対して解党を命令する憲法裁判所の判決が下される。同事件は、選挙委員会の調査・認定に基づき、最高検察庁が提訴したものである[71]。

　この判決において、憲法裁判所は、2007年12月3日の下院総選挙において、人民の力党、中道党、タイ国民党の与党三党の立候補者が公正かつ公平な選挙の実施を妨げる行為を行ったにもかかわらず、当該政党の党首および役員はかかる行為を知りながら放置し、改善策をとらなかったことは、憲法68条1項に定める「憲法に定める立憲的な手続に拠らない国家統治権の奪取」のための行為に当たるとして、憲法237条2項を根拠に、人民の力党をはじめ与党三党の解党処分とともに、各党の党首および役員に5年間の選挙

69　本稿第Ⅷ章第3節「政治汚職概念の類型化」参照。
70　石村修・前掲論文246-247頁。
71　下條芳明・前掲論文（註54）177頁。

権停止を命じたのだった[72]。先にも述べたように、2007年憲法237条は、第1項で、立候補者が選挙法および選挙委員会規則に違反し、公正かつ公平な選挙の実施を妨げる行為を行ったときは、当該立候補者の選挙権を停止する旨を定めたうえで、第2項で、「(候補者個人の選挙違反の行為に関して)当該政党の党首または役員が知っていながら放置し、あるいは知っていながら公正かつ公平な選挙のために阻止または解決しようとしなかったと確信すべき証拠が判明したときは、当該政党は憲法68条に基づく本憲法に定める立憲的な手続に拠らない国家統治権の奪取のための行為を行ったものとみなす。憲法裁判所が当該政党の解散を命じた場合、政党の解散命令の日から起算して5年間にわたり当該政党の党首および党役員の選挙権は剥奪される」と定める。かくして、ソムチャイ首相は失職となり、同政権はわずか2か月余りで崩壊したのであった。

その後も、タイの政局はタックシン派と反タックシン派との政治的対立を基軸に展開し、憲法裁判所が扱ったいくつかの事件は両派の激しい抗争のなかで、その判断が下されることになる。ソムチャイ政権崩壊後、2008年12月に成立した民主党党首アピシット・ウェーチャチーワを首班とする連立政権下では、憲法裁判所は政党解散命令を出すことはなかったが、2010年にタックシン派の野党であるタイ貢献党(Pheu Thai Party: PTP)の提訴を受けて与党民主党に対する政党解散訴訟が提起されている。

2011年7月3日の下院総選挙ではタイ貢献党が圧倒的な勝利を収め、タックシン元首相の妹であるインラック・チンワナットが首相に就任する。ところが、2014年5月7日、憲法裁判所は同政権が行った国家安全保障会議(NSC)事務局長の人事は憲法が禁じる不当介入に当たると判断し、インラック首相および閣僚9名を即時失職させる判決を下した。ここでもまた憲法裁判所の判決によって、タイ最初の女性首相でもあったインラックは首相の座を追われることになったのである[73]。

---

[72] 下條芳明・前掲論文(註54) 177-178頁。

[73] その後のタイ憲法政治の経過は、以下の通りである。2014年5月20日、プラユット・チャンオチャ陸軍総司令官はタイ全土に戒厳令を発令した。5月22日に2007年憲法は廃止され、国軍を中心とする「国家平和秩序維持評議会(NCPO)」が結成され、全統治権を掌握した。これにより、約三年間続いてきたタイ貢献党によるタックシン派政権は崩壊した。ここでNCPOは、

X 終わりに

　これまでに、この世紀転換期のタイに成立した1997年および2007年憲法を対象として、とくに「良い統治」および「法の支配」の観点から、この二つの憲法における「反汚職リーガリズム」の構造と関連判例の展開について憲法政治史的および制度論的に考察してきた。

　先に挙げた「人民の力党（PPP）解党命令事件」（2008年12月2日判決）で、タイ憲法裁判所は、政治汚職・政治腐敗の根絶こそが「2007年憲法の精神」であることを強調したうえで、次のように述べている。「政治家が重大な違反があることを感じなくなることは、タイ国の政治、民主主義が真の民主主義へと発展することを阻害し、国家に甚大なる損害を与えている。かかる政治家が政治権力を獲得するならば、恥じることなく不正を行い、国民を欺き、職務権限を用いて不当に利益を得ようとすることは必定である[74]」と。この言葉には、タイにおける民主主義を真の意味で実現するには、積年の病弊である政治汚職・政治腐敗を必ずや根絶しなければならないという、憲法裁判所の強い決意を読み取ることができるだろう。

　先に1980年代以降の「良い統治」をめぐる一般的議論に関しては概観し

　軍事政権下での民政移管までの15か月間の政治的日程を次の三段階に設定した。第一段階では、最初の2～3か月間でタックシン派と反タックシン派との政治的対立の緩和を図り、第二段階では、暫定憲法に基づき1年間かけて新憲法起草および選挙制度などの改革を断行し、さらに、第三段階では、新しい「恒久憲法」の下で議会選挙を実施するというものだった。

　この「ロードマップ」に従い、同年7月22日に新しい暫定憲法（『仏暦2557年タイ王国憲法［暫定版］』）が公布され、8月21日にプラユット陸軍総司令官を首相とする暫定内閣と国家立法議会が成立した。ところが、クーデタからおよそ15か月後の2015年8月22日、憲法起草委員会は最終憲法草案を発表したものの、9月6日に国家改革推進会議が新憲法草案を否決（反対135、賛成105、棄権7）したため、憲法改正作業は一時頓挫してしまった。しかし、翌2016年3月29日、新しく設置された憲法起草委員会により作成された新憲法の最終草案が発表され、8月7日、同草案の賛否を問う国民投票を実施した結果、賛成多数（賛成61.4％、反対38.6％）で承認された。10月13日、プーミポン国王が死去したため公布の手続きは大幅に遅れる。翌2017年4月6日、前年12月1日に即位した新国王ワチラロンコン王の署名を得て、この国20番目の憲法となる「2017（仏暦2560）年タイ王国憲法」が公布された。加藤和英「仏暦2560年（西暦2017年）タイ王国憲法について」日本タイ協会編『タイ国情報』第51巻別冊第1号ⅰ～ⅲ頁、xvii～xviii頁（平成29年5月）。

74　今泉慎也・前掲論文（註65）144頁。

た通りであるが、タイでは「良い統治（Good Governance）」の言葉は、「タンマ・ラット（Thammarat）」という概念に訳されている。この言葉はサンスクリット語に由来し、「タンマ（ダルマ）」は仏法上の道義あるいは正義を意味し、「ラット」は国家を意味するので、「タンマ・ラット」は「仏教的な道義あるいは正義にかなった国家運営」ということになる[75]。この意味では、おそらく、タイにおける1990年代以降の政治改革運動およびその所産である1997年および2007年憲法の基底に脈打っているのは、タイ固有の仏教国家的な道義観・正義感なのだろう。

　先に触れたように、1997年憲法は「人民の憲法（People's Charter）」と称され、2007年憲法は「裁判官の憲法（Judges' Charter）」との異名をとった。これに対して、2017年4月6日に制定された新憲法（『仏暦2560年タイ王国憲法』）は「汚職防止（反汚職）憲法（Anti-Corruption Charter）」あるいは「改革憲法（Reform Constitution）」（新憲法起草委員会委員長ミーチャイ・ルチュパンの説明）と呼ばれ[76]、憲法裁判所や選挙委員会など独立監視機関の権限はさらに強化されている[77]。

　1997年憲法に始まるタイ立憲主義における政治汚職に対する闘いは、ようやく緒に就いた、という状況なのだろう。21世紀におけるアジア立憲主義のみならず、"ポスト近代立憲主義"の行方を占う意味でも、タイ新憲法における「反汚職リーガリズム」の今後の動向を注視したい[78]。

なお、1997年および2007年のタイ王国憲法のテキストとして、次の文献を参考にした。
・Constitution of the Kingdom of Thailand, B.E. 2540（1997）, Gisbert H. Franz（ed.）, Constitutions of the Countries of the World, Oceana Pubications, Inc., 1998.

---

[75] 高城玲「現代タイにおけるグッドガバナンスの一断面—相互行為の過程で語られる『良き』統治—」〈神奈川大学国際経営研究所プロジェクト・ペーパー No 20〉31頁（2010年3月）。
[76] 加藤和英・前掲論文（註73）iv頁。
[77] 加藤和英・前掲論文（註73）vii-viii頁。
[78] 一般に「リーガリズム（Legalism）」の意味については、「諸々の抽象的な法的概念をそれらの社会的背景から切り離し、それによって法的概念の妥当する範囲を過大視する傾向」が強いと指摘される（J. N. シュクラー／田中成明訳『リーガリズム—法と道徳・政治—』51頁以下および「訳者あとがき」339頁（岩波書店、平成12年）。これに対して、本稿で「反汚職リーガリズム」という場合、タイに特殊的な歴史的、政治的、文化的な文脈のなかで、この概念を捉えていることを確認しておきたい。

· Constitution of the Kingdom of Thailand, B. E. 2550 (2007), English Translation by Dr Pinai Nanakorn, Bureau of Printing Services, The Secretariat of The House of Representatives, Bangkok, 2007.

刑法上の傷害概念と PTSD
——最高裁平成 24 年 7 月 24 日決定を素材として——

宮 坂 果 麻 理

I　はじめに
II　刑法上の傷害概念と精神障害
III　PTSD に関する下級審判例
IV　最高裁決定が示唆したもの
V　おわりに

I　はじめに

　刑法第 204 条は、「人の身体を傷害した者は、15 年以下の懲役又は 50 万円以下の罰金に処する」と規定する。刑法上の傷害概念をめぐっては、①生理的機能障害説（人の生理的機能に傷害を与えることとする見解）、②完全性毀損説（人の身体の完全性を害することと捉える見解）、③折衷説（人の生理的機能に傷害を与えること、および身体の外貌に重大な変化を加えることと解する見解）などに分かれているが、判例は、従来より、傷害とは、他人の身体に生理的機能を毀損あるいは健康状態に不良変更と定義づけている[1]。なお、傷害行為には、暴行を手段とする場合のような有形的方法に限らず、頻繁な電話や、暴言、騒音など無形的方法も含むと解されており、また、精神障害も傷害概念に含まれるとされている。
　さらに近年では、このような概念をさらに発展させ、心的外傷後ストレス障害（Post-Traumatic Stress Disorder、以下、「PTSD」という。）を与える行為が、

---

[1]　最判昭和 27 年 6 月 6 日刑集 6 巻 6 号 795 頁、大判明治 45 年 6 月 20 日刑録 18 輯 896 頁。

傷害にあたるかどうか、また、暴行行為により、PTSDが発症した場合、結果的加重犯として傷害罪にあたるかどうか、さらには、一定の行為によりPTSDが発生した場合、監禁致傷等の結果的加重犯が構成されるかが問題となる等のケースが発生し始めた。当該ケース等に対し、下級審で判断が分かれるなか、最高裁は平成24年7月24日決定（以下、「最高裁平成24年決定」という。）[2]で、監禁の意図を秘した被告人が、約1年の間に4人の女性に対し、暴行・脅迫を用いて順次監禁し、その結果として加療約2年3ヶ月ないし全治不明のPTSDを発症させた事案に対し、「一時的な精神的苦痛やストレスを感じたという程度にとどまらず、いわゆる再体験症状、回避・精神麻痺症状及び過覚醒症状といった医学的な診断基準において求められている特徴的な精神症状が継続して発現していることなどから精神疾患の一種である外傷後ストレス障害の発症が認められた」とし、「精神的機能の障害を惹起した場合にも刑法にいう傷害に当たると解するのが相当である」と判示し、最高裁として、初めてPTSDのような精神疾患であったとしても、刑法上の傷害に含まれることを肯定し、監禁致傷罪の成立を認めた。

　しかしながら、本決定は、事例判断と解すべきものであることから、当該決定が示されたことによって、問題の全てが解決したわけではない。なぜなら、PTSDに関しては、精神医学の分野においても、一定の基準は存在しているが、その要件に関して争いがないわけではなく、また、下級審判例にお

---

[2]　刑集66巻8号709頁。本決定に関する評釈として、豊田兼彦「PTSDが『傷害』に当たるとされた事例」法学セミナー693号（2012年）143頁、「不法に被害者を監禁し、その結果、被害者に外傷後ストレス障害（PTSD）を発症させた場合について、監禁致傷罪の成立が認められた事例」受験新報749号（2013年）30頁、「不法に被害者を監禁し、その結果、被害者に外傷後ストレス傷害（PTSD）を発症させた場合について、監禁致傷罪の成立が認められた事例」法律時報85巻3号（2013年）140頁、深野友裕「女性をホテルの客室等に監禁し、外傷後ストレス障害（PTSD）を発症させた事案において、PTSDの傷害該当性を肯定し、監禁致傷罪の成立を認めた事例」警察学公論68巻2号（2013年）88頁、田川靖紘「PTSDと傷害（致傷）の成否」刑事法ジャーナル35号（2013年）145頁、佐藤剛「不法に被害者を監禁し、その結果、被害者に外傷後ストレス症候群（PTSD）を発症させた場合について、監禁致傷罪の成立が認められた事例」警察学論集66巻8号（2013年）165頁、島田まな「外傷後ストレス傷害（PTSD）の惹起と監禁致傷罪」『平成24年度重要判例解説』（有斐閣、2013年）157頁・158頁、辻川靖夫「不法に被害車を監禁し、その結果、被害者に外傷後ストレス傷害（PTSD）を発症させた場合について、監禁致傷罪の成立が認められた事例」『平成23年度最高裁判所判例解説刑事篇』（法曹会、2015年）49頁、吉川友規「PTSDが監禁致傷罪における『傷害』に当たるとされた事例」同志社法学66巻6号（2015年）245頁。

いても判断が分かれていたという事実があり、再検討が必要と言える。

　なお、従来、下級審裁判において問題となってきた事案は、主に暴行を手段としない傷害罪の成否であったのに対し、最高裁平成24年決定の争点は、結果的加重犯である監禁致傷との関係における判断であったことから、その他の事案においてどのような判断が示されているのかについても検討する必要があろう。

　本稿では、判例における傷害の概念を大審院判例から最高裁平成24年決定に至るまで、下級審判例を含め、判例の変遷と併せ検討するとともに、改めて刑法における傷害罪の位置付けを確認した上で、刑法上の傷害概念に精神障害が含まれると解した場合、身体の保護と精神の保護は対等に位置付けてよいのかについて検討を加えることとする。

II　刑法上の傷害概念と精神障害

　刑法上の傷害概念について、大審院は次のように判示している。すなわち、大審院明治43年4月4日判決[3]では、「身体内外の発生を問わず、身体の生理的機能を毀損することであって、身体における生理状態を不良に変更すること広く含む」とし、腫脹を旧刑法における「創傷」に該当するとした[4]。また大審院明治45年6月20日判決[5]では、毛髪やひげを裁断あるいは剃去する行為は暴行罪にとどまると判示したことから、大審院は、生理的機能障害説の立場に立っていることが分かる。

　戦後、最高裁は、昭和24年7月7日判決[6]において、加療1週間の擦過傷が問題になった事案につき、「『傷害』とは他人の健康状態の不良変更等生活機能に障害を与える場合を包含する人の体躯の完全性を害する」ことであると改めて定義づけた。これによって、最高裁は、大審院[7]から続く、「生理的機能障害説」の立場を採っているものと理解することができる。また、その後、最高裁昭和24年12月10日判決[8]においても、強姦致傷事件にお

3　刑録16輯516頁。
4　旧刑法第245条。
5　刑録18輯896頁。
6　裁集刑12号132頁。

いて、被害者に治療約1週間を要する下口唇部口腔粘膜裂創、右頬部及外甥腹部爪掻傷を負わせた事案につき、「ほっておいても癒る程度の傷であってもそれが全治するまでに約1週間を要することは少しも矛盾するものではない。軽微な傷でも人の健康状態に不良の変更を加えたものである以上刑法いわゆる傷害を認むべきである」と判示した。

続いて、最高裁昭和27年6月6日判決[9]も、「傷害罪は他人の身体の生理的機能を毀損するものである以上、その手段が何であるかを問わないものであり、本件のごとく暴行によらずに病毒を他人に感染させる場合にも成立する。性病を感染させる懸念あることを認識しながら、婦女に対して詐言を弄し、病毒を感染させた場合は、傷害罪が成立する」と判示していることからも、最高裁は、生理的機能障害説を貫いていることは明らかである。

なお、戦後の傷害概念に関するリーディング・ケースとして位置付けられているのが、最高裁昭和32年4月23日決定(以下、「最高裁昭和32年決定」という。)[10]である。本件事案は、被告人が、被告人方において、些細なことにより座っていた被害者の肩付近を数回踏みつけたうえ、上頭を手で覆って俯向けになった同人の左側胸部を数回蹴り、よって同人に対し、治療約10日間を要する左側胸部打撲痛を負わせたものであった。

第1審の福岡地小倉支昭和29年7月5日判決[11]は、傷害罪を適用した。これに対し、第2審[12]は、当該診断書の記載を是認したうえで、また、胸部に疼痛を生ぜしめたことについては、「刑法にいわゆる傷害とは、他人の身体に対する暴行によりその生活機能に障碍を与えることであって、汎く健康状態を不調に変更した場合を含むものと解される」とし、「他人の身体に対する暴行により、その胸部に疼痛を生ぜしめたときはたとい、外見的に皮下

7 　刑録18輯896頁。
8 　裁集判15号273頁。
9 　刑集6巻6号795頁。
10 　刑集11巻4号1393頁。なお、本判決の評釈として、高橋幹男「胸部打撲痛と身体障害」『昭和32年度最高裁判所判例解説刑事篇』(法曹会、1958年)、夏目文雄＝平野龍一＝松尾浩也編『法判例百選Ⅱ各論〔第2版〕』(有斐閣、1984年)14頁・15頁、萩原玉味「傷害の意義—胸部打撲痛と身体傷害(業務上過失致死傷罪における業務)—刑法第211条の業務の意義」『刑法の判例』223頁(有斐閣、1973年)。
11 　刑集11巻4号1398頁。
12 　福岡高判昭和32年2月2日刑集11巻4号1401頁。

溢血、腫脹又は肋骨骨折等の打撲痕は認められないにしても、身体の内部における機能運動に障碍を与えて、健康状態を不良に変更させたものとして傷害を負わせたものと認めるのが相当である」と認定し、傷害罪の成立を認めた。これに対し、弁護人は、腫脹を傷害とした大判明治43年4月4日、皮膚の表裏を剥離したことによる掻傷を傷害とした大判大正11年12月16日、被害者を一時人事不省（意識不明）に陥らせた一方、身体に故障を来さない場合は傷害に含まれないとした大決大正15年7月20日を挙げ、判例違反を主張し、上告した。

これに対し、最高裁昭和32年決定は、「判例違反の名を借りた証拠判断ないし事実認定の非難であるが、引用の判例は所論判例と同趣旨に帰するが故に、判例違反に当たらない」と述べたうえで、「刑法にいわゆる傷害とは、他人の身体に対する暴行によりその生活機能に障がいを与えることであって、あまねく健康状態を不良に変更した場合を含むものと解し、他人の身体に対する暴行により、その胸部に疼痛を生ぜしめたときは、たとい、外見的に皮下溢血、腫脹又は肋骨骨折等の打撲痕は認められないにしても、前示の趣旨において傷害を負わせたものと認めるのが相当であると判示したのは正当であって誤りはない」と判示した。

当該判例に沿って判断を示したものと思われるものとして以下の判例がある。福岡高宮崎支昭和62年6月23日判決[13]は、「刑法のいわゆる傷害とは、他人の身体に対する暴行によりその生活機能に障害を与えることであり、健康状態を不良に変更した場合も含むものと解するのが相当であるところ（最高裁昭和32年4月23日第3小法廷決定。刑集11巻4号1393頁参照）、身体に対する暴行により、その腰部等に圧痛を生じせしめたときは、たとい、挫傷、皮下出血、腫脹などの他覚的所見が認められなくても、身体内部における機能に障害を与え、健康状態を不良に変更したものとして傷害を負わせたものと認めることができる」としており、また、名古屋地裁平成6年1月18日判決[14]も、「傷害罪にいう傷害の結果とは、人の生理的機能を害することを含み、生理的機能とは精神機能を含む身体の機能全てをいうと解されるから、『不安及び抑うつ状態』という医学上承認された病名に当たる精神的・身体

---

[13] 判事1225号38頁。

的症状を生じさせることが右の傷害の結果に当たることは明らか」であるとの判断を示している。

　つまり、一定程度の精神障害を傷害に含めると解する下級審判例が続けて示されたベースこそ、大審院決定に従って示された最高裁昭和32年決定であったと考えられる。但し、当該時点においては、傷害罪に含まれる精神障害については、どの程度を問うべきか、また、精神と身体との関連性の要否、その際の身体組織の障害に対する証明の有無等については、未だ解明されていなかったといえよう[15]。

　その後、最高裁は平成17年3月29日決定[16]において、「被告人は、自宅の中で隣家に最も近い位置にある台所の隣家に面した窓の一部を開け、窓際及びその付近にラジオ及び複数の目覚まし時計を置き、約一年半の間にわたり、隣家の被害者らに向けて、精神的ストレスによる障害を生じさせるかもしれないことを認識しながら、連日朝から深夜ないし翌未明まで、上記ラジオの音声及び目覚まし時計のアラーム音を大音量で鳴らし続けるなどして、同人に精神的ストレスを与え、よって、同人に全治不詳の慢性頭痛症、睡眠障害、耳鳴り症の傷害を負わせたというのである。以上のような事実関係の

14　判タ858号272頁。
15　身体の完全性の毀損に重点をおき判断した下級審判例として、東京地判昭和38年3月23日判タ147号97頁がある。
16　刑集59巻2号24頁。なお本決定の評釈として、江口和伸「自宅から隣家の被害者に向けて連日ラジオの音声等を大音量で鳴らし続け、慢性頭痛症等の傷害を負わせた行為が傷害罪に当たるとされた事例」研修685号（2005年）17頁以下、島岡まな「隣家の被害者に朝から深夜までラジオの音声及び目覚まし時計のアラーム音を大音量で鳴らし続けた行為が傷害罪の実行行為に当たるとされた事例」法学教室301号（2005年）84頁、山口厚「新判例から見た刑法（16）傷害の意義」法学教室303号（2005年）91頁、五藤恵梨子「暴行によらない傷害罪の認定と訴因変更の要否—自宅から隣家の被害者に向けて連日ラジオの音声等を大音量で鳴らし続け被害者に慢性頭痛症等を生じさせた行為が傷害罪の実行行為に当たるとされた事例」愛知学院大学大学院法研究会論集21巻1＝2号（2007年）29頁、豊田兼彦「傷害罪の成立が肯定された事例」法学セミナー613号（2006年）121頁、内海朋子「自宅から隣家の被害者に向け連日連夜ラジオの音声等を大音量で鳴らし続け慢性頭痛症等を生じさせた行為と傷害罪の成否」ジュリスト1330号（2007年）163頁、柑本美和「『暴行』と『傷害』—『奈良騒音傷害事件』最高裁決定における『騒音による傷害罪』を機縁として」上智法学論集50巻4号（2007年）105頁、對馬直紀「自宅から隣家の被害者に向けて連日連夜ラジオの音声等を大音量で鳴らし続け被害者に慢性頭痛症等を生じさせた行為が傷害罪の実行行為に当たるとされた事例」判例時報1962号（2007年）206頁、島岡まな「暴行によらない傷害」山口厚＝佐伯仁志編『刑法判例百選Ⅱ〔第7版〕』（有斐閣、2014年）14頁。

下において、被告人の行為が傷害罪の実行行為にあたるとして、同罪の成立を認めた原判決は正当である」として、騒音による傷害罪の成立を肯定した。本決定では、精神的ストレスを受けた事ではなく、それにより、全治不詳の慢性頭痛症、睡眠障害、耳鳴り症の傷害を負わせたことを傷害と判断したのである。本件での問題は、暴行によらない無形的方法による傷害罪の要否についてであり、その実行行為性が問われた事案であったが、傷害結果として、睡眠障害、耳鳴り等が発症させたことが、身体の生理的機能の毀損に該当すると判示した。

以上の裁判例から、傷害概念については、いずれも生理的機能障害説の立場にたち、精神的機能も生理的機能に含まれると解されているとともに、精神的ストレスは傷害と解さず、精神的ストレスから症状が進んだ状態を傷害と捉えていると言える。

Ⅲ　PTSDの定義と下級審判例

下級審判例においては、被害者にPTSDを発症させた多くのケースで、量刑において考慮されるに過ぎないが、一部判例においては傷害罪あるいは結果的加重犯としての致傷罪の成立を認めてきたものも存在する。そこで、下級審が、刑法上、如何なる判断をなしているのか、以下順次、①〜⑤の判例を概観していくこととする。

そもそも、「PTSD」とは、強い精神的外傷後に生じる本人及び周囲の人々にみられる精神的後遺症をいう。心的外傷による精神症状（トラウマ反応）が、体験直後に起きて1カ月未満で症状が消えるものは「急性ストレス障害（ASD）」、それ以上続くものは、「PTSD」と診断される。その診断基準として用いられているのが、1994年に米国精神医学協会が作成したDMS-Ⅳと、1992年にWHOが作成したICD-10である[17]。

17　DMS-Ⅳ基準の詳細につき、日本精神神経学会監修『DSM-5精神疾患の分類と診断の手引』（医学書院、2014年）、髙橋三郎『DSM-5診断面接ポケットマニュアル』（医学書院、2015年）、同『DSM-5鑑別診断ハンドブック』（医学書院、2015年）、大野裕『精神医療・診断の手引き―DSM-Ⅲはなぜ作られ、DSM-5はなぜ批判されたか』（金剛出版、2014年）。

ICD-10基準の詳細につき、融道男＝小見山実＝大久保善朗＝中根允文＝岡崎祐士訳『ICD-10

このような「PTSD」の概念を前提として、まず最初に概観する①福岡高裁平成12年5月9日判決[18]は、高裁として初めて精神的機能障害と傷害罪成否について解釈方法を示したものであり注目すべき判例である。

　被告人Xは、犯行当時、飲酒し、帰宅するためにバスに乗車したが、イライラした気分になっていたことから、運転の仕方についてバス運転手に文句を付けたところ、言い返されたりしたことから、一層イライラした気持ちになっており、バスを降車後、スーパーマーケットで買い物をし、玉ねぎが入った買い物袋を手に下げて徒歩で自宅に向かう途中、小学生Y（当時10歳）とすれ違った際に、同人を覗き込むようにしたところ、そのようにされたYが不快な表情や態度を示したことに不快感を募らせ、いきなりYの頭髪を掴んで地面に引き倒し、その顔面を草履様のもので踏みつけ、さらに立ち上がった小学生の顔や腹部を数回手拳や買い物袋で殴ったり、腹部を足で蹴ったりした。近くでこの様子を見ていたYの兄は、自宅と同じ棟の2階に駆け込み、女性Z（当時34歳）に弟が髪の毛を引っ張られたり、打たれたりしている旨を知らせ、Yを助けるために、急いで犯行現場に駆けつけ、ブロックベイに押し付けられていたYと被告人Xの間に止めに入ったところ、これに立腹した被告人は、Zに対して、手に持っていた買い物袋で後頭部を1回殴打したり、手拳で、その後、後頭部を1回殴打した。

　被告人Xの暴行により、Yに生じた具体的な症状は、本件直後は、腹部の痛みと頭痛がしたほか、放心状態となったため、3日くらい学校を休ませ、1ヶ月くらいは1人で外出ができなくなり、寝つきが悪くなったり、食欲が減退したり、感情表現が少なくなって嬉しいことや悲しいことがあって

精神および行動の障害―臨床記述と診断ガイドライン〔新訂版〕』（医学書院、2005年）、同『ICD-10 精神および行動の障害― DCR 研究用診断基準〔新訂版〕』（医学書院、2008年）、中根允文＝山内俊雄監修『ICD-10 精神科診断ガイドブック』（中山書店、2013年）等参照。
[18] 判時1728号159頁。本判決に関する評釈として、内田文明「精神的機能障害と傷害罪の成否」ジュリスト1202号（2001年）152頁、大山弘「心理的なストレス状態と『障害』概念」法学セミナー537号（2001年）105頁、甲斐行夫「心的外傷後ストレス症候群（ptsd）による傷害罪の成立が否定された事例」研修693号（2001年）29頁、佐々木和夫「暴行を受けたことによる心的外傷後ストレス症候群による傷害罪の成立が否定された事例」現代刑事法39号（2002年）67頁、緒方あゆみ「精神的機能障害と傷害罪の存否」同志社法学（2002年）54巻1号292頁、安田拓人「暴行による心理的ストレス状態と結果的加重犯としての傷害罪の成否」『判例セレクト'01』（2002年）31頁。

も、ほとんど態度に出すことがなくなり、それは本件から約8ヶ月経過した後も続いており、被害の3日くらい後に微熱が出て、2、3日下がらなかったことがあった。また、Zも、頭部に受けた外傷自体はまもなく治ったが、頭痛が1ヶ月くらい続き、いきなり男性から理由もなく暴力を受けたことで、精神的にひどいショックを受け、2、3週間は満足に夜寝ることができず、また外出も1人でできなくなり、買い物等も子どもに頼んだり、Yの母親と一緒に行ったり、食事を出前で済ますなどしたり、電話が鳴っただけでも心臓がドキドキしたり、戸外で足音がしただけで、ビクッとしたりすることが3ヶ月くらい続いた。なお、YおよびZは、本件の翌日に病院において打撲による頭痛等の治療を受けた後、熊本北警察署に被害届を提出しているが、病院作成の診断書は提出されなかった。

熊本地裁は、傷害罪を肯定したが[19]、福岡高裁は、「傷害罪における傷害とは、一般に人の身体の生理的機能に障害を与えること、ないしは人の健康状態を不良に変更することを指すと解するのを相当とするところ、人の精神的機能に障害を与える場合も右にいう人の生理的機能に障害を与える場合に含まれ、傷害罪にいう傷害に該当するというべきである」とし、本件については、「治療措置といえるほどのものは採られておらず、経過観察の措置も採られていない上、症状の程度を明確にするに足りる証拠にも乏しいことを考慮すると、傷害罪の傷害に当たるといえるかどうかについても全く疑問の余地がないとはいえ」ず、本件での心理的ストレス状態は、「有形力の行使や細菌感染などの物理的、化学的原因、過程により直接生じたものではなく、犯罪の被害を受けたことによる恐怖等を伴う体験を、被害者自身が想起し直すという心理的原因、過程によりいわば、間接的、派生的、二次的に生じたものであり、有形力の行使（暴行）等から直接生じた被害とは異なるという点において、暴行の被害を受けた場合に限られるものではなく、恐怖という体験を伴う種々の犯罪の被害者となった者が共通してしばしば被る症状であることに留意すべきところ、深夜窃盗に入られ犯人の姿を見て恐怖を感じた場合にも、強盗や強姦等の恐怖を伴う被害に遭った場合にも、殺してやると脅迫され恐怖を抱いた場合にも、人それぞれに精神的ショックを被り、

---

[19] 熊本地判平成11年10月14日。

その恐怖や衝撃的な場面を思い返すことによって心理的なストレスが増幅され、ある程度の期間にわたって不安定な状態が続くということはよくあることであって、このような恐怖等を伴う多くの犯罪の被害者が程度の差はあれそれなりの心理的なストレス状態を生ずることは、むしろ通例というべきであろう（だからこそ、このような心理的ストレスを生じることが予想される犯罪については、それ相応の刑罰を科しているとすらいえるであろう。）。確かに、例えば、直接的、積極的に被害者を心理的なストレス状態やノイローゼ状態に陥らせることを意図し、脅迫や恐怖体験を与える行為を繰り返すなどして、殊更に被害者にそのような症状を生じさせた場合は、それが比較的軽度のものでも、それが身体の生理的機能の障害に該当し傷害罪を構成する場合があることは明らかであるし、他方、致傷罪の定めのある場合でも、恐怖感を伴う体験や精神的ショックを受けた者が、その状況を思い返すことにより例えばノイローゼ状態になるような相当程度の精神的障害を呈するような場合においては、致傷罪を構成することになるのも見やすいところであるが、本件のように、ある程度のストレス状態になること、すなわち、憤りや強い被害感情、恐怖心等から、興奮しやすい状態、不眠状態、心理的に不安定な状態になるといった程度にとどまりあるいはそれにとどまる疑いが残る場合には、仮にそれが厳密には傷害の概念それ自体に当てはまる程度のものといえる場合においても、それはそれぞれの犯罪の本来の構成要件自体にそのような結果がある程度予想されていて、それがいわばその中に織り込み済みになっていると解する余地があり、致傷罪の定めのない窃盗、脅迫罪等の場合にそれが情状として量刑上考慮されるのは当然であるが、これと同様に、致傷罪の定めのある罪の場合や暴行罪（傷害罪には暴行致傷としての傷害が含まれる。）の場合にも、心理的なストレス状態については、その程度に照らして、致傷罪を構成せず、したがって、暴行罪の場合にも、同様にその情状として量刑上考慮するのを相当とする場合があると考えられる。殊に、致傷罪の設けられている強盗、強姦、強制わいせつ等の被害者の場合には、被害を受けたことにより多かれ少なかれ心理的ストレス状態を生ずるのがむしろ通常といえるのであって、これを生じない場合の方が稀であるといえる以上、通常予想されるようなストレス状態をすべて致傷に当たるとすれば、これらの罪のほとんどない

しはかなりの場合がその致傷罪を構成することになり、これを構成しない場合がむしろ稀になるということにもなりかねないと思われるが、そのような結果になることは、我が国の刑法の体系が予想しているところとは必ずしも思われないことからして、相当でないと考えられる。本件では、被告人が被害者である小学生や女性を心理的ストレス状態に陥れることを特に意図して執ように暴行行為に及んだものでないことは明らかであるし、また、その症状も種々の犯罪の被害者の被る心理的ストレス等の被害を特に上回るものとまではいまだ認め難いというべきであって、いわゆる犯罪の被害者としての恐怖による二次的かつ一般的なストレス状態を超えたものとはにわかに認め難いことからすると、これをもって、有形力の行使である暴行の結果的加重犯としての傷害罪の成立を認めるのは相当でないというべきである（なお、被告人には、傷害の未必的故意があったともいえなくもないが、右のような事情にかんがみると、錯誤による傷害罪が成立すると解することも相当でないというべきである。）」として、各暴行罪が成立するに過ぎないとの判断を示した。

本判決では、暴行を意図したものではない暴行により「心理的ストレス」を与えた場合に、心理的ストレス状態がPTSDと認定されても直ちに傷害罪が成立することにはならず、結果的加重犯としての傷害罪の成立を限定的に解したことは、その意義は非常に大きい。

次に、下級審判例で被害者にPTSDを発症させた場合、傷害罪あるいは結果的加重犯として致死傷を認めた判例を概観する。

さらに、②奈良地裁平成13年4月5日判決[20]は、PTSDを認定し、傷害罪成立を認めた初めての事案である。同判決は、半年間にわたって執拗な無言電話により約1年間の加療を要するPTSDを発症させた事案について、嫌がらせ電話による心の傷をPTSDと認定し、傷害罪の成立を認めた。

本事案では、被告人が無言電話をかけることで、被害者に精神的不安感を与え、不眠状態に陥れるなど企てており、精神的機能障害を与えることを認識している点で傷害の故意があったと認められる。また、被告人による当該行為と結果との間に相当な因果関係が認められることから、当該判断は妥当

---

[20] 公刊物未搭載。本判決に関しては、緒方あゆみ「精神的機能障害と傷害罪の成否」同志社法学54巻1号（2002年）296、297頁。

であろう。

また、③富山地平成13年4月19日[21]判決も、被告人が、交際相手の男性Xが以前交際していた女性Yにまだ思いを寄せているものと思いこみ、3年半にわたり、Yに対して、ほぼ毎日30回から50回程度、延べ2,000回以上、また、その当時、Yの勤務先に数日おきないしは連続して1日あたり数回から50回以上、延べ3,000回以上、Yの実家に合計1万回以上、無言電話や脅迫又は中傷する言葉を言うなどの電話を繰り返しかけ、その結果Yに重大な精神的ストレスを与えPTSDの傷害を負わせた事案について、「傷害罪にいう傷害の結果とは、人の生理的機能を害することをいうものと解するのが相当であるが、人の生理的機能とは、精神機能を含む人の機能のすべてをいうものと解される」、「ICD-10やDSM-Ⅳにおいて、PTSDが独立した疾患概念として扱われていることからすると、現在の精神医学会においてはPTSDという病名は承認されたものと認められる」とし、「その発症の機序は十分解明されたとはいえないものの、一般に自律神経の機能障害が指摘されており、さらには脳の一部に生理的な変化を生じて発症に影響を与えることも示唆されている」、「……医学上承認された精神的・身体的症状を生じさせることは、傷害罪にいう傷害の結果に当たることは明らかである」ことを理由として、約6か月以上の治療及び経過観察を要するPTSDと認定し、傷害罪の成立を認めている。

被告人が、無言電話や脅迫電話を繰り返しかけることにより、被害者が恐怖や不安を感じて普段通りの精神状態でいられなくなり、通常の日常生活を送ることができない状態になるかもしれないことを認識していたとされていることから、傷害罪の未必的故意を認定することが可能であるといえる。

なお、④山口地裁平成平成13年5月30日判決[22]は、性的犯罪により発症したPTSDについて、初めて認めた判例である。被告人が、車の助手席で

---

[21] 判タ1081号291頁。本判決に関する評釈として、松原久利「嫌がらせ電話により心的外傷後ストレス傷害（PTSD）を負わせた行為につき傷害罪の成立が認められる事例」受験新報616号（2002年）14頁。

[22] 公刊物未搭載。本判決に関する評釈として、佐藤弘規「強制わいせつの被害者が受けた精神的ストレスをPTSDと認定し、強制わいせつ致傷罪の成立を認めた事例」警察公論56巻8号（2001年）59頁、宇田川寛史「電車内での強制わいせつ致傷罪の成立を認めた事例」捜査研究604号（2002年）57頁。

眠っていた被害者の陰部を手指で弄ぶなどの強制わいせつ行為をし、その結果、被害者に入院加療約37日間を要するPTSDを負わせた事案につき、強制わいせつ致傷罪の成立を認めた。

また、⑤東京地平成16年4月20日判決[23]も、被告人Xが約1か月半にわたり、被害者Y及びその父らの携帯電話に約2000回以上に及ぶ無言電話をかけ続け、Yと同居している妻Zに無言電話がかけられてくることを認識させ、Zに全治不明のPTSDを増悪させる傷害を負わせた事案に対し、傷害罪の成立を肯定した。なお、本件においては、傷害罪が成立する根拠については明示されていないものの、生理的機能障害説に立ったものと思われる。

以上の判例は、精神的機能障害が傷害罪に含まれるとする点では、従来の判例の立場を踏襲しているものといえよう。但し、判例②、③、⑤は、暴行によらない傷害の事案であり、傷害の故意または未必の故意が認められたのに対し、判例①と④は類似性が認められたに過ぎない。すなわち、④は強制わいせつ行為によって生じた心理的ストレスをPTSDと認定して強制わいせつ罪を認めたものであり、①は心理的ストレスを結果的加重犯としての傷害罪とする点で、類似性が認められると解したのである。なお、注目すべきは、PTSDという最近の概念とその症状としての心理的ストレス状態の程度が問題とされた事案について、新たに判断基準を示し、傷害罪の成立を積極的に解したことであろう。

Ⅳ　最高裁決定が示唆したもの

前述のとおり、下級審裁判において問題となった事案は、主に暴行を手段としない傷害罪の成否であった。これに対し、最高裁平成24年7月24日決定において問題となったケースは、PTSDを発症させた場合に、結果的加重犯である監禁致傷罪との関係における判断であり、以下では、当該最高裁決定を概観することにする。

被告人は、電子メール等のやり取りを通じて知り合ったWが被告人の求

---

[23] 判時1877号154頁。

めに応じ、青森県を訪れたことから、平成15年12月9日から、青森県五所川原市所在の「ホテルA」に同女（当時17歳）と宿泊し、性的な関係を持つなどしていたが、同月12日、同女が帰宅したいと言い出したことから、同女を監禁しようと企て、同ホテルの客室内において、同女に対し、その頸部を手で強く絞め付け、「おれのために死んでみろ。殺してやろうか」などと申し向け、その顔面を平手で殴打するなどの暴行や脅迫を加えて、同女を同所から脱出することが困難な心理状態に陥らせた上、同日から同月15日までの間、同ホテル客室内及び青森市所在の「ホテルB」客室内において、同女の行動を監視したり、同女に対し、帰ったら家族を殺す旨申し向けたりするなどの脅迫を加え、同女を上記各所から脱出することが困難な心理状態に陥らせ、脱出を不能にして不法に監禁し、その結果、同女に加療約2年3か月間を要する外傷後ストレス障害の傷害を負わせた。

　また、電子メールのやり取り等を通じて知り合ったXを監禁しようと企て、平成16年3月8日、「ホテルC」の客室内において、同所に呼び出した同女（当時18歳）に対し、その顔面や腹部を多数回にわたり殴りつけるなどの暴行を加えて、同女を同所から脱出することが困難な心理状態に陥らせた上、同日から同年6月19日までの間、「ホテルD」の客室、「ホテルE」の客室、「マンションF」の当時の被告人方居室（以下「綾瀬の居室」という。）、および「眼科病院」に、同女を連れて行くなどし、同女の行動を監視したり、「見張りをつけている。逃げても無駄だ」などと語気鋭く申し向けた上、その身体を多数回にわたり殴りつけるなどの暴行や脅迫を加え、同女を上記各所から脱出することが困難な心理状態に陥らせ、脱出を不能にして不法に監禁し、その結果、同女に全治不明の解離性障害及び外傷後ストレス障害の傷害を負わせた。

　さらに、コスプレのイベント会場で知り合ったYを監禁しようと企て、平成16年8月23日、綾瀬の居室に同女（当時22歳）を誘い入れた上、同女に対し、「帰ったら殺す。親も兄弟も殺す。自分には手下がいる。もう住所も分かってるんだから、手下がお前の家を見張ってる」などと語気鋭く申し向け、その顔面を殴りつける暴行や脅迫を加えて、同女を同所から脱出することが困難な心理状態に陥らせ、その後、同日から同年12月16日までの

間、同居室及「マンションG」の当時の被告人方居室（以下「喜多見の居室」という）において、同女の行動を監視したり、同女に対し、盗聴器が家中に仕掛けてある、見張りが常にいるなどと申し向けたりしたほか、その顔面等を殴りつけるなどの暴行や脅迫を加え、同女を上記各所から脱出することが困難な心理状態に陥らせ、脱出を不能にして不法に監禁し、さらに、この間、同年9月中旬ころ、綾瀬の居室内において、同女に対し、右手拳でその顔面を殴りつけて、約1か月間の外来経過観察を要する鼻骨骨折の傷害を負わせ、同月17日、同居室内において、同女に対し、「今すぐ死ね」、「腕を切って死ね」、「お前が死ななかったら家族も殺される」などと語気鋭く申し向け、その脅迫により抗拒不能の状態に陥っている同女をして、ペティナイフでその左肘部を切らせて、全治約2週間を要する左肘窩切創の傷害を負わせ、同月25日、同居室内において、同女に対し、「手首切って死ねよ」「死なないと家族を殺す」などと語気鋭く申し向け、その脅迫により抗拒不能の状態に陥っている同女をして、包丁でその左手首を切らせて、全治約10日間を要する左手首切創の傷害を負わせ、同月下旬ころから同年10月上旬ころまでの間、同居室内において、同女に対し、その左腰部を右足の甲で蹴りつけた上、倒れ込んだ同女の左腰部を数回踏みつけるなどの暴行を加えて、3か月以上の安静加療を要する腰椎横突起骨折等の傷害を負わせ、同年12月14日、喜多見の居室内において、同女に対し、両手拳でその頭部、顔面等を数回殴りつけるなどの暴行を加えて、全治約1週間を要する頭部及び顔面打撲の傷害を負わせ、以上の結果、同女に全治不明の外傷後ストレス障害の傷害を負わせた。

　さらに、イベント会場で知り合ったZを監禁しようと企て、同年11月22日、喜多見の居室において、同居室に誘い込んでいた同女（当時23歳）に対し、「外に出るのを許さない、逃げたら家に火をつける、親の会社をつぶす」などと語気鋭く申し向け、同女を同所から脱出することが困難な心理状態に陥れた上、同年12月2日までの間、同所において、同女に対し、その行動を監視したり、「絶対逃げるな、逃げたら殺す」などと語気鋭く申し向けたほか、その頸部を絞めて壁に押し付けたり、その腹部を足蹴りにしたりするなどの暴行や脅迫を加え、同女を同所から脱出することが困難な心理状態に

陥らせ、脱出を不能にして不法に監禁し、その結果、同女に全治不明の外傷後ストレス障害の傷害を負わせたものである。

第1審の東京地裁[24]は、「被告人から、暴行等を受けるなどした上で、その支配下にある居室等から出ると、自身や家族の生命や財産等に危険が及ぶ旨脅迫されている女性らからみれば、脱出を試みて失敗すれば、更に状況が悪化することが予想されるのであるから、確実に脱出が可能で、危険が及ばなくなるという見込みがなければ、脱出を試みることは心理的に困難といえるのであり、各女性とも、他に助けを求めることのできない状況で、暴行や脅迫を受けて、被告人の支配する居室等から自由に出られなくなった旨述べているのであるから、いずれも脱出困難な心理状態にあったとみることができる。また、一度このような心理状態に陥った後は、その心理状態を脱する出来事がない限りは、受けた脅迫の影響下にあるといえるのであるから、客観的にみて、逃げ出す機会があったとしても、その心理状態を利用した監禁は継続しているものといえる。そして、『監禁』とは、人が一定の区域から出ることを不可能又は著しく困難にすることをいうが、本件の各女性らは、いずれも被告人の脅迫を受け、被告人が許諾した被告人方居室やホテル等の限られた場所の外に脱出することが心理的に困難になったのであるから、いずれの女性も『監禁』されたものと認められ、被告人の求めにより、場所の移動があっても、全体として1個の監禁行為と評価するのが相当である。なお、女性らの中には、被告人と同行するなどして、限られた場所の外に出た者や、被告人のもとから数日間にわたって逃げ出した者もみられるが、そのように限られた場所の外に出た際にも、各女性においては、いまだ被告人の監視下にある状況ないしは、被告人からの害悪を恐れ、心理的に被告人の支配下に戻らざるを得ない状況を脱していないものと認められる上、限られた場所から出た時間は、それぞれの女性が被告人の脅迫等を受けて監禁されていた期間の全体に比べても、比較的短い時間にとどまるのであるから、これらの状況を踏まえると、本件においては各女性ごとに全体として1つの監禁が成立するものと評価するのが相当である」としたうえで、Wについて、「捜査機関から、Wに関し、被害の精神的影響等についての鑑定の嘱託を受

---

[24] 東京地判平成19年10月19日刑集668号735頁。

けた東京女子医科大学附属女性生涯健康センター所長の医師は、Ｗの捜査機関に対する供述等の捜査資料を精読するとともに、同女を６回の機会にわたって合計６時間診察し、各種心理検査を行った上で、平成17年12月13日、Ｗについて、全治の予測が不可能な慢性の外傷後ストレス障害(以下「PTSD」と略称する)であると診断している。その診断は、アメリカ精神医学会が精神疾患の診断基準として採用し、世界的に使用されているDSM-Ⅳ-TRという基準に準拠し、Ｗが被告人から受けた暴行等を同基準におけるPTSDの診断基準のうちの外傷的体験の定義であるＡ項目に該当するとした上、再体験などの症状やその持続期間などの同基準が定めるＢないしＦ項目についても、心理検査や面接の結果を踏まえて、いずれも基準を満たすと判断されたものである。そして、その診断の基準や診断の根拠となった心理検査の手法、診断者の経験等において、診断の信用性を左右すべき問題点はうかがえない。もっとも、その診断の前提となった情報には、医師がＶから直接聞き取るなどした情報や同人の捜査段階の供述なども含まれているが、関係証拠によれば、Ｗは、被害の経緯について、医師に述べた内容等とほぼ同趣旨の内容を公判準備で証言していることが認められる(なお、医師は12月９日から監禁されたとの前提で鑑定しているが、Ｗが、医師に対し、12月９日から12日の間に受けた被害について、公判準備で証言したものと異なる趣旨の被害を申告したものとはいえず、その点が外傷的体験の判断に影響を来すものともいえないから、監禁期間の判断の相違は診断の信用性に影響するものとは考えられない)、また、被害後の症状の真偽についても、時間をかけて面接や面接票に記載させる検査によって、十分に吟味した上で診断しているものと認められるから、その診断の前提となる情報の正確性にも問題があるとはいえない。なお、弁護人は、被告人のもとを離れてから１年以上後に医療機関を訪れていることや、事件後の生活状況を指摘し、Ｗが医師に対して虚偽の申告をするなどして診断を受けた疑いがあるとして、PTSDの診断を争っているが、前記のとおり、診断の基礎となる精神状態については、医師が被害申告の信用性をも吟味して判断しているものであるし、鑑定書によれば、診察の経緯や事件後の生活状況も、診断の前提として考慮されていることが認められることに加え、医師自身が、弁護人の指摘を考慮しても、診断が変更されるものでない旨を明確に

証言している。そして、以上に加えて、Wに対する加療期間については、その後の治療等の結果、平成18年3月25日の時点で服薬寛解と認められる旨の証拠に基づき、判示第1のとおりの傷害を認定」した。

Xについては、「捜査機関から、Xに関し、被害者への事件の精神的影響等についての意見書作成の依頼を受けた武蔵野大学教授の医師は、Xを2回の機会にわたって合計7時間面接し、各種心理検査を行った上で、平成17年8月16日、Xについて、PTSD及び解離性障害であると診断している。そのうち、PTSDに関する診断は、前記診断基準のDSM-Ⅳ-TRに準拠し、Xが被告人から受けた暴行等を同基準におけるPTSDの診断基準のうちの外傷的体験の定義であるA項目に該当するとした上、再体験などの症状やその持続期間などの同基準が定めるBないしF項目についても、心理検査や面接の結果を踏まえて、いずれも基準を満たすと判断されたほか、面接時のXの反応から解離性障害と判断している。そして、その診断の基準や診断の根拠となった心理検査の手法、診断者の経験等において、診断の信用性を左右すべき問題点はうかがえない。もっとも、その診断は、Xの公判準備での証言を前提に行ったものではなく、医師がXと面談するなどして得た情報が基礎になっているが、関係証拠によれば、Xが被害の経緯について医師に述べた内容はXが公判準備で証言した内容とほぼ同趣旨のものであることが認められ、また、被害後の症状の真偽についても、時間をかけて面接や面接票に記載させる検査によって、十分に吟味した上で診断しているものと認められるから、その診断の前提となる情報の正確性にも問題があるとはいえない。なお、弁護人は、Xの証言自体が信用できないとして、診断の信用性に疑問を述べているほか、同女が自ら求めて被告人に嫌われながらも約3か月間にわたり生活した経緯やその間の自ら求めた性的関係等が病状に影響している旨主張している。しかしながら、前記のとおり、Xの被害状況に関する証言は十分信用できるから、弁護人の前記主張はその前提を欠くものであって、採用できない。そして、以上を前提に、近時の病状に関する証拠も考慮に入れた上、判示第2のとおりの傷害を認定」した。

Yについては、「捜査機関から、Yに関し、被害者への事件の精神的影響等についての意見書作成の依頼を受けた医師は、Yを6回の機会にわたっ

て合計約7時間30分面接し、各種心理検査を行った上で、平成17年10月17日、Yについて、PTSDであると診断している。その診断は、前記DSM-IV-TRに準拠し、Yが被告人から受けた暴行等を同基準におけるPTSDの診断基準のうちの外傷的体験の定義であるA項目に該当するとした上、再体験などの症状やその持続期間などの同基準が定めるBないしF項目についても、心理検査や面接の結果を踏まえて、いずれも基準を満たすと判断されたものである。そして、その診断の基準や診断の根拠となった心理検査の手法、診断者の経験等において、診断の信用性を左右すべき問題点はうかがえない。もっとも、その診断は、Yの公判準備での証言を前提に行ったものではなく、医師がYと面談するなどして得た情報が基礎になっているが、関係証拠によれば、Yが被害の経緯について医師に述べた内容はYが公判準備で証言した内容とほぼ同趣旨のものであることが認められ、また、被害後の症状の真偽についても、時間をかけて面接や面接票に記載させる検査によって、十分に吟味した上で診断しているものと認められるから、その診断の前提となる情報の正確性にも問題があるとはいえない。なお、弁護人は、(1) Yの証言自体が信用できないとして、診断の信用性に疑問を述べているほか、(2) 同女の既往の病歴が病状に影響している旨主張している。しかしながら、(1) 前記のとおり、Yの被害状況に関する証言は十分信用できるから、弁護人の主張はその前提を欠くものというほかない。また、(2) 医師は、Yの病歴について、本件による被害の前に通院を終了していたことなどの事実を具体的に把握した上で、PTSD発症の直接原因とはいえないと結論づけているものであるから、弁護人の主張は理由がない。そして、以上を前提に、近時の病状に関する証拠も考慮に入れた上、判示第3のとおりのPTSDの傷害を認定した。ところで、被告人のYに対する暴行等については、判示第3の1ないし5のとおり、比較的重い傷害を負わせた結果になっているものがあり、証拠上認められる暴行等の経緯や時期及び程度等に照らすと、被告人は、Yの逃走を防止するという監禁状態の維持のためではなく、別個の動機から各傷害に及んだものと認められ、その意味で、上記各傷害と監禁は、本来併合罪の関係に立つものというべきである。他方、医師の鑑定書によれば、YのPTSDの発症について、被告人による監禁行為と被

告人から受けた上記各傷害を全体としてとらえて外傷的出来事として評価した上で、診断されているものであって、PTSDが精神症状であることも考慮に入れると、監禁と傷害を別個に評価することとした上で、Yに生じたPTSDが監禁と上記各傷害のいずれと因果関係を有するかを分析するのは困難であるし、併合罪関係に立つ複数の罪のいずれとも因果関係を有すると解することは、PTSDという1個の傷害を二重に評価する結果となる点で問題がある。それに加えて、上記各傷害行為も一連の監禁の行為中に被告人によって行われたものであり、社会的には一体の行為としてとらえることができること、被告人の意図はともかく、Yからみれば、被告人の傷害行為が脱出困難な状態を強化したといえ、傷害行為が監禁を助長する性質を有すること、傷害罪を独立評価しなければ、監禁致傷罪が成立する事案であることを踏まえると、被告人のYに対する所為は、個別の傷害結果についての上記各傷害罪と監禁致傷罪とを包括して評価するのが相当というべきである」としている。

　Zについては、「捜査機関から、Zに関し、被害の精神的影響等についての鑑定の嘱託を受けた医師は、Zの捜査機関に対する供述等の捜査資料を精読するとともに、同人を7回の機会にわたって合計6時間診察し、各種心理検査を行った上で、平成18年1月10日、Zを、全治の予測が不可能なPTSDであると診断している。その診断も、前記DSM-Ⅳ-TRに準拠し、Zが被告人から受けた暴行等を同基準におけるPTSDの診断基準のうちの外傷的体験の定義であるA項目に該当するとした上、再体験などの症状やその持続期間などの同基準が定めるBないしF項目についても、心理検査や面接の結果を踏まえて、いずれも基準を満たすと判断されたものである。そして、その診断の基準や診断の根拠となった心理検査の手法、診断者の経験等において、診断の信用性を左右すべき問題点はうかがえない。もっとも、その診断の前提となった情報には、医師がZから直接聞き取るなどした情報や同女の捜査段階の供述なども含まれているが、関係証拠によれば、Zは、被害の経緯について、医師に述べた内容等とほぼ同趣旨の内容を公判準備で証言していることが認められ、また、被害後の症状の真偽についても、時間をかけて面接や面接票に記載させる検査によって、十分に吟味した上で

診断しているものと認められるから、その診断の前提となる情報の正確性にも問題があるとはいえない。なお、弁護人は、Zが事件後にコスプレを趣味として楽しんでいるなどの生活状況を指摘し、また、通院状況についてZが事実と異なる証言をしたなどと主張して、PTSDとの診断の信用性に疑問を述べているが、医師は、弁護人の指摘するような被害者の生活状況があっても、PTSDの症状を発症していることと矛盾しない旨証言しているし、Zの精神状態については、医師が前記のとおり複数の機会にわたって被害申告の信用性をも吟味して判断しているのであるから、診断の信用性を左右するものとはいえない。さらに、弁護人は、Zが以前に別の医師によって精神状態に異常がないと診断されていることも指摘するが、Zはその医師に対し、前提となる被害等を説明していないものと認められるから、同診断は、医師の診断の信用性に影響するものとはいえない。一方、弁護人は、Zの症状に、Yによる刃物を使用した脅迫が影響しているとも主張するが、被告人は、Yを監禁した状態で、同女がZの監視などをすることを念頭に置いた上で同女の監禁を行っており、Yの行動は、監禁されている同女が、被告人の指示や意向に従って行動したものといえるから、Yの関与がZの症状に影響していたとしても、その症状は被告人の監禁行為によるものと評価できるというべきである。そして、以上を前提に、近時の病状に関する証拠も考慮に入れた上、判示第4のとおりの傷害を認定」している。

第1審では、PTSDによる傷害、監禁致傷罪を認定し、被告人に懲役14年を言い渡した。本件では、監禁致傷の成立について肯定したものの、PTSDと傷害との関係については、述べられていない。

これに対し、第2審東京高裁[25]は、PTSDという精神疾患が、刑法上の傷害に該当する点とともに、その診断の信用性判断の在り方について判示した。すなわち、「(1) 刑法上の傷害は、本件で問題とされる監禁致傷等のいわゆる結果的加重犯の場合も含め、人の身体の生理的機能に障害を与えること、ないしは、人の健康状態を不良に変更することにあると解される。そして、このような法律上の概念である傷害は、医学上の概念として用いられる場合の『傷害』と必ずしも一致するわけではないが、後者において診断され

[25] 東京高判平成22年9月24日刑集66巻8号782頁。

る傷害が、社会通念上それ自体傷害として意識されるものであり、少なくとも日常生活における支障が一時的なものにとどまらず、通常一定の治療行為が必要とされる程度に達するものである限り、刑法上の傷害に該当することには異論がないと考えられる」。また、「PTSDは、医学上の概念であり、強い精神的外傷（生命や身体に脅威を及ぼし、強い恐怖、無力感又は戦慄を伴うような外傷体験）への暴露に続いて、特徴的ないくつかの症状が発現してくるものであるが、既に、精神医学の現状において特定の精神疾患として認知されているといってよい。すなわち、関係各証拠及び成書によると、PTSDは、米国では、ベトナム戦争後の帰還兵の問題行動が社会問題になったときにその原因として議論され、我が国においても、いわゆる阪神淡路大震災や地下鉄サリン事件以降、大きく取り上げられるようになったが、現状は、いまだトラウマ関連症状の診断や治療を取り扱う専門医も多くはなく、より専門的な治療を受けられる診療機関も限られている。こうした診療機関では、診断及び治療に当たり、各種精神疾患に関する世界的に共通の診断基準として、諸外国でも使用されている、米国精神医学会のDSM-Ⅳ-TR（以下、単に「DSM」という。）あるいは世界保健機関（WHO）によるICD-10のPTSD診断基準に準拠した上、問診のほか、診断面接（診断基準に基づいて構成された面接法）とともに、二種類の心理検査、すなわち、①IES-R（出来事インパクト尺度改訂版。PTSD症状がそれぞれどのくらい強く現れているかを調べるための、患者が自記式で記入する形式のもの）、②CAPS（PTSD臨床診断面接尺度、22項目の質問からなる面接法で、すべて行うと60ないし90分程度を要し、PTSD診断をするためのものであるが、訓練を受けた専門家でないと実施できないもの）を施行し、患者のトラウマ反応がPTSD症状になっているかどうかや、その程度を調べ、これらにより治療方針や治療計画を立てていき、その治療としては、基本的なケアを心掛けつつ、患者がトラウマ体験を乗り越えてもとの生活に近い暮らし方ができるようになるよう、適切な訓練を受けた治療者による認知行動療法等の精神療法や薬物療法が実施されているところである。そして、DSMのPTSDにおける診断基準の内容は別紙6のとおりである（以下、当該診断基準のうち、外傷体験に関する項目を「A基準」、再体験症状に関する項目を「B基準」、回避・精神麻痺症状に関する項目を「C基準」、過覚醒症状に関する項目を「D基準」、障害の持続期間に

関する項目を「E基準」、臨床上著しい苦痛又は社会的機能等の障害に関する項目を「F基準」とそれぞれ呼称し、また、A基準内に列記された細目の(2)を指すときは、単に「A(2)基準」という。)が、こうした診断基準やその診断、治療の現状に照らすと、上記のような専門機関において、少なくともこれらに依拠した適切な診断が行われる限り、その結果として判定されるPTSDは、単に精神的に一時的な苦痛あるいはストレスを被ったなどというレベルを超えたものと見ざるを得ず、刑法上の傷害に該当することは否定し難いというべきである。これに対し、所論は、身体的な意味における傷害は、外的要因の判断が明確であり、結果的加重犯としての処罰においても責任主義には反しないが、心理的な影響を肯定すると、相手の性格、精神状態を熟知して一定の心理的影響が生じることを知りつつあえて外的な働き掛けに及ぶ場合以外に、広く処罰範囲が拡大することになって、明らかに責任主義に反するとか、いまだ納得できる客観的判断基準が確立しているとはいい難い、PTSDのような心因反応を傷害に含ませると、『傷害』の概念は、限界を失うことになりかねないから、PTSDを傷害として擬律して、刑事罰の対象とすることは許されない、というのである。確かに、PTSDの概念自体、いまだその歴史は浅く、発展的段階にあると考えられるほか、DSMも、手引きを読んで症状を偽る詐病との区別がつかないという意味で科学的根拠に乏しいという批判があり、さらにDSM自体今後も改訂されていくことが予定され、加えてPTSDに係るDSM所定の、とりわけA基準については診断者の解釈が入り込む余地があるなどという議論もあるけれども、既に、精神医学界において、特定の精神疾患として認知されている以上、法益保護の観点からは、前記のようなPTSDを刑法上の傷害の概念から一律に排除するのは妥当でないと考えられるし、精神医学界等における上記のような批判や議論を踏まえつつ、現在周知されてきた基準により当該診断が適切に行われる限りは、不当に処罰範囲が拡大することもないというべきであるから、この点の所論は採用できない。(3) 翻って、刑法上の傷害の有無、内容及び程度(治療期間等)については、実務上、しかるべき医師の作成した診断書等の証拠に基づいて認定されているが、精神疾患、とりわけ本件で問題とされるようなPTSD(あるいは解離性障害)の場合には、前記のように、その診断基準が相応に複雑な内

容である上、当該診断に当たっては、用いられる手法や各診断項目に対する該当性の判断等、これらに対する精神医学上の知識や経験等を要し、以上を踏まえた専門的かつ総合的な検討に基づかない限り、適正かつ妥当な判定を行うことは、実際的にも困難なものと考えられる。これらに加え、前記のようなPTSDにおける精神医学界の議論の現状等を考慮すると、本件のように、被告人の各犯行を外傷体験として、各被害女性がPTSD等に罹患したことを内容とする『傷害』に該当するか否かが問題になる場合には、少なくとも鑑定等により、これらの精神疾患に詳しい専門医による診断結果を踏まえ、当該犯罪による傷害の有無及び程度を認定するのが相当というべきである。もっとも、刑法上の傷害の有無等に対する判断は、もとより法律判断であるから、裁判所において合理的な疑いを差し挟み、その信用性が否定されるべき場合があることはいうまでもない。しかしながら、特定の精神疾患に対する該当性やその内容、程度に関する診断は、それがいかなる機序等により発症したか否かの点も含め、上記のように、非常に専門的な分野に関わるものであるから、上記のような診断基準に基づくものである以上、当該鑑定等の前提条件や結論を導く推論過程において、明らかに不合理と認められる事情がない限り、基本的にその信用性は肯定されるべきものである。なお、所論は、心理検査及び面接によりPTSDと診断した以上信用できるとして、いわば当然の前提のみをもって、医師らの鑑定意見の信用性を肯定した原判決は、裁判所自らの職責を放棄したものであり、医師の意見はあくまで参考にとどめつつ、処罰に値するほどの傷害結果が生じていたといえるかという刑法的観点や、被害者証言が信用できるかという観点から、独自に吟味、判断をしていないから、説得力を余りに欠いている旨主張するが、原判決の説示に照らすと、各被害女性の証言の信用性については、前記のとおりおおむね正当にその信用性の判断を加えているといえる上、医師の意見に対する信用性の評価について述べた上記のような観点に照らせば、上記所論によって直ちに原判決の事実誤認が基礎付けられるものではないから、この点の所論も採用できない。(4) 以上のように、監禁行為あるいはその手段として（ないしその機会に）行われた暴行、脅迫によって被害者がPTSDを発症した場合には『監禁致傷罪』を肯定する余地があるから、これを一律に否定するよう

な所論の見方は、独自の見解といわざるを得ない。そして、その発症の有無、程度に対する診断の信用性評価について、上記のような観点から検討すると、本件で各被害女性に対する鑑定をした医師は、原判決も説示するとおり、精神科医、とりわけPTSDに詳しい専門医として、臨床経験等が豊富であると認められる上、DSMの基準に従い、各被害女性についておおむね各事件における監禁等の被害を内容とする外傷体験がA基準を満たすとともに、これらにより各被害女性について、それぞれ三症状が1か月以上持続しており、臨床上の著しい苦痛ないし社会的機能の障害がある旨判定しているところであるが、その鑑定の経過やその内容等に照らせば、その判定は、いずれも合理的であり、鑑定の前提条件や結論を導く推論過程に明らかに不合理とすべき事情は認められないから、基本的にその信用性は十分である」と判示した。

これに対し、弁護人は、憲法違反等を理由に上告したが、最高裁は、上告を棄却し、「被告人は、本件各被害者を不法に監禁し、その結果、各被害者について、監禁行為やその手段等として加えられた暴行、脅迫により、一時的な精神的苦痛やストレスを感じたという程度にとどまらず、いわゆる再体験症状、回避・精神麻痺症状及び過覚醒症状といった医学的な診断基準において求められている特徴的な精神症状が継続して発現していることなどから精神疾患の一種である外傷後ストレス障害（以下「PTSD」という。）の発症が認められたというのである。所論は、PTSDのような精神的障害は、刑法上の傷害の概念に含まれず、したがって、原判決が、各被害者についてPTSDの傷害を負わせたとして監禁致傷罪の成立を認めた第1審判決を是認した点は誤っている旨主張する。しかし、上記認定のような精神的機能の障害を惹起した場合も刑法にいう傷害に当たると解するのが相当である。したがって、本件各被害者に対する監禁致傷罪の成立を認めた原判断は正当である」と判示した。

本決定では、個別的な精神症状をみたうえで、精神的機能の障害に該当するのであれば、刑法上の傷害が肯定されるとの判断を示した。

問題は、PTSDであるとの診断結果が医療上、合理的になされ、かつそれが信用できるか否かに尽きることになろう。つまり、医学上のPTSD診断

は、「容易」になされる傾向・可能性が否定できないことから、刑事司法上、当該PTSD診断が犯罪を構成する程度の傷害に達しているのかを見極めることが重要なのである。この点、本件事案では、少なくとも「PTSD」に詳しい専門医により、鑑定がなされ、IES-RやCAPS検査が実施しており、その実施に際しては、被験者による作為的な回答を排除するために、面接も繰り返しなされており、さらには、同一の質問を織り交ぜる等して、慎重な診断がなされていることに照らせば、本決定のおける診断は妥当なものであると評価できよう。

この点につき、学説においては、(a) PTSDという医学的な診断を重視し、傷害罪の成立は肯定するものの、刑法上の傷害概念に合致するようにPTSD概念を限定しようとするPTSD概念限定説[26]と (b) 症状の重さを重視し、医学上のPTSDという診断名が付されているか否かではなく、自律神経の症状等の重さに力点を置き判断する傷害概念限定説[27]に大別される。

まず (a) PTSD概念限定説は、①PTSDの専門家によって診断がなされること、②PTSDによる傷害は、致死傷罪の定めのある犯罪において、二次的・派生的な傷害であると捉えるべきであること、③致傷罪の定めのある犯罪においても、PTSDの診断概念の成立経緯に鑑み、ⅰ）強姦致傷、ⅱ）強制わいせつ致傷、ⅲ）監禁致傷等の性暴力、あるいは虐待に関する犯罪に限定されるべきであること、④無言電話や嫌がらせ電話等の場合には、一時的・直接的被害であることから、外傷的出来事の要件を充足するかにつき、疑問が残ることに照らし、傷害ではないとする視点から、PTSDによる傷害罪の認定については慎重であるべきであると解される[28]。しかし、当該見解における④については、無言電話や嫌がらせ電話により生じた被害については、PTSDに含めないと解することから、その成立範囲につき、妥当であるとは思えない。また、構成要件ごとに異なったPTSD概念を肯定すれば、医学的概念と刑事法学的概念の間において乖離を生む結果になりかねないことからも、やはり当該見解に対しては、肯首することはできない。

---

26 小倉正三「心的外傷後ストレス障害（PTSD）と傷害罪の成立」『小林充先生・佐藤文哉先生古稀祝賀刑事裁判論集〔上巻〕』358頁（2006年）。
27 林美月子「PTSDと傷害概念」神奈川法学36巻3号（2004年）231頁。
28 小倉正三・前掲（注26）364頁。

次に（b）傷害概念限定説であるが、極めて軽微な身体的・精神的機能障害を傷害概念から外すだけでなく、「ほとんどすべての罪種の被害者は被害後に、精神的な不安定、食欲減退、外出困難、無気力等の精神状態を呈するが、それらは個々の犯罪で評価されているといえ、改めて傷害罪を構成することはない」とし、結果的加重犯の場合、「基本犯においても暴行などから生じるある程度の精神的障害による傷害、通常予想されるようなストレス状態は即に評価されている」[29] と解することになろう。よって、基本犯による法益侵害とは別個、被害者に対し、精神的機能障害を発生させたのであれば、傷害を認めることが、必ずしも不可能ではない結論が導き出されよう[30]。但し、（b）傷害概念限定説を採用するとしても、医学的要件を充足し、PTSDと診断されたのであれば、当該障害は、決して軽微な障害であるとはいえないことになる。

V おわりに

これまでの判例を検討してみると、刑法における傷害を肯定するためには、単に精神的ストレス等が生じれば良いとするのではなく、医学上、精神障害に対して病名がつく程度に達していなければならないことが窺える。刑法上の傷害概念に精神障害が含まれると解する場合に、身体の保護と精神の保護を対等概念として位置付けることは妥当なのであろうか。身体の保護は精神の保護よりも優位に立つのかについては、積極的安楽死をめぐる議論が参考になる。すなわち、積極的安楽死の要件において、横浜地判平成7年3月28日[31] が、安楽死を肯定する4要件中、「患者に耐えがたい激しい肉体的

29　林美月子・前掲（注27）230頁。
30　安田拓人「暴行による心理的ストレス状態と結果的加重犯としての傷害罪の成否」『判例セレクト』（2010年）211頁。
31　判時1530号28頁。本判決に関する評釈として、中山研一「東海大学『安楽死事件』判決について」北陸法学3巻3号（1995年）27頁以下、星野一正「東海大学のいわゆる安楽死事件の判決をめぐって」時の法令1496号（1995年）40頁以下、唄孝一「いわゆる『東海大学安楽死判決』における『末期医療と法』」法律時報67巻7号（1995年）43頁以下、甲斐克則「治療行為中止および安楽死の許容要件―東海大学病院『安楽死』事件判決」法学教室178号（1995年）37頁以下、大嶋一泰「治療行為の中止と医師による積極的安楽死の許される要件―東海大学医学部付属病院安楽死事件」年報医事法学11号（1996年）144頁以下、松宮孝明「末期癌患者に

苦痛に苦しんでいること」を挙げ、これを伴わない精神的苦痛を除外していることに照らして考えるのであれば、身体的機能の保護は精神的機能の保護に優ると解することも不可能ではあり得ない[32]。しかしながら、当該要件についても、議論があるところであり、また、仮に身体の保護と精神の保護を相対化することが可能であったとしても、現行法において、如何なる枠組みにおいてこれを保護するかは、必ずしも明らかではない。

　今後は、軽微な精神的機能障害に対し、どのような範囲で傷害を肯定するかが重要な問題となってくるであろう。軽微な精神的障害については、基本犯における構成要件該当行為の違法性の程度を裏付ける量刑事情として考慮することが妥当であると考える。但し、精神的機能障害の場合には、身体的機能障害と異なり、傷害罪の成否に関する下限の設定が問題となるが、この点については、さらなる判例の集積による実証的な研究を積み重ねていくしかあるまい。

　塩化カリウムを注射して死亡させた医師の行為と『安楽死』―東海大学付属病院『安楽死』事件判決」『法学教室増刊 判例セレクト'86』（2002 年）470 頁、佐伯仁志「安楽死」芝原邦爾＝西田典之＝山口厚編『刑法判例百選Ⅰ総論〔第 5 版〕』（有斐閣、2003 年）42 頁、五十嵐敬子「終末期医療の問題臨床死生学の視点から―治療の差し控えと中止をめぐって―」法政論叢 46 巻 1 号（2009 年）205 頁、大野正博「終末期医療における治療中止行為の許容性（1）―いわゆる川崎協同病院事件上告審決定を契機として―」朝日法学論集 43 号（2012 年）1 頁、加藤摩耶「東海大学『安楽死』事件」甲斐克則＝手嶋豊編『医事法判例百選〔第 2 版〕』（有斐閣、2014 年）196 頁、197 頁。

[32]　野村和彦「障害概念と精神障害」日本法学 79 巻 4 号（2014 年）49、50 頁。

【執筆者紹介】

岡嵜　修	（おかざき　おさむ）	法学部教授
出雲　孝	（いずも　たかし）	法学部准教授
杉島正秋	（すぎしま　まさあき）	法学部教授
大野正博	（おおの　まさひろ）	法学部教授
平田勇人	（ひらた　はやと）	法学部教授
小林祐紀	（こばやし　ゆうき）	法学部講師
坂元弘一	（さかもと　こういち）	法学部教授
髙梨文彦	（たかなし　ふみひこ）	法学部講師
片山和則	（かたやま　かずのり）	法学部講師
籾山錚吾	（もみやま　そうご）	法学部教授
梶谷康久	（かじたに　やすひさ）	法学部講師
下條芳明	（しもじょう　よしあき）	法学部教授
宮坂果麻里	（みやさか　かおり）	法学部講師

［掲載順］

朝日大学法学部開設三〇周年記念論文集

2018年3月20日　初版　第1刷発行

編　者　朝日大学法学部開設三〇周年記念論文集編集委員会

発行者　阿　部　成　一

〒162-0041　東京都新宿区早稲田鶴巻町514

発行所　株式会社　成　文　堂

電話03（3203）9201代　FAX 03（3203）9206
http://www.seibundoh.co.jp

製版・印刷　シナノ印刷　　　　製本　弘伸製本
©2018 朝日大学法学部開設三〇周年記念論文集編集委員会
Printed in Japan
☆乱丁・落丁本はおとりかえいたします☆
ISBN978-4-7923-3374-4 C3032　　検印省略

定価（本体5,000円＋税）